Bolsillo Era

JORGE VOLPI

La guerra y las palabras

Una historia intelectual de 1994

JORGE VOLPI

La guerra y las palabras

Una historia intelectual de 1994

Ediciones Era

Edición original: Ediciones Era, México, 2004

Primera edición en Bolsillo Era: 2011
ISBN: 978-607-445-052-1
DR © 2011, Ediciones Era, S.A. de C.V.
Calle del Trabajo 31, 14269 México, D.F.
Impreso y hecho en México
Printed and made in Mexico

www.edicionesera.com.mx

Para Blanca

Índice

Hechos es precisamente lo que no hay,
sólo interpretaciones.

Friedrich Nietzsche

Est-il plus facile de confectionner une
utopie qu'une apocalypse?

E. M. Cioran

Yo los quisiera ver en los mares del sur
una noche de viento real, con la cabeza
vaciada en frío, oliendo
la soledad del mundo,
sin luna,
sin explicación posible,
fumando en el terror del desamparo.

Gonzalo Rojas, "Los letrados"

Advertencia

Aun cuando este libro está rigurosamente apegado a los hechos ocurridos en México en 1994 –así como a las palabras de sus protagonistas–, he querido darle la forma de una obra de ficción. Dado que el propio subcomandante Marcos convirtió la literatura en su principal arma de combate, me pareció conveniente contar la historia del alzamiento zapatista en Chiapas como si se tratase de una novela. Por esta razón, he omitido al máximo las citas a pie de página y los recursos propios del ensayo, en favor de un tratamiento narrativo. Al lector interesado no le será difícil encontrar las referencias de todos los libros y artículos que se mencionan en la amplia bibliografía que se incluye al final.

PRÓLOGO

*Donde se refiere el origen de estas páginas,
se presenta el tema ante los ojos del lector
y se cuenta cómo esta historia real
terminó convertida en una novela.*

Las montañas se alzan a lo lejos, tensas y ominosas, convirtiendo el horizonte en un decorado encima del vasto terraplén. Pese a la meticulosidad de los organizadores –por lo visto llevan varias noches desbrozando el suelo y acarreando troncos–, el lodo impregna las botas y las bolsas de dormir penosamente transportadas desde San Cristóbal de Las Casas, Tuxtla Gutiérrez o incluso más lejos. Algunos viajeros se obstinan en creerse en un capítulo de *La vorágine*, convencidos de que la naturaleza terminará por devorarlos; otros, menos soñadores y más prácticos, se sientan a charlar o a beber un poco de café, mientras los más entrometidos aún guardan fuerzas para merodear en torno a las tiendas de campaña y los puestos de avanzada, hasta que los jóvenes guardias los frenan con un gesto o de plano les vedan el camino con sus rifles de asalto. Por el momento, el contacto entre los visitantes y sus hoscos anfitriones ha sido dificultoso, cuando no decididamente hostil; los cientos o miles de kilómetros que aquéllos han recorrido, cargados de fiebre y entusiasmo, no parecen valer como moneda de cambio en este lugar fuera del tiempo, en esta utopía que escapa a todas las reglas. No importa: el silencio no hace sino aumentar su ansia; el frío, el cansancio y las incomodidades son parte esencial del rito de paso previsto para templar el ánimo de estos simpatizantes de la revolución. Al menos el escenario no puede decepcionarlos: los indígenas han edificado un verdadero auditorio en medio de la nada, un teatro al aire libre –un barco pirata, lo llamará su líder dentro de pocas horas–, bautizado con el histórico apelativo de "Aguascalientes", para recibir su solidaridad y sus voces. Lanzada hace apenas unas cuantas semanas, la convocatoria ha tenido un éxito absoluto: aun si faltan ciertos grandes nombres –algunos invitados pretextaron su estado de salud o sus compromisos previos, los menos su simple desacuerdo–, la lista de asistentes resulta francamente impresionante. Luego de semanas de seducirlos con sus mensajes o sus guiños, o de apantallarlos con sus actos, el subcomandante Marcos, líder indiscutible de la revuelta zapatista que estalló el 1° de enero de 1994, ha logrado convencer a decenas de intelectuales, así como a cientos de analistas, reporteros, luchadores sociales, políticos de izquierda, estudiantes y curiosos, de trasladarse hasta las "montañas del sureste mexicano" para asistir a la Convención Nacional Democrática en donde, según él, habrá de decidirse nada menos que el futuro de México. Mientras en la capital el presidente Carlos Salinas de Gortari hace hasta lo imposible para que su régimen no se le desmorone entre las manos –tres meses antes fue asesinado su delfín, Luis Donaldo Colosio, la economía está a punto de derrumbarse y las elecciones federales se celebrarán en unos días–, el guerrillero ha conseguido convidar a buena parte de las mejores, o al menos de las más conspicuas, plumas con que cuenta el país, como si por una vez la historia no ocurriese allá, en el centro, sino en este apartado rincón de Chiapas de cuya existencia hace poco nadie se acordaba. Se trata de un acontecimiento irrepetible: un apretado contingente de escritores y artistas que se desplaza miles de kilómetros para contemplar a ese atípico jefe guerrillero. De entre todos los pasajes memorables relacionados con el alzamiento zapatista de 1994, vale la pena retener precisamente esta insólita escena: no el momento en que Marcos pronuncia su discurso frente a los delegados, ni cuando le hace entrega de una bandera tricolor a Rosario Ibarra, ni cuando incita a los asistentes a cantar el himno nacional, ni cuando repasa la lista con los apellidos de sus ilustres contertulios, sino justo ahora, cuando él aún no ha dicho nada y todos esos intelectuales no hacen otra cosa sino aguardar sus palabras.

Durante once meses de 1994, Rafael Sebastián Guillén Vicente, mejor conocido como el subcomandante Marcos, y el entonces presidente de México, Carlos Salinas de Gortari, se combatieron sin tregua, primero con las armas y luego sólo a través de sus discursos, hasta convertirse en los paradigmas del héroe y el villano en las postrimerías del siglo XX. Si bien las diferencias entre ambos son enormes –Salinas ejercía un poder casi ilimitado, mientras Marcos se empeñaba en resistirlo–, este libro pretende reunir sus destinos junto con los de esos otros protagonistas esenciales de esta historia, los periodistas e intelectuales que desde el inicio del conflicto se dieron a la tarea de analizar sus voces, desmenuzar sus ideas e interpretar sus actos, a fin de comprender mejor el alzamiento zapatista en Chiapas, uno de los símbolos ineludibles de nuestro tiempo.

Todo empezó el día de año nuevo de 1994. Como en otras partes del mundo, en México hay pocas mañanas tan silenciosas y anodinas como ésta: tras la embriaguez y el júbilo de la fiesta, sus horas se reservan a restañar los estragos del alcohol. Para colmo, en los círculos oficiales la celebración había sido doble, pues no sólo se brindó por el inicio del año, sino sobre todo por la entrada en vigor del Tratado de Libre Comercio de América del Norte (TLCAN), una de las principales metas del gobierno de Salinas de Gortari. Para él, esta fecha anunciaba el inicio de una nueva época de modernidad para México y, al mismo tiempo, su glorioso paso a la historia. Tras las fraudulentas elecciones que le dieron el triunfo en 1988, Salinas había llevado a la práctica espectaculares medidas para reactivar la economía, acaparando un amplio reconocimiento internacional; no hacía mucho, la revista *Time*, esa Biblia de las élites globales, lo había nombrado "hombre del año", y su popularidad aumentaba día a día pese a las críticas de sus detractores, quienes lo acusaban de privilegiar la reforma económica sobre la política y de preservar las bases autoritarias y antidemocráticas del Estado mexicano. Por todo ello, el régimen tenía previsto que el 1° de enero se convirtiera en un hito: todas las energías renovadoras del presidente se habían dirigido a la firma del Tratado; una vez aprobado, le correspondía el mérito de salvar a México del atraso para transformarlo en un ejemplo para el resto de las naciones en vías de desarrollo.

Como un Moisés neoliberal, el presidente mexicano había bajado de las alturas de la Casa Blanca con los mandamientos que establecían una nueva alianza entre los poderosos empresarios del norte y los bulliciosos mexicanos del sur. En 1994, México debía ser una fiesta.

Fue entonces, durante las primeras horas de la mañana, cuando comenzaron a circular erráticas y disparatadas versiones sobre una aparente sublevación en el estado de Chiapas. Al parecer, un grupo de guerrilleros, miembros de un "autodenominado" Ejército Zapatista de Liberación Nacional (EZLN), habían tomado por asalto la ciudad de San Cristóbal de Las Casas, así como otras localidades aledañas, declarándole la guerra al ejército federal mexicano. Según las primeras declaraciones de los alzados, su objetivo consistía en avanzar rumbo a la ciudad de México para deponer a Salinas, cuyo gobierno consideraban ilegítimo. En el panfleto que repartieron a la sorprendida población local, titulado "Declaración de la Selva Lacandona", los rebeldes clamaban:

–Hoy decimos: ¡BASTA! –y, con el tono heroico de los iluminados, añadían–: Declaramos que no dejaremos de pelear hasta lograr el cumplimiento de estas demandas básicas de nuestro pueblo formando un gobierno de nuestro país libre y democrático. *Intégrate a las fuerzas insurgentes del Ejército Zapatista de Liberación Nacional.*

Aunque más tarde se comprobaría que la existencia de la guerrilla era conocida por diversos sectores oficiales, el pasmo no pudo ser mayor. Cuando empezaron a aparecer en las pantallas de televisión las primeras imágenes de la revuelta –hombres encapuchados o con paliacates sobre el rostro, la mayor parte de ellos con rasgos indígenas, provistos con armas, uniformes y cananas, corriendo o disparando por las calles de las localidades ocupadas–, se hizo evidente que no se trataba de una broma o de una mera puesta en escena; tras dos días de combates entre los alzados y el ejército, el parte oficial daba cuenta de al menos cincuenta y seis muertos. La fiesta había terminado sólo treinta minutos después de la medianoche del 1° de enero: comenzaba, en cambio, una larga resaca.

1994 nació, así, como uno de los años capitales en la historia reciente de México. Al igual que 1910, cuando comenzó la Revolución, o 1968, el año de la masacre de Tlatelolco, 1994 fue un año sorpresivo pero, asimismo, un momento en el cual explotaron todas las contradicciones y pugnas incubadas durante las décadas previas. Su inicio no podía resultar más paradójico: si por un lado se anunciaba el TLCAN y México se disponía a integrarse en el espacio económico de América del Norte, uno de los más amplios y ricos del orbe, por el otro, los guerrilleros zapatistas echaban a perder la fiesta y demostraban que el pasado, con su carga de injusticia, racismo y miseria, seguía siendo la verdadera realidad detrás de los brindis y las máscaras.

Hasta antes de la revuelta zapatista, pocos sabían que Chiapas, uno de los estados más apartados y hermosos de México, era también una de las regiones más pobres del país. Y quienes lo sabían, o debían saberlo, hacían como si lo hubiesen olvidado. Las brillantes cifras económicas anunciadas por Salinas de Gortari para convencer al Congreso estadounidense de aprobar el TLCAN bien podían darse el lujo de minimizar los rezagos de zonas marginales como ésta. Chiapas había sido uno de los últimos estados en adherirse a la República mexicana y, desde entonces, la lejanía y la indiferencia del centro provocaron que tuviese una historia propia, muy distinta de la del resto del país. La Revolución mexicana y su lucha por el reparto agrario, por ejemplo, no alcanzaron a llegar a Chiapas, como tampoco las reformas sociales emprendidas por el gobierno de Lázaro Cárdenas o los beneficios del efímero "milagro mexicano" de los años sesenta. Y tampoco, por supuesto, la riqueza prometida por el modelo neoliberal impuesto por Salinas.

En muchos sentidos, Chiapas –y en especial las regiones de las Cañadas y de la Selva, donde tuvo su origen el EZLN– era una especie de reserva histórica, una zona en la cual la modernización nunca había llegado a instalarse y donde las encomiendas creadas durante la Colonia pervivían en forma de latifundios o amplias propiedades ganaderas o madereras en las cuales los indígenas apenas tenían alguna participación. Incluso el viejo sistema de castas se mantenía de manera subrepticia: aunque gran parte de la población pertenecía a diversas comunidades indígenas –en especial tzeltales, tzotziles, choles y tojolabales–, la mayor acumulación de riqueza y de perspectivas se daba entre la cerrada y muchas veces racista población blanca o mestiza de San Cristóbal.

Como le dice el personaje que encarna al poder político en México a aquel que representa al poder económico en la caricatura de Oswaldo Sagástegui titulada "Grave omisión", aparecida en el diario *Excélsior* el 11 de enero de 1994:

–¡Caray! Se nos había olvidado que Chiapas también era México.

En el mapa de la modernización salinista, Chiapas no era más que el nombre de un estado en el cual vivía apenas cuatro por ciento de la población: un páramo salvaje y remoto que la "mano invisible" de la inercia neoliberal no tardaría en alcanzar. Paradójicamente, a partir del 1° de enero de 1994, Chiapas se convirtió en un sinónimo de México. Más aún: gracias a una gigantesca sinécdoque, Chiapas se convirtió *en* México. Aquel estado olvidado y taciturno, aquella región despreciada por el centro, esa pequeña sociedad de casi cuatro millones de habitantes –frente a los noventa millones del resto del país–, terminó por convertirse en el espejo de la nación y en uno de los emblemas de la historia universal de la infamia. Gracias al poder simbólico del movimiento zapatista, Chiapas no sólo se sumó a la lista de zonas de conflicto existentes en el mundo, sino que se transformó en una imagen ineludible de la sociedad global de fines del siglo XX y principios del XXI: un lugar en el que confluyen las miradas y las esperanzas de miles de personas, un escenario en el que todavía hoy se debaten algunos de los grandes temas de nuestra época. Un *locus*, en fin, en el que se cifran las más profundas contradicciones de nuestra era. Chiapas ha pasado a ser, así, un "laboratorio del fin de los tiempos" semejante a la Viena de fines del siglo XIX o la España de los años treinta del siglo XX.

Con su característica ironía, Jorge Luis Borges escribió en su relato *La esfera de Pascal* que "quizá la historia universal es la historia de unas cuantas metáforas". Vale la pena detenerse, entonces, en las metáforas históricas actualizadas por el alzamiento zapatista. ¿Cuáles son los temas y las metáforas que Chiapas ha vuelto a poner sobre la mesa de la historia? ¿Cuáles son los tópicos que le han concedido este papel relevante en el alicaído *fin-de-siècle* pasado?

–En el fondo –responde José Saramago, uno de los más entusiastas visitantes de la zona de conflicto, en una entrevista con *La Jornada* del 3 de diciembre de 1998–, Chiapas es la representación del mundo porque es un lugar donde se encuentra prácticamente todo lo que es negativo en el ser humano, como el racismo, la crueldad, la indiferencia, el desprecio contra una minoría,

–Surgidos de la profundidad de la noche y de la selva –apunta por su parte el sociólogo francés Yvon Le Bot en el marco de la larga conversación que sostuvo con Marcos–, los hombres y las mujeres zapatistas han planteado, con más fuerza e imaginación que ningún otro movimiento en el mundo, un problema que en la actualidad resulta esencial: ¿cómo combinar democracia e identidad?

El alzamiento zapatista ha demostrado que existe una oposición irreconciliable entre dos discursos en pugna: uno, representado por los indígenas, se asocia con la naturaleza, la imagen rousseauniana del *bon sauvage*, la protección del medio ambiente, la defensa de las tradiciones ancestrales, la lucha heroica de un puñado de hombres contra la injusticia generalizada, el romanticismo del héroe enmascarado y, en fin, la resistencia contra los peores valores del Occidente moderno; el otro, en cambio, pertenece a sus contrincantes: los finqueros, cafetaleros y ganaderos chiapanecos, el corrupto gobierno del PRI y sus aliados, y se identifica con el culto por el poder, el dinero, el progreso lineal y la homogenización indiscriminada de los seres humanos, y se asimila, por tanto, con las tendencias de casi todos los gobiernos actuales del planeta, y especialmente con la versión más salvaje del neoliberalismo. No es casual, pues, que el movimiento antiglobalización haya visto el alzamiento zapatista en Chiapas como uno de sus mitos fundadores.

De pronto, todas las aspiraciones del mundo parecían jugarse en ese reducido campo de batalla, el tablero de ajedrez de la Selva Lacandona. Inevitablemente, esta condición de "centro del mundo" convirtió a Chiapas en uno de los mayores mitos del siglo XX. Ello no quiere decir que, oculto por las palabras y las imágenes, lo que en verdad ocurre allí haya dejado de importar, sino más bien al contrario: lo que se debate en las Cañadas y en la Selva Lacandona es *tan* importante que ha resultado imposible no mitificarlo. Sin embargo, son tantas las palabras pronunciadas, tantas las ideas defendidas, tantos los intereses en juego, que se corre el riesgo de que el laberinto de papel termine por devorar la realidad.

Con el surgimiento del EZLN, ha nacido *otro* Chiapas: un lugar imaginario que no cancela al original sino que, al interpretarlo, lo *recrea*. Chiapas, pues, como una reinvención literaria, un cosmos en miniatura, una utopía en marcha. Un lugar que es, justamente, un *no lugar*: un resumen de nuestras fantasías y nuestras pasiones, modeladas al calor de las fantasías y las pasiones de sus protagonistas; un caldo de cultivo de las ideas que despegaron hacia el siglo XXI; un hervidero de propuestas y de decepciones; un cúmulo de historias que hace falta analizar y reagrupar, leer y releer.

Aunque entonces nadie pudiera sospecharlo, cuando las tropas del EZLN se apoderaron de San Cristóbal de Las Casas y otras localidades chiapanecas el 1° de enero de 1994, en realidad se pusieron en marcha dos guerras. Una, por la vía armada, entre los rebeldes y el ejército federal, que se cobró un gran número de víctimas *reales* que es necesario no olvidar; y otra, menos trágica pero igualmente violenta, a través de las miles de páginas escritas por todos los actores políticos y por los propios zapatistas.

Con la distribución de la Declaración de la Selva Lacandona, la guerrilla abrió un nuevo frente de batalla, acaso menos espectacular que los de San Cristóbal, Ocosingo, Altamirano o Las Margaritas, pero igualmente trascendente. Aquella página mal impresa, repartida a reporteros y fotógrafos en medio de las calles, adquirió una importancia fundamental: primero, hacía del conocimiento público que el EZLN no era una banda de delincuentes comunes o de simples terroristas; segundo, mostraba que el carácter de la revuelta no sólo era militar, sino también político; y, tercero, probaba que los alzados tenían la voluntad de revolucionar no sólo la vida política del país, sino también su lenguaje.

Durante la toma de San Cristóbal de Las Casas, el EZLN prosiguió con esta doble estrategia militar y política. Desde el balcón del Palacio Municipal de la ciudad, uno de los guerrilleros leyó la Declaración, mientras otro –al que entonces la prensa llamaba "comandante Marcos" y a quien *La Jornada* identificaba como "mestizo"–, se dirigía a la población para mantener un "diálogo público", durante el cual quiso revelar los orígenes, los objetivos y las demandas de su organización. Más allá del contenido ideológico de la Declaración, importa destacar que desde ese momento el líder zapatista ya imaginaba que sus victorias futuras no dependerían tanto de su capacidad bélica, siempre limitada, como de su talento para conquistar a la opinión pública.

–Cuando las bombas caían sobre las montañas del sur de San Cristóbal de Las Casas –reconoció el propio Marcos en una entrevista posterior–, cuando nuestros combatientes resistían en Ocosingo los ataques de los federales, cuando nuestras tropas se reagrupaban después del ataque al cuartel de Rancho Nuevo, cuando nos fortificábamos en Altamirano y Las Margaritas, cuando el aire olía a pólvora y sangre, el Comité Clandestino Revolucionario Indígena-Comandancia General del EZLN me llamó y me dijo, palabras más, palabras menos: "Tenemos que decir nuestra palabra y que otros la escuchen. Si no lo hacemos ahora, otros tomarán nuestra voz y la mentira saldrá de nuestra boca sin nosotros quererlo. Busca por dónde puede llegar nuestra verdad a otros que quieren escucharla".

Si bien en aquellos balbuceos era imposible adivinar la riqueza expresiva que Marcos adquiriría en las semanas siguientes, desde entonces quedó claro que el EZLN se preparaba para una larga guerra verbal y simbólica contra el gobierno. Aunque no haya que subestimar el carácter armado del movimiento, desde el alto unilateral al fuego decretado por Salinas el 12 de enero, la lucha entre ambos bandos se volvió eminentemente verbal: la guerra convertida en un combate retórico.

A través de sus manifiestos y comunicados, el EZLN se empeñó en convertirse en un interlocutor válido de la sociedad mexicana. La Declaración de la Selva Lacandona buscaba legitimar su lucha y, para lograrlo, recurría a numerosos argumentos, no sólo históricos y políticos –la injusticia ancestral sufrida por el pueblo mexicano y en especial por los indígenas– sino, lo que es más notable, fundamentalmente metafóricos y literarios. Los zapatistas sabían que la primera reacción del gobierno contra un grupo guerrillero sería la descalificación ideológica y por ello buscaron desesperadamente el respaldo de la opinión pública. Para alcanzar esta meta, no sólo necesitaban una fuerza retórica excepcional o un talento innato para seducir a los medios, sino también una poderosa imaginación literaria: por fortuna, el subcomandante Marcos reunía ambas virtudes.

Ya desde los primeros días de enero, pero sobre todo a partir de su primer comunicado *personal* –su respuesta a las declaraciones de Salinas: "¿De qué nos van a perdonar?"–, Marcos asumió la responsabilidad de convertirse en la *voz* de los zapatistas y en el contacto directo del movimiento con la prensa nacional e internacional. Cuando las armas ya habían sido silenciadas, el EZLN consiguió sus mayores triunfos gracias a las palabras de su jefe. En una estrategia insólita, Marcos acaparó la atención de los medios hasta convertirse en una figura casi mítica. Con enorme habilidad, el líder zapatista aprovechó su éxito para iniciar una comunicación permanente con diversos sectores de la sociedad y con sus portavoces más señalados: los intelectuales.

A Marcos le corresponde, pues, el mérito de renovar el arte epistolar en México. Desde su escondite "en algún lugar de las montañas del sureste mexicano", se dedicó a enviar cartas a diestra y siniestra a todos los escritores y políticos progresistas, la mayor parte de los cuales no tardó en responderle. En sus modélicas posdatas –largos excursos, ácidos y divertidos, al final de páginas más serias y aburridas–, Marcos tejió una red de complicidades y guiños con sus corresponsales, provocando un alud de textos imprescindibles para valorar el encanto universal del zapatismo. Más allá de sus limitaciones en otros terrenos, el subcomandante puso en marcha un verdadero diálogo público; si un mérito puede concedérsele, fue el de activar una verdadera polémica no sólo en torno a los orígenes y los objetivos del alzamiento, sino sobre todos los aspectos de la vida contemporánea.

A partir de enero de 1994, miles de páginas han sido escritas para responder a los desafíos del EZLN: en su mayoría, se han debido a periodistas e intelectuales, pero a la larga todos los actores sociales –gobierno, partidos, Iglesia, empresarios, sindicatos, organizaciones no gubernamentales– han expresado sus puntos de vista no sólo sobre el carácter de la guerrilla chiapaneca, sino sobre el significado que ésta ha adquirido en la conciencia universal. Muchas de estas páginas deben revisarse con cuidado, pues en ellas se encuentran, al lado de un sinfín de errores y disparates, muchos de los proyectos de futuro que continúa planteándose nuestra sociedad.

Como hemos dicho, gracias al subcomandante Marcos, la guerra de Chiapas se convirtió en una guerra verbal.

–El vocero de los insurgentes, Marcos, sobresale también en un arte olvidado por nuestros políticos e ideólogos: la retórica –anotó Octavio Paz el 28 de febrero de 1994.

Y el crítico Christopher Domínguez abundó años más tarde:

–Entre las dramáticas novedades que el EZLN le ha dado a México está esa reaparición sorpresiva y generosa, a través de la pluma de Marcos, del arte de la retórica, de la primacía de la palabra escrita entre la vulgaridad de la vida pública.

Sin duda, Marcos es uno de los grandes oradores de nuestros días. En sus textos se conjugan las dos vertientes principales de la retórica clásica: por un lado, la fuerza argumentativa de sus comunicados, cartas y ensayos; y, por el otro, la puesta en escena, eminentemente teatral, de sus argumentos. Si el líder zapatista ha sido considerado como un personaje clave de las últimas décadas del siglo XX, se debe tanto a la *verosimilitud* de sus demandas como al revestimiento retórico de sus ideas. Al articular un discurso explícito sobre los fines y las intenciones de la revuelta, Marcos emprendió una verdadera revolución del lenguaje político revolucionario.

A diferencia de otros guerrilleros latinoamericanos, el subcomandante no parecía un obtuso comunista sin ideas propias, sino un hombre inteligente y astuto con el que era posible dialogar: muy pronto sus interlocutores se dieron cuenta, regocijados, que el subcomandante era, al igual que ellos, un *intelectual*. Tras leer sus primeros comunicados, Carlos Fuentes no dudó en afirmar que Marcos "había leído más a Carlos Monsiváis que a Carlos Marx" y, un poco más tarde, Octavio Paz reconoció que Durito, el personaje de escarabajo-caballero andante creado por el líder zapatista, era "una invención memorable".

Desde luego, el subcomandante no es el único guerrillero que se ha considerado a sí mismo como un miembro de la *intelligentsia*, pero sí es el primero que logra ser aceptado como un interlocutor permanente por todos los sectores de la sociedad. Numerosas figuras públicas se han asumido como sus apasionados defensores –el espectro va de la escritora Elena Poniatowska al premio Nobel José Saramago, de la actriz Ofelia Medina al cineasta Oliver Stone, o de la antigua primera dama francesa Danielle Mitterrand al cantante Joaquín Sabina–,[1] mientras que otros, más cautelosos, sólo han aceptado ser sus corresponsales; pero incluso quienes se han mostrado más críticos con sus ideas no han vacilado a la hora de reconocer la eficacia política de su prosa. En cualquier caso, todos ellos han contribuido a legitimar la lucha del EZLN y a permitirle una capacidad de comunicación que no ha disfrutado ningún otro movimiento armado en América Latina desde la Revolución cubana.

Tanto por el fondo como por la forma, Rafael Guillén supo transmutar el caduco discurso revolucionario de la guerrilla latinoamericana, incorporándole tanto contenidos inéditos –su veta indigenista y su insistencia democrática– como recursos provenientes de la mejor intelectualidad de izquierda. Su "posmodernidad" radica, sobre todo, en su capacidad de combinar, modificar, alterar y, sobre todo, *parodiar* el discurso político tradicional. Si algo distingue al subcomandante de otros líderes populares –y, en general, de *todos* los políticos–, es su sentido del humor. Desde su primera aparición pública, Marcos fue saludado como un nuevo modelo de luchador social a causa de su sentido del humor. Un sentido del humor que, como señaló Carlos Fuentes, proviene ante todo de Carlos Monsiváis, quien a su vez ha escrito sobre la capacidad verbal del jefe guerrillero:

–En su lenguaje, Marcos, tan concentrado en el horizonte trágico, entrevera posdatas, golpes de mordacidad, descalificaciones a pasto, falta de miedo a la cursilería. Está al tanto: en la combinación de ironía y emotividad se localiza gran parte de su poder de convicción. En su caso el humor, el desborda-

---

[1] En una de las parodias más radicales de la fascinación despertada por Marcos entre los intelectuales, el escritor estadounidense Neal Pollack narra en "El subcomandante cabalga al amanecer", su hilarante viaje a México para conocer al líder zapatista, con el cual terminará manteniendo una relación homosexual. Ver *The Neal Pollack Anthology of American Literature* (2000).

miento metafórico, el amor por las anécdotas de seres casi anónimos, el culto a la inmediatez sentimental, la reivindicación perpetua de los humildes, el desprecio por los de arriba, corresponden a la estrategia centrada en el uso de los símbolos, y en la abolición del rostro, lo que a Marcos, no tan curiosamente, lo beneficia.

Si bien resulta necesario revisar la "obra" de Marcos –la cual incluye decenas de parábolas, cuentos, relatos e incluso poemas–, hay que insistir en que su mayor creación literaria es él mismo. De no haberse dedicado a la filosofía y a la guerra, Rafael Sebastián Guillén Vicente hubiese sido un dramaturgo o un novelista de cierta valía. Su sentido innato de lo dramático, su habilidad cómica, la oportunidad de sus diatribas e incluso la elección de su nombre de guerra y de su máscara le otorgan un lugar preponderante en nuestras letras. Desde luego, no es el "mejor escritor latinoamericano vivo", como llegó a exclamar el filósofo francés Régis Debray, pero sí se trata de un creador sólido, capaz de modelar uno de los pocos caracteres memorables de nuestro tiempo. Para hacerle justicia, resulta indispensable estudiarlo –y leerlo– como lo que es: un personaje de ficción.

Irónico y fiero, agudo e ingenioso cuando se lo propone, cursi y ramplón en muchas ocasiones, y dotado de un extraño carisma que lo hace parecer inocente y taciturno, capaz de seducir por igual a los periodistas y a las mujeres, el subcomandante Marcos es sin duda el protagonista central de estas páginas. Para decirlo claramente: se trata de uno de los mejores personajes creados por la imaginación latinoamericana, tan sólido como doña Bárbara o Pedro Páramo, tan vivo como los Buendía y tan contradictorio como los personajes de Martín Luis Guzmán, Carlos Fuentes o Héctor Aguilar Camín. Desde la mítica muerte del Che Guevara en los sesenta, ningún personaje público del continente había logrado atraer sobre sí una carga afectiva y simbólica tan variada y poderosa como la obtenida por él.

Aunque ya sea del conocimiento común que bajo su máscara se esconde un antiguo estudiante de filosofía, de nombre Rafael Sebastián Guillén Vicente, originario del estado norteño de Tamaulipas, su carácter mítico continúa incólume. Durante meses el gobierno estuvo obsesionado por averiguar su verdadera identidad, creyendo que con ello disminuiría su atractivo, y en 1995 el procurador general de la República dio a conocer en una esperpéntica ceremonia televisiva sus apellidos y su currículum, pero esta acción no tuvo el efecto deseado; por el contrario, levantó todavía más, si cabe, la popularidad del prófugo.

Si Chiapas es el escenario ideal para una novela sobre las contradicciones de la modernidad, el subcomandante Marcos es el protagonista ideal de su trama: no un indígena, sino un defensor de indígenas. Un héroe romántico, como se empeñan en serlo todos los guerrilleros, pero también un cínico; un publicista talentoso y un poeta fracasado; un marxista *démodé* y un lúcido comentarista de espectáculos; un líder fatuo y orgulloso y –hay que decirlo– uno de los hombres que más ha influido en la vida política de México en las últimas décadas. En buena medida la resonancia alcanzada por el EZLN se debe a su personalidad avasalladora: sin sus discursos, sus incansables epístolas y su actuación en los medios, el movimiento zapatista podría haber caído fácilmente en el olvido. Para mantenerse en la marquesina de la aldea global –lo sabe cualquier estrella *pop*, y Marcos no es ajeno a sus tácticas–, resultan necesarias una energía y una capacidad de sorprender a toda prueba.

A fines de 1993, el PRI había anunciado la candidatura de Luis Donaldo Colosio a la presidencia de la República. Para Salinas, uno de los presidentes más contradictorios, astutos y pragmáticos de la historia reciente del país, se trató de una elección obvia: el joven político sonorense era considerado su brazo derecho y heredero político, lo cual le permitiría a Salinas convertirse en una especie de sombra detrás del trono en los años sucesivos. Pese a la escasa popularidad de su delfín, Salinas preveía un escenario ideal para el afable y conciliador Colosio: tras el entusiasmo desatado por la recuperación económica y la firma del TLCAN, ni siquiera la inconformidad de Manuel Camacho Solís, el entonces regente (alcalde designado) de la ciudad de México, y quien se creía con méritos superiores a los de su rival, parecía constituir una auténtico motivo de preocupación.

El surgimiento del EZLN revocó estos pronósticos. De pronto, México dejó de ser ese país modelo que, gracias a la habilidad y a las reformas emprendidas por su presidente, se integraba poco a poco a la comunidad de países ricos, sino una nación incapaz de resolver la pobreza y la desigualdad reinantes en buena parte de su territorio. Salinas, el héroe de la modernidad económica, se transformó de repente en el gran villano, abucheado por su incompetencia y corrupción. En medio de la mayor incertidumbre, Salinas comenzó a perder el control del país y, obnubilado por su creciente desprestigio, abrogó las reglas no escritas que le habían dado estabilidad al sistema político mexicano durante sesenta años. Azotado por el vendaval zapatista y las erráticas decisiones del gobierno, México se precipitó en el caos.

En un acto que sus críticos imaginaron astuto pero que en realidad se tornó fatídico, Salinas accedió a los ruegos de Camacho Solís y lo nombró comisionado para la paz y la reconciliación en Chiapas, rehabilitándolo como posible sustituto de Colosio. Como señaló el historiador Enrique Krauze, Colosio era el candidato perfecto en un ambiente de tranquilidad, pero no tenía el temperamento para enfrentarse a una situación tan adversa como la generada por la revuelta en Chiapas. Al resucitar a Camacho, Salinas dejó a su sucesor designado en una situación de debilidad extrema.

El 23 de marzo, menos de tres meses después del inicio del alzamiento, Colosio fue asesinado en el barrio popular de Lomas Taurinas, en la ciudad fronteriza de Tijuana. La crisis se agravó hasta límites insospechados. Aunque el asesino, un hombre turbio y silencioso de nombre Mario Aburto, fue inmediatamente detenido en el lugar de los hechos, las sospechas sobre la posible autoría intelectual del crimen se dispararon por doquier, ora hacia Camacho, ora hacia el propio Salinas, ora hacia los sectores más reaccionarios del PRI o hacia los narcotraficantes.

Si el surgimiento del EZLN había alentado cientos de teorías en torno a una conjura contra México –la rehabilitación de las "fuerzas oscuras" que siempre explican la fatalidad y los desatinos de los gobernantes–, la muerte de Colosio confirmó la hipótesis de que una o varias conspiraciones buscaban empañar el futuro de la nación. Con el telón de fondo de la guerrilla y el homicidio del candidato, las campañas presidenciales se desarrollaron en un ambiente de crispación y miedo que a la postre terminó por favorecer al sustituto de Colosio, Ernesto Zedillo, quien al menos parecía asegurar el regreso a la estabilidad previa. Pese a la decepción que su victoria supuso entre la izquierda y los intelectuales, el triunfo del PRI se produjo en las elecciones más limpias celebradas hasta entonces. Favoreciendo la desconfianza y el miedo, alentando el temor a la violencia representada por el EZLN, los sectores tradicionales aseguraron su permanencia en el poder pese a los continuos descalabros experimentados por el gobierno a lo largo del año.

Una vez confirmada la victoria priista, otras dos tragedias clausuraron el año. El 28 de septiembre, José Francisco Ruiz Massieu, secretario general del PRI y uno de los principales operadores políticos de Ernesto Zedillo, cayó abatido a tiros en la ciudad de México. A diferencia de lo ocurrido con Colosio, en esta ocasión no había dudas de que el homicidio era producto de una conjura. Salinas nombró como encargado de resolver el crimen a Mario Ruiz Massieu, hermano del occiso; desde este puesto, el nuevo investigador asumió una postura de confrontación con los dirigentes del PRI, a quienes acusó una y otra vez de obstaculizar sus pesquisas. Una nueva ola de podredumbre inundó al partido oficial: a las pocas semanas, Mario Ruiz Massieu renunció al PRI y a la Subprocuraduría General de la República y, en una esperpéntica conferencia de prensa, no vaciló en declarar, presa del pánico y la rabia:

—Los demonios andan sueltos.

El *ex subprocurador*, como comenzó a llamarlo la prensa, fue detenido en Estados Unidos con una gran cantidad de dinero en efectivo y luego acusado de enriquecimiento inexplicable y obstrucción de la justicia. Poco después, se suicidó en circunstancias misteriosas.

Por si este nuevo escándalo no fuera suficiente, 1994 todavía nos depararía una última calamidad, acaso la más grave para la mayor parte de la población. Tras la toma de posesión de Ernesto Zedillo el 1° de diciembre, la pésima conducción de la crisis económica por parte del nuevo secretario de Hacienda, Jaime Serra Puche, provocó que el peso mexicano se desplomase bruscamente y que los inversores extranjeros retirasen millones de dólares del país, generando una gravísima debacle económica, bautizada con el eufemismo "error de diciembre". Las tasas de interés se dispararon a la alza, ahogando a los deudores, y el nivel de vida se derrumbó de manera imparable.

Tras el alzamiento zapatista, los homicidios políticos y el triunfo del PRI en las elecciones, la crisis económica dejaba a México transformado en el peor de los mundos posibles. Pero también en el escenario de una terrible y apasionante novela.

PRIMERA PARTE

El escenario

*Donde se habla del paraíso perdido,
del pecado original, de los buenos salvajes
y de los hombres que son lobos de los
hombres y de cómo la Selva Lacandona
y las Cañadas de Chiapas se convirtieron
en el centro del mundo.*

Cuando la prensa internacional comenzó a referirse a la revuelta zapatista el 1° de enero de 1994, pocos sabían dónde estaba Chiapas. Desde los primeros días del alzamiento, numerosos comentaristas tuvieron que darse a la tarea de "recordar" a la opinión pública cuál era la localización exacta, la naturaleza y la historia de esta región del sureste mexicano. Casi sin excepciones, todos los relatos que buscaban situar la sede del movimiento zapatista hacían referencia a la doble condición de este territorio: por un lado, al carácter idílico de sus paisajes, la variedad de su flora y de su fauna, la abundancia de sus recursos naturales y la pluralidad étnica y lingüística de su población; y, por el otro, a las condiciones de miseria y marginación de la mayor parte de sus habitantes. De este modo, Chiapas apareció desde el principio en el escenario internacional como un símbolo de las contradicciones producidas por el neoliberalismo triunfante en aquellos momentos. Las chocantes desigualdades, mostradas una y otra vez por los diarios y las cámaras de televisión y denunciada hasta el cansancio por los analistas, bastaron para que la opinión pública se volcase hacia los indígenas chiapanecos. En el momento en que las utopías parecían haberse derrumbado –hacía poco que Francis Fukuyama había diagnosticado incluso el final de la historia–, de la noche a la mañana Chiapas se convirtió en una imagen finisecular del "paraíso perdido" por culpa de los nuevos amos del mundo.

Un buen retrato de la situación geográfica de Chiapas, escrito con la prosa abigarrada y lírica de una novela, se halla el inicio de *Resistencia y utopía* (1985), del historiador Antonio García de León, uno de los libros imprescindibles sobre la región y principal fuente histórica del subcomandante Marcos:

Abriéndose paso por entre las aguas del Océano Pacífico y

en un prolongado tiempo histórico, que los geólogos ubican desde los estratos metamórficos del paleozoico hasta los depósitos superficiales del cuaternario –con rocas intrusivas, capas marinas y formaciones volcánicas–, las actuales tierras de Chiapas emergieron violentas a la superficie. Enormes cataclismos engulleron sucesivamente viejas rocas y bosques primitivos, que con el tiempo se convirtieron en mantos freáticos y yacimientos petroleros. Después, esta espesa costra, repoblada de plantas y violentamente desigual, fue recorrida como el cuerpo femenino de la madre tierra, y paulatinamente poblada y modificada por los hombres. Sus abruptas divisiones originales, sus universos primigenios, se mantienen hasta hoy: la tierra fría de los altiplanos, coníferas y montañas, poco fértil pero sana, y la tierra caliente –*K'ixin K'inal*–, de valles interiores, verdes cañadas o espesura tropical y húmeda, refugio de perseguidos y fuente de enfermedades.

En el centro se levanta la zona montañosa de los Altos, que se continúa hasta la vecindad con Oaxaca, sólo interrumpida por el enorme tajo del Sumidero, que deja pasar entre los cañones las aguas del Río Grande de Grijalva en su marcha hacia la planicie tabasqueña. Al norte, la cresta montañosa desciende lenta y boscosa, aminorándose poco a poco, desde cerca de los tres mil metros hasta casi el nivel del mar. Al oriente, el descenso semeja olas sucesivas de montañas que van a extinguirse en el interior de la selva del Petén. Desde los seiscientos metros de altura empieza la floresta tropical conocida hoy como Selva Lacandona, atravesada por largas cañadas; asiento de ríos, lagos, pantanos y caseríos aislados. En su flanco sureste, y antes de descender a la selva, a la depresión del Grijalva, a estrellarse contra los Cachumatanes, la región de los Altos se resolvió en enormes altiplanicies barridas por el viento: los llanos de Comitán y la región de los tojolabales.

Al sur, y formando una larga depresión que desde Guatemala a Oaxaca sigue un curso de sureste a noreste, se extienden los valles centrales, escalonados como terrazas que sirven de lecho a las aguas del Río Grande de Chiapas o Grijalva. Algunas colinas aprietan el río en la Angostura y otras lo desvían hacia el cañón del Sumidero. Los valles, sin embargo, continúan su progresión escalonada: el de Tuxtla, el de Ocozocuautla, el de los Corzos, el de la Frailesca y el de Cintalapa. Después, es la montaña azotada por el viento marino y la caída abrupta y súbita del istmo de Tehuantepec, "límite natural de esta América Central", como diría un cronista. Sirviendo de talud meridional a los valles centrales, la barrera montañosa de la Sierra Madre –"los Andes de Guatemala"– impide el paso de los vientos de la mar del sur. Al otro lado de esa cordillera arbolada pero seca, el mundo se vuelve de repente verde trópico y, siguiendo el curso de la sierra, da pie a la larga franja costera, con sus ríos desenfrenados y las marismas y esteros que flanquean la entrada del Pacífico.

Diez años después, el novelista Carlos Montemayor dibuja el entorno del alzamiento zapatista de una manera más puntual en *Chiapas: la rebelión indígena de México* (1995):

La cuarta región [de Chiapas], la del Altiplano Central, más conocida como los Altos de Chiapas, tiene como eje la ciudad de San Cristóbal de Las Casas, que se llama así para preservar la memoria del primer gran defensor de los indios en este continente, fray Bartolomé de las Casas. Alberga los asentamientos más tradicionales de al menos dos de las principales etnias de Chiapas, los tzeltales y los tzotziles y es una de las tres zonas con mayor densidad demográfica. En los Altos de Chiapas se encuentra la elevación más alta, de casi tres mil metros, el Tzontehuitz, sede de muchos relatos tradicionales de los tzotziles. Los Altos y una quinta región, la que corresponde a las Montañas de Oriente, donde se asientan las cañadas selváticas de la Lacandonia y cuya altitud va decreciendo conforme el territorio se acerca al otro gran río del estado, el Usumacinta, constituyen las dos regiones más importantes en el desarrollo del EZLN.

Acaso menos poética, pero más precisa, resulta la descripción de Chiapas de Jorge Larson, Esteban Martínez y Clara H. Ramos publicada en *La Jornada* en febrero de 1994:

El estado de Chiapas comprende 3.77 por ciento de la superficie del país y en él habita 3.95 por ciento de la población nacional. La zona de conflicto se centra en la parte oriental del estado por lo que describiremos únicamente esta región. Complejos procesos geológicos han modelado la abrupta topografía de la región. Las placas tectónicas, sobre las que se mueven las continentales, al chocar generaron las grandes cordilleras que se encuentran en el continente americano. En el contexto específico de Chiapas, estos procesos geológicos han dado lugar a plegamientos que van desde una altura de 2 900 metros sobre el nivel del mar (MSNM) en la región de San Cristóbal a los 100 MSNM en el río Usumacinta, que se encuentra a sólo 200 kilómetros en línea recta. Eso significa un desnivel promedio de 14 metros por kilómetro, y es aún más pronunciado en la región de las Cañadas. El alineamiento de los plegamientos es paralelo a la dirección del río Usumacinta. El sustrato en esta zona está formado de rocas calizas que originan suelos muy pobres. Pero en los Altos, las cenizas y productos de la actividad volcánica de tiempos pasados y el clima templado han favorecido la presencia de suelos fértiles que pueden ser explotados durante largos periodos. En la meseta de Comitán, aunque no existen suelos de origen volcánico, la fertilidad es aceptable por causas climáticas y su relieve relativamente plano.

En dirección hacia el río Usumacinta, colindando con la zona de los Altos y la meseta de Comitán, se encuentran las Cañadas, la zona más abrupta del estado de Chiapas y parte de la región Lacandona. Sus suelos son sumamente pobres e inútiles desde el punto de vista agropecuario tradicional. En las Cañadas no existen los beneficios de un clima benigno como en Comitán, ni suelos fértiles como en los Altos de Chiapas, con el agravante de que las pendientes tan pronunciadas evitan la acumulación del suelo y la retención de agua, por lo que no permiten el desarrollo adecuado de actividades agrícolas y pecuarias. Bajando de las Cañadas hacia el este, sigue una zona selvática asentada a menor altitud y que corresponde a los bienes comunales de la comunidad Lacandona, dentro de los cuales está comprendida íntegramente la Reserva Natural de la Biosfera Montes Azules.

Con el tiempo, la toponimia de los Altos, las Cañadas y la Selva Lacandona terminaría por convertirse en noticia habitual en los medios de comunicación, pero a inicios de 1994 muy pocos tenían una idea clara del lugar al que se referían todos estos nombres. Chiapas sonaba vagamente a exotismo tropical, a turismo ecológico en las lagunas de Montebello o a la obligada visita a las ruinas de Palenque, no muy lejos de la zona donde se desarrollaba el conflicto. Por ello, era necesario redescubrir los escenarios del EZLN: dibujar su belleza y sus contradicciones, implantar sus imágenes en los ojos del mundo.

En su *Diccionario de símbolos*, Juan Eduardo Cirlot escribe: "Todo paisaje puede ser concebido como la mundificación de un complejo dinámico originariamente inespacial". Éste no es una creación mental, sino "una analogía que determina la adopción del paisaje por el espíritu, en virtud de las cualidades que posee por sí mismo y que son las mismas del sujeto". Por ello, "debe buscarse entonces el orden espacial de un paisaje dentro de una demarcación que lo limite y particularice, estructurándolo, a manera de una construcción u obra de arte". O, como ha apuntado Mircea Eliade: "De hecho, el hombre no elige nunca el lugar, sino que se limita a 'descubrirlo'". En su *lectura* del paisaje chiapaneco, los zapatistas de inmediato buscaron que se les identificara con la naturaleza de su entorno, demostrando así los vínculos que siempre unieron a los indígenas con sus tierras. El paisaje chiapaneco, con sus pendientes y serranías, sus variados climas, su exuberancia y su hostilidad, se transformó de este modo en una metáfora ideal del camino que México debía recorrer para convertirse en una nación verdaderamente democrática. Como ocurre en la *Divina comedia*, el camino iniciático planteado por los zapatistas comenzaba en la selva: Chiapas es la entrada tanto al paraíso como al infierno.

Si bien el foco de la revuelta zapatista se encuentra en la región de las Cañadas, se ha privilegiado la idea de que el EZLN tiene su origen en la Selva Lacandona. La misma palabra "selva" posee connotaciones simbólicas muy poderosas que no pueden desdeñarse: la revuelta zapatista, como el subcomandante Marcos ha dicho muchas veces, no es sino un intento de sacar a la luz las profundidades y los abismos de esta *terra incognita*. La "selva oscura" es también la selva del "alma", en este caso del "alma nacional".[2] Sólo si México logra salir de la Selva Lacandona, tal como hicieron los miembros del EZLN, podrá abrirse paso a un futuro luminoso.

Por otra parte, la Selva Lacandona tenía ya, incluso desde antes del fortalecimiento del EZLN, un valor simbólico para los propios indígenas chiapanecos. Como se verá con detenimiento más adelante, desde principios de los años setenta tanto las misiones catequísticas dirigidas por la diócesis de San Cristóbal –encabezada por Samuel Ruiz, uno de los personajes centrales de esta historia–, como los diversos grupos maoístas que comenzaron a penetrar en la zona en esa misma época apoyaron el traslado de indígenas de otras regiones del estado –principalmente de los Altos– hacia la zona de la selva. Como en aquel momento su misión pastoral y evangelizadora se hallaba muy próxima de la teología de la liberación, el obispo Samuel Ruiz estaba convencido de que la Biblia era

[2] En la *Divina comedia*, la "selva oscura" conserva el significado latino de "bosque", pero ello no altera la connotación misteriosa e iniciática que puede dársele en el contexto chiapaneco.

un libro escrito para los "pobres", y que por tanto los indígenas chiapanecos podían identificarse sin dificultades con el antiguo pueblo hebreo, constantemente perseguido por sus enemigos.

–Esta idea de religión consistió en hacer que sintieran que el cristianismo también era, o es, para los pueblos indígenas –escribe Carlos Montemayor–. Que la pobreza, sufrimientos y "liberación" de los indios podía comprenderse, iluminarse con los propios sufrimientos que padeció el pueblo elegido. Es decir, Dios, la Biblia, la religión entera, eran también de los indios. Ellos también eran el pueblo elegido de Dios.

En este contexto, la migración de las comunidades indígenas parecía recordar el Éxodo de los judíos hacia la Tierra Prometida. Mucho después, Marcos diría que el EZLN es una especie de guía, un Virgilio capaz de orientar a los viajeros por las oscuridades del Hades, a fin de conducirlos hacia una sociedad democrática. No es casual que, en uno de sus textos más largos y ambiciosos, "Larga travesía del dolor a la esperanza" –cuyo título es una poco sutil transposición del *Viaje de un largo día hacia la noche* de Eugene O'Neill–, Marcos identifique al México representado por el EZLN con el mundo subterráneo:

–*Al México del sótano...* –escribe el subcomandante– se llega a pie, descalzo, o con huarache o botas de hule. Para llegar hay que bajar por la historia y subir por los índices de marginación. El México del sótano fue el primero. Cuando México todavía no era México, cuando todo empezaba, el ahora México del sótano existía, vivía. El México del sótano es "indígena" porque Colón pensó, hace quinientos dos años, que la tierra a la que llegaba era la India... El México del sótano es indígena... pero para el resto del país no cuenta, no produce, no vende, no compra, es decir, no existe... Entre lodo y sangre se vive y muere en el sótano de México. Oculto, pero en su base, el desprecio que padece este México le permitirá organizarse y sacudir al sistema entero. Su carga será la posibilidad de librarse de ella. La falta de democracia, libertad y justicia para estos mexicanos, se organizará y estallará para iluminar...

"Para volver a ver el sol y las otras estrellas", como escribió Dante al final de su *Comedia*. El camino iniciático comienza con el descenso a los infiernos –la contemplación de la propia miseria–, prosigue con una etapa de arrepentimiento y penitencia –el Purgatorio– y finaliza con la "iluminación" que se experimenta al contemplar el Paraíso.

Además de la selva, el mundo imaginario zapatista también privilegia su relación con las montañas. Éstas han sido siempre lugares sagrados para las comunidades indígenas; no debe extrañar, pues, que Marcos termine la mayor parte de sus comunicados con una frase que se ha vuelto otro de los lugares comunes de su retórica: "Desde las montañas del sureste mexicano".

Si, en contraposición con los floridos jardines de la retórica clásica, la selva representa el lado desconocido y oscuro que debe surcar el ser humano, la montaña, por su parte, se eleva desde la tierra hacia el cielo y encarna la idea de superación, de contacto con la divinidad, de conocimiento revelado. Las montañas están siempre asociadas con iluminaciones y deslumbramientos místicos, como la subida al monte Carmelo de san Juan de la Cruz; al firmar sus comunicados "desde las montañas del sureste mexicano", Marcos asume su papel de profeta y, desde su exilio fuera del mundo –en las alturas del mundo–, envía su mensaje a diestra y siniestra, exhortando a que lo escuchen "quienes tengan oídos".

–La palabra *montaña* es muy recurrente en los textos de Marcos –escribe uno de los mayores especialistas en la historia de Chiapas, el historiador Jan de Vos, en *Una tierra para sembrar sueños. Historia reciente de la Selva Lacandona* (2002)–. A veces su autor la utiliza en el sentido amplio y tradicional (por cierto muy chiapaneco) de "monte", es decir, naturaleza deshabitada por el hombre. Pero la mayoría de las veces se refiere a ella como "cerro", es decir, la parte de la Lacandona que aún se encuentra cubierta por densa vegetación y es el refugio exclusivo de la guerrilla, en oposición a las cañadas donde viven las comunidades campesinas. Es precisamente la experiencia de inmensa soledad humana, en medio de la omnipresente y opresiva naturaleza, la que domina los recuerdos de todos los que entonces tuvieron ocasión de caminar en la selva tropical.

Poco a poco, el lenguaje zapatista ha conformado su propio espacio imaginario: las cañadas, las montañas y la selva, escenarios naturales e intocados que se enfrentan, como los propios guerrilleros, a la brutalidad "civilizada" del mundo occidental, al capitalismo y al libre mercado que intentan destruir estos santuarios naturales y, por extensión, a sus desafortunados pobladores. En el mismo texto titulado "Larga travesía del dolor a la esperanza", Marcos incluye un poema que, inserto en la tradición instaurada por Ramón López Velarde en "La suave patria", achaca todos los grandes males de México a la abundancia de sus recursos naturales:

Habla la patria

I
Hablan la patria y sus dolores

Me han dado como un pedazo
de tierra adolorida,
llena de cicatrices,
de heridas que no cierran,
de golpes y caídas.

Me han dado como una maldición
que no se acaba,
como una casa derruida y amarga.

¡Cómo pesa la historia!

Llena estoy de traiciones y robos,
cada humillación se suma y crece,
cada miseria se acumula.

El águila imperial desgarra mis entrañas
y poderosos señores se reparten
mis mares y mis montañas,
mis ríos y mis desiertos,
mis valles y mis quebradas.

Éstos son mis dolores,
grandes son y no acaban:
el dolor de mi suelo mancillado,
el dolor de mi tierra empobrecida,
el dolor de mi hijo traicionado,
el dolor de mi lucha derrotada...

Para Marcos, Chiapas *es* el paraíso perdido, pero no tanto porque los hombres hayan sido expulsados de allí por un Dios iracundo, sino porque la ambición descontrolada de unos cuantos ha vejado a la naturaleza y empobrecido a sus pobladores. Llama la atención, sin embargo, que en el discurso del EZLN apenas haya argumentos verdaderamente ecologistas: más que proteger a la naturaleza, los zapatistas manifiestan su identidad con ella. En una entrevista con el periodista italiano Gianni Minà, Marcos no duda en reafirmar esta "apropiación" de la geografía de Chiapas –mediante una clásica comparación de la naturaleza con la mujer– a fin de desalentar a sus enemigos:

–Usted, que ha aprendido a vivir en la Selva Lacandona –le dice Minà–, afirma que el Ejército Mexicano jamás podrá llevar las de ganar ahí, porque no podrá entrar nunca en esa realidad. De hecho, sólo los indígenas saben sobrevivir en esa naturaleza tan agresiva, tan difícil...

–Sí, porque aunque te hayas formado y crecido en su seno, llega un momento en el que la montaña, como una mujer, te rechaza, y no hay nada que hacer –sostiene Marcos–. Para convencerla de que te acepte tienes que vivir dentro de ella. No basta con vivir en los pueblos. Y para soportar esto se necesita una motivación y el Ejército Mexicano no tiene ninguna. Está combatiendo, al fin y al cabo, contra un movimiento indígena, pobre, que invoca derechos que son los de cualquier ciudadano. Es muy difícil que el ejército federal encuentre una causa justa para combatirnos y sin ese impulso moral, sin esa motivación, no se puede vivir de ninguna manera en la montaña.

Resulta fácil observar aquí otro elemento ideológico muy presente en el discurso del subcomandante –la falta de motivación moral del ejército federal no implica, de ningún modo, su incapacidad para adaptarse a la naturaleza chiapaneca–, pero por el momento no importa revelar este recurso, sino mostrar cómo Marcos sugiere que la bondad de la causa zapatista es la que, de algún modo, se ha encargado de convencer a la naturaleza, esa dama esquiva, de prestarles su cobijo a los rebeldes. Sabia y justa, la madre naturaleza es una firme aliada del EZLN y de sus hijos, los indígenas.

La vinculación del EZLN con su entorno resulta tan relevante que incluso el escritor uruguayo Eduardo Galeano decidió incluir en su "Diccionario zapatista" numerosas entradas relacionadas con la naturaleza:

Lluvia: "Está lloviendo ayer", me dice un lugareño, a la salida de la ciudad de San Cristóbal de Las Casas. Ayer fue el día de san Cristobalito, que siempre viene con lluvia y esta vez llegó seco y por eso es de ayer esta lluvia de hoy.

En el camino hacia la comunidad de Oventic, bajo la lluvia, la frase me zumba en la cabeza. En Chiapas está lloviendo ayer, pero no sólo porque san Cristobalito se había olvidado de mojarnos.

Niebla: La niebla es el pasamontañas que usa la selva. Así ella oculta a sus hijos perseguidos. De la niebla salen, a la niebla vuelven: la gente de aquí viste ropas majestuosas, camina flotando, calla o habla de callada manera.

Estos príncipes, condenados a la servidumbre, fueron los primeros y son los últimos. Les han arrancado la tierra, les han negado la palabra, les han prohibido la memoria. Pero ellos han sabido refugiarse en la niebla, en el misterio, y de ahí han salido, enmascarados, para desenmascarar el poder que los humilla.

Los mayas, hijos de los días, están hechos de tiempo:

–En el suelo del tiempo –dice Marcos– escribimos los garabatos que llamamos historia.

Marcos, el portavoz, llegó de afuera. Les habló, no le entendieron. Entonces se metió en la niebla, aprendió a escuchar y fue capaz de hablar. Ahora habla desde ellos: es voz de voces.

Lluvia: Chiapas quiere ser un centro de resistencia contra la infamia y la estupidez, y en eso está. Y en eso estamos, o quisiéramos estar, los que nos hemos enredado en las discusiones de estos días. Aquí, en esta comunidad llamada La Realidad, donde falta todo menos las ganas, con la lluvia a todo dar. El estrépito de la lluvia no deja oír las voces, que a veces son ponencias de plomo o discursos de nunca acabar, pero mal que bien nos vamos entendiendo en la tronadera, porque bien valen la pena la voluntad de justicia y la luminosa diversidad del mundo. Y mientras tanto, como diría aquel lugareño de San Cristóbal, está lloviendo mañana la lluvia que llueve y llueve y llueve.

Si bien las precipitaciones en la Selva Lacandona en realidad no son muy altas, de entre 1 800 y 4 000 milímetros al año, lo importante es el valor simbólico que los zapatistas y sus simpatizantes les confieren. Siguiendo un guión clásico, la escenografía del conflicto –la tierra, la montaña, la selva, la lluvia, la niebla– se ha convertido así en una parte imprescindible del ejército zapatista. Semejante al General Invierno de los rusos, la Comandante Selva zapatista es la principal responsable de sus victorias.

Más que una novedad absoluta, el movimiento zapatista fue la innegable explosión de muchas contradicciones que mantenían a la región en un estado de "guerra civil molecular", para emplear la conocida expresión de Hans Magnus Enzensberger. Las tensiones sociales eran tan altas, la desigualdad y la injusticia tan evidentes, que no se puede decir que el EZLN las haya activado, sino que es una consecuencia y una prolongación de ellas.

Ya desde "La paradoja de Chiapas: estado rico con población pobre", un artículo sin firma publicado en *La Jornada* el 5 de enero de 1994, los zapatistas sostenían:

–Paradójicamente, el estado de Chiapas es uno de los más ricos y estratégicos de la República y, al mismo tiempo, figura entre los primeros en atraso social: lleva más de una década ocupando el tercer y cuarto lugar en la producción nacional de gas y petróleo, respectivamente, aunque el producto de esta riqueza difícilmente se destina a resolver las carencias de la mayoría de la población. La riqueza, de la que se aprovechan las trasnacionales y las burguesías nacional y local, se extrae de una población miserable, hambrienta, analfabeta y de las extremas condiciones de explotación de la fuerza de trabajo chiapaneca y guatemalteca. –Y prosigue–: Las principales industrias de Chiapas son las hidroeléctricas y la extracción de petróleo y gas. Ocupa el primer lugar nacional en la generación de energía hidroeléctrica, aportando en este rubro 55 por ciento de la producción total mediante las centrales de Malpaso, La Angostura, Chicoasén y Peñitas. En contraste con esta significativa aportación a la generación de energía eléctrica, más de 30 por ciento de viviendas del estado carecía de ella en 1990, y en 1982, 95 por ciento de las viviendas en las comunidades indígenas no contaba con este servicio, al tiempo que en 60 por ciento de viviendas se consume leña o carbón como único energético, lo que provoca serios problemas ecológicos. La capacidad de recursos hídricos de Chiapas también contrasta con el hecho de que sólo 2.96 por ciento de la superficie agrícola cuenta con sistemas de riego, más de 40 por ciento de las viviendas en 1990 no disponía de agua entubada y 92 por ciento de las viviendas en comunidades indígenas no contaba con ese servicio en 1982. En 1990, sólo 11.1 por ciento de la población económicamente activa (PEA) se encontraba en el sector industrial, mientras que 58.3 por ciento pertenece al sector agropecuario, y 99.2 por ciento a la población que vive en comunidades rurales. Chiapas ocupa, desde hace varias décadas, el primer lugar nacional en la producción de café, el segundo en ganado y el tercero en maíz. No obstante, mantiene uno de los primeros lugares a nivel nacional en índices de desnutrición: en 1988 afectaba a 54 por ciento del total de la población. –Y concluye–: La población total de Chiapas en 1990 ascendió a 3 210 496 habitantes, de los que 26.4 por ciento son indígenas (por lo menos ocho etnias); la entidad conserva el primer lugar en analfabetismo; 30 por ciento de la población mayor de quince años es analfabeta y en las regiones indígenas esa cifra alcanza 60 por ciento; dentro de este último sector, el promedio estatal de población monolingüe está entre 32.5 y 57.2 por ciento. Aunque la desigualdad social es un problema generalizado e intenso, pues ochenta y nueve de sus ciento doce municipios se ubicaban en 1988 en los estratos de marginación media y alta, el problema es más agudo en las regiones donde es mayoritaria la población indígena, como los Altos y la sierra, de extrema pobreza, en las que más de 40 por ciento de la población sobrevive en el estrato de marginación más alto.

Tras el "descubrimiento" de Chiapas provocado por la insurrección zapatista, los medios de comunicación no tardaron en proporcionar sus propias cifras sobre la realidad del estado. El mismo 5 de enero de 1994, *El Financiero* anunciaba que el producto interno bruto (PIB) en Chiapas había caído en 6.5 por ciento en la última década y *Excélsior* afirmaba que "desplomes en precios de café y plátano socavaron a Chiapas". El 7 de enero, *La Jornada* informaba que Chiapas tenía el "primer lugar nacional en muertes por desnutrición" y *Excélsior* revelaba que Chiapas era uno de los cinco estados menos atendidos por Solidaridad, el muy publicitado programa social de Salinas de Gortari.

Pese al estupor causado por la revuelta, nadie se sintió verdaderamente sorprendido de que un grupo armado como el EZLN estuviese encabezado fundamentalmente por indígenas, es decir, los miembros de las comunidades más pobres del país. La desigualdad era un rasgo tan evidente en la sociedad chiapaneca que la toma de las armas parecía una decisión casi natural. Mientras unas cuantas familias blancas o mestizas –*ladinas*, para utilizar el término empleado en Chiapas–, detentaban todo el poder político y económico, incluso con resabios de sus formas de explotación tradicionales, las diversas comunidades indígenas sufrían enormes carencias en materia de reparto agrario, educación, salud y vivienda. El escenario era ideal para el surgimiento de un grupo guerrillero.

Uno de los primeros textos firmados por el subcomandante Marcos, publicado a fines de enero de 1994 aunque fechado en la Selva Lacandona en 1992, resume la visión que tenían los zapatistas sobre la realidad económica y social de Chiapas poco antes de la revuelta. "Chiapas: el sureste mexicano en dos vientos, una tormenta y una profecía" es uno de los documentos más útiles para comprender no sólo la ideología inicial del EZLN, sino su aproximación literaria a los problemas del estado. El texto venía precedido por un breve comunicado del "Departamento de Prensa y Propaganda" del EZLN, y ya posee el inequívoco estilo del subcomandante:

–Ahora que Chiapas nos reventó la conciencia nacional, muchos y muy variados autores desempolvan su pequeño *Larousse ilustrado*, su *México Desconocido*, sus diskets de datos estadísticos del INEGI [Instituto Nacional de Geografía y Estadística] o del Fonapo [Fondo Nacional de Población] hasta los textos clásicos que vienen desde Bartolomé de las Casas. Con el afán de aportar a esta sed de conocimientos sobre la situación chiapaneca, les mandamos un escrito que nuestro compañero Sc. I. Marcos realizó a mediados de 1992, para buscar que fuera despertando la conciencia de varios compañeros que por entonces se iban acercando a nuestra lucha. Esperamos que este material se gane un lugar en alguna de las secciones o suplementos que conforman su prestigioso diario. Los derechos de autor pertenecen a los insurgentes, los cuales se sentirán retribuidos al ver algo de su historia circular a nivel nacional. Tal vez así otros compañeros se animen a escribir sobre sus estados y localidades, esperando que otras profecías, al igual que la chiapaneca, se vayan cumpliendo.

En primer lugar, Marcos parodia el tono de las crónicas de Indias:

> Viento primero. El de arriba. *Que narra cómo el Supremo Gobierno se enterneció de la miseria indígena de Chiapas y tuvo a bien dotar a la entidad de hoteles, cuarteles, cárceles y un aeropuerto militar. Y que narra también cómo la bestia se alimenta de la sangre de este pueblo y otros infelices y desdichados sucesos.*

Y a continuación comienza a hablar:

–Suponga que habita usted en el norte, centro u occidente del país. Suponga que hace usted caso de la antigua frase de Sectur [Secretaría de Turismo] de "Conozca México primero". Suponga que decide conocer el sureste de su país y suponga que del sureste elige usted el estado de Chiapas. Suponga que toma usted por carretera (llegar por aire a Chiapas no sólo es caro sino improbable y de fantasía: sólo hay dos aeropuertos "civiles" y uno militar). Suponga que enfila usted por la carretera transístmica. Suponga que no hace usted caso de ese cuartel que un regimiento de artillería del ejército federal tiene a la altura de Matías Romero y sigue usted hasta la Ventosa. Suponga que usted no advierte la garita que el Servicio de Inmigración de la Secretaría de Gobernación tiene en ese punto (y que hace pensar que uno sale del país y entra en otro). Suponga que usted gira y toma decididamente hacia Chiapas. Kilómetros más adelante dejará usted Oaxaca y encontrará un gran letrero que reza: "Bienvenido a Chiapas". ¿Lo encontró? Bien, suponga que sí. Usted entró por una de las tres carreteras que hay para llegar al estado: por el norte del estado, por la costa del Pacífico y por esta carretera que usted supone haber tomado, se llega a este rincón del sureste desde el resto del país. Y la riqueza sale de estas tierras no sólo por estas tres carreteras. Por miles de caminos se desangra Chiapas: por oleoductos y gaseoductos, por tendidos eléctricos, por vagones de ferrocarril, por cuentas bancarias, por camiones y camionetas, por barcos y aviones, por veredas clandestinas, caminos de terracería, brechas y picadas; esta tierra sigue pagando su tributo a los imperios: petróleo, energía eléctrica, ganado, dinero, café, plátano, miel, maíz, cacao, tabaco, azúcar, soya, sorgo, melón, mamey, mango, tamarindo y aguacate, y sangre chiapaneca fluyen por los mil y un colmillos del saqueo clavados en la garganta del sureste mexicano. Materias primas, miles de millones de toneladas que fluyen a los puertos mexicanos, a las centrales ferroviarias, aéreas y camioneras, con caminos diversos: Estados Unidos, Canadá, Holanda, Alemania, Italia, Japón; pero con el mismo destino: el imperio. La cuota que impone el capitalismo del sureste de este país rezuma, como desde su nacimiento, sangre y lodo.

Si en verdad estas palabras fueron redactadas en 1992, en ellas se advierten ya prácticamente todos los rasgos sobresalientes del estilo de Marcos. Chiapas, rico y apartado, lleno de recursos naturales, no es para el subcomandante sino una víctima de la explotación capitalista del centro; sus metáforas no son en este caso precisamente novedosas: la tierra "se desangra" por gaseoductos y oleoductos –los "veneros del diablo" de López Velarde–, se vacía y agota, a fin de beneficiar al "imperio". Un término decididamente ambiguo que lo mismo remite a Estados Unidos que al nuevo orden mundial, pero que en términos retóricos resulta muy útil a la hora de encontrar un culpable de los males que padece la región.

–Un puñado de mercaderes, entre los que se cuenta el Estado mexicano, se llevan de Chiapas toda la riqueza y a cambio dejan su huella mortal y pestilente –insiste el líder zapatista–: el colmillo financiero obtuvo, en 1989, una captación integral de 1 222 669 millones de pesos y sólo derramó en créditos y obras 616 340 millones. Más de 600 mil millones de pesos fueron a dar al estómago de la bestia. En las tierras chiapanecas hay ochenta y seis colmillos de Pemex enclavados en los municipios de Estación Juárez, Reforma, Ostuacán, Pichucalco y Ocosingo. Cada día succionan 92 mil barriles de petróleo y 516.7 millones de pies cúbicos de gas. Se llevan el gas y el petróleo y dejan, a cambio, el sello capitalista: destrucción ecológica, despojo agrario, hiperinflación, alcoholismo, prostitución y pobreza. La bestia no está conforme y extiende sus tentáculos a la Selva Lacandona: ocho yacimientos petrolíferos están en exploración. Las brechas se abren a punta de machetes, los empuñan los mismos campesinos que quedaron sin tierra por la bestia insaciable. Caen los árboles, retumban las explosiones de dinamita en terrenos donde sólo los campesinos tienen prohibido tumbar árboles para sembrar. Cada árbol que tumben les puede costar una multa de diez salarios mínimos y cárcel. El pobre no puede tumbar árboles, la bestia petrolera, cada vez más en manos extranjeras, sí. El campesino tumba para vivir, la bestia tumba para saquear.

A continuación, Marcos se refiere a los otros recursos naturales de los que se desangra Chiapas: el café, el ganado, la energía eléctrica, la madera, la miel y el maíz, para pasar a preguntarse: "¿Qué deja la bestia a cambio de lo que se lleva?"

–¿*Educación*?–se pregunta–. La peor del país. En primaria, de cada cien niños setenta y dos no terminan el primer grado. En cualquier comunidad indígena es común ver a niños en las horas de escuela cargando leña o maíz, cocinando o lavando ropa. De 16 058 aulas que había en 1989, sólo 1 096 estaban en zonas indígenas. ¿*Industria*? Vea usted: el 40 por ciento de la "industria" chiapaneca es de molinos de nixtamal, de tortillas y de muebles de madera. La gran empresa, el 0.2 por ciento, es del Estado mexicano (y pronto extranjero) y la forman el petróleo y la electricidad. La mediana industria, el 0.4 por ciento está formado por ingenios azucareros, procesadoras de pescados y mariscos, harina, calhidra, leche y café. El 94.8 por ciento es microindustria. La salud de los chiapanecos es un claro ejemplo de la huella capitalista: un millón y medio de personas no disponen de servicio médico alguno. –Y, como si lo anterior no bastara, continúa con su penoso diagnóstico–: Salud y alimentación van de la mano en la pobreza. El 54 por ciento de la población chiapaneca está desnutrida y en la región de los Altos y en la selva, este porcentaje de hambre supera el 80 por ciento. [...] Un millón de indígenas habitan estas tierras y comparten con mestizos y ladinos una desequilibrada pesadilla: aquí su opción, después de quinientos años del "Encuentro de dos mundos", es morir de miseria o de represión. El programa de optimización de la pobreza, esa pequeña mancha de socialdemocracia que salpica ahora al Estado mexicano y que con Salinas de Gortari lleva el nombre de Pronasol es una caricatura burlona que obra lágrimas de sangre a los que, bajo estas lluvias y soles, se desviven.

Luego de este recuento de infamias, Marcos no puede sino exclamar a voz en cuello:

–¡¡Bienvenido!!... Ha llegado usted al estado más pobre del país: Chiapas.

Habiendo mostrado ya la situación de Chiapas, Marcos pasa a referirse a las condiciones de vida de sus pobladores. Si alguien se adentra en las comarcas más pobres de la sierra, ¿qué ve?

–Está en lo cierto, entró usted a otro mundo: el indígena –responde–. Otro mundo, pero el mismo que padecen millones en el resto del país. Este mundo indígena está poblado por 300 mil tzeltales, 300 mil tzotziles, 120 mil choles, 90 mil zoques y 70 mil tojolabales. El Supremo Gobierno reconoce que "sólo" la mitad de este millón de indígenas es analfabeta. Siga por la carretera sierra adentro, llega usted a la región llamada los Altos de Chiapas. Aquí, hace quinientos años, el indígena era mayoritario, amo y señor de tierras y aguas. Ahora sólo es mayoritario en número y pobreza. Siga, lléguese hasta San Cristóbal de Las Casas, hace cien años era la capital del estado pero las pugnas interburguesas le quitaron el dudoso honor de ser la capital del estado más pobre de México. No, no se detenga, si Tuxtla Gutiérrez es una gran bodega, San Cristóbal es un gran mercado: por miles de rutas llega el tributo indígena al capitalismo. Del estado más pobre de México, ésta es la región más pobre. Bienvenido a San Cristóbal de Las Casas, "Ciudad Colonial", dicen los coletos, pero la mayoría de la población es indígena. Bienvenido al gran mercado que Pronasol embellece. Aquí todo se compra y se vende, menos la dignidad indígena. Aquí todo es caro, menos la muerte. Siga adelante, libre con cuidado esas tres hileras de policías que, con boinas pintas, trotan por la orilla de la carretera, pase usted por el cuartel de la Seguridad Pública y siga por entre hoteles, restaurantes y grandes comercios, enfile a la salida para Comitán. Saliendo de la "olla" de San Cristóbal y por la misma carretera verá las famosas grutas de San Cristóbal, rodeadas de frondosos bosques. ¿Ve usted ese letrero? No, no se equivoca, este parque natural es administrado por... ¡el ejército! Sin salir de su desconcierto, siga adelante... ¿Ve usted? Modernos edificios, buenas casas, calles pavimentadas... ¿Una universidad? ¿Una colonia para trabajadores? No, mire bien el letrero a un lado de los cañones, y lea "Cuartel General de la 31 Zona Militar".

A continuación, Marcos invita a seguir el recorrido por otros poblados del estado, ironizando constantemente sobre los contrastes entre la riqueza de unos cuantos –en especial los finqueros– y la miseria de la mayoría. Al final, concluye:

–¿Cansado? ¿Quiere regresar? Bueno. ¿Otros lugares? ¿Distintos? ¿En qué país? ¿México? Verá usted lo mismo, cambiarán los colores, las lenguas, el paisaje, los nombres, pero el hambre, la explotación, la miseria y la muerte, es la misma. Sólo busque bien. Sí, en cualquier estado de la República. Ajá, que le vaya bien... y si necesita un guía turístico no deje de avisarme, estoy para servirle... ¡Ah! otra cosa. No siempre será así. ¿Otro México? No, el mismo... yo hablo de otra cosa, como que empiezan a soplar otros vientos, como que otro viento se levanta...

En el capítulo segundo del "Viento primero", Marcos se enfrenta a otros asuntos que serán comentados en su oportunidad, en especial al régimen del gobernador Patrocinio González Garrido y al surgimiento del EZLN. Ahora lo relevante es mostrar que, según Marcos, el "escenario" chiapaneco presentaba un cúmulo de injusticias centenarias que el alzamiento zapatista únicamente se encargó de volver públicas.

Desde luego, no todos los comentaristas están de acuerdo con el Chiapas dibujado por los zapatistas. Para presentar aquí el punto de vista contrario –y cerrar este apartado–, vale la pena escuchar las palabras del historiador Juan Pedro Viqueira, uno de los que más recurrentemente se han ocupado del tema:

–Un estado rico con población pobre –escribe Viqueira en su artículo "Los peligros del Chiapas imaginario" (1999)–. Esta fórmula resume acertadamente el discurso de los simpatizantes zapatistas sobre la realidad económica de Chiapas. Según ellos, el principal, por no decir el único, problema que padecen los indígenas es la expoliación de los abundantes frutos que la madre tierra les ofrece generosamente por parte de una minoría de finqueros y políticos. Bastaría con devolverles a los indígenas el control de los recursos de sus territorios "ancestrales" para resolver sus problemas económicos. Según algunos, esto sólo será posible cuando llegue el advenimiento del nuevo mundo y desaparezcan el PRI-gobierno en México y el neoliberalismo en el mundo. Para el gobierno, en cambio, la pobreza en Chiapas es un problema ancestral del cual nadie es responsable. Él, que ha invertido millones en el desarrollo del estado, lo es menos que nadie. Sin embargo, la afirmación de que Chiapas es un estado rico dista mucho de ser evidente. Sorprende que antiguos marxistas consideren que hoy en día la producción de café, maíz y ganado, la extracción de gas natural y la generación de electricidad en presas basten para garantizar la prosperidad de una abundante población en rápido crecimiento demográfico. La ausencia prácticamente total de actividades industriales y la dramática escasez de empleos en el sector de servicios no parecen preocuparles demasiado.

Viqueira culmina:

–No está de más recordar que en todos los municipios de Chiapas, salvo Tuxtla Gutiérrez, el porcentaje de población económicamente activa que gana menos de una salario mínimo supera ampliamente el promedio nacional. Pero aun suponiendo que los recursos naturales mencionados anteriormente fuesen suficientes para hacer de Chiapas un estado rico, el hecho es que todos ellos se encuentran fuera de las regiones indígenas, y más específicamente fuera de la llamada zona de conflicto que comprende los Altos de Chiapas y la Selva Lacandona. Más de la mitad de la producción de maíz proviene de la depresión central y de los llanos de Comitán. Cerca de las tres cuartas partes del ganado se reproducen en la depresión central y en las llanuras del Pacífico, de Pichucalco y de Palenque. Todas las presas hidroeléctricas (que generan 8 por ciento del total de la electricidad del país) se encuentran sobre el río Grijalva, lejos de la zona de conflicto. En cuanto al gas natural (23 por ciento de la producción nacional), éste se extrae de las llanuras de Pichucalco, una región que mantiene prácticamente todos sus intercambios con Tabasco, dándole la espalda a Chiapas. Sólo en lo relativo a la producción de café, cuyo precio mundial está una vez más por los suelos, los Altos y la Selva Lacandona se encuentran al mismo nivel que el resto del estado. –Y culmina–: En los Altos, principal región indígena de Chiapas, lo único que abunda son las personas. Esta región, a pesar de ser una de las más pobres de Chiapas, tiene una densidad de población muy superior a la del conjunto del estado (sesenta y un personas por hectárea contra treinta y siete).

Chiapas se revela una vez más como un nudo de controversias: las versiones no se complementan, se contraponen: la guerra de palabras continúa.

SEGUNDA PARTE

Los antecedentes

Donde se hace un breve repaso de la triste historia de esta región, desde el origen del universo hasta el despótico gobierno de Patrocinio González Garrido, y donde se cuentan muchas y muy dolorosas cosas que presagian el alzamiento zapatista.

1

De la creación del universo al encuentro de dos mundos

El mundo imaginario de Chiapas no sólo se ha fincado en la belleza y el poder de sus escenarios naturales, en las contradicciones de su población o en la turbia administración de sus recursos, sino en la fuerza simbólica de su historia y, en general, de la historia de México. Desde luego, habría que preguntarse *qué* historia debe ser tomada en cuenta, puesto que, como ocurre con todos los aspectos relacionados con este tema, las versiones sobre lo ocurrido en los últimos siglos en Chiapas tampoco escapan a las manipulaciones ideológicas. La larga historia de esta región se remonta a la legendaria fundación de las ciudades mayas, cerca del siglo III de nuestra era, y a partir de ahí se extiende a través de la Conquista española, su posterior pertenencia a la Capitanía General de Guatemala, la anexión a México, las turbulentas reyertas decimonónicas, la Revolución y, por fin, la conformación del México contemporáneo.

En medio de una guerra mediática como la que se libra en Chiapas –una batalla de verdades contrapuestas–, la memoria histórica no puede evadir su utilización política. Desde su surgimiento, el EZLN se ha esforzado por mostrarse como el continuador legítimo de las luchas que los indígenas sostienen desde el siglo XVI contra la represión de los conquistadores blancos y sus descendientes, posteriormente convertidos en encomenderos coloniales, terratenientes porfiristas o finqueros ligados al PRI. En este contexto, Marcos se presenta como la reencarnación de la estirpe de hombres blancos que han enarbolado las demandas indígenas, en un espectro que va de Kukulcán-Quetzalcóatl a Gonzalo Guerrero. Pero la búsqueda de legitimidad histórica por parte del EZLN no se detiene aquí: ya desde su nombre mismo es obvio que el EZLN se asume como heredero de las luchas campesinas encabezadas por

Emiliano Zapata en el sur de Morelos, así como de su reivindicación de "Tierra y Libertad".

En su batalla ideológica contra el gobierno mexicano, los guerrilleros han hecho todo lo posible para arrebatarle a la historiografía oficial los mitos ligados con el nacionalismo revolucionario. Además de la guerra real y de la mediática, pusieron en marcha una guerra adicional, por la historia del país. Desde luego, el uso ideológico del pasado no es exclusivo del EZLN, pero es en este terreno donde los alzados consiguieron sus primeras victorias. Como sea, no es mi intención ofrecer ahora un recuento pormenorizado de la historia de Chiapas y de México, sino los microrrelatos surgidos a partir del 1° de enero de 1994 que muestran la encarnizada lucha por la historia desatada entre los zapatistas, el gobierno, los partidos de oposición, la Iglesia y los intelectuales.

En *Resistencia y utopía*, Antonio García de León narra la creación del cosmos de acuerdo con las antiguas leyendas indígenas de Chiapas de la siguiente manera:

–Cuando el universo *Osil Balamil* fue formado, cuando tuvo su origen de la oscuridad profunda, cuando surgió con su cauda de animales, cometas, rayos y centellas del bastón de la deidad creadora, sólo las fuerzas de la maldad y el *Poslob* recorrían los valles y montes en forma de bolas de fuego o de tigres devoradores. Los golpes de bastón de *Ojoroxtotil*, padre-madre (del que antes brotó agua), acabaron con ellos, dejando únicamente una pareja felina reproductora. El control de sus devastaciones y la ascensión del sol y la luna permitieron el desarrollo del hombre sobre la tierra, el crecimiento largo de sus artes y su subsistencia. Hubo un tiempo antiguo, "tiempo todavía sin tiempo", dicen los choles, cuando el mundo fue formado en esta oscuridad líquida por el padre-madre, antes aún de que el sol fuera a su vez concebido. En este tiempo, "en que las palabras carecían de significado y las cosas aún no tenían su nombre", los primeros hombres fueron fabricados por los guardianes del cielo, modelados en barro o madera, pereciendo después al no resistir el fuego o el agua. Sólo cuando su carne fue hecha de maíz, resistió y adquirió su verdadera esencia colectiva. La luna, el sol, y las plantas y estrellas, vivían entonces como hombres de maíz sobre la tierra nocturna; tierra aún poblada de jaguares malignos y devoradores, o cautivos de deidades que tomaban su fuerza de la oscuridad; como el *Ik'al Ajaw* o "señor negro". Los santos también recorrían el mundo, un planeta todavía blando, cuyas piedras se modelaban con los dedos, y en que un solo dios o un solo hombre podían fabricar a soplos un templo de piedra o una morada.[3]

Como ha señalado Christopher Domínguez, Marcos ha sido un lector voraz de la obra de García de León y su estilo, sobre todo cuando se pretende profético y mitológico. Pronto, el discurso zapatista asimiló el estilo de las leyendas indígenas de la zona, provocando que Chiapas también fuese visto como un lugar casi sagrado. La revuelta del EZLN siempre se mostró como un regreso a los orígenes, un estallido primordial cuya misión consistía en devolverle a esta tierra su estado original. Por ello, sin duda la porción de la historia de Chiapas que más veces ha sido invocada por los zapatistas es la Conquista o el "encuentro de dos mundos", como se le ha llamado de modo absurdo y eufemístico. Para el EZLN, la llegada de los españoles marca el inicio de la interminable serie de vejaciones que han sufrido los indígenas de la zona. Las luchas internas entre los diversos señoríos, así como la brutalidad típica de la época precortesiana no parecen interesarles en absoluto; para ellos, el tiempo previo a la Conquista es una supuesta "edad de oro", destruida a sangre y fuego por los españoles. Tal como lo dice el libro del *Chilam Balam*:

[3] Si bien la historia de Chiapas cuenta con historiadores tan agudos como Jan de Vos, Juan Pedro Viqueira y Emilio Zebadúa, he preferido centrarme en la versión dada por Antonio García de León, no por ser la más exacta o la más difundida, sino por ser el sustrato no sólo historiográfico sino también retórico de la posterior recreación de la historia chiapaneca llevada a cabo por el subcomandante Marcos. En cualquier caso, el lector interesado encontrará en la bibliografía una larga lista con algunas de las obras mayores sobre este tema.

–Para que su flor viviese, dañaron y sorbieron la flor de nosotros.

La Conquista y posterior "pacificación" de Chiapas se inició en febrero de 1524 con la primera expedición armada que se internó en su territorio. Tal como habían hecho antes con los aztecas, en Chiapas los españoles también se aprovecharon de las divisiones existentes entre los diversos grupos aborígenes, enfrentando a unos contra otros con el fin de obtener un dominio efectivo sobre todos ellos. Hernán Cortés se había valido de los conflictos entre tlaxcaltecas y nahuas para apoderarse de la ciudad de México, y ahora los conquistadores aplicaron la misma estrategia con los chiapanecas o "soctones", cuyos vasallos no vacilaron en colaborar con los conquistadores para escapar de su antiguo yugo. En palabras de Bernal Díaz del Castillo, quien también participó en esta expedición:

–Había grande miedo de los chiapanecas –escribe Bernal en su *Historia verdadera de la conquista de la Nueva España*– porque ciertamente eran en aquel tiempo los mayores guerreros que yo había visto en toda la Nueva España y esto digo porque jamás México los pudo señorear, porque en aquella sazón era aquella provincia muy poblada, y los naturales de ella eran en gran manera belicosos y daban guerra a sus comarcanos que eran los de Zinacantán y a todos los pueblos de los Quelenes, asimismo los pueblos que se dicen Soques, y robaban y cautivaban a la continua a otros pueblezuelos, donde podían hacer presa, y con lo que de ellos mataban hacían sacrificio y hartazgos; y demás desto en los caminos de Teguantepeque tenían malos empasos, malos puertos guerreros para saltear a los indios mercaderes que trataban de una provincia a otra, y a esta causa dejaban de tratar las unas provincias con las otras, y aún había traído por fuerza a otros pueblos y hécholos poblar y estar junto a Chiapa, y los tenían por esclavos, y con ellos hacían sus sementeras.

A una primera expedición de los españoles, le siguió otra, comandada por Pedro de Alvarado, a través de la costa de Tonalá y el Soconusco, aunque al final fue uno de los capitanes de este último, Diego de Mazariegos –cuya estatua en San Cristóbal de Las Casas sería derribada por grupos indígenas durante las celebraciones del quinto centenario de la Conquista–, quien se encargó de someter a los últimos grupos rebeldes de la región. Por ello se le considera el moderno fundador de las dos Chiapas, que dieron su nombre a la nueva provincia: la "Chiapa de los indios" (hoy Chiapa de Corzo) y la "Chiapa de los españoles" (hoy San Cristóbal). Esta última –llamada sucesivamente Villaviciosa, San Cristóbal de los Llanos y Ciudad Real–, fundada en el valle del frío de Hueyzacatlán por los españoles y sus aliados xochimilcas y tlaxcaltecas (a los que se unieron después colonos zapotecas, mixtecas y quichés), terminó por convertirse en la capital de la provincia.

Entre 1523 y 1531, Chiapas fue administrado por el ayuntamiento de la ciudad de México; a lo largo de toda la época colonial, pasó a depender de la Audiencia de la Capitanía General de Guatemala. Desde 1569, la región del Soconusco se incorporó asimismo a la provincia, por lo cual siempre estuvo más ligada a Ciudad Real que a Guatemala, si bien hasta muy avanzado el siglo XIX esta nación siguió reivindicándola como parte de su territorio.

Durante los primeros años de dominio español, los indígenas no sólo sufrieron las peores vejaciones, sino que además padecieron enfermedades epidémicas que diezmaron su población. Los chiapanecas se rebelaron una y otra vez, y sólo en 1528 aceptaron la presencia de Diego de Mazariegos y el pago de tributo, aunque en 1532 volvieron a alzarse contra los invasores hasta que fueron brutalmente sometidos poco después. De esta última revuelta se deriva le leyenda, extendida desde entonces, sobre el valor sin par de los "indios de la Chiapa" que prefirieron suicidarse lanzándose a un acantilado antes que aceptar el yugo extranjero. Como recuerda García de León, esta historia se asemeja a las descritas por Cervantes en *El cerco de Numancia* y Alonso de Ercilla en *La araucana*, al igual que a la gesta de los guanches en Tenerife.

–Que todos perezcamos –escribió Cervantes–, antes que un insufrible desafuero nos convierta en esclavos de esos amos.

La historia de Chiapas ha estado marcada siempre por la oposición radical e irreconciliable entre estos dos mundos: el occidental y el indígena. A diferencia de lo que ocurrió en otras regiones del país, en esta región el mestizaje nunca logró extenderse, lo que provocó que los conflictos étnicos fuesen más frecuentes y que la discriminación se convirtiese en una norma de conducta que no ha terminado de desaparecer ni siquiera ahora. En medio de este escenario, era natural que el EZLN encontrase una base social entre los indígenas que desde hacía siglos se sentían maltratados y despojados por los conquistadores blancos y sus herederos, los "coletos" de San Cristóbal de Las Casas.

2

Bartolomé de las Casas y el alma de los indios

Uno de los personajes más insignes ligados a la historia de Chiapas es, sin duda, Bartolomé de las Casas. Su misión como protector de los indios continúa tan presente entre los indígenas de la zona que se ha convertido en un modelo y un símbolo para todos los actores del conflicto zapatista. Tanto Samuel Ruiz, quien de modo explícito ha querido asumirse como su sucesor, como diversas voces del gobierno local, e incluso el subcomandante Marcos, han encontrado en él un punto de referencia obligado. Su historia personal resulta tan significativa que, de manera semejante al Cid, parece como si varios siglos después de su muerte el viejo obispo todavía fuese capaz de ganar las principales batallas que se libran en Chiapas en nuestros días.

Las Casas nació en Sevilla en 1474 –otras fuentes asientan 1484–, probablemente en una familia de conversos. Su infancia estuvo marcada por el espíritu épico de la Reconquista y las derrotas de los moros ante las armas de los Reyes Católicos. Tras pasar sus primeros años en Sevilla, cerca de 1490 se trasladó a la Universidad de Salamanca para realizar estudios en "ambos derechos"; allí conoció a Cristóbal Colón, quien por entonces peregrinaba en torno a la corte para defender su idea de viajar hacia las Indias por el Occidente. El padre de Bartolomé, Pedro de las Casas, se convirtió más tarde en uno de los acompañantes de Colón. De regreso de uno de sus viajes, le regaló a su hijo "un indiezuelo que le dio el almirante Colón" para que lo usase como paje. Bartolomé convirtió al indio en *sujeto de observación*, tratando de investigar su carácter y costumbres y su mitología para cotejarla con la religión de Cristo.

Hacia 1500, Bartolomé terminó sus estudios en el claustro salmantino y se integró a la carrera clerical. Según algunos historiadores, se convirtió en doctrinero de la expedición que partió de San Lucas de Barrameda el 13 de febrero de 1502, al mando del capitán general Antonio Torres. En 1506 regresó a Europa y se dirigió a Roma, presumiblemente para hacerse diácono, aunque no tardó en regresar a América, donde se convirtió en doctrinero bajo la jurisdicción de don Diego Colón, el hijo del Almirante, quien acababa de ser nombrado gobernador de La Española. Alrededor de 1512, Bartolomé recibió al fin la orden sacerdotal de manos de don Alonso Manso, obispo de Puerto Rico.

Sólo unos años antes, en 1510, había llegado a La Española la orden de los dominicos; tres de los primeros predicadores pasaron a la historia por su protección de los indígenas: fray Pedro de Córdoba, fray Antón de Montesinos y fray Bernardo de Santo Domingo. En 1512, Montesinos pronunció un sermón que habría de volverse célebre por su defensa de los pobladores naturales de América:

–Para os lo dar a conocer me he subido aquí, yo que soy voz de Cristo en el desierto de esta isla, y por tanto conviene que con atención, no cualquiera, sino con todo vuestro corazón y con todos vuestros sentidos, la oigáis; la cual voz será la más nueva que nunca oísteis, la más áspera y dura y más espantable y peligrosa que jamás pensasteis oír... –sostiene Montesinos–. Todos estáis en pecado mortal y en él vivís y morís, por la crueldad y tiranía que usáis con estas inocentes gentes. Decid, ¿con qué derecho y con qué justicia tenéis en tan cruel y horrible servidumbre aquestos indios? ¿Con qué autoridad habéis hecho tan detestables guerras a estas gentes que estaban en sus tierras mansas y pacíficas, donde tan infinitas dellas, con muertes y estragos nunca oídos, habéis consumido? ¿Cómo los tenéis tan opresos y fatigados, sin dalles de comer ni curallos en sus enfermedades, que de los excesivos trabajos que les dais incurren y se os mueren, y por mejor decir los matáis, por sacar y adquirir oro cada día? ¿Y qué cuidado tenéis de quien los doctrine, y conozcan a su Dios y Criador, sean baptizados, oigan misa, guarden las fiestas y domingos?

¿Éstos, no son hombres? ¿No tienen almas racionales? ¿No sois obligados a amallos como a vosotros mismos? ¿Esto no entendéis, esto no sentís? ¿Cómo estáis en tanta profundidad, de sueño tan letárgico, dormidos? Tened, por cierto, que en el estado que estáis, no os podéis más salvar que los moros o turcos que carecen y no quieren la fe de Jesucristo.

La reacción de los encomenderos fue sumamente violenta, al grado que Diego Colón quiso obligar a desdecirse a "aquel fraile que había predicado tan graves desvaríos". Pero, cuando se dirigió a fray Pedro de Córdoba, el prior de los dominicos, éste le replicó "que lo que había predicado el padre había sido de parecer, voluntad y consentimiento suyo y de todos los demás Padres, después de muy bien mirado y conferido entre ellos". Una semana más tarde, Montesinos no sólo no rectificó sus argumentos, sino que en un nuevo sermón redobló las críticas contra los encomenderos.

Éstos no dudaron en escribirle a Fernando V para mostrarle su descontento. El rey respondió llamando a la corte al provincial de la orden en Castilla, fray Alonso de Loaysa, quien no tuvo más remedio que prometer que los predicadores de La Española rectificarían su posición. La expulsión de la orden del Nuevo Mundo parecía inminente. Pedro de Córdoba decidió entonces iniciar una colecta para enviar a Montesinos a España a fin de que defendiera su posición ante el rey. Los encomenderos, por su parte, enviaron a un representante suyo, fray Alonso del Espinar, prior de los franciscanos. Primero en Burgos, y el año siguiente en Valladolid, se llevó a cabo, en presencia del rey, una controversia entre ambos prelados para definir si los indios tenían alma. Al final, las leyes emanadas de la controversia reconocieron el carácter humano de los indios, otorgándoles privilegios y derechos, si bien en la práctica estas leyes tuvieron pocos efectos en el nuevo continente.

Aunque debió enterarse de las disputas surgidas en torno al sermón de Montesinos, Bartolomé de las Casas no se inmiscuyó en ella y continuó su labor como doctrinero y encomendero. Tras la expedición de Diego de Velázquez a Cuba,

Las Casas fue llamado por el conquistador para colaborar en las tareas de adoctrinamiento y pacificación de los indígenas. Comenzó así su verdadera labor evangelizadora, pues muy pronto se ganó la confianza y el respeto de los aborígenes, quienes lo llamaron *behique*, el nombre que daban a sus brujos.

En Cuba, Las Casas se enfrentó por primera vez a la represión que los conquistadores llevaban a cabo contra indígenas sublevados. Luego de varios intentos por "humanizar" a sus compatriotas, Las Casas decidió emprender la vida apostólica; visitó al gobernador Diego Velázquez y le manifestó su decisión de dejar en libertad a los indios bajo su custodia. Tras visitar en La Española a fray Pedro de Córdoba, prior de los dominicos, y expresarle su deseo de "buscar el total remedio de estos desventurados", Las Casas se embarcó rumbo a España.

Al llegar a Sevilla tomó contacto con diversos clérigos que apoyaban la causa indígena, como el arzobispo de Sevilla, fray Diego de Daza, antiguo amigo de Colón y hombre cercano al rey. Su intención era conseguir una entrevista con el enfermo Fernando V para defender la causa de los indios; al final éste aceptó recibirlo, pero apenas le prestó atención. Más ásperas resultaron las pláticas de Las Casas con Juan Rodríguez de Fonseca, obispo de Burgos; tras leerle un largo pliego en el que hablaba sobre las penurias que sufrían los aborígenes, éste interrumpió su arenga con esta frase:

–¡Mirad qué donoso necio! ¿Qué se me da a mí y qué se le da al rey?

Fernando V murió al poco tiempo y, debido a la enfermedad mental que aquejaba a su hija, doña Juana, el reino quedó a cargo del cardenal Francisco Jiménez de Cisneros, en calidad de regente, hasta la llegada al país de don Carlos de Gante, el futuro Carlos I. Las Casas decidió buscarlo en Flandes, no sin antes pasar por Madrid, donde se entrevistó tanto con Cisneros como con su corregente, el antiguo preceptor de don Carlos, el embajador Adriano de Utrecht. Ambos prestaron atención a las denuncias del clérigo y le informaron que discutirían atentamente el asunto.

Entre marzo y mayo de 1516, Las Casas presentó sucesivamente sus *Memoriales de los agravios, de los remedios y de las denuncias* y más adelante, por indicación de Cisneros, se dedicó a redactar unas leyes de reforma en favor de los indios, con el fin primordial de liberarlos del trabajo forzado. En ellas también proponía la transformación de las encomiendas individuales en comunidades autónomas bajo la dirección de funcionarios fieles a las nuevas leyes:

–Que vuestra señoría mande hacer una comunidad en cada villa y ciudad de los españoles, en que ningún vecino tenga indios conocidos ni señalados, sino que todos los repartimientos estén juntos y que hagan labranza juntos, y los que hobieren de coger oro lo cojan juntos –escribió–. Y para esto que haya mayordomos, los que fuere menester, y otros ministros necesarios para la dicha comunidad, que abajo se nombrarán, los cuales no tendrán en ella parte alguna ni provecho della, así en las labranzas que hicieren con los indios, como en el oro que con ellos cogieren, salvo ciertos salarios y partido que se les dé en dinero a las fundiciones, cuando todos los gastos se pagaren, como más largo se dirá...

En ese mismo año de 1516, mientras Las Casas redactaba las normas para los indios de las Antillas, Tomás Moro imaginaba en su *Utopía* una república ideal, similar en muchos casos a la que el sacerdote sevillano más adelante trataría de poner en práctica en el Nuevo Mundo. Al cabo de unos meses, Las Casas fue nombrado por Cisneros protector universal de los indios, al lado de tres monjes jerónimos, y recibió la orden de embarcar hacia las posesiones de Ultramar para vigilar la aplicación de las nuevas leyes.

–Los gobernadores de Castilla y más especialmente el cardenal Cisneros –escribe Manuel Jiménez Fernández, uno de los biógrafos de Las Casas–, confiaron la misión de ejecutar su Plan de Reformación de las Indias, a donde debían trasladarse inmediatamente, como supremas autoridades para ello, a los tres comisarios jerónimos, encargados de funciones legislativas y ejecutivas preferentemente; y como subordinados a ellos, al procurador de los indios, Bartolomé de las Casas, con misión puramente informativa y promotora.

Tras una nueva batalla contra los encomenderos, Las Casas volvió a España, donde fue nombrado traductor del Gran Canciller de Castilla, un magnate flamenco cercano al rey Carlos I. Después de una prolongada lucha contra los "fonsequistas", Las Casas continuó sus arengas a favor de los indígenas y por fin consiguió un privilegio real que le concedía cien leguas de territorio en Tierra Firme americana siempre y cuando pacificara a los indios y pagara una renta al cabo de dos años. El 10 de enero de 1521, Las Casas llegó a Puerto Rico, donde volvió a enfrentarse con los conquistadores. Cansado del mundo, se retiró al claustro de los dominicos en La Española, en cuya orden profesó en 1523.

–La crisis moral que conoció Las Casas en 1522 no es simplemente el abatimiento de un hombre que ha sufrido un fracaso ni incluso, únicamente, el remordimiento que puede nacer de un sentimiento de culpabilidad –escriben Marcel Bataillon y André Saint-Lu (1976)–. Para alguien que sentía tan fuertemente su vocación, y que sin duda se sentía designado por Dios, la idea de un castigo sobrenatural tenía que terminar por imponerse.

Su encierro terminó en 1531, cuando el obispo de México, fray Juan de Zumárraga, decidió nombrarlo reformador de la orden de los dominicos para la Nueva España. Una vez más, su misión estuvo plagada de contratiempos: sus propios hermanos se rebelaron contra él e incluso terminaron encarcelándolo. Las Casas no se amilanó y envió una larga carta al Consejo Real y Supremo de las Indias que habría de convertirse en un anticipo de su gran tratado latino sobre la evangelización de los indios, titulado *De unico vocationes modo omnium gentium ad veram religionem*. Ahí establecía:

–La Providencia ha establecido, para todo el mundo y todos los tiempos, un solo y único modo de enseñar a los hombres la verdadera religión, a saber la persuasión razonada del entendimiento, junto a la invitación, la suave exhortación de la verdad.

Un poco más tarde acometería la gigantesca empresa de redactar su *Historia general de las Indias*. En 1534, por invitación del nuevo obispo de Lima, fray Tomás de Berlanga, Las Casas partió hacia Perú, pero su nave perdió el rumbo a causa de una tempestad y terminó encallando en las costas de Nicaragua. Allí, en lo que llamó "la médula y riñonada de todas las Indias" y "un paraíso del Señor", se estableció por un tiempo, hasta que en 1536 marchó hacia Santiago de Guatemala. Una vez allí volvió a ser llamado por su amigo fray Julián de Garcés, obispo de Tlaxcala, para que lo ayudase a convencer al papa de que era necesario reconocer la naturaleza humana de los indios. Con este propósito, había aleccionado al dominico fray Bernardino de Minaya para que hiciera uso de su *De unico vocationes modo*, así como de las palabras del teólogo salmantino Francisco de Vitoria, quien había afirmado que "los cristianos no pueden ocupar por la fuerza las tierras de los infieles, si éstos las poseen como dueños verdaderos, es decir si desde siempre han estado bajo su dominio".

Gracias a la ayuda de doña Isabel, esposa de Carlos I, Minaya consiguió en 1537 que Paulo III redactase la bula *Sublimis Deus*.

–Considerando que los indios, siendo hombres verdaderos, no solamente son aptos para recibir la fe cristiana sino que, por lo que sabemos, la desean grandemente –decía el documento papal–, decidimos y declaramos, no obstante toda opinión contraria, que los mencionados indios no podrán ser de ninguna manera privados de su libertad ni de la posesión de sus bienes y que deberán ser llamados a la fe de Jesucristo por la predicación de la palabra divina y a través del ejemplo de una virtuosa y santa vida.

Por primera vez los empeños de Las Casas comenzaban a dar frutos. Luego de cumplir su misión en Tlaxcala, volvió a Guatemala, donde obtuvo un triunfo más: un acuerdo del gobernador, don Alonso de Maldonado, ratificado por el virrey de la Nueva España, don Antonio de Mendoza, establecía que los indios pacificados de la zona no serían entregados en encomienda, sino que quedarían bajo la protección de la Corona en calidad de vasallos.

Las Casas regresó a España en 1540 para pedir la ayuda del emperador Carlos I. Con la aprobación del presidente del Consejo de Indias, el cardenal Loaysa, logró una de las mayores victorias de su vida: la promulgación de las *Nuevas leyes* para las Indias, dadas a conocer en Barcelona en noviembre de 1542.[4] Aunque fueron matizadas por las leyes de Valladolid del año siguiente, en ellas se estableció el fin de las conquistas, la supresión de la encomienda y los repartimientos y fin el maltrato a los indios:

—Ordenamos y mandamos que de aquí en adelante por ninguna causa ni otra alguna, aunque sea so título de rebelión, ni por rescate ni de otra manera, no se pueda hacer esclavo indio alguno, y queremos que sean tratados como vasallos nuestros de la Corona de Castilla, pues lo son –indicaban las *Nuevas leyes*–. Ninguna persona se puede servir de los indios por vía de naboría ni de tapia, ni otro modo alguno contra su voluntad. Y como hemos mandado que aquí en adelante, por ninguna vía se hagan los indios esclavos, así en los que hasta aquí se han hecho contra razón y derecho y contra las previsiones e instrucciones dadas, ordenamos y mandamos que las Audiencias, llamadas las partes sin tela de juicio, sumaria y brevemente, sola la verdad sabida, los pongan en libertad.

El triunfo de Las Casas parecía definitivo. Carlos I recelaba del poder feudal de las encomiendas, por lo cual estaba dispuesto a suprimirlas usando los argumentos del dominico. Una vez publicadas las *Nuevas leyes*, Las Casas recibió el ofrecimiento de convertirse en obispo de Cuzco, cargo que rechazó, aunque accedió a desempeñar el de obispo de Chiapas, adonde

---

[4] No deja de ser curioso que, en 1997, el gobernador interino de Chiapas, Julio César Ruiz Ferro, declarase su rechazo a la nueva legislación indígena de este modo: "[Lo que queremos] es una autonomía que no escinda al país, que no cree las reservas. Estamos en contra de las reservas, en contra de la segregación. Y hay términos que no se han manejado. Por ejemplo, que no queremos nuevas *Leyes de Indias*".

llegó a principios de 1545. De esta época data su *Brevissima relación de la destrucción de las Indias.*

En febrero de 1538, el obispo de Guatemala, Francisco de Marroquín, había obtenido una bula del papa Paulo IV que sustraía a Chiapas de la jurisdicción de Tlaxcala y creaba una nueva diócesis en la región. En mayo de ese año había sido nombrado el primer obispo de Chiapas, fray Juan Ortega, quien ostentó con orden papal el título de "Protector de los Yndios". Poco después fue sustituido por fray Juan de Arteaga, quien organizó el clero secular y se preocupó de cumplir su misión de supervisar las encomiendas de su obispado, así como las de Tehuantepec, Coatzacoalcos, Grijalva, Champotón, Yucatán y Cozumel. Desde entonces se inició la larga tradición de pugnas locales entre el poder civil y la Iglesia, las cuales habrían de prolongarse hasta las del obispo Samuel Ruiz y el gobernador Patrocinio González Garrido.

A su llegada a la diócesis chiapaneca, Las Casas no tardó en denunciar las injusticias cometidas contra los indios. La aplicación de las *Nuevas leyes* resultaba más problemática de lo que suponía. El 20 de marzo de 1545, Las Casas publicó su primera carta episcopal, negando absolución a todos aquellos que no liberasen a los indios.

–Decimos que, no obstante que por no haber visto su real firma no la podemos creer –se apresuraron a escribirle los encomenderos al obispo Marroquín–, estamos tan escandalizados como si nos enviara a mandar cortar cabezas; queremos certificar que ha sido parte para esta sentencia tan cruel un tal fray Bartolomé de las Casas, frayle non letrado, non sancto, invidioso, vanaglorioso, apasionado, inquieto y no falto de codicia.

Las Casas respondió a estas censuras negándoles la confesión y la comunión. Mientras tanto, el 20 de octubre de 1545, el rey ordenó por Real Cédula la extinción definitiva de las encomiendas y para hacerla efectiva envió al Nuevo Mundo al licenciado Francisco Tello Sandoval con el título de visitador general de la Nueva España. Por desgracia, este aparente triunfo de Las Casas duró poco. Después de varias ausencias, en 1546 debió abandonar definitivamente su obispado, perseguido por los encomenderos y abandonado por sus antiguos protectores de la Real Audiencia. Para colmo, el virrey Antonio de Mendoza logró convencer a Tello Sandoval de la necesidad de suspender las *Nuevas leyes* y éste, a su vez, obtuvo el mismo beneficio del propio Carlos I un poco más tarde. Las Casas regresó a la península en 1547 y permaneció hasta su muerte, acaecida el 20 de julio de 1566, en el convento de Atocha de Madrid.

–En España y en las Indias Bartolomé de las Casas entabló una lucha sin cuartel a favor de las poblaciones indígenas –resumen Serge Gruzinski y Carmen Bernard en su *Historia del Nuevo Mundo* (1993)–. En 1560 había terminado su monumental historia en la que se atrevía a establecer un paralelismo entre las sociedades del Nuevo Mundo y las de la antigüedad clásica y del Cercano Oriente. Prudente, el dominico había pedido que no se publicara su obra antes de cuarenta años, suponiendo que el Consejo de Indias se negaría a otorgar el imprimátur a un libro cuyo contenido consideraría escandaloso. Pero unos copistas pudieron reproducir el texto, de modo que en el mismo decenio llegaron ejemplares a Lima.

Sin duda, Las Casas fue uno de los mayores abogados que han tenido los indígenas y su actitud representa un valioso antecedente de la lucha por la defensa de los derechos humanos. En su exaltado *Canto general*, el poeta chileno Pablo Neruda le dedica unos versos que lo dibujan casi como si fuera un revolucionario:

Pocas vidas da el hombre como la tuya, pocas
sombras hay en el árbol como tu sombra, en ella
todas las ascuas vivas del continente acuden,
todas las arrasadas condiciones, la herida
del mutilado, las aldeas
exterminadas, todo bajo su sombra
renace, desde el límite
de la agonía fundas la esperanza.

Hoy a esta casa, Padre, entra conmigo.
Te mostraré las cartas, el tormento
de mi pueblo, del hombre perseguido.
Te mostraré los antiguos dolores.
Y, para no caer, para afirmarme
sobre la tierra, continuar luchando,
deja en mi corazón el vino errante
y el implacable pan de tu dulzura.

No es exagerada, pues, la consideración que se le profesa en Chiapas. Su figura se ha convertido en una leyenda viva para las comunidades indígenas: todavía sigue siendo el protector de los indios, el "padre" capaz de amarlos y comprenderlos y, sobre todo, de defenderlos frente a los abusos de los encomenderos y sus sucesores. De ahí que, de una manera voluntaria, el obispo Samuel Ruiz haya querido verse a sí mismo como un digno sucesor de Las Casas. Pero su figura no sólo ha sido reivindicada por Samuel Ruiz, sino por los líderes de la marcha indígena *Xi' Nich*, de 1992, los cuales afirmaron: "Bartolomé de las Casas ahora somos nosotros, son nuestras comunidades, son las comunidades indígenas unidas", y posteriormente por Marcos y los zapatistas. Para todos ellos, su figura es un ejemplo a seguir y una fuente de legitimación. Cinco siglos después, todos ellos continúan disputándose su título de "protector de los indios".

3

La voz de las vírgenes morenas

Uno de los primeros intelectuales en relacionar el alzamiento del EZLN con la larga tradición de revueltas indígenas en Chiapas fue el novelista Carlos Fuentes.

–Antes de la actual, hubo dos grandes insurrecciones en Chiapas, la región más pobre y meridional de México –escribió en un artículo publicado el 7 de enero de 1994.

Aunque, como se ha visto, esta aseveración no es rigurosamente exacta –en realidad ha habido más de dos–, demuestra la voluntad de expresar que las condiciones de marginación e injusticia que sufren los indígenas chiapanecos se remontan a tiempos ancestrales. El texto de Fuentes, al igual que los muchos que más tarde harán mención a esta continuidad de la rebelión indígena, contribuyó a mejorar la comprensión del alzamiento zapatista, pero asimismo sirvieron para que el EZLN afianzara *a priori* su legitimidad histórica.

Casi al mismo tiempo que Fuentes, el historiador Enrique Florescano publicó un largo artículo en dos partes en donde realizaba un cuidado recuento de las insurrecciones indígenas en Chiapas durante la época colonial. Tras referir la gesta de Bartolomé de las Casas y los dominicos, Florescano inicia su relato de la insurrección de 1709:

–En 1708, cuando el nuevo obispo de Chiapas, Juan Bautista Álvarez de Toledo, hacía su visita al pueblo de Chamula, fue informado por los indios del pueblo de Zinacantán, situado a media legua de Chamula, que "en el camino de dicho pueblo, dentro de un palo, estaba un varón justo que exhortaba a la penitencia, y se reconocía una imagen de la Virgen Nuestra Señora que estaba dentro del mismo palo, la cual despedía rayos de sí". El "varón justo" era un ermitaño quien afirmó que la virgen había bajado del cielo para favorecer a los indios.

A continuación, según relata Florescano, el obispo envió al

párroco de Chamula, Joseph Monroy, a investigar el caso. Escandalizado por lo que le pareció un culto idolátrico, éste mandó destruir el palo, detuvo al ermitaño y lo llevó a Ciudad Real, donde fue finalmente liberado en 1710. Éste volvió entonces a Zinacantán y reinició sus actividades cada vez con mayor apoyo del pueblo de la región. Preocupados por el desarrollo tan rápido de este culto, Monroy y el obispo decidieron quemar la ermita y prender de nueva cuenta al ermitaño. En Ciudad Real, los jesuitas determinaron que el ermitaño estaba poseído y lo trasladaron a la Nueva España, de donde se decía que era originario, aunque al parecer murió en el camino.

–Este acontecimiento, tan semejante a otros muchos reprimidos por el celo de los frailes –explica Florescano–, tuvo repercusiones en las apariciones e insurrecciones que en 1711 y 1712 agitaron esta región de los Altos de Chiapas. Las características que se observan en la aparición de la virgen de Zinacantán se repetirán en las posteriores apariciones de vírgenes y milagros.

En *Resistencia y utopía*, que no en balde lleva como subtítulo: "Memorial de agravios y crónica de revueltas y profecías acaecidas en la provincia de Chiapas durante los últimos quinientos años de su historia", García de León ofrece una versión más detallada:

–En 1708 apareció de manera extraña en la comunidad de Zinacantán un ermitaño ladino que predicaba desde el tronco hueco de un árbol del camino, exhortando a indios y ladinos pobres a rendir culto a la imagen de una virgen que emitía rayos luminosos. Pronto el alborotador fue hecho prisionero por los clérigos. No habiendo delito que perseguir, el eremita recuperó su libertad. En 1710 regresó al paraje de sus predicaciones obrando prodigios: los indios le construyeron una ermita para protegerlo de la intemperie y allí el santo se hizo adorar junto con la pequeña imagen de una virgen. Ante las tumultuosas peregrinaciones que se sucedieron desde regiones lejanas, los religiosos decidieron atacar el lugar y reducir a ceniza al eremita. Sermonearon a los indios y recapturaron al ermitaño, a quien después de un interrogatorio declararon "poseído por el Demonio".

Unos meses después, la virgen reapareció en Santa Marta, otra comunidad tzotzil, esta vez manifestándose a una campesina. Los principales de Santa Marta la condujeron ceremoniosamente a una ermita construida ex profeso para cantarle y adorarla.

–Enterados del suceso, los señores de Ciudad Real capturaron a la pareja elegida (Dominica López y Juan Gómez), a la que condujeron ante el Santo Oficio. Esta vez, ni los más versados teólogos pudieron hallar prueba de idolatría; y durante el juicio, seguido de lejos por una muchedumbre de indios que se instaló silenciosa en las calles de Ciudad Real, el alcalde mayor trató de probar que Dominica era una peligrosa nagualista, aunque el tribunal eclesiástico reconoció que la acusada era fervorosamente católica y que no había traza de idolatría, aunque sí una grave y colectiva desobediencia. Los indios de Santa Marta regresaron a su pueblo con Dominica y Juan, aun cuando la imagen les fue decomisada. Al igual que la célebre y reconocida virgen de Guadalupe, aparecida a un indio en México en 1523, la de Santa Marta ofrecía el atractivo "de ser india como la indezuela a quien apareció", ofreciendo ayuda a los tributarios para desembarazarse de sus opresores.

A estas apariciones en Santa Marta siguieron otras, como la de san Sebastián en San Pedro Chenalhó o la de la virgen en Cancuc. A partir de aquí, surgió un poderoso movimiento indígena que llegó a englobar a treinta y dos comunidades tzeltales, tzotziles y choles. Pero si algo terminó por acendrar el descontento indígena, fue la avaricia del obispo franciscano fray Juan Bautista Álvarez de Toledo, quien se enriqueció a expensas de las comunidades que visitaba.

–Al calor de las órdenes milagrosas dadas por la imagen –prosigue García de León–, repetidas por la virgen doncella desde su pabellón, surgió un enorme contingente militar, que llegó a sumar más de tres mil hombres armados bajo un concepto de arte de la guerra similar al de otras grandes sublevaciones campesinas. El ejército de los "soldados de la virgen" –armado con herramientas de labranza, hondas, arcos y flechas– conocía tan bien el terreno, que a los españoles les costó mucho trabajo empujarlos a la derrota. Sus formas de reclutamiento y reproducción (a partir de cultos primero semiclandestinos que comprendían a los campesinos de un solo clan, de un solo linaje, y luego a un conjunto abigarrado de parajes, barrios o calpules y etnias diversas) se repetirían después casi sin variaciones.

Al leer esta descripción (escrita en 1985), resulta inevitable asociarla con la evolución del movimiento zapatista que justo en esos años comenzaba a tomar forma en las Cañadas. Tal como ocurrió doscientos años antes, la revuelta empezó de forma semiclandestina, gracias a los grupos de activistas y catequistas que trabajaban en las comunidades. En ambos casos, la religiosidad y la lucha política se hallaban tan entrelazadas que resultaba casi imposible distinguirlas. En *Chiapas, la rebelión indígena de México*, Carlos Montemayor acentúa esta identidad: en su opinión, los elementos políticos y religiosos de la rebelión de 1712 muestran indudables paralelismos con el zapatismo de 1994. Pero sigamos con el relato de García de León de la rebelión del siglo XVIII:

–La chispa de Cancuc empezó así a prender cuando un principal tzotzil de Chenalhó (Sebastián Gómez de la Gloria), inspirado por las emanaciones luminosas de san Pedro, anunció que había realizado un largo viaje al cielo, en donde recibió instrucciones y poderes del mismísimo apóstol, de Dios Padre y de algunos santos y dioses ahora menores (el creador Ojoroxtotil entre ellos), que le permitían ejercer su autoridad e investir a los sacerdotes indios de un nuevo culto purificado, al margen de la sociedad colonial y las interferencias heréticas de los blancos –escribe García de León–. La Iglesia colonial fue considerada herética, y los soldados voluntarios de la niña milagrosa empezaron a ajusticiar sacerdotes españoles y ladinos. Cancuc se convirtió en el centro del mundo y en el paraíso de los justos que, como en las viejas profecías medievales, habría de durar mil años: en espera del descenso de una Nueva Jerusalén custodiada de ángeles y señores del monte. La cabecera del motín fue bautizada como "Ciudad Real", Hueyteopan (Huitiupan) fue llamado "Guatemala" y se nombró allí con el cabildo una nueva "Audiencia" indígena que legislaría ahora para los oprimidos de siempre. El consejo de los principales de toda la región liberada hacía caer el rayo de la justicia sobre los pisoteadores. Toda la simbología fue trocada, subvertida y puesta de cabeza: ahora serían los indios quienes harían trabajar a los ladinos. Pero las palabras eran clave en el papel dominador que tocaba a los indios, el lenguaje de poder tendría que reinventarse, y los sublevados se llamaron a sí mismos *ladinos* y rebautizaron como *indios* o *judíos* a los ahora dominados. –Y concluye–: A partir de ahí, y conforme a las órdenes que llamaban a la destrucción del mundo no indio, los justos se apropiaron en pocos días de una amplia región conocida ahora como la "Nueva España".

Otra vez, la historia de este alzamiento suena ahora un antecedente obvio de la revuelta del EZLN, y así tiene que haberle parecido a Marcos, asiduo lector de García de León, al calcar muchos de los mecanismos simbólicos ya utilizados por los "soldados de la virgen". Entonces como ahora, una de las principales claves de la rebelión era la subversión del lenguaje: tanto los adoradores de la virgen niña como los zapatistas sabían que tenían que volver a ordenar el mundo. Los *ladinos* tenían que pasar a ser los desposeídos y los indios metafóricamente, los judíos de la Biblia. Paralelamente, los viejos centros de poder también debieron cambiar de nombre para adecuarse a las nuevas circunstancias: Cancuc se convirtió en Ciudad Real del mismo modo que, dos siglos después, los miembros del EZLN se preocuparon por crear nuevos nombres para los antiguos municipios del estado.

Montemayor subraya una y otra vez los parecidos entre el pasado y el presente. Según él, la construcción de las ermitas para la virgen o los santos, realizada de modo inmediato y en unos pocos días, tiene su continuación en los grandes "auditorios al aire libre" –los Aguascalientes– edificados por el EZLN:

–Con organización impecable –anota Montemayor–, varios grupos se dedicaron a limpiar el piso del área, a acarrear troncos, pajas y sogas, con un método no muy diferente con el que ahora los tzeltales, tzotziles, choles y tojolabales zapatistas construyen sus "Aguascalientes" en las selvas y en los Altos.

La revuelta llegó a su fin en 1711. A tres meses de iniciado el movimiento, cuando la vieja Ciudad Real se hallaba en verdadero peligro de ser tomada, tropas de refuerzo de Tabasco y Guatemala dirigidas por el capitán general de la Audiencia, don Toribio de Cosío y Campa, efectuaron una eficaz operación militar contra los subversivos. Cuando la ofensiva española llegó a aplacar a los indios, la República de Cancuc se hallaba ya agonizante, debilitada por pugnas internas. A los miles de muertos en escaramuzas y en la ofensiva final contra los españoles se unieron cientos de ejecutados y prisioneros obligados a trasladarse a otras regiones. Al cabo de un tiempo, la sacerdotisa fue capturada en la montaña "Casa-de-la-noche" (*Ajk'abalna*), en compañía de algunos fieles.

La derrota de los "soldados de la virgen" provocó que los escasos brotes de resistencia indígena fuesen reprimidos con eficacia hasta que, de acuerdo con las profecías Cancuc, en 1727 zoques y tzeltales del norte de Chiapas volvieron a unirse en un movimiento milenarista. Los líderes de la nueva rebelión prometían la abolición de los tributos que pagaban los indígenas y se amparaban, como sus predecesores, en las órdenes milagrosas de la virgen de Cancuc. El impacto de esta segunda insurrección fue menor que el anterior, y los españoles lograron el control de la población con mayor rapidez. A partir de la derrota de 1727 y hasta concluir este siglo, la despoblación volvió a ser un fenómeno sensible.

De cualquier modo, las revueltas de 1708-1712 dieron lugar a la aparición de la leyenda del "rey indio Juan López", uno de los primeros seguidores de Sebastián Gómez de la Gloria, el iniciador de la insurrección en Chenalhó.

–Platican nuestros antepasados que a Juan López no se le conoció padre –cuenta Domingo Gómez Gutiérrez, un escritor indígena que ha recopilado los testimonios orales de siete ancianos tzeltales–. Cuando se dieron cuenta ya era un hombre trabajador como cualquiera. Los ancianos le dijeron a Juan López: "Los soldados vienen en camino, ya vienen por Cancuc, y nosotros nos organizamos para impedir que lleguen al pueblo." "¿Pero con qué van a pelear si no tienen armas?", les preguntó. "Sí, venimos completos, somos hombres con naguales poderosos, por eso decidimos ocupar el camino." Los soldados tenían ocupado el pueblo de Cancuc. Juan López entró sin miedo a tanta gente armada. Adivinaron que era el Rey Indio, Juan López, y le dijeron: "Seguramente, por tus características, eres Juan López, el Rey Indio". Juan se detuvo en medio de la multitud y sin más comenzaron a sonar los disparos... Al sentir los disparos se quitó el sombrero para detener las balas de los soldados y cuando se le llenó levantó su jalal o bastón de carrizo que se convirtió en fusil de alto poder; apuntó y con dos disparos dejó tendidos en el suelo a los uniformados. Luego recogió las armas de todos los cadáveres y las puso en un solo lugar.

Tras diversos enfrentamientos con los españoles, haber sido prendido y haber escapado, como si fuese un héroe romántico, Juan López se dirigió a Cancuc:

–Reunió a la gente y les explicó: "Por fin los pueblos tzeltales tienen libertad. A partir de este momento tienen una nueva vida. Ahora falta que en cada comunidad tomen sus cargos para dirigir el destino de los pueblos". Pero los cancuqueros no quisieron asumir el cargo. Lo invitaron a tomar unas copas de trago para embriagarlo y así poder ahorcarlo. Una vez muerto, cavaron una fosa para sepultarlo. Un niño se acercó a verlo y el cadáver le habló, le pidió que sembrara una mata de aguacate en la cabecera de la sepultura; si el aguacate se secaba, era señal de que había muerto; si el árbol crecía, es que Juan viviría en otra vida. El niño obedeció la indicación y en pocos días el árbol estaba tan cargado y frondoso que todos los viajeros descansaban debajo por la gran sombra que ofrecía. Muchos de nuestros ancianos vieron ese árbol. Juan López es un ser inmortal. Aparentemente lo sepultaron, pero al poco tiempo se retiró y vive en otra parte. Algún día regresará. Vino a esta tierra para defendernos. Dicen nuestros ancianos que gracias a él llegó por fin el respeto a los indios tzeltales.

Como puede observarse, la leyenda de Juan López sigue el modelo clásico del héroe redentor de su pueblo. Al final, el caudillo fue derrotado, aunque logró escapar de la muerte; según una leyenda que lo emparentaba con Quetzalcóatl-Kukulcán o con Zapata, algún día habría de regresar para vengarse y liberar a los oprimidos. El propio Montemayor no evita sugerir que Marcos utilizó astutamente mitos como el de Juan López para dotarse de un aura de legitimidad:

–La vigencia de Juan López se acentúa en muchos rasgos. Uno de ellos es su capacidad de transformarse quizá como lo hacen los zapatistas: en un momento son combatientes, en otro son campesinos sencillos –explica el novelista–. Quizá el conocimiento del lenguaje, del símbolo y de las comunidades que constituyen la historia indígena que no es pasado, como en Occidente, sino que sigue persistiendo junto al día de hoy, sea uno de los secretos profundos de la figura que más ha proyectado la lucha del EZLN: el subcomandante Marcos.

Conviene aquí plantear unas preguntas al respecto: ¿es Marcos un divulgador de las tradiciones y las leyendas indígenas o, por el contrario, ha sabido utilizarlas para asegurarse el control de las comunidades? ¿Debido a su trabajo en la selva fue visto por los indígenas como un continuador de Juan López o, como quieren sus críticos, buscó conscientemente ocupar esta posición simbólica tras estudiar las creencias de sus subordinados? Quizá se trate de una hábil mezcla de ambas cosas: resulta muy difícil establecer el límite entre la instrumentalización de la historia y la simple posibilidad de actualizarla mediante la voluntaria repetición de sus metáforas.

La Independencia en 1821 no alteró sustancialmente las condiciones de vida de la población chiapaneca, aunque sí modificó su territorio y su estructura administrativa. Luego de declarar su separación de la Corona española, toda Centroamérica decidió incorporarse al naciente imperio mexicano de Iturbide, pero tras la derrota de éste, en 1824 se vio en la necesidad de definir su destino. Los chiapanecos tenían dos opciones: la anexión a México, preferida por la aristocracia de Ciudad Real, o la constitución de un nuevo país, tal como hicieron las demás provincias de la antigua Capitanía General de Guatemala. Un plebiscito celebrado ese año dio la victoria a los "anexionistas", y así Chiapas pasó a engrosar la lista de estados de la República federal mexicana, tomando bajo su jurisdicción también el territorio del Soconusco, lo que provocó un litigio con Guatemala que no terminó de resolverse hasta finales del siglo XIX.

–La Independencia de España aumentó la inestabilidad –anota el historiador John Womack–. Una vez en la nueva República mexicana, los oligarcas de San Cristóbal asumieron el mando del nuevo estado de Chiapas. Como muchos oligarcas locales de otras partes de México, por aquel entonces eran en su mayoría *mestizos*, de ascendencia indígena y española. Pero en la modalidad guatemalteca se manifestaban como *ladinos*, sufrían internamente una intensa vergüenza respecto a su linaje, negaban que éste les pesara y actuaban de un modo tan dominante como los señores y amos españoles para demostrar que eran blancos, siempre que esto contara.

Si bien el trabajo asalariado sustituyó a la servidumbre tradicional, ello no hizo que la situación de los indígenas mejorase, pues los terratenientes y finqueros continuaron acumulando toda la riqueza. De modo recurrente, nuevas rebeliones indígenas siguieron produciéndose a lo largo del convulso siglo XIX mexicano. Por ejemplo, en 1848 se produjo una abortada revuelta de los indios de Chilón, coincidente con las primeras leyes liberales, aunque fue durante la sangrienta "guerra de castas" que tuvo lugar entre 1867 y 1872 cuando los enfrentamientos étnicos alcanzaron su punto culminante. En esa ocasión, el centro de las confrontaciones fue la zona de San Juan

Chamula y, como en revueltas anteriores, el inicio del movimiento coincidió con la aparición de unas "piedras parlantes" a una joven pastora de la zona. El nuevo culto se extendió paulatinamente por toda la región de los Altos, amenazando a la antigua Ciudad Real, para entonces ya rebautizada como San Cristóbal. Esta vez, además de la pastora hizo su aparición una especie de "mesías" indígena que organizó una verdadera estructura eclesiástica a su alrededor que, entre otras cosas, propiciaba el "intercambio mercantil simple", regido por el trueque.

–Este mercado aldeano de "anarquistas místicos en rebeldía" se consideraba algo así como el primer embrión, el primer brote de una sociedad igualitaria que poco a poco se extendería sobre la tierra –escribe García de León–. El dinero, considerado como una imposición herética de los españoles (llamado desde el siglo XVI "excremento solar" [*tak'in*] en lengua indígena), había sido totalmente abolido por los rebeldes. Era una forma campesina de resistencia económica, recubierta de las máscaras ideológicas tradicionales, y quizá la más elaborada en este aspecto de la historia de México, contra la expoliación mercantil de los ladinos, "poseedores del dinero", en ese centro rector de la producción indígena regional: el mercado de San Cristóbal de Las Casas... A diferencia de la república campesina de Cancuc, la rebelión de Chamula tuvo además claras intenciones agrarias ("que nos devuelvan todas las tierras que nos han quitado"), y los rebeldes ajusticiaron deliberadamente a muchos finqueros cuyas haciendas eran de creación reciente en los Altos.

Otra de las grandes diferencias de esta revuelta frente a las que se produjeron durante la Colonia consistió en la presencia de un pequeño grupo de ladinos, el cual se encargó de insuflar ideas anarquistas en los indígenas. Su líderes eran una pareja de Nayarit, Ignacio Fernández Galindo y Luisa Quevedo, así como de un joven de Comitán, discípulo del primero. Antes de fundar en San Cristóbal una secundaria "progresista", Fernández Galindo había participado en la "guerra de castas" de Yucatán; si bien entonces formaba parte de las filas del gobierno, se sintió vivamente impresionado por la figura de José María Barrera, un ladino que peleaba al lado de los mayas.

A la escuela de Galindo acudían jóvenes de todo el estado de Chiapas con la excepción del propio San Cristóbal, pues la aristocracia local, netamente conservadora, se oponía a sus directrices liberales. Durante la intervención francesa (1862-1867), esta ciudad había apoyado a Maximiliano y el triunfo de los liberales supuso para ellos no sólo una importante derrota, sino la pérdida de su condición de capital del estado, trasladada a Tuxtla Gutierrez. Según las distintas versiones, Galindo tuvo varios enfrentamientos con los conservadores "coletos". Cuando Galindo se incorporó a la rebelión chamula, ésta se hallaba en una fase muy avanzada: los indígenas desobedecían todo poder, perseguían a los ladinos y, en la pascua de 1869, habían crucificado al niño Domingo Gómez Checheb, hermano de Agustina, la joven elegida por el milagro de las piedras oraculares.

Este episodio aterrador –la crucifixión de un niño que se convertiría en el Jesucristo de los indios– siguió presente en las leyendas de la zona Chamula mucho después del fin de la insurrección. El pasaje inspiró a la poeta y narradora chiapaneca Rosario Castellanos una de sus mejores novelas, *Oficio de tinieblas*, publicada en 1962.

–*Oficio de tinieblas* –cuenta ella misma– está basada en un hecho histórico: el levantamiento de los indios chamulas, en San Cristóbal, en 1867. Este hecho culminó con la crucifixión de uno de estos indios al que proclamaron como el Cristo indígena. Por un momento, y por este hecho, los chamulas se sintieron iguales a los blancos. Acerca de esta sublevación casi no existen documentos. Los testimonios que pude recoger se resienten, como es lógico, de partidismos más o menos ingenuos. Intenté penetrar en las circunstancias, entender los móviles y captar la psicología de los personajes que intervinieron en estos acontecimientos. A medida que avanzaba, me di cuenta que la lógica histórica es absolutamente distinta de la lógica literaria; abandoné poco a poco el suceso real. Lo trasladé de tiempo, a un tiempo que conocía mejor, la época de Cárdenas, momento en el que, según todas las apariencias, va a efectuarse la reforma agraria en Chiapas. Este hecho probable produce malestar entre los que poseen la tierra y los que aspiran a poseerla: entre los blancos y los indios. El malestar culmina con la sublevación indígena y con el aplastamiento brutal del motín por parte de los blancos.

A pesar del cambio de época, la narración de Rosario Castellanos se mantiene fiel al espíritu de la revuelta de 1869. Ésta es su descripción (con algunos cortes) de la muerte del niño Domingo:

Porque Domingo debe estar solo junto a la cruz. Aun la misma Catalina se aparta. Va a confundirse con los hombres que callan, con las mujeres que contienen la respiración; con el pueblo tzotzil que aguarda. A Domingo no le asombra que se arrodillen ante él. Los mayores vigilan, de rodillas, el crecimiento de sus plantas; encienden el fuego de rodillas; y de rodillas hablan con los niños cuando son demasiado pequeños.

Y Domingo todavía es un niño. Catalina lo mira con dureza, fijamente. ¿Quién es este extraño que ella ha entregado como complemento natural de la cruz? El bastardo de un caxlán de Jobel; la deshonra de una muchacha de su raza; la vergüenza oculta de San Lorenzo; el reproche de su marido; su propia llaga. Porque el cuerpo de Domingo es sagrado y sólo deben tener acceso a él las madrinas del sacramento. Con las mejillas arreboladas por el alcohol, Domingo se abandona a la solicitud de las mujeres. No tiene frío, no tiene miedo. ¡Con qué suavidad manejan el alcohol empapado en aceite y se lo untan en la espalda, en los brazos, en los muslos! Catalina sigue, con una atención impecable, los pasos del sacrificio. Ahora Domingo ha sido extendido, por el sacristán, a lo largo de la cruz. ¡Qué desproporción tan enorme entre los dos tamaños! Y sin embargo, en la balanza de la justicia pesa más el alma que la madera. Y basta una brizna de hierba para colmar el vacío del universo.

Pero lo que no lograba entender era que un sacrificio se consumara sin dolor. Y se le rebelaba su pobre carne, consumida en la familiaridad con lo divino. Porque Domingo parecía dormir. Domingo volvió en sí con un escalofrío de alarma. Domingo quiso moverse, cambiar de posición, y advirtió que no le era posible. Sus brazos habían sido extendidos en toda su longitud y alrededor de sus muñecas una cuerda, fuertemente atada, los mantenía fijos. Y los mayordomos, intérpretes de la voluntad divina, son sabios. Punzan ahí donde más profundamente duele, donde se agazapa el alarido. Pero no dejan que el alarido retumbe en los ámbitos del templo. Lo amortiguan con sus llantos, con sus lamentaciones. Persiguen la voz quebrada del agonizante con la jauría furiosa de las suyas. Y le dan alcance en todos los rincones y la aniquilan.

El primer borbotón de sangre (del costado, como en todas las crucifixiones) ciega a Catalina. Domingo siente, multiplicado, el ardor de la herida. Se debate por instinto, pero no se pregunta cómo, por qué, ha comenzado a suceder lo que está sucediendo.

No, esta vez Domingo no se desmayará. Va a ser la víctima, pero también el testigo, de su propia ejecución.

Los clavos con que van a traspasarle las manos y los pies son grandes y están herrumbrosos por haberse mantenido guardados mucho tiempo. Al penetrar en la carne se pulverizan los huesos, se revientan las arterias, se rasgan los tendones.

Está muriendo. Pero no es él, no es su cuerpo lo que va a desintegrarse. Es el mundo.

Poco después, la propia Catalina explica el sentido del sacrificio que acaba de verificarse:

Aquí llegamos todos al final de la cuenta con el ladino. Hemos padecido injusticia y persecuciones y adversidades. Quizá alguno de nuestros antepasados pecó y por eso nos fue exigido este tributo. Dimos lo que teníamos y saldamos la deuda.

Ahora nosotros también tenemos un Cristo. No ha nacido en vano ni ha agonizado ni ha muerto en vano. Su nacimiento, su agonía y su muerte sirven para nivelar al tzotzil, al chamula, al indio, con el ladino.

Salgamos, pues, al encuentro del ladino. Desafiémosle y vamos a ver cómo huye y se esconde. Pero si resiste nos trabaremos en la lucha. Somos iguales ahora que nuestro Cristo hace contrapeso a su Cristo.

No tiembles tú, mujer, por tu marido ni por tu hijo. Va al sitio donde se miden los hombres. Y ha de volver arrastrando por los cabellos a la victoria. Intacto, aunque haya recibido muchas heridas. Resucitado, después del término necesario. Porque está dicho que ninguno de nosotros morirá.

Tras la muerte de Domingo, la rebelión continuó extendiéndose por la región, aunque de manera más débil, hasta pasar a una segunda fase dominada no ya por los indígenas, sino por unos recién llegados que serán capaces de volver a insuflar vida al movimiento. En mayo de 1869, Pedro Díaz Cuscat, depositario de las piedras y protector de Agustina, fue apresado junto con la joven sacerdotisa. Habían pasado dos años desde la aparición de las piedras milagrosas. Según García de León, en ese momento aparecieron tres ladinos en Tzajaljemel, donde los disidentes seguían manteniendo vivo el culto oracular y el mercado igualitario. Descendieron del cerro vestidos a la usanza indígena. Estaban allí las *santas* vestales ayudantes de la madre de Agustina. Los profetas fueron recibidos con "plácemes, con sahumerios de incienso, con tambores y pitos, con guitarrillas, con arpas, con violines y seis o siete mil individuos con luces en la mano". Galindo se convirtió entonces en san Mateo, advocación del Cristo-Sol perseguido por los "judíos" en un tiempo inmemorial; su esposa en Santa María, y su ayudante en San Bartolomé. Atrincherado en la montaña Tzontehuitz, el san Mateo-Salvador se ocupó de enseñar tácticas militares y de organizar a los sublevados, distribuyendo grados y responsabilidades entre ellos. Desde Chamula hasta Simojovel dirigió las operaciones de exterminio contra pueblos y haciendas, causando la movilización del ejército federal. No obstante, al cabo de unos meses la escasa experiencia bélica de los indígenas y sus propias divisiones internas provocaron la captura de la niña Agustina y el final del levantamiento.

Una vez más, las coincidencias entre el pasado y el presente resultan demasiado poderosas como para atribuirlas al azar. Pareciera como si, luego de leer esta historia, el subcomandante Marcos hubiese planeado cuidadosamente su repetición. Incluso su nombre de batalla revela una especie de comunidad con el "san Mateo" usado por Galindo, como si el liderazgo de la revuelta se traspasara de un evangelista a otro. Los dos líderes tienen hondos paralelismos: ambos lograron adaptarse a la mentalidad indígena y, una vez habiendo obtenido la confianza de sus allegados, se encargaron de organizar política y militarmente a las comunidades de base. Ambos practicaron la guerra de guerrillas y ambos se convirtieron en portavoces de los indígenas, en *mesías* dispuestos a liberar a sus adoradores de las cadenas que los oprimían.

Las semejanzas resultan tan claras que el propio García de León, en un par de artículos publicados el 11 y 12 de enero de 1994, no dudó en hacerlas explícitas (sabiendo acaso que el subcomandante Marcos había leído sus libros):

–Como nadie en San Cristóbal se explicaba el que los indios se mantuvieran durante meses a la ofensiva no siendo "gentes de razón" –escribe García de León–, la causa estaba pronto vista: *gentes de fuera los manipulaban*. Por ello, el llamado del gobierno estatal contemplaba el perdón y constaba de siete puntos, pues consideraba que de reprimirlos fuertemente, "habría que concluir con gran número de indígenas". La propuesta de paz pide a los "transgresores de la Ley" la *rendición incondicional*, entregar a los cabecillas de fuera que los han engañado y entonces dialogar. Esta concentración evitaría la entrada de fuerzas federales, pues hasta el momento sólo tropas estatales los combatían. Pero, concluye la propuesta, "el presidente de la República ya sabe lo que ustedes están haciendo y por eso está enojado, y aunque aquí tenemos mucha tropa y bastantes armas, dice que ya va a mandar bastante gente y entonces es seguro que ustedes acaban: porque esa gente que viene no los conoce a ustedes, y por eso no los quiere como nosotros los queremos: prueba de que sí los queremos es que todavía no ha ido mucha tropa para que los acaben, pidan perdón al gobierno y presenten todas las armas que tienen para que crea que es verdad lo que ustedes dicen, pues ya no lo quiere creer porque lo están engañando". No se conoce la respuesta de los rebeldes a este llamado, pero no cabe duda de que hay una línea de continuidad asombrosa entre los que redactaron la propuesta y los asesores de un moderno gobierno neoconservador. Y esto quizá se explica no sólo por las "cárceles de larga duración" de las que habla Pierre Vilar, y en las que estamos todos cautivos, sino por el hecho de que a pesar de nuestra mirada puesta en el primer mundo, las cosas no han variado tanto como creíamos hasta el 31 de diciembre pasado.

Con este vehemente comentario, el historiador se refiere a las primeras propuestas del gobierno federal para responder a las demandas del EZLN: el 2 de enero de 1994, el subsecretario de Gobierno de la Secretaría de Gobernación, Ricardo García Villalobos, había declarado la postura oficial del régimen:

–Las acciones del gobierno de la República se enmarcan en la Constitución. Se aplicará estrictamente la ley. La acción firme de la autoridad no se ejercerá contra las comunidades a las que respetamos y apoyamos, ni contra las organizaciones plurales que trabajan de manera dedicada en la zona y con las cuales venimos dialogando desde hace años. Para aquellos en condiciones de pobreza que han participado por engaño, presiones o aun por desesperación, que depongan su conducta violenta e ilegal, buscaremos un trato benigno y aun consideraremos el perdón.

Esta última frase –ya empleada por el gobierno a fines del siglo pasado– daría lugar a un memorable comunicado de Marcos, "¿De qué nos van a perdonar?", cuyo contenido habría de transformar profundamente no sólo la naturaleza de la guerra, sino de todo el discurso zapatista. Pero no nos adelantemos: por ahora baste con mostrar cómo las metáforas de la historia insisten en repetirse o, en otro sentido, cómo sus protagonistas e intérpretes se esfuerzan para que así lo parezca.

4

Zapata no pasó por aquí

1892 fue un año importante para Chiapas: el gobierno del presidente Porfirio Díaz al fin pudo fijar los límites fronterizos con Guatemala y el nuevo gobernador del estado, Emilio Rabasa, decidió instalar definitivamente la capital en Tuxtla Gutiérrez, una ciudad más comprensiva hacia sus políticas liberales que la vieja San Cristóbal. Esta época, de "caciquismo ilustrado", como lo bautizaron los propios chiapanecos, duró veinte años. Rabasa compartió el poder con su hermano y otros incondicionales pero, al modo de don Porfirio, siempre se mantuvo como la figura tutelar de la vida política de la entidad. Hábil negociador y dueño de una impecable imagen pública, Rabasa supo darle a cada grupo por su lado, manteniendo una imagen de independencia y respeto hasta el fin de su mandato. Rabasa era una especie de "intelectual orgánico" del porfirismo, capaz a un tiempo de aplicar sus políticas económicas y modernizadoras y de denunciar, así fuese blandamente, la inmovilidad del régimen.

La Revolución maderista de 1910 tomó por sorpresa tanto al gobernador Rabasa como a los grupos que se oponían a él. Pese a estar muy comprometido con el régimen anterior, Rabasa intentó negociar con Francisco I. Madero, el nuevo líder nacional, pero, al igual que éste, fue incapaz de proponer reformas sociales que transformasen efectivamente su "feudo". Mientras tanto, la oligarquía local, netamente conservadora y siempre opuesta a la modernización de Rabasa, se convirtió de la noche a la mañana a un maderismo intransigente, con el único objetivo de conservar sus privilegios. En Chiapas, la Revolución mexicana invirtió sus postulados: eran los sectores más reaccionarios los que impulsaban el nuevo sistema, mientras los "liberales" seguían siendo encabezados por Rabasa.

En este contexto, resultó particularmente significativa la actuación del obispo de San Cristóbal, Francisco Orozco y Jiménez, un firme impugnador de las Leyes de Reforma publicadas por los liberales contra la Iglesia en el siglo XIX. Por un lado, Orozco y Jiménez fue un impulsor de la modernización, introdujo la energía eléctrica en San Cristóbal, fundó talleres y cofradías y se preocupó por la historia eclesiástica local y, por el otro, trató de vencer los rasgos "idolátricos" que permanecían vigentes en el catolicismo sincrético de los chamulas. Éstos pronto lo adoptaron como su "protector" y, paradójicamente, le dieron un tratamiento sólo reservado a los "santos" locales. Como fuere, Orozco y Jiménez se convirtió en el principal opositor de Rabasa y de los liberales, y fue suya la idea de nombrar como "maderista" a la rebelión que trataba de eliminar su influencia política.

En 1911, el gobernador Ramón Rabasa fue obligado a renunciar y el descontrol de la vida política local se tornó completo: los gobernadores se sucedieron unos a otros en lapsos brevísimos e incluso el gobierno central debió intervenir en lo que ya se conocía como el "asunto Chiapas". Inspirada por Orozco y Jiménez y seguida por numerosas figuras de San Cristóbal, entre ellas Manuel Pineda, quien sería nombrado "gobernador", una nueva rebelión indígena dio comienzo el 3 de julio de ese año. Su cabecilla era el sargento Jacinto Pérez Chixtot, Pajarito, un "soldado de leva" que había regresado a su pueblo y se había convertido en el jefe político de las comunidades chamulas. La situación se volvió tan delicada que en Tuxtla hubo de nombrarse un gobernador "neutral", Policarpo Rueda, quien se trasladó a San Cristóbal para tratar de negociar con Pineda. Los habitantes de la ciudad fueron testigos de un acontecimiento sin precedentes: unos diez mil indios chamulas desfilaron por las calles de San Cristóbal, vistiendo sus trajes negros y blancos, acompañados por unos cuantos ladinos (un episodio que se repetirá cuando las tropas del EZLN tomen San Cristóbal ochenta años después).

–La manifestación, bajo el vuelo de las campanas, era presidida por un gigante chamula de más de dos metros de altura, cubierto con un largo chamarro negro de lana espesamente tejida –cuenta García de León–. Dos pajes enanos de su misma raza lo acompañaban en la carrera, tratando a duras penas de igualar su paso y mantenerse a la cabeza de aquel insólito cortejo. Estandartes, cintas multicolores y medallas ostentosas de la virgen de Guadalupe; grupos de arpistas y guitarreros indios, con pífanos y tambores, y un ambiente entre amenazante y festivo, hacían todavía más impresionante ante el doctor Rueda, venido de Tuxtla, las fuerzas con las que San Cristóbal podía contar.

Más tarde, el gigante pasaría a la imaginación popular como Pajarito, una especie de Pedro Díaz Cuscat resucitado. Rueda renunció a los pocos días y la inestabilidad se extendió por todo el territorio chiapaneco, plagado de enfrentamientos entre los distintos bandos. El poder de Pajarito y sus chamulas se volvió tan grande que los coletos decidieron negociar la paz con los federales a fin de terminar con el peligro de una revuelta étnica. En el momento en el que el propio Francisco I. Madero desconoció a sus supuestos "aliados", el fin de la revuelta era inminente. Un ejército federal entró en los Altos y acabó con las esperanzas de la oligarquía de San Cristóbal; pero el castigo fue aún peor para los rebeldes de Pajarito: hubo decenas de muertos y, siguiendo una arraigada costumbre de la zona, muchos indígenas fueron desorejados en la plaza pública de la ciudad.

El asesinato de Madero y la dictadura de Victoriano Huerta trajeron como consecuencia en Chiapas el desmoronamiento del orden instaurado por Rabasa. El posterior triunfo del régimen constitucionalista de Venustiano Carranza azuzó todavía más la desconfianza de la oligarquía chiapaneca contra el gobierno central. En diciembre de 1914, un grupo de finqueros se reunió para firmar la llamada Acta de Canguí, cuyo objetivo era detener los crímenes del carrancismo. La resistencia duró seis largos años, hasta que al fin el gobierno federal aceptó cumplir las peticiones de los hacendados.

Los diversos regímenes que se sucedieron en la ciudad de

México, así como los diversos movimientos populares que se desarrollaron entonces, especialmente los dirigidos por Francisco Villa y Emiliano Zapata, apenas llegaron a tener alguna influencia en el sureste. Al margen de las reivindicaciones de justicia social propugnadas por ellos, Chiapas se mantuvo como una comunidad aislada, sometida a sus propias tensiones y a sus propios problemas, lejos de los debates que se llevaban a cabo en el resto del país.

—El triunfo de la revolución mapache [es decir, encabezada por los conservadores] no modificó las relaciones sociales de la población chiapaneca —escribe el historiador Emilio Zebadúa en su *Historia de Chiapas* (1999)—: la Revolución no fue una revolución social en Chiapas. Su desenlace fue político y, en ese sentido, la propiedad de los medios de producción no cambió.

El asesinato de Emiliano Zapata en Chinameca en abril de 1919, el juicio y fusilamiento del general villista Felipe Ángeles y sobre todo los problemas entre Carranza y sus generales sonorenses crearon un ambiente de caos. Chiapas estaba abandonada y sometida a un estado de "excepción militar", como la única entidad de la República en donde no se habían realizado elecciones, contraviniendo los acuerdos constitucionales de 1917. Mientras tanto, en el estado se había desarrollado una curiosa variante de la lucha agraria emprendida por Emiliano Zapata en el estado de Morelos. Curiosamente, el primer zapatista del estado fue un finquero, Rafael Cal y Mayor, hombre cercano al "Caudillo del Sur". Éste lo había instruido antes de su muerte para llevar a cabo la revolución en Chiapas. Al frente de cuatrocientos hombres, Cal y Mayor dispuso la colonización campesina de los espesos bosques del norte del estado, en los límites con Tabasco, Oaxaca y Veracruz.

En 1920, el antiguo finquero se sumó al Plan de Agua Prieta puesto en marcha por Álvaro Obregón contra Carranza, y más tarde obtuvo la autorización del gobierno para fundar una "república de campamentos" en las antiguas tierras de su hacienda de San Nicolás.

La "servidumbre agraria", que era el punto de referencia ideológico que mantenía unida a toda la aristocracia chiapaneca, se conservó ilesa ante los vaivenes de la historia durante los siguientes años. Sólo los carrancistas trataron de socavar este orden en 1914, pero tuvieron que dar marcha atrás casi de inmediato. La "economía terrateniente" –o "socialismo feudal", como lo llamó uno de sus defensores, Mariano Nicolás Ruiz– siguió siendo la base de la sociedad chiapaneca, pues tenía profundas raíces en el pasado y resultaba prácticamente imposible eliminarla. Todavía en nuestros días, sigue siendo el punto de mira de los finqueros y cafetaleros, que ven en ella un utópico "orden natural" minado por las demandas indígenas.

Paradójicamente, el primer "zapatismo chiapaneco", el implantado por Cal y Mayor en sus antiguas haciendas, consistió en un rescate del espíritu "feudal" y comunitario de la servidumbre en vez de una radicalización de la lucha agraria. Por ello, sorprende aún más que el zapatismo haya renacido –no sólo como movimiento social, sino como icono mediático– justo en la zona del país en que en menor medida fueron aplicadas las políticas de Zapata.

Entre 1920 y 1928, Chiapas fue escenario de incesantes reyertas y combates entre las diversas facciones revolucionarias. Detrás de los grupos "zapatistas", "carrancistas", "mapaches", "obregonistas" y "agraristas" no dejaban de esconderse los mismos grupos opuestos de siempre: los finqueros conservadores de San Cristóbal, los liberales de Tuxtla, los indígenas que pasaban a uno u otro bando y ciertos sectores marginales, sobre todo provenientes de fuera del estado, como los comunistas que trataban de fundar sindicatos y cooperativas en el Soconusco.

La llegada a la presidencia de Plutarco Elías Calles y el posterior asesinato de Álvaro Obregón trajeron como consecuencia un recrudecimiento de la represión contra los grupos disidentes en Chiapas, en especial contra los movimientos sociales y agrarios. La idea de Calles era simple: eliminar cualquier foco de resistencia mediante la supresión de los sectores radicales y la creación de un partido único, el Partido Nacional Revolucionario, donde todas las fuerzas revolucionarias en pugna pudiesen dirimir sus diferencias. Calles soñaba con un Estado fuerte –no demasiado distinto del que Mussolini emprendía en Italia–, y para construirlo era necesario desarmar a todos los grupos campesinos y eliminar los brotes de descontento, sobre todo de zapatistas y comunistas.

En contraparte, el gobierno se mostraba dispuesto a continuar con el reparto agrario, una de las mayores fuentes de legitimación del régimen revolucionario, pero el reparto de tierras tenía que hacerse a través de los canales oficiales, nunca por la propia iniciativa de los campesinos. Curiosamente, el encargado de activar esta parte de la política callista fue el propio Rafael Cal y Mayor, quien había sido nombrado presidente de la Liga de Comunidades Agrarias. Pero en su propio estado fue donde se logró un menor reparto efectivo de tierras. Los finqueros, apoyados en sus "guardias blancas" –policías privados que antes habían servido en la lucha revolucionaria–, mantuvieron el control de grandes latifundios, apenas tocados por las nuevas reformas.

Sólo el triunfo del general Lázaro Cárdenas en las elecciones de 1934, y su posterior rompimiento con Calles, sembraron alguna esperanza en los sectores menos favorecidos del estado. Cárdenas se dispuso a enmendar los errores del pasado: se reconcilió con la Iglesia, legalizó la existencia del Partido Comunista Mexicano y, al modo de los Frentes Populares que gobernaban en Europa para hacer frente a la amenaza fascista, se encargó de investir a su régimen con una fuerte carga nacionalista de izquierda que habría de convertirlo en uno de los presidentes más populares del siglo. En el marco de esta política, tanto el reparto agrario como la "socialización" de la educación se convirtieron en las metas principales de su gobierno. Por desgracia, las reformas cardenistas encontraron una fuerte oposición en el gobernador de Chiapas, Grajales, quien vio amenazados los intereses de la clase política local. El enfrentamiento entre el gobierno local y el federal –y entre las crecientes organizaciones sociales cardenistas y los finqueros– no tardó en estallar. En 1936, esta pugna se vio recrudecida por la lucha entre los candidatos cardenista y grajalista a la gubernatura del estado: Efraín A. Gutiérrez, amigo personal del presidente, y Samuel León Brindis. En junio, Cárdenas logró la renuncia de Grajales –así como de líderes callistas de todo el país– y en diciembre, Efraín Gutiérrez asumió su cargo como gobernador del estado.

El nuevo gobernador llegó con ímpetus agraristas que poco a poco se fueron desvaneciendo. A la larga, el reparto agrario sólo afectó a unos cuantos extranjeros, principalmente alemanes, de la zona del Soconusco, mientras que en el resto del estado la situación mantuvo la inmovilidad de siempre. Entre tanto, la administración cardenista había creado un Departamento de Protección Indígena, dirigido por Ernesto Urbina, con oficinas en San Cristóbal de Las Casas, pero a partir de 1940 éste pasó a ocupar las funciones de los antiguos "enganchadores" locales: agencias encargadas de repartir a los indígenas en las diversas plantaciones, sólo que ahora manejadas por el gobierno.

Luego de la elección del general Manuel Ávila Camacho como presidente de la República y del viraje hacia la derecha experimentado por el gobierno, las políticas cardenistas empezaron a ser desechadas una tras otra. En Chiapas, donde éstas apenas habían tenido lugar, el retroceso ni siquiera fue demasiado visible: los finqueros y ganaderos conservaron sus tierras y privilegios ancestrales y los indígenas continuaron trabajando para ellos, como si la Revolución mexicana nunca hubiese llegado a Chiapas.

5

Matrimonio entre el cielo y el infierno

El 2 de octubre de 1968, tropas del ejército federal mexicano y diversos grupos policiales dispararon contra una multitud de estudiantes reunida en la Plaza de las Tres Culturas, en Tlatelolco, sólo unos días antes de la inauguración de los juegos olímpicos que habrían de celebrarse por primera vez en una nación del tercer mundo. Con este hecho, el gobierno de Gustavo Díaz Ordaz refrendaba el carácter autoritario del sistema político mexicano y abría una herida entre el partido oficial y la sociedad que, como habría de demostrar el alzamiento zapatista de Chiapas, nunca cerraría del todo. A los jóvenes inconformes sólo parecían quedarles dos caminos: refugiarse en la academia o aceptar los beneficios de integrarse al sistema. Sin embargo, unos cuantos optaron por una vía distinta: si las condiciones para una transformación pacífica de la sociedad habían quedado clausuradas tras la noche de Tlatelolco, no había otro remedio que intentar la lucha armada. De este modo, a las ya existentes guerrillas de Lucio Cabañas y Genaro Vázquez en el estado de Guerrero, se sumaron movimientos urbanos en distintas ciudades del país, especialmente en el Distrito Federal y en el norte.

Tras la primera aparición pública del EZLN el 1° de enero de 1994, una de las mayores preocupaciones de los estudiosos –y por supuesto del gobierno– consistió en rastrear las raíces de la revuelta. La primera obra que trató de acercarse a esta "prehistoria zapatista" fue *La rebelión de las Cañadas*, de Carlos Tello Díaz, publicada en 1995. Si bien sus fuentes y su enfoque han sido cuestionados constantemente, en especial por los simpatizantes del zapatismo, no cabe duda de que se trata del primer texto que buscó clarificar seriamente la génesis del alzamiento.

–El año de 1974 sería, por razones muy diversas, uno de los más importantes en la historia de Chiapas –escribe Tello Díaz–.

En aquel año, en efecto, los indígenas de la Selva conocieron, al fin, la noticia del decreto de la Comunidad Lacandona. Conocieron, también, los detalles del golpe contra la dirigencia de las FLN, en el municipio de Ocosingo. Las Fuerzas de Liberación Nacional habían surgido, con ese nombre, a finales de la década de los sesenta, influidas por el triunfo de la Revolución en Cuba, en el contexto de la represión desatada por el gobierno de Gustavo Díaz Ordaz. Sus orígenes los remontaban al Ejército Insurgente Mexicano, un grupo formado por Mario Menéndez, periodista de Yucatán, director en aquel entonces de la revista *¿Por qué?*. El EIM, activado por la matanza de Tlatelolco, combatió por unos meses, sin éxito, en el estado de Chiapas. Al ser disuelto por Menéndez, algunos de sus miembros (César Yáñez, Carlos Vives, Alfredo Zárate, Raúl Pérez, Graciano Sánchez) refrendaron su compromiso con las armas para lograr el triunfo de la revolución. Así, el 6 de agosto de 1969, un miércoles, en una casa muy humilde de Monterrey, fundaron con otros compañeros las Fuerzas de Liberación Nacional. Los fundadores de las FLN (eran apenas nueve) eligieron como primer responsable nacional a César Yáñez, quien a su vez designó como segundo responsable nacional a Alfredo Zárate. Sus compañeros en el movimiento los llamaban con sus nombres de combate: Pedro (César Yáñez) y Salvador (Alfredo Zárate).

Según Tello Díaz, los fundadores de las FLN eran en su mayoría estudiantes de clase media de la Universidad Autónoma de Nuevo León.[5] Simpatizantes de la Revolución cubana, se mantenían en cambio al margen tanto del Partido Comunista Mexicano como de los demás movimientos guerrilleros del

[5] De este grupo guerrillero sobresale Napoleón Glockner, asesinado en la ciudad de México junto con su esposa ya que habían revelado el escondite de la guerrilla en Nepantla. En la excelente novela de Héctor Aguilar Camín, sin duda la mejor sobre el tema escrita en México, *La guerra de Galio* (1988), Glockner aparece con el nombre de Abrantes. Fritz Glockner, el hijo del guerrillero ajusticiado, publicó asimismo una novela sobre su padre: *Veinte de cobre* (1996).

país. Su trabajo era discreto y paciente. Y, de no ser por un error de cálculo –la policía estatal confundió a algunos de sus líderes con narcotraficantes–, quizá su desarrollo habría sido aún más veloz. Sólo unos meses después de su fundación, un grupo de militantes se trasladó a Chiapas con el objetivo de fundar el Núcleo Guerrillero Emiliano Zapata.

Cuando las FLN llevaban ya dos años trabajando en la Selva Lacandona, la policía descubrió una de sus casas de seguridad en Monterrey. Estaba comandada por Napoleón Glockner, alias Jaime, quien al ser detenido reveló la existencia de una granja de adiestramiento en Nepantla, en el Estado de México. Las fuerzas de seguridad no tardaron en encontrarla, y mantuvieron un feroz combate con los guerrilleros. Cinco de éstos murieron, entre ellos Zárate. Glockner pidió el rendimiento de los demás. Al descubrimiento de la base de Nepantla le siguió otro en –*of all places*– la Selva Lacandona. La policía judicial descubrió armas y pertrechos en el rancho El Diamante; los guerrilleros que lo defendían murieron en el acto o posteriormente fueron delatados y ejecutados, como ocurrió con el comandante Pedro. Uno de los pocos sobrevivientes de aquella reyerta, un hermano de César Germán Yáñez de nombre Fernando, se encargó de reorganizar el movimiento. Diez años después de los hechos de Nepantla regresó a la Selva Lacandona para coordinar un movimiento llamado Tierra y Libertad, el germen de lo que posteriormente sería el EZLN. Para entonces ya era conocido con el nombre de batalla de su hermano muerto: comandante Germán.

1974 también fue importante para Chiapas por otro motivo: para conmemorar los quinientos años del nacimiento de Bartolomé de las Casas –y atraerse la simpatía de los habitantes de la zona–, el gobierno de Luis Echeverría decidió organizar en ese año un Congreso Indígena. Para llevarlo a cabo, los organizadores solicitaron la ayuda de la diócesis de San Cristóbal, encabezada ya por uno de los hombres cercanos al obispo "de izquierda" Sergio Méndez Arceo y, por ende, a los sectores más reformistas de la Iglesia: el joven Samuel Ruiz. Éste llevaba varios años trabajando de manera cercana con las comunidades indígenas del estado. Ruiz había sido consagrado obispo de Chiapas en 1960 y desde entonces se había dado a la tarea no sólo de catequizar a la población indígena, sino de alentar una verdadera comunidad eclesial en la zona.

–En el año axial de 1968 se llevó a cabo en Medellín, Colombia, la segunda Conferencia Episcopal Latinoamericana –recuerda Enrique Krauze–. Su objetivo fue, según Ruiz, "pensar el Concilio desde nuestra realidad". Es allí donde se perfila con mayor claridad la teología de la liberación. No contenta con lo que llama el "simple asistencialismo" ante la pobreza, la Iglesia latinoamericana acude al método social de análisis genético-estructural que, a juicio de sus exponentes, explica el subdesarrollo del tercer mundo como un subproducto del desarrollo del primer mundo. La nueva teología incorpora los que considera elementos científicos del marxismo: la lucha de clases como hecho objetivo social, el capital como trabajo enajenado, la ideología como visión no científica o condicionada por intereses de clase. Adicionalmente, intenta descubrir en la Biblia cuál es "el plan de Dios" y pretende "activar la energía transformadora de los textos bíblicos". Por último, la teología de la liberación busca una salida práctica para que el pueblo pobre y oprimido logre su liberación a través de métodos pacíficos y de lucha, sin excluir (de acuerdo con la tradición tomista de la "guerra justa") la apelación a la fuerza como último recurso.

Auspiciado pues por la diócesis de San Cristóbal, el Congreso Indígena de Chiapas inició sus trabajos el 13 de octubre de 1974, y estuvo dividido en cuatro "ponencias", de acuerdo a la lengua de los oradores: tzeltales, tzotziles, choles y tojolabales. En su seno se discutieron todos los temas posibles: tenencia de la tierra, educación, salud y comercio. Las discusiones pronto rebasaron las previsiones del gobierno. Al referirse a la lucha por la tierra, por ejemplo, los organizadores del encuentro no dudaron en proponer una doble estrategia: primero, "despertar la conciencia proletaria" y, más adelante, luchar por el cambio hacia una sociedad donde no hubiese propiedad privada de los medios de producción.

–Hubo 1 400 delegados de más de quinientas comunidades –prosigue Krauze–. Las sesiones se llevaron a cabo en las cuatro lenguas indígenas que se comunicaban gracias a la eficaz labor de un grupo de traductores. Era la primera vez que las comunidades, siempre aisladas, tenían contacto entre sí. Morales escuchó que un viejo lloraba porque en su vida "nunca le habían preguntado nada". Se discutieron y tomaron acuerdos sobre cuatro temas: tierras, salud, educación y comercio. Alguien vinculó al Congreso con la labor catequética previa de la Iglesia y lo llamó "hijo de la palabra de Dios". El Congreso tuvo seguimiento en asambleas itinerantes y viajes de solidaridad por el país y el extranjero. Se editó un periódico y se compuso un himno en aquellas lenguas: "En un solo corazón todos caminamos, en un solo corazón todos construimos nuestra liberación". Los activistas civiles no pertenecían a la diócesis. Fueron ellos quienes introdujeron el materialismo histórico en algunos documentos del Congreso. En marzo de 1977, el Congreso dio por cerrado su ciclo afirmando su fe en la "abolición de la propiedad privada". No era el fin sino el principio de una "siembra" política que apenas comenzaba: "Bartolomé de las Casas (dijeron sus dirigentes) ahora somos nosotros, son nuestras comunidades, son las comunidades indígenas unidas".

Al final del Congreso, tanto los catequistas de Samuel Ruiz como los "universitarios de izquierda" continuaron con su labor militante en las comunidades indígenas, dando lugar a la fundación de *Quiptic Ta Lecubtesel* ("Unidos por Nuestro Mejoramiento", en tzeltal), una organización de defensa de las comunidades de la selva, la cual más tarde entraría en contacto con Unión del Pueblo, otro de los tantos grupos que en los setenta buscaban la transformación de la sociedad chiapaneca sin desdeñar el uso de las armas. Según Tello, los líderes de Unión del Pueblo entraron en contacto con las comunidades indígenas y con la diócesis de San Cristóbal a través de Antonio

García de León –el futuro autor de *Resistencia y utopía*–, quien entonces daba clases en el seminario de esa ciudad y había sido el coordinador de traductores en el Congreso Indígena. Más tarde, la Unión del Pueblo dio lugar a la Unión de Uniones.

Desde el principio, el trabajo de Unión del Pueblo contó con el apoyo de Samuel Ruiz –un misionero seglar de la parroquia de Ocosingo, Javier Vargas, asistió a todos sus encuentros–, el cual en 1975 se pronunció abiertamente a favor de la "opción preferencial por los pobres". Muchos de los dirigentes de *Quiptic* eran a la vez catequistas o *tuhuneles*, una especie de diáconos reconocidos por la diócesis para impartir algunos sacramentos como el matrimonio. A partir de 1976, los catequistas del obispo Samuel Ruiz y los dirigentes de Unión del Pueblo dejaron de ser los únicos actores con influencia en las comunidades indígenas, pues se les sumaron otros sectores provenientes de la izquierda, en especial un grupo de tendencia maoísta, Línea Proletaria, derivado a su vez de un frente más amplio, llamado Política Popular.

–En sus orígenes –sostiene Carlos Montemayor–, Política Popular aglutinó estudiantes de varias instituciones de enseñanza superior, particularmente de la Universidad Nacional Autónoma de México y del Instituto Politécnico Nacional. Un grupo determinante en el futuro de la organización provino de la Escuela Nacional de Economía y de la Facultad de Ingeniería: Hugo Andrés Araujo, Alberto Anaya, Rolando Cordera y Adolfo Orive. Este último, hijo de Adolfo Orive Alva, secretario de Recursos Hidráulicos durante el gobierno de Miguel Alemán, fue la cabeza ideológica y financiera; cursó un posgrado en la Escuela Normal Superior de París y su ideología maoísta se estructuró a partir de la orientación de su asesor, Charles Bettelheim, y de sus investigaciones sobre la revolución cultural china.

En otoño de 1976, Samuel Ruiz se puso en contacto en Torreón con los dirigentes de Línea Popular y, al conocer el trabajo que desarrollaban en Coahuila, los invitó a trabajar en Chiapas. Orive le propuso un acuerdo de colaboración para trabajar con las comunidades indígenas tanto desde un punto de vista pastoral como político; poco importaba que las verdaderas intenciones de Línea Proletaria fuesen "movilizar y organizar a las grandes masas para que participen en la lucha revolucionaria para derribar a la burguesía y a su gobierno" hasta convertir a México en una "patria socialista": en ese momento ambas partes parecían beneficiarse de su colaboración.

En 1977 se rompieron los lazos entre la diócesis de San Cristóbal y Unión del Pueblo, cuyas demandas se habían radicalizado; muchos de sus integrantes decidieron sumarse, entonces, a Línea Proletaria. Poco a poco, la paulatina politización de la labor pastoral terminó por enfrentar en el seno de la diócesis a dos tendencias cada vez más irreconciliables: una que privilegiaba la pastoral sobre la política y otra que defendía justo lo contrario. En la primera participaban jesuitas como Mardonio Morales, Eugenio Maurer y Francisco Ornelas y, en la otra, Javier Vargas, José María Castillo y Jorge Santiago. Entre los partidarios de la lucha política se contaban asimismo varios miembros de las órdenes religiosas que actuaban en la zona, en especial dominicos y maristas, así como integrantes de las misiones de Bachajón y Ocosingo, esta última dirigida por un joven y emprendedor dominico, el padre Gonzalo Ituarte.

Entre 1977 y 1980, varios sacudimientos alteraron la estrategia de los diversos grupos políticos que actuaban en la zona. A lo largo de ese tiempo, tres presidentes de la República dictaron decretos afectando las mismas zonas de terreno en Chiapas –Gustavo Díaz Ordaz, que dotaba de tierras a los ejidos de las Cañadas; Luis Echeverría, que dividía a la Comunidad Lacandona en dos grandes zonas, y José López Portillo, que creaba la Reserva de la Biosfera de los Montes Azules–, y provocando constantes enfrentamientos entre sus pobladores. El 8 de mayo de 1979, el gobierno reconoció al fin los derechos de más de mil familias indígenas, concentradas en la Comunidad Lacandona, y las dotó de tierras en los ejidos de Palestina (tzeltales), Corozal (choles) y Lacanjá Chanzayab (lacandones). Sin embargo, no todos los habitantes de las Cañadas estaban dispuestos a emigrar, como los moradores del ejido La Sultana.

Según Krauze, hacia mediados de 1978, los activistas de izquierda habían ganado el apoyo de miles de catequistas y su influencia era enorme en las comunidades tzotzil y chol del norte de Chiapas, era dominante entre los tzeltales de la selva y tenía alguna presencia en la zona tojolobal. Fue en esos días cuando ocurrió un primer enfrentamiento grave con la diócesis. Los brigadistas criticaban el poder vertical de los agentes religiosos en las comunidades, de modo que la diócesis decidió expulsarlos de Ocosingo. La lucha entre la diócesis y la organización por el control de las comunidades se volvió cada vez más agria. Con todo, al parecer varios catequistas apoyaron a los radicales, argumentando que querían la "palabra de Dios", pero también medidas tangibles para las comunidades.

–La actitud de aquellos agentes de pastoral convergía con la de los miembros de la CIOAC (Central Independiente de Obreros Agrícolas y Campesinos), ligada al Partido Comunista, que tenía bases en la región de Simojovel –explica Krauze–. A diferencia de la "lucha paso a paso" de los maoístas, ellos creían en la "lucha al golpe", como las invasiones de tierras y ranchos. En cuanto a don Samuel, su actitud era compleja y, en cierta forma, ambigua. Por una parte jamás se pronunció por "la lucha al golpe". Si bien nunca ideó un proyecto a largo plazo de desarrollo económico para las regiones indígenas, le complacían los éxitos inmediatos y a través de una institución, DESMI (Desarrollo Económico Social de los Mexicanos Indígenas), distribuyó alimentos y medicinas, publicó folletos para apoyar el cultivo de huertos y canalizó fondos para financiar proyectos productivos. Con todo, es claro que ni entonces ni después concebía la liberación del indígena como un mero asunto de organización productiva sino de un cambio radical de las estructuras opresivas.

En septiembre de 1980, los norteños se apuntaron un triunfo con la creación de la Unión de Uniones, una organización independiente que aglutinaba a doce mil familias. Con su brutalidad habitual, el gobierno local quiso incorporarla a la CNC y, al no lograrlo, endureció su postura represiva contra las comunidades que se oponían al decreto de la Comunidad Lacandona. A pesar de ello, la Unión cerró convenios con el gobierno federal y un año más tarde comenzó a gestionar ante la Comisión Nacional Bancaria el establecimiento de su propio banco, que finalmente se creó en octubre de 1982 con un capital de 25 millones, la décima parte del cual fue aportado por las propias comunidades, y que fue llamado Unión de Crédito *Pajal Yac Kactic* (Unidos Venceremos). De pronto, los azorados coletos de San Cristóbal comenzaron a ver el espectáculo de las filas de indígenas cobrando en las nuevas sucursales de la Unión. Por desgracia, la crisis sobrevino pronto. La Unión de Crédito se descapitalizó debido a una caída en los precios del café y sus dirigentes no lograron que los miembros de la Unión aceptaran reinyectar parte de sus ingresos para evitar la quiebra. Al parecer, los norteños habían fracasado. Algunos, como el propio Orive, salieron de Chiapas. Habían llegado a la conclusión de que el proceso "autogestivo" funcionaba para resolver problemas prácticos, pero no como instrumento revolucionario. Otros incluso comenzaron a poner en duda su marxismo y pensaban que el ideal de los indígenas era más modesto: consolidar su parcela familiar, establecer escuelas, introducir agua potable, obtener mejores precios para su café, en una palabra, vivir mejor.

–La llegada de los sandinistas al poder –relata Krauze–, el recrudecimiento de la represión militar en Guatemala, el ascenso que parecía incontenible de la guerrilla salvadoreña, el asesinato del obispo Óscar Arnulfo Romero, amigo de Samuel Ruiz, todo apuntaba a la necesidad de ensayar "la lucha al golpe". Fue entonces, en 1980, cuando la diócesis creó un brazo doctrinal más militante. Se llamó Slop. Según diversos testimonios, el ingreso en 1983 a la selva de los futuros dirigentes del zapatismo no hubiese podido llevarse a cabo sin la aquiescencia de hecho de Slop. Y el éxito posterior de los guerrilleros tampoco sería explicable sin el concurso activo (económico, según algunos) de DESMI.

Ya en fechas tan tempranas como 1980, los *Estatutos* de las FLN incluían entre sus principios generales "integrar las luchas del proletariado urbano con las luchas de campesinos e indígenas de las zonas más explotadas de nuestro país y formar el Ejército Zapatista de Liberación Nacional". A principios de los ochenta, la organización operaba ya en las cercanías de San Cristóbal, donde entró en contacto con el grupo Slop ("raíz" en tzeltal), recientemente formado por Javier Vargas y que contaba con el apoyo de Samuel Ruiz. En 1983, asumió el gobierno del estado el general Absalón Castellanos, quien instauró un régimen caracterizado por su mano dura. Ese mismo año los futuros dirigentes del EZLN se dividieron posiciones en el área de la Selva Lacandona. Preocupada por su radicalización, la diócesis de San Cristóbal decidió entablar lazos con ellos. Como la situación de los indígenas y las organizaciones campesinas era pésima, y el gobierno de Castellanos reprimía cualquier forma de disidencia, el obispo Samuel Ruiz pensó que lo mejor era propiciar el acercamiento entre los diversos grupos que buscaban la transformación de Chiapas. El contacto de la diócesis con las FLN se mantenía a través de Jorge Santiago, presidente de DESMI, entonces ligado sentimentalmente con Gloria Benavides, quien más tarde se convertiría en la subcomandante Elisa del EZLN.

En 1984, muchos de los principales líderes de las FLN, incluyendo al comandante Germán, se trasladaron a Chiapas para proporcionar adiestramiento militar a pequeños grupos de indígenas. Mientras tanto, los sobrevivientes que se habían trasladado a Chiapas tras los desastres de Monterrey y Nepantla trataron de reorganizarse en la Selva Lacandona. Encabezados por Mario Sáenz, llamado Alfredo, y por el joven Rafael Guillén, entonces conocido como Zacarías, formaron los cuadros de lo que más adelante se convertiría en el EZLN.

1988 fue otro año clave, no sólo para Chiapas, sino para todo el país. Unión de Uniones se adhirió a la nueva ley de crédito rural y cambió su nombre por el de Asociación Rural de Interés Colectivo (ARIC); mientras tanto, las FLN consolidaron su estructura militar. Al mismo tiempo, el PRI lanzó la candidatura de Patrocinio González Garrido, hijo del ex gobernador Salomón González Blanco, a la gubernatura de Chiapas. Y, por último, se celebraron entonces las controvertidas elecciones federales que le dieron el triunfó a Carlos Salinas de Gortari. Todos estos factores resultaron decisivos para que, poco más de cinco años después, el movimiento zapatista al fin saliese a la luz y trastocase para siempre al sistema político mexicano.

En el segundo capítulo de "Chiapas: el sureste mexicano en dos vientos, una tormenta y una profecía", el subcomandante Marcos se refiere al gobierno de Patrocinio González Garrido del siguiente modo:

–Érase que se era un virrey de chocolate con nariz de cacahuate –escribe Marcos parodiando la canción de Cri-Cri–. El aprendiz de virrey, el gobernador Patrocinio González Garrido, a la manera de los antiguos monarcas que la Corona española implantó junto con la Conquista, ha reorganizado la geografía chiapaneca. La asignación de espacios urbanos y rurales es un ejercicio de poder un tanto sofisticado, pero manejado con la torpeza del señor González Garrido alcanza niveles exquisitos de estupidez. El virrey ha decidido que las ciudades con servicios y ventajas sean para los que ya todo tienen. Y decide, el virrey, que la muchedumbre está bien afuera, en la intemperie, y sólo merece lugar en las cárceles, lo cual no deja de ser incómodo.

La identificación de Patrocinio González Garrido con un virrey español, y la de los finqueros y ganaderos con señores feudales no es casual: si en realidad para el mundo indígena el pasado permanece en el presente, desde el principio Marcos quiso mostrar que la historia de la represión contra los indígenas en Chiapas era una constante desde la Colonia. Según las cifras oficiales, González Garrido obtuvo 90 por ciento de los votos en las elecciones federales de 1988. El presidente del PRI en el estado, Juan Lara, afirmó sin vergüenza que Chiapas era "eminentemente priista". En el resto del país, la competencia electoral había sido la más reñida de la historia reciente: Chiapas, en cambio, parecía no haberse sacudido por la candidatura de Cuauhtémoc Cárdenas y seguía siendo la mayor fuente de votos para el partido oficial. Desde luego, esto se debía al uso de los tradicionales mecanismos puestos en práctica por el partido en el poder: desde el fraude descarado hasta la cooptación de organizaciones campesinas, la presión y la compra de votos.

En cuanto al enfrentamiento del gobierno estatal con la diócesis de San Cristóbal, Marcos también estaba en lo cierto. Desde el principio, las políticas a favor de los pobres y, sobre todo, el velado apoyo que la diócesis le daba a las organizaciones más belicosas de los Altos y la selva enfrentaron a Samuel Ruiz con González Garrido. Sin embargo, de lo que no hablaba Marcos en su texto de 1992 era del paulatino alejamiento entre Samuel Ruiz y los zapatistas. Tal como refiere Krauze, había llegado la hora de la confrontación entre la diócesis y el EZLN. Mientras Marcos desenmascaraba su actitud antirreligiosa, la diócesis formulaba graves cargos en su contra, acusándolo de celebrar matrimonios revolucionarios y de blasfemia. Al parecer, la diócesis intentaba mantener una fuerza propia en las comunidades a través de Slop; por ello intensificó su crítica a los líderes zapatistas e incluso intentó comprar armas. Al descubrir las intenciones de la diócesis, Marcos convocó a una reunión de avenencia, pero acto seguido tomó medidas draconianas contra sus adversarios.

–En el fondo del conflicto entre Marcos y don Samuel –resume Krauze–, el profeta armado y el desarmado, resonaba el choque de los dos antiguos órdenes medievales, el clero y la milicia, desdeñosos ambos del orden moderno que, en el enclave feudal de Chiapas, prácticamente no existía: el orden civil.

Carlos Tello Díaz, por su parte, recoge una frase de Marcos que no deja dudas sobre la división que los zapatistas generaban en Chiapas:

–Aquí no va a haber ARIC, no va a haber palabra de Dios, no va a haber gobierno de la República. Aquí va a haber Ejército Zapatista de Liberación Nacional –habría dicho Marcos.

Los conflictos del EZLN con la ARIC, su antigua base social, provocaron el nacimiento de una nueva organización, la Alianza Nacional Campesina Independiente Emiliano Zapata (ANCIEZ). A principios de 1991, ésta organizó su primera gran movilización en Chiapas para protestar contra el Tratado de Libre Comercio, las reformas al artículo 27 de la Constitución –donde se regulaba el ejido y la tenencia de la tierra– y para pedir nuevas dotaciones de tierras. En aquella ocasión cuatro mil indígenas llenaron el parque central de Ocosingo. A ésta demostración de fuerza le sucedieron numerosas manifestaciones similares: el 7 de marzo partió de Palenque la marcha que más tarde se conocería con el nombre de *Xi' Nich* ("hormiga que marcha", en chol), encabezada por un jesuita, Jerónimo Hernández –a quien más tarde el gobierno habría de confundir con Marcos–, para protestar por la represión que sufrían los indígenas a manos del gobierno de González Garrido. La marcha recorrió 1 106 kilómetros hasta llegar a la ciudad de México.[6] Sin embargo, el más espectacular de estos mítines se celebró en San Cristóbal el 12 de octubre de 1992, justo cuando se conmemoraban los quinientos años del descubrimiento de América.

–Más de nueve mil indígenas participaron en la manifestación de San Cristóbal de Las Casas –apunta Tello Díaz–. Estaban allí la ARIC, la OCEZ, la CIOAC, la ANCIEZ, la UNORCA, todas aglutinadas en el Frente de Organizaciones Sociales de Chiapas, el FOSCH, fundado en la víspera. La ANCIEZ sobresalía por su disciplina, por la cantidad de mujeres que llevaba. Algunos de sus miembros ostentaban arcos y flechas, y tenían los rostros pintados de colores. Parecían un ejército. Todos ellos, movilizados durante la noche, llegaron a la ciudad en la madruga-

[6] En diciembre del año 2000 se realizó una marcha similar, provocando una de las mayores movilizaciones del EZLN, pero clausurando, asimismo, el alzamiento zapatista como tal.

da del 12, un lunes. Marcos y Daniel, entre la gente, filmaban la manifestación. Había comandos de guerrilleros destacados por toda la ciudad, listos para responder en caso de represión. Los coordinaba, al parecer, el mayor Mario. Entre los indígenas que marchaban por las calles de la ciudad, la mayoría, sin duda, era parte del Ejército Zapatista de Liberación Nacional. Muchos lo sabían. Al pasar frente a la iglesia de Santo Domingo, unos militantes de la ANCIEZ dejaron atrás el grueso de la manifestación, que siguió de frente por 20 de Noviembre. Entonces, con palos y marros, empezaron a demoler la estatua de bronce del conquistador Diego de Mazariegos. Un grupo de policías trató de contenerlos, pero no pudo: fue recibido por una lluvia de pedradas. La marcha culminó en la Plaza de Armas –es decir, la Plaza 31 de Marzo, así llamada por ser ésa la fecha de la fundación, en 1528, de la ciudad de San Cristóbal. Allí, los campesinos desplegaron sus pancartas: "Hoy cumple quinientos años de robo, muerte y destrucción el pueblo indígena", decían unas. "12 de octubre, día de la desgracia", clamaban otras. "Pinche Tratado, nos tiene maltratados", ironizaban las demás. La manifestación de San Cristóbal culminó, por la noche, con una misa en la catedral. Don Samuel, ante más de cuatrocientos fieles, habló sobre la situación del estado, donde, subrayó, "crece y se fortifica una violencia estructural que niega el legítimo derecho a desarrollar todas las potencialidades del ser humano". Al caer la noche, la tensión era muy grande. Jorge Lescieur, alcalde de la ciudad, después de culpar al obispo por la destrucción de la estatua de Mazariegos, anunció la creación del Frente Único de Defensa Ciudadana.

De nuevo, resulta imposible no volver al tema de las metáforas de la historia que se repiten. La manifestación del 12 de octubre de 1992 en San Cristóbal evoca el desfile de indios chamulas celebrado ochenta años antes, al inicio de la Revolución. En ambos casos se cumplía el mismo objetivo: demostrar en la antigua capital del estado, frente a los ladinos que controlaban el gobierno, la verdadera fuerza de los indígenas. La fecha, por otra parte, no podía ser más significativa: en el discurso "indigenista" de las organizaciones campesinas de Chiapas, y especialmente en las que simpatizaban con el EZLN, las vejaciones habían comenzado con el descubrimiento de América. Pero aún había otros dos signos capaces de reavivar la memoria histórica del estado: por una parte, la destrucción de la estatua del conquistador Diego de Mazariegos y, por la otra, la bendición final otorgada por la diócesis de San Cristóbal, y por ese sucesor de Bartolomé de las Casas que era Samuel Ruiz, a los manifestantes indígenas, con la consecuente ofuscación de la población ladina, representada ahora por el alcalde de la ciudad, heredero de los encomenderos que expulsaron a Las Casas. La teatralidad del acto fue tal que no hay que dudar en considerar esta fecha como el verdadero punto de partida de la rebelión zapatista. Sólo unos días antes las FLN habían decidido iniciar la guerra contra el gobierno federal.

–La decisión de declarar la guerra al "mal gobierno" fue tomada durante la reunión secreta de septiembre de 1992 en la casa de seguridad de San Cristóbal –aseguran Bertrand de la Grange y Maite Rico en *Subcomandante Marcos: la genial impostura* (1998), siempre muy críticos con los zapatistas–. Ante los más altos mandos del EZLN (los subcomandantes Daniel y Pedro; los ocho mayores indígenas; Frank, que era responsable de los comités campesinos y Ana, representante de las organizaciones obreras del norte del país), Marcos criticó duramente la actitud de la dirección de las FLN, que no hacía sino posponer, con diversos pretextos, el momento para desencadenar las hostilidades.[7]

No sin rispidas discusiones entre sus dirigentes, al final se impuso el punto de vista de Marcos: según él, era necesario tomar la iniciativa y evitar que los conflictos con la Iglesia y las demás organizaciones campesinas disidentes debilitaran al ejército. En esa reunión se fundó, también, el Partido Fuerzas

[7] La información de este libro se basa sobre todo en el testimonio de un zapatista de alto rango que abandonó el EZLN y se colocó bajo la protección del gobierno federal.

de Liberación Nacional, órgano supremo de la revuelta, a cuya cabeza quedó el comandante Germán; debajo de él, encargado de las acciones militares, quedó el propio Marcos. Apenas unas semanas después de este hecho, Patrocinio González Garrido pidió licencia como gobernador del estado, pues el presidente Salinas lo había invitado a incorporarse a su gabinete como secretario de Gobernación. Su lugar fue ocupado por uno de sus hombres de confianza, Elmar Setzer.

–En Chiapas, los rumores sobre la guerrilla resonaban por todos lados en la primavera de 1993 –apunta Carlos Tello.

Un secreto a voces que, sin embargo, todos los sectores de los gobiernos federal y estatal –con el propio González Garrido a la cabeza– se encargaron de encubrir: era demasiado peligroso hablar de un grupo guerrillero cuando el Congreso estadounidense estaba por aprobar la firma del Tratado de Libre Comercio. A lo largo de aquel año, el ejército federal se enfrentó en numerosas ocasiones con los guerrilleros –el combate más encarnizado se produjo en Corralchén–, e incluso localizó el centro de entrenamiento del EZLN en el ejido Las Calabazas pero, aunque la prensa nacional dio a conocer estos acontecimientos, nadie pareció concederles mayor importancia.

En la región de la Selva, en cambio, los hechos se precipitaban. La ARIC, ahora dirigida por el antiguo *tuhunel de tuhuneles*, Lázaro Hernández, se separó para siempre del EZLN. Don Samuel trataba de conjurar lo inevitable, pero nada pudo detener el avance de la vía armada decidida por Marcos. El 6 de agosto de 1993 se celebró en el ejido Ibarra el vigésimo cuarto aniversario de la fundación de las FLN; Marcos logró reunir para la ocasión a más de cinco mil milicianos. Unos días después, el 20 de agosto, visitó la región el secretario de Desarrollo Social, Luis Donaldo Colosio, quien anunció una inversión de 170 mil millones de pesos. El 6 de septiembre, Colosio regresó a las Cañadas, esta vez acompañado por el propio presidente Salinas de Gortari. Ambos iniciaron la Semana de Solidaridad en Guadalupe Tepeyac, donde inauguraron la clínica del IMSS que más tarde se convertiría en cuartel del EZLN. Al mismo tiempo, el ejército militarizaba la región con el pretexto de combatir el narcotráfico. Todas estas acciones mostraban la evidente preocupación del gobierno federal por la situación que se vivía en la zona.

A fines de septiembre, el EZLN llevó a cabo una nueva reunión de su dirigencia en el ejido San Miguel, en la cual se hicieron evidentes las diferencia entre el comandante Germán y el subcomandante Marcos, aunque al final prevaleció la intención de dar inicio a la lucha armada. Para responder al creciente peligro que representaba la guerrilla, el gobierno federal decidió tomar medidas drásticas en los primeros días de octubre: el ejército realizó un amplio operativo en el cual incautó 712 kilos de cocaína y al mismo tiempo la Secretaría de Gobernación trató de remover a Samuel Ruiz de la diócesis de San Cristóbal mientras éste se hallaba en una reunión en São Paulo. Continuando con su pelea con el obispo, Patrocinio González Garrido estaba convencido de que éste seguía apoyando a los guerrilleros. Sólo las presiones de las comunidades de los Altos frenaron la remoción. Paradójicamente, en esos momentos el obispo era uno de los principales propulsores de la paz: en varias ocasiones se reunió con dirigentes del EZLN para tratar de convencerlos de detener el alzamiento, pero sus intentos fueron en vano. Para entonces la dirigencia del EZLN ya había decidido la fecha para el inicio de la guerra: el 1° de enero de 1994, el mismo día en que entraba en vigor el Tratado de Libre Comercio de América del Norte.

TERCERA PARTE

Los personajes

*Donde el lector conoce a los personajes
de esta historia, se hace un pormenorizado
recuento de su fama y sus desventuras, y se ofrecen
algunos atisbos de sus vidas paralelas.*

TERCERA PARTE

Los personajes

1

El presidente y el guerrillero

–El último año del régimen de Carlos Salinas de Gortari –escribió Jorge G. Castañeda–, no empezó el 1° de diciembre de 1993, trescientos sesenta y cinco días antes de la entrega de la banda presidencial a su sucesor. Tampoco se inició a principios de enero, con el alzamiento en Chiapas. Comenzó, en realidad, la noche del 17 de noviembre de 1993 (hora de Washington), al ser aprobado el sacrosanto Tratado de Libre Comercio de América del Norte por la Cámara de Representantes de Estados Unidos.

Cuando los representantes estadounidenses al fin confirmaron el Tratado, Carlos Salinas era ya uno de los líderes políticos más reconocidos en todo el mundo. Su carrera no había estado exenta de momentos amargos, decepciones, humillaciones y, sobre todo, de batallas, pero una y otra vez había logrado salir adelante, sin importarle los costos a pagar o la fuerza de sus enemigos. Salinas se sabía más inteligente y tenaz que cualquiera de sus adversarios y, como pocas figuras públicas en la historia de México, estaba seguro de que alcanzaría todas sus metas, empezando por el TLCAN.

Hijo de un antiguo secretario de Estado, posgraduado en Harvard y destacado integrante del equipo hípico nacional en los juegos centroamericanos, Carlos Salinas de Gortari representaba el prototipo de hombre de éxito dentro de la "familia revolucionaria" que gobernaba al país desde hacía décadas. En una meteórica carrera en la administración pública, pronto se convirtió en consejero del presidente Miguel de la Madrid, quien no dudó en nombrarlo secretario de Programación y Presupuesto cuando asumió la presidencia en 1982, en medio de una gravísima crisis económica. Salinas acababa de cumplir treinta años. Seis años después, De la Madrid volvió a apostar por él, pues consideraba que era la persona idónea para proseguir la modernización del país, de modo que lo eligió como su sucesor.

Hasta ese momento, Salinas se había caracterizado por ser una figura discreta y más bien oscura, si bien había ido acumulando un poder cada vez mayor dentro del gabinete, sobre todo a raíz de su victorioso enfrentamiento con el popular secretario de Hacienda Jesús Silva Herzog, quien a la postre debió renunciar a su cargo. La candidatura de Salinas despertó profundos recelos en la clase política tradicional, pero como de costumbre las protestas fueron acalladas en aras de la unidad del partido, sobre todo tras la escisión provocada en sus filas por la llamada Corriente Democrática.

Apenas unos meses antes de que Salinas fuera investido como candidato del PRI, un grupo de militantes descontentos, encabezados por Cuauhtémoc Cárdenas, hijo del presidente Lázaro Cárdenas y ex gobernador de Michoacán, y por Porfirio Muñoz Ledo, varias veces secretario de Estado y ex presidente del PRI, se había decidido a abandonar el partido con el fin de buscar una candidatura independiente. Al cabo de un tiempo encontraron cobijo en el PARM, un pequeño partido de oposición, y fraguaron una amplia coalición de izquierda que por primera vez parecía capaz de arrebatarle el poder al partido oficial. Por su parte, el tradicional partido opositor de derecha, Acción Nacional (PAN), también contaba con una figura carismática, el antiguo empresario sinaloense Manuel J. Clouthier.

Acostumbrado a celebrar elecciones como un mero trámite legitimador, el sistema político mexicano no se hallaba preparado para afrontar una elecciones verdaderamente competidas. Dominada por los rumores de fraude, la jornada electoral del 6 de julio de 1988 se desarrolló en medio de un ambiente de inseguridad y sospechas. Por la noche de ese día, el secretario de Gobernación, encargado de organizar las elecciones, anunció una inesperada "caída del sistema" y luego una inexplicable ventaja del candidato del PRI. Tanto dentro como fuera del país las dudas sobre la limpieza de las votaciones se tornaron cada vez más intensas: si bien los resultados oficiales le dieron el triunfo a Salinas con más de la mitad de los votos, un gran sector de la población siguió creyendo que el verdadero ganador había sido Cuauhtémoc Cárdenas, y a la fecha sigue sin saberse con precisión cuál de los contendientes fue el auténtico ganador.

Carlos Salinas asumió la presidencia con la mancha infamante de "usurpador". La idea de borrar esa falta de legitimidad se convirtió en una de sus principales obsesiones: si no a través de las urnas, estaba decidido a obtener la aprobación de los ciudadanos por medio de acciones enérgicas que le granjearan el temor y la simpatía populares. Como primer paso, Salinas se encargó de detener mediante un hábil operativo al corrupto líder petrolero Joaquín Hernández Galicia, alias la Quina, quien soterradamente había apoyado la campaña de Cárdenas y había financiado la publicación de un libelo contra él.[8] Y, luego, no dudó en reconocer a Ernesto Ruffo Appel, del PAN, como gobernador de Baja California, la primera vez que eso ocurría con un gobierno estatal en décadas. Ambas acciones lo hicieron merecedor de un amplio reconocimiento nacional e internacional, demostrando que Salinas estaba decidido a transformar las estructuras tradicionales de poder que existían en el país costara lo que costase.

Para poner en marcha este proyecto, Salinas se rodeó de un equipo de jóvenes economistas, formados a la sombra de Miguel de la Madrid y egresados de las principales universidades estadounidenses, entre los que destacaban Pedro Aspe Armella, en Hacienda; Manuel Camacho, su amigo desde la Facultad de Economía, en el Departamento del Distrito Federal; Luis Donaldo Colosio en la presidencia del PRI y más tarde en Desarrollo Social; Ernesto Zedillo, en Programación y Presu-

---

[8] En 1988 comenzó a circular un panfleto, titulado "Un asesino en la presidencia", en donde se recordaba un incidente de la niñez de Salinas, en el cual habría matado accidentalmente a su sirvienta mientras él y su hermano Raúl jugaban con un arma cargada. La redacción de este libro fue achacada a la Quina.

puesto y luego en Educación, y Jaime Serra Puche, en Comercio. Era la "*Ivy League* en el poder", como escribió el periodista Alejandro Ramos.

A pesar de los notorios descalabros sufridos por el régimen durante sus primeros años –en especial debido a los intensos conflictos poselectorales en San Luis Potosí y Guanajuato–, Salinas terminó por convencer a la opinión pública de su voluntad reformista. Prácticamente todos los aspectos de la vida pública mexicana fueron modificados por el gobierno salinista, a excepción de su propio centro: el autoritarismo que se ejercía desde la presidencia. De la reforma del artículo 27 constitucional que regulaba la posesión de la tierra al estricto control de la inflación, y de la apertura económica a la privatización de las empresas estatales, México experimentó una auténtica torsión hacia el neoliberalismo ortodoxo a partir de 1988. A mediados de sexenio, los resultados parecían tan brillantes que el PRI recuperó casi todas las posiciones que había perdido tres años atrás, incluidos muchos de los bastiones del cardenismo.

En los discursos de Salinas sobresalían siempre dos términos: *modernización* y *solidaridad*: estas dos palabras definían el núcleo de su visión política. Como Porfirio Díaz o Miguel Alemán, él también estaba convencido de que México sólo saldría del atraso y la marginación mediante un rápido progreso económico. En éste, y no en la reforma política, basaba su idea de bienestar para el país. Paralelamente, Salinas implementó un vasto programa social, al cual bautizó con el nombre de Solidaridad, cuyo objetivo era aliviar las condiciones de miseria de los más pobres. En teoría, era una forma adecuada de combatir las desigualdades connaturales del neoliberalismo pero, en la práctica, se trató sobre todo de una brillante invención mediática.

En cualquier caso, sus antecedentes ideológicos no podían resultar más alejados del neoliberalismo en boga. En su juventud, Salinas y varios de sus compañeros de Economía habían frecuentado lecturas más o menos "maoístas" y su hermano

Raúl participaba, junto con Hugo Andrés Araujo, en la muy izquierdista Línea Proletaria. Aunque Carlos Salinas no participó directamente en ella, a la larga su influencia se dejó sentir desde que trató de llevar a cabo un experimento de autogestión social en el valle de Chalco como fase final de su tesis de licenciatura. Éste fue el germen del Programa Nacional de Solidaridad, cuyo objetivo era apoyar obras sociales siempre y cuando las propias comunidades se encargaran de construirlas y gestionarlas. Puesta de moda por el sindicato polaco del mismo nombre, la Solidaridad se convirtió en la panacea del salinismo. Pocas veces una sola palabra fue pronunciada con tanto entusiasmo y tanta regularidad como entonces.

Al lado de Solidaridad, la mayor baza de Salinas era la firma del TLCAN. Siguiendo una arraigada costumbre nacional según la cual México sólo puede progresar si es aplaudido por el resto del mundo, el presidente estaba convencido de que la integración económica de América del Norte representaba el final de las crisis financieras que había sufrido México en los últimos años, asegurando el inicio de una era de estabilidad y, de paso, confirmando sus dotes de estadista.

A fines de 1993, Salinas parecía haber cumplido todas sus metas: después de muchos titubeos, la Cámara de Representantes estadounidense al fin dio su aprobación al Tratado; las inversiones extranjeras comenzaron a fluir cada vez con mayor intensidad; la privatización aportó importantes recursos al Estado; la inflación se contuvo a sus límites más bajos en décadas, y, como cereza del pastel, había logrado nombrar a Luis Donaldo Colosio como candidato a la presidencia del PRI, a pesar de la oposición de figuras como Manuel Camacho. En esos momentos Salinas era, sin duda, uno de los políticos más admirados en todo el mundo. No imaginaba que 1994 habría de convertirse en uno de los peores años de la historia nacional, y por ende de la suya.

"El hombre que quería ser rey", lo llama el historiador Enrique Krauze en *La presidencia imperial*. Si hubiese que distinguir con una sola palabra a Carlos Salinas de Gortari, el presidente mexicano que llegó a convertirse en una de las figuras políticas más representativas de los primeros años de la década de los noventa, ésta sería, sin duda, *ambición*. Para encontrar en la agitada vida del país otros presidentes cuya voluntad de poder y cuya obsesión por la gloria fuesen tan marcadas, habría que recurrir a ejemplos como los de Iturbide o de Santa Anna. Como casi todos los miembros de su familia, Carlos Salinas es uno de esos personajes que, de no haber sido inventados por la realidad, podrían haber sido producto de la ficción. Su pasión por el poder fue tan encarnizada que no resulta absurdo compararlo con Ricardo III o con Macbeth o, en el otro extremo, con los capos sicilianos dibujados por Leonardo Sciascia o Mario Puzo. Al igual que ocurre con el subcomandante Marcos, su némesis, hay que reconocer que se construyó a sí mismo como invención digna de una novela: su propio genio lo encumbró y su propio orgullo –su *hubris*– lo hizo precipitarse en el peor de los desprestigios.

En el contexto del debate producido por el alzamiento zapatista en 1994, Salinas ocupa un lugar excepcional: uno casi se sentiría tentado a afirmar que las palabras escritas por Marcos y sus seguidores, así como los análisis redactados por periodistas, estudiosos e intelectuales, en el fondo se hallaban destinadas a él. Salinas se volvió la víctima de todas las críticas y de todos los ataques, transmutado en un gran acumulador de calificativos. ¿Cómo no analizar, pues, sus reacciones? ¿Cómo no verlo como el espejo del despertar chiapaneco? Dejando de lado su orgullo, en Salinas se concentran las virtudes y los vicios de ese régimen al que tan bien sirvió y que luego él mismo quiso sepultar. A diez años del fin de su mandato, y pese a sus ingentes esfuerzos por rehabilitar su imagen, Salinas sigue siendo identificado como la encarnación misma de la infamia y como el polo opuesto de su gran enemigo, el subcomandante Marcos.

Son tantas las páginas que se han escrito para explicar la popularidad, el carisma y la fuerza simbólica del subcomandante Marcos que resulta difícil desbrozar los lugares comunes de los verdaderos hallazgos. Desde su aparición en las calles de San Cristóbal, el 1° de enero de 1994, el guerrillero se convirtió no sólo en el personaje más buscado de México, sino en un ícono indispensable de finales del siglo XX. Se le ha visto como una reencarnación del Che, un manipulador de los indígenas, un comunicador de insólita brillantez, unególatra inclasificable, un escritor talentoso y como el último de los héroes románticos de nuestra época.[9] En todo el mundo sigue habiendo jóvenes que no se cansan de corear: "Todos somos Marcos". Ha sido definido con tal variedad de epítetos, provenientes de los portavoces más diversos, que apenas es posible entrever cuál es la realidad escondida detrás de ese segundo pasamontañas que lo cubre.

No es casual que una de las preocupaciones recurrentes del gobierno mexicano consistiese en develar su verdadera identidad. Durante varios meses, las fuentes castrenses y policiacas hicieron circular infinidad de nombres posibles, pero a la larga todos ellos se revelaron erróneos: entre ellos figuraron sacerdotes y misioneros, un psicólogo colombiano y diversas figuras relacionadas con las organizaciones sociales chiapanecas, e incluso hubo quienes llegaron a afirmar que en realidad había varios Marcos distintos, tal como los campesinos de Morelos a principios de siglo suponían la existencia de numerosos dobles de Zapata. Al final, el gobierno y los medios de comunicación no tuvieron otro remedio que disculparse por los malentendidos. No fue sino hasta fines de 1994 cuando los órganos de inteligencia al fin dieron con la pista correcta. Poco después, Salvador Morales, antes conocido co-

[9] Si bien Marcos se ve a sí mismo como un heredero de Emiliano Zapata, en realidad se asemeja más a Julio Chávez López, uno de los primeros revolucionarios utópicos de México, quien se levantó en armas contra el gobierno central en 1869, en la zona de Chalco, influido por las ideas de Plotino Rhodakanaty, un seguidor de Fourier. Su "Manifiesto a todos los oprimidos y los pobres de México y del universo" inaugura la serie de manifiestos que llegarán hasta la Declaración de la Selva Lacandona. Ver Pierre-Luc Abramson, *Las utopías sociales en América Latina en el siglo XIX*, Fondo de Cultura Económica, México, 1999.

mo subcomandante Daniel, un antiguo miembro del EZLN resentido por su expulsión del grupo guerrillero, confirmó las sospechas de los investigadores. El 9 de febrero de 1995, en una conferencia de prensa televisada en red nacional, el procurador general de la República del gobierno de Ernesto Zedillo, el militante panista Antonio Lozano Gracia, al fin dio a conocer a la opinión pública la verdadera identidad del subcomandante Marcos, al tiempo que el ejército y la policía judicial federal entraban en la zona controlada por el EZLN para intentar su captura. Carlos Fuentes, buen conocedor de los mitos mexicanos, se dio rápida cuenta de la naturaleza íntima de la maniobra emprendida por las autoridades:

–La insistencia del gobierno en llamar "Guillén" al subcomandante Marcos –acusó el novelista– sería ridícula si no fuese perniciosa. Aplicada con congruencia, la decisión de despojar a un personaje histórico de su nombre de guerra, seudónimo o nombre de pluma nos llevaría, por ejemplo, a arrebatarle al general Francisco Villa ese apelativo para devolverle su nombre de bautizo, "Doroteo Arango". Inscrito con letras de oro en el Congreso de la Unión, el nombre del guerrillero norteño debería desaparecer de ese sitio para dar lugar al de "Doroteo Arango". Lo malo del asunto es que llamar Guillén a Marcos es otra manera de decir "Usted no existe. Usted es un farsante. Con usted no se puede negociar. Usted usa máscara. Aprenda de los priistas, que usamos nuestras caras como máscaras y engañamos a todo el mundo. En vez de pasamontañas, use usted capucha y pase por 'el Tapado'".

Según la biografía establecida por los órganos de inteligencia mexicanos –y recogida por los periodistas Rico y De la Grange, siempre dispuestos a denigrar a Marcos y a creerle a Salvador Morales–, el verdadero nombre del guerrillero es Rafael Sebastián Guillén Vicente. Según estas mismas fuentes, nació en Tampico, en el estado norteño de Tamaulipas, el 19 de junio de 1957, y era el cuarto de ocho hermanos, siete varones y una mujer. Sus padres, Alfonso Guillén y Socorro Vicente, eran propietarios de una cadena de mueblerías. Medía 1.75

metros de altura y tenía la piel blanca, el cabello castaño oscuro, los ojos café claro y la nariz aguileña.

–Dos fotos fueron presentadas a los telespectadores –reseñan Rico y De la Grange–. La primera, tomada catorce años antes para la obtención del título universitario, mostraba el rostro inexpresivo de un joven con corbata y una barba bien tallada. En la otra se descubría, sobre un fondo de selva, un personaje mucho más sonriente, con una gran barba enmarañada, que vestía con cierto desaliño un uniforme de guerrillero y que estaba rodeado de varios rebeldes, entre ellos uno de los cuadros más veteranos de la organización, la subcomandante Elisa.

Rafael Guillén había estudiado la primaria y la secundaria en escuelas jesuitas de Tampico y más tarde había obtenido la licenciatura en Filosofía –y la medalla Gabino Barreda al mejor estudiante de su generación– en la Facultad de Filosofía y Letras de la UNAM, en la que se había inscrito en 1977. Su tesis, que obtuvo mención honorífica, versaba sobre las relaciones entre filosofía y educación, y su arsenal teórico se basaba fundamentalmente en el marxismo francés entonces en boga, especialmente en Louis Althusser y Michel Foucault.[10] Desde 1979 dio clases a los estudiantes de diseño gráfico de la Universidad Autónoma Metropolitana. Desapareció durante seis meses en 1982, volvió a la UAM un par de años más, y por fin en 1984 se le perdió la pista, cuando se trasladó a Chiapas como miembro de las Fuerzas de Liberación Nacional, a las cuales había ingresado en 1983.

Tras escuchar la revelación de su identidad, Marcos envió otra de sus sardónicas posdatas a la prensa nacional:

–Escuché que ya descubrieron otro Marcos y que es tampiqueño –se burló–. No suena mal, el puerto es bonito. Me acuer-

---

[10] La tesis fue defendida en 1981 con el título *Filosofía y educación. Prácticas discursivas y prácticas ideológicas. Sujeto y cambio históricos en libros de texto oficiales para la educación primaria en México.* El director de la misma era un antiguo hermano marista, el filósofo Cesáreo Morales, quien en 1994 se desempeñaba como asesor de Luis Donaldo Colosio.

do de cuando estuve trabajando de sacaborrachos en un burdel de Ciudad Madero en la época en que la Quina hacía con la economía regional lo que Salinas hizo con la bolsa de valores: inyectarle dinero para ocultar la pobreza. Me fui del puerto porque la humedad me da sueño y los mariscos me lo quitan. –Y luego añade con su característica socarronería–: Bueno, y a todo esto, ¿ese nuevo subcomandante Marcos sí es guapo? Es que últimamente me ponen puros feos y se me arruina toda la correspondencia femenina.

Si Marcos logró convertirse en el mayor atractivo del movimiento zapatista, se debió a golpes de humor como éste. Aunque, por otra parte, tampoco debemos desdeñar el sesgado racismo que continúa imperando en la vida pública mexicana, y en especial en Chiapas. Al iniciarse la revuelta, el gobierno local trató de menospreciar a los alzados sosteniendo que se trataba de un grupo de indígenas "monolingües", lo que equivalía a equipararlo con las incontables revueltas que había sufrido el estado a lo largo de su historia y que siempre habían terminado resolviéndose a favor de los caciques. El gobierno federal apostó, en cambio, por la opción contraria: Eloy Cantú, oficial mayor de la Secretaría de Gobernación y efímero "vocero único" para el conflicto chiapaneco, afirmó que el movimiento no era "netamente indígena" y que el "comandante Marcos" era un "hombre rubio, de ojos verdes, y que habla cuatro idiomas".

En cualquier caso, la presencia de Marcos resultaba sospechosa: si un hombre blanco –un ladino– se transformaba en el líder de un movimiento indígena, ello quería decir necesariamente que éste había manipulado a sus subordinados de acuerdo con su propio proyecto personal. Para el gobierno, no cabía duda de que Rafael Guillén había explotado las carencias de los indios –a quienes se calificaba, indirectamente, de incapaces de tomar decisiones por sí mismos–, convenciéndolos de emprender una lucha armada sin posibilidades de triunfo; al menospreciar la capacidad de las comunidades de tomar las armas voluntariamente, el gobierno cometía dos graves errores: trataba a los indígenas como si fuesen "menores de edad" e implícitamente reconocía que el único interlocutor válido era Marcos.

La prensa también jugó su papel en este proceso: de haberse tratado de una revuelta no mayoritaria, sino *exclusivamente* indígena, es probable que su impacto en la opinión pública hubiese sido menor. Sin embargo, al encontrar a Marcos, un hombre locuaz y culto, similar a ellos, tanto el gobierno como la prensa se sintieron más tranquilos: el subcomandante hablaba el mismo lenguaje de sus entrevistadores y sus enemigos, en vez de ser ese otro, ajeno y desconocido. Por fortuna, no era un extraño, sino un hijo pródigo.

En cierta ocasión, el periodista italiano Gianni Minà le preguntó a Marcos:

–¿Se da usted cuenta de que es peligroso que se piense que el indígena no puede actuar por sí solo, si no tiene un consejero blanco e intelectual?

–Ésta es una tendencia que ha venido después –respondió el subcomandante–. En los primeros días de enero de 94, la idea que se tenía de Marcos era la de un agente perverso, un hombre blanco que engañó a cuatro indígenas y los llevó a la guerra y al que había que eliminar. Fue puesto precio a la cabeza de Marcos, símbolo del mercenario, extranjero además, y no existía en modo alguno el actual culto a Marcos, de quien se dice que es una especie de Robin Hood o el Zorro, o una mezcla de ambos. La imagen posterior de Marcos se construyó cuando los medios de comunicación empezaron a percatarse de que detrás del pasamontañas hay un pueblo organizado, un pueblo indígena, y que la palabra más fuerte del EZLN es la que tiene raíces indígenas, y es en realidad la que atrae más la atención en Europa, en particular en los países nórdicos. Las raíces de los discursos y de los comunicados son propiamente indígenas, aunque los haga yo, sí, porque me toca a mí hacerlos... La tendencia general no es precisamente a ver al Marcos urbano, el de los proscritos, por ejemplo, que en México llama más la atención. En el extranjero, sobre todo, es la esencia indígena del movimiento la que sostiene a Marcos, pues evidentemente Marcos sin los indígenas no sería nada, ni para los medios ni para el resto de la gente. El verdadero peligro es que Marcos, el hombre, pueda caer en la trampa de creer que todo esto es verdad, que él vale, que él dirige, que él es el capo (una palabra que en México hace pensar en la mafia, entre otras cosas)... que pueda llegar a creerse todo eso, alejándose de lo que es su sentir más verdadero y su meta, o sea, lograr responder a las iniciativas que nacen entre los compañeros, en los pueblos, de las comunidades indígenas y de sus cabezas.

Como él afirma, Marcos se volvió de pronto la "voz" de los zapatistas. De este modo, el movimiento no sólo disponía de un líder ladino, sino que éste se convirtió en su único vehículo de comunicación con el resto de la sociedad. Además, poseía un estilo discursivo único, distinto de cualquier otro guerrillero latinoamericano. A diferencia del Che o de los sandinistas, Marcos no sólo era lírico y pomposo, no sólo enarbolaba discursos en los que reaparecían los peores tópicos de la izquierda, sino que poseía dos características esencialmente nuevas: un ácido sentido del humor y un cinismo escéptico que lo caracterizaban, más que como un jefe armado, como un brillante intelectual crítico.

En público, Marcos siempre afirmó lo contrario:

–Cualquier mexicano puede enfundarse un pasamontañas de éstos y ser Marcos, volverse quien soy yo.

Pero, aunque le pese, esta aseveración es falsa. Si Marcos recibió el apoyo de tantos intelectuales en tantas partes del mundo, se debió a que ellos veían en él a otro intelectual. Según Charles Kadushin, "un intelectual es un miembro de la élite al que otros intelectuales de la élite reconocen como un intelectual de la élite": esto es exactamente lo que sucedió con Marcos. Rafael Guillén siguió una carrera similar a la de miles de militantes de izquierda en México durante los años setenta y bien podría haberse dedicado a la vida académica, o podría haberse convertido en asesor del gobierno o incluso en un articulista en la línea de Carlos Monsiváis, como muchos de sus coetáneos, pero en algún momento optó por otro camino, más incierto y apasionante, el de la revolución armada. No es casual que un número tan grande de intelectuales admire al subcomandante: parodiando el lenguaje freudiano podría decirse que sufren "envidia del pasamontañas".

—En el concepto "Marcos" intervienen un pasado radical, una capacidad innegable de entrega a su causa, un dogmatismo que en la tercera semana de 1994 abandona casi pero nunca del todo, los restos de la simpatía romántica por los proyectos revolucionarios, el valor que se le concede a las ganas de no dejarse (el "¡Ya basta!") y a la exigencia de vida digna —explica Carlos Monsiváis, uno de los modelos del subcomandante—. También, y notoriamente, Marcos ha sido un punto de vista muy eficaz, desde aquel texto de 1994: "¿A quién tenemos que pedir perdón?" Cursi y sectario a veces, divagando sin límite en ocasiones, Marcos es hijo de la voluntad y del proyecto de resistencia de algunas comunidades indígenas, pero también en buena medida surge de la adhesión de sectores amplios del mundo indígena y de la respuesta emocionada y divertida de sectores de la opinión pública nacional e internacional, de intelectuales, periodistas y lectores.

Actualmente, Marcos es visto como una extraña mezcla en la que conviven —él mismo lo ha dicho— los perfiles de Robin Hood y del Zorro: dos "bandidos" que luchaban por el bienestar de los pobres, así como el Che Guevara y Régis Debray: dos intelectuales que no dudaron en tomar las armas. Según su etimología latina, Marcos significa "quien trabaja con el martillo": ése es el subcomandante, el intelectual que dejó de lado la teoría y se sumergió brutalmente en la práctica.

Uno de los artilugios más exitosos utilizados por Rafael Guillén para representar este papel de héroe popular ha sido, obviamente, el pasamontañas. Sobre él se han escrito incontables banalidades, pero ello no impide reconocer su fuerza icónica. Como el antifaz del Zorro o la capa de Batman, el pasamontañas de Marcos ha dejado de ser un simple trozo de tela para transmutarse en el emblema más acabado del movimiento zapatista. No en balde el obispo brasileño Pedro Casaldáliga llegó a decir que si Jesús reapareciese en América Latina, de seguro lo haría con pasamontañas.

La máscara es un símbolo dual: oculta un rostro y a la vez construye otro, borra pero también recrea, oscurece y al mismo tiempo aclara. Dioses y héroes de la antigüedad la han utilizado para convertirse en *otros*, para engañar a sus enemigos o para conquistar a alguna mujer esquiva. La máscara es la objetivación de los diversos rostros que tiene cada hombre o, como se diría ahora, de los distintos roles que uno puede desempeñar en el mundo. Uno es legión y, por tanto, la máscara encarna los diversos ánimos que conviven en el interior del alma humana. En ocasiones, se vuelve imposible saber qué es más real, si el antifaz o los rasgos que se ocultan detrás de él. Si los héroes utilizan la máscara no es tanto para esconderse como para perder su *individualidad*. Todo héroe verdadero necesita asumirse como un símbolo de la sociedad que defiende; al carecer de una personalidad específica, al abjurar de la cara que lo convierte en único, el héroe se entrega a los demás. En la literatura mexicana, el estudio más conocido del carácter simbólico de las máscaras se encuentra en *El laberinto de la soledad*, de Octavio Paz.

–Viejo o adolescente, criollo o mestizo, general, obrero o licenciado, el mexicano se me aparece como un ser que se encierra y se preserva: máscara el rostro y máscara la sonrisa –escribe el poeta en el segundo capítulo–. Plantado en su arisca soledad, espinoso y cortés a un tiempo, todo le sirve para defenderse: el silencio y la palabra, la cortesía y el desprecio, la ironía y la resignación. En suma, entre la realidad y su persona establece una muralla, no por invisible menos infranqueable, de impasibilidad y lejanía. El mexicano siempre está lejos, lejos del mundo y de los demás. Lejos, también, de sí mismo.

Más adelante, Paz relaciona esta tentación permanente del mexicano por ocultarse con la actuación y la simulación:

–La simulación, que no acude a nuestra pasividad, sino que

exige una invención activa y que se recrea a sí misma a cada instante, es una de nuestras formas de conducta habituales. Mentimos por placer y fantasía, sí, como todos los pueblos imaginativos, pero también para ocultarnos y ponernos al abrigo de intrusos. –Y añade–: El simulador pretende ser lo que no es. Su actividad reclama una constante improvisación, un ir hacia adelante siempre, entre arenas movedizas. A cada minuto hay que rehacer, recrear, modificar el personaje que fingimos, hasta que llega un momento en que realidad y apariencia, mentira y verdad, se confunden. De tejido de invenciones para deslumbrar al prójimo, la simulación se trueca en una forma superior, por artística, de la realidad.

Quizá al principio el pasamontañas de Marcos no fuera más que un artilugio necesario para un guerrillero, hasta que de pronto éste se convirtió en un símbolo, no sólo del EZLN, sino del carácter heroico y libertario de sus miembros. Enfundado en él, el antiguo licenciado en Filosofía Rafael Guillén pudo transformarse, más que en el jefe de un movimiento guerrillero, en el centro de las aspiraciones de miles de personas.

Por otra parte, el pasamontañas también se halla indisolublemente asociado a las máscaras de la tragedia griega. El simulador, ha dicho Paz, también es un actor. Se sabe que, en su juventud, Rafael Guillén participó en una puesta en escena universitaria de *Esperando a Godot*. No cabe duda, sin embargo, de que su mejor papel es el de Marcos. Dotado de un fino sentido dramático (a veces melodramático), el subcomandante no ha hecho otra cosa sino actuar, "representar" su papel de intelectual y líder guerrillero frente a los medios.

A fines de enero de 1994, Marcos escribió en su comunicado "De pasamontañas y otras máscaras":

–¿A qué tanto escándalo por el pasamontañas? ¿No es la cultura política mexicana una cultura de "tapados"? Pero, en bien de frenar la creciente angustia de algunos que temen (o desean) que algún "kamarrada" o "Boggie el aceitoso" sea el que termine por aparecer tras el pasamontañas y la "nariz pronunciada" (como dice *La Jornada*) del "Sup" (como dicen los compañeros), propongo lo siguiente: yo estoy dispuesto a quitarme el pasamontañas si la sociedad mexicana se quita la máscara que ansias con vocación extranjera le han colocado años ha.

Con la desenvoltura que lo caracteriza, Marcos invertía el sentido de su antifaz. Según sus palabras, no era él quien se escondía, sino la propia sociedad mexicana; los simuladores no son los zapatistas, sino el gobierno. Este discurso convencerá tanto a algunos, que el sociólogo Yvon Le Bot no dudará en afirmar que "el pasamontañas es un espejo para que los mexicanos se descubran, para salir de la mentira y el miedo que los enajenan. Un espejo que llama al país a interrogarse a sí mismo sobre su porvenir, a reconstruirse, a reinventarse".

Poco antes del diálogo de San Cristóbal, Marcos se atrevió a ironizar todavía más sobre su máscara, llegando a provocar al público con un "¿Cuánto por el pasamontañas?" Su broma, sin embargo, no les pareció tan graciosa a los demás miembros de la Comandancia del Ejército Zapatista. Acaso por ello, durante la Convención Nacional Democrática organizada por el EZLN a mediados de 1994, Marcos les pidió a los cientos de asistentes que lo vitoreaban que votasen para decidir si se quitaba o no el pasamontañas. La respuesta fue abrumadoramente negativa.

A pesar de su papel central en el movimiento zapatista, Marcos ha negado que la construcción de su imagen pública haya sido deliberada:

–No podemos decir que hubo un manejo de los medios por parte del EZLN, una entrevista, un equipo de especialistas que dijera: creemos la figura de Marcos, maquillémoslo de esta forma, que se ponga en esta pose, que haga lo de la bandera, que diga este discurso, ahora que se vea, que enseñe la pierna, lo que sea... Lo que pasa es que algo había en el país que hace que todo esto produzca efectos y que Marcos sea escuchado. Fue un afortunado accidente de medios.

Como ocurre con frecuencia, esta aseveración de Marcos no es del todo falsa pero tampoco del todo cierta. Desde luego, la eficacia de su imagen pública no se debe a una paciente labor preparada por Rafael Guillén durante sus años en la selva; su éxito ha dependido, más bien, de su capacidad de adaptar su lenguaje y su actuación a las necesidades del momento. Como ha mostrado Edgardo Bermejo en su hilarante *Marcos' Fashion*, la primera novela que incluye a Marcos como protagonista, el subcomandante no es un producto prefabricado, pero tampoco es un "afortunado accidente" mediático. Marcos supo utilizar hábilmente los reflectores que cayeron sobre él para convertirse en una especie de ídolo *pop*, concentrando en su persona, a veces de manera voluntaria y a veces azarosa, las características que podían convertirlo en un héroe de ficción.

En la vasta tragedia que fue el 1994 mexicano, Marcos y Salinas conforman extremos que se tocan: ambos son productos exacerbados de las élites nacionales y encarnan las mayores contradicciones de la sociedad mexicana. A pesar de sus diferencias, resulta difícil resistir la tentación de imaginarlos como protagonistas de unas *vidas paralelas*. Si Salinas era el prototipo de hombre del sistema, proveniente de la "familia revolucionaria", decidido a transformar a México desde dentro, Marcos –o Rafael Sebastián Guillén Vicente, da lo mismo–, educado en una familia católica de clase media, había abandonado voluntariamente una carrera que podría haber sido similar a la de Salinas, decidido a transformar a México por otras vías. A su modo, los dos se atrevieron a romper todas las reglas establecidas por la sociedad para conseguir sus objetivos –Salinas las de la vieja política priista, Marcos las dictadas por la civilidad política–: no sólo la presidencia del país, en el primer caso, sino el reconocimiento mundial; y no sólo la revolución, en el segundo, sino el papel de héroe de la lucha global contra el neoliberalismo.

Para conseguir sus objetivos, ambos contaban con una característica central de los líderes del siglo XX: su capacidad para seducir y controlar a los medios de comunicación. A partir de su discutida elección como presidente en 1988, en medio de incontables acusaciones por el fraude electoral, Salinas se dio a la tarea de reconstruir su imagen; poco a poco, mediante calculados golpes de efecto y guarecido en la omnipotencia que posee en México la figura presidencial, logró cumplir sus propósitos: los mismos que lo habían insultado y vejado en 1988 eran quienes sufragaban de nuevo a favor del partido oficial tres años después. Y no sólo eso: en el lapso de cuatro años retomó las riendas del control político del país, enderezó la economía e impulsó el mito de un nuevo "milagro mexicano", una utopía de progreso, regida por las leyes del neoliberalismo, que pronto comenzaría a ser imitada por otras naciones en vías de desarrollo. Los comentaristas hablaban de una "salinastroika" y, dada su juventud, a Salinas se le auguraba un promisorio futuro como directivo de organismos internacionales (de hecho, hizo todo lo posible para convertirse en candidato a la presidencia de la nueva Organización Mundial de Comercio).

En este juego de espejos, a Marcos le correspondía el reverso de la moneda. Oculto en la selva durante años y arropado en un pasamontañas que ocultaba su identidad, parecía la figura menos propicia para acaparar la atención de la prensa, pero su talento mediático compitió de inmediato con el de Salinas. Su estrategia era más sencilla: se trataba, sobre todo, de negar la veracidad del sueño salinista. Según Marcos, el presidente mentía: México no ingresaba en el primer mundo, sino que se veía incapaz de resolver los problemas básicos de su población; el neoliberalismo no había aumentado la riqueza, sino las diferencias sociales; el bienestar de la sociedad se reservaba a unos cuantos y, en fin, el "milagro mexicano" era un mito inexistente. Frente al México que Salinas se empeñaba en exportar, Marcos oponía otro Chiapas como metáfora de lo que México *no* tenía. Así, el subcomandante construyó su propio mito: el del ladino entre indios, el del profeta en la selva, el del "demócrata armado".

En buena medida, la verdadera guerra de 1994 se llevó a cabo únicamente entre estos dos contrincantes: el presidente y el guerrillero. Hasta ahora, Marcos parece haber ganado la batalla: a pesar de que ya no posee el aura de misterio de los primeros días, del autoritarismo que ejerce en la zona de conflicto y de sus últimos errores de estrategia, sigue siendo un héroe conocido en todo el mundo. Salinas, por el contrario, no ha cesado de estar mezclado en numerosos escándalos –en especial luego de que su hermano Raúl fuera acusado del homicidio de José Francisco Ruiz Massieu– y se ha convertido en uno de los personajes mexicanos más denostados de la historia.

2
La víctima y el comisionado

El 23 de marzo de 1994, apenas unas semanas después de la aparición del Ejército Zapatista de Liberación Nacional, Luis Donaldo Colosio, candidato a la presidencia de la República por el PRI, fue asesinado durante un mitin celebrado en el barrio popular de Lomas Taurinas. Sobre estos dos hechos pesó, desde el principio, la sombra de la conspiración.

A partir de 1929, los regímenes revolucionarios habían intentado construir en México un sistema cuyas principales virtudes fuesen la permanencia, la estabilidad y la previsibilidad: los conflictos entre los diversos grupos de poder debían resolverse en el interior del partido oficial, bajo el estricto control del presidente de la República, el cual estaba provisto de un poder cuya única limitación, como señaló Daniel Cosío Villegas, era el tiempo de su mandato. Por primera vez en décadas, en 1994 los presupuestos esenciales de este modelo fueron puestos en entredicho; los diversos factores reales de poder dejaron de actuar dentro del sistema y ventilaron públicamente sus diferencias, alterando la mayor baza que el PRI había empleado para legitimar su permanencia: la llamada "paz social". El juego de poderes rebasó las leyes de la confrontación política y, por primera vez en mucho tiempo, las desavenencias dejaron de ser simples irregularidades para convertirse en la tónica general del país. México, de un momento a otro, se había despeñado en el caos.

Para explicar lo ocurrido y paliar sus consecuencias, se hizo necesario articular una teoría capaz de interpretar los hechos que habían destruido, en unos cuantos meses, la eficiencia del sistema. Resultaba imposible pensar que tanto el EZLN como los crímenes hubiesen salido de la nada; que no hubiese una perversa relación entre un hecho y otro, y que la clase política, o al menos alguno de sus sectores, no estuviese involucrada en ellos. Para asimilar la súbita desarticulación de mecanismos añejos, no quedaba otro remedio que imaginar una vasta conjura, minuciosamente planeada y orquestada, contra los fundamentos del poder público.

En principio, la existencia del EZLN parecía demostrar la veracidad de esta sospecha. Según el *Diccionario de la Real Academia, conspirar* es "unirse algunos contra su superior o soberano", y no cabía duda de que los integrantes del movimiento zapatista se habían levantado en armas contra el gobierno. En este sentido, se trataba de una conspiración cuya existencia se probaba por sí misma. Posteriormente, los asesinatos de Colosio y Ruiz Massieu ya no pudieron ser explicados más que atendiendo los postulados de este marco teórico. La conspiración se convirtió, así, en una necesidad vital para todos los habitantes del país: era la *única* explicación posible de cuanto había ocurrido. Su existencia encontró tanto eco en la opinión pública –y en las mentes de los propios involucrados, especialmente en los altos círculos del gobierno– que negarla hubiese sido un grave error político. Sus efectos eran tan evidentes que, de no haber existido, hubiera sido imprescindible crearla. Y, de hecho, esto fue lo que ocurrió.

Aun en regiones tan alejadas del centro de los acontecimientos mundiales como México, el derrumbe de las ideologías y el triunfo del neoliberalismo implantaron esta inocua modernidad en el discurso político nacional. La única preocupación ideológica de los gobiernos de Miguel de la Madrid y Carlos Salinas parecía ser la de insertar al país en las ventajas del progreso. Incluso la oposición –haciendo a un lado el odio dirigido hacia los "traidores" que habían salido del PRI para fundar un nuevo partido de izquierda– comenzaba a ser vista como parte integral de la sociedad y no como el enemigo del régimen revolucionario. México se dirigía, al fin, a una etapa de cierta "normalidad democrática".

De pronto, los brutales hechos de 1994 mostraron que las previsiones habían sido demasiado optimistas: el Mal había reaparecido. De un día para otro, México se encontraba en un estado de "guerra civil molecular", para usar la expresión de Hans Magnus Enzensberger: los diversos grupos de la sociedad se sentían amenazados por igual, no escasearon los brotes de terrorismo y los aparatos de seguridad –y, en Chiapas, los propios civiles– no dudaron en rearmarse. La sociedad se hundió en una atmósfera cargada de sospechas, acusaciones y muestras de desconfianza. En un ambiente dominado por la incertidumbre y el miedo, *todos* los hechos, *todas* las declaraciones y *todas* las decisiones públicas parecían, sin duda, productos extremos de una gran conjura. Sus manifestaciones, endémicas y contagiosas, se multiplicaban día a día. La conspiración se volvió, así, la única interpretación posible de la realidad o, lo que era peor, su sustituto y única medida. Pero, ¿se trataba de una conjura o de varias? ¿Y cuál era su sentido? ¿Cuáles sus fines y sus principios?

Debido a su condición abstracta –casi inabarcable–, el estudio de una conspiración resulta doblemente problemático: en primer lugar, su puesta en escena obstaculiza el análisis de los mecanismos que la han generado; y, en segundo, provoca que los hechos sean entendidos sólo como señales de intenciones ocultas. El politólogo se convierte, así, en semiólogo: un médico social que ha de poner bajo el microscopio los signos evidentes de la anomalía –las manifestaciones externas de la enfermedad–, a fin de descubrir las raíces del mal. Este método interpretativo, descrito con profusión por Umberto Eco –que en su novela *El péndulo de Foucault* explica toda la historia del mundo como producto de una inmensa conspiración universal–, se funda en la idea de que, detrás de la realidad evanescente, como querían los filósofos herméticos, se esconde una verdad trascendente, un conocimiento prohibido que sólo los iniciados son capaces de descubrir. Los hechos se trasmutan en apariencias y sólo importan por los posibles subtextos escondidos detrás de ellos por sus creadores.

Cuando se trata de comprender la historia como producto de una conspiración, no hay otro remedio que develar el conocimiento prohibido de los conspiradores a través del estudio de sus consecuencias. Cada acontecimiento aislado, cada hecho singular deja de ser insignificante para convertirse en una pista, en una pieza más del rompecabezas en que se ha fragmentado la realidad. Quien aspira a entender el sentido oculto de una conspiración, a develar sus tramas y motivos, ha de convertirse en un detective de la historia, en un hermeneuta que compite, en un juego casi infernal, contra sus autores. Si el conspirador es un artista del engaño, alguien que se reserva la verdad para sí mismo, su contraparte, el investigador, no debe eludir la tarea del novelista. Toda conjura es un acto de ficción que busca desarrollarse en el futuro, una construcción mental que aspira a suplantar la verdad; por ello, ha de recurrirse a estas mismas estrategias para fabular su contenido, para desmantelar sus efectos, para eludir sus trampas y para desenmascarar, en última instancia, a sus autores.

De entre los sucesos que sorprendieron a México en 1994, ninguno tuvo el poder simbólico y amenazador del homicidio de Luis Donaldo Colosio. Su muerte fue una verdadera catástrofe. Frente a ella, la revuelta zapatista parecía una consecuencia lógica de las condiciones de marginación de los indígenas chiapanecos, mientras que la muerte de José Francisco Ruiz Massieu se inscribió de modo más inmediato y previsible en una tragedia familiar: el supuesto autor intelectual del crimen no sólo era el hermano del ex presidente Salinas, sino el ex cuñado de la víctima. En cambio, los disparos que segaron la vida del candidato continuaron –y continúan– siendo inexplicables y, por ello mismo, aterradores.

Desde la misma noche del 23 de marzo en que los medios dieron a conocer la noticia del atentado en Lomas Taurinas, el rumor de una conspiración contra Colosio comenzó a circular de un confín a otro del país. Esta íntima convicción, que ninguna de las investigaciones sucesivas ha logrado evaporar, demostraba hasta qué punto, desde antes incluso de que ocurriese la tragedia, el ambiente político nacional estaba cargado con signos ominosos. Cuando los medios confirmaron en directo la muerte cerebral del candidato, la opinión pública se empeñó en leer todos los actos y declaraciones relacionados con el caso como parte de la macabra obra teatral planeada por los conjurados.

En aquellos momentos, dos imágenes se encargaron de confirmar esta tesis: en la primera, un hombre moreno, de rasgos abyectos, con barba y bigote mal crecidos y el rostro amoratado por los golpes, supuesto "pacifista" y "escritor", era presentado como el asesino material de Colosio. Su mirada turbia y anónima, su perfil irreconocible y el silencio que lo rodeó desde el primer momento lo hacían aparecer como una metáfora de esas "fuerzas malignas y oscuras" que, según las notas de prensa del día siguiente, se habían confabulado contra el país. Desde el inicio, la permanente falta de información sobre sus intenciones –su carencia de motivos– lo convirtieron ora en un chivo expiatorio, ora en una estampa de ese Mal que hasta entonces había desaparecido de la conciencia cívica.

Como si este carácter incómodo no fuese suficiente, al día siguiente de su captura, Mario Aburto fue presentado otra vez ante la prensa, pero su semblante se había transformado: por alguna razón, la policía se había encargado de afeitarlo y de cortarle el cabello. Lo que en otro momento hubiese sido un procedimiento de rutina se convirtió en una nueva fuente de sospechas. La especulación no tardó en producirse: ¿era el mismo individuo? ¿O alguien –alguien con el poder suficiente para lograrlo– había sustituido al primer detenido con otro? ¿Mario Aburto no era Mario Aburto, como imaginó el escritor Guillermo Samperio en su relato "Los Marios Aburto" (1995)? En una época dominada por lo icónico, los encargados de la investigación ni siquiera eran capaces de convencer a la opinión pública de la identidad del homicida. Por más fotografías que se le hubiesen hecho, por más que su imagen fuese vista, una y otra vez, en las incansables repeticiones televisivas, el verdadero Aburto siguió siendo un misterio.

La segunda imagen resultó igualmente perturbadora. La era tecnológica se había encargado de filmar, desde diversos ángulos, la muerte del candidato. Desde las primeras horas del 24 de marzo, los noticiarios televisivos comenzaron a retransmitir escenas del atentado: Colosio murió una y mil veces durante aquellos días; una y mil veces resucitó; una y mil veces su cabeza fue atravesada por las balas; una y mil veces el poder de estas escenas fue adulterado y rebajado por su anodina repetición en las pantallas caseras. No es de extrañar que su destino fuese visto, desde entonces, como un serial policiaco o un caso más de *Misterios sin resolver*. Si Aburto asesinó a Colosio, los medios, para utilizar la conocida expresión de Baudrillard, coadyuvaron a asesinar la realidad. A pesar de los fotogramas, a pesar de los millones de testigos, la verdad había sido secuestrada para siempre. Tal como ocurrió en la guerra del Golfo, el homicidio de Colosio se convirtió en un *reality show*, un espectáculo macabro que impidió que la profunda crueldad de los hechos alcanzara a los televidentes que, al final de cada proyección, continuaban sin saber qué había sucedido realmente.

Fue entonces, durante esos dolorosos minutos, durante los instantes inmediatamente posteriores a los disparos, cuando dio inicio la segunda conspiración. Quizá haya habido una confabulación para asesinar a Colosio –es algo que, a diez años de distancia, aún no logramos saber con exactitud–, pero lo innegable es que, en cuanto se decretó el fallecimiento del candidato, e incluso antes, los mecanismos de una nueva conjura fueron puestos en marcha. Ante la importancia de un acontecimiento semejante, ante la desazón, el rencor, el odio y el miedo que producía en la opinión pública, ante la crisis política que este hecho generaba en el país y ante la imposibilidad de probar la soledad del homicida, todos los grupos de poder se replegaron a fin de cubrir la herida y proteger al máximo sus intereses. Como nadie sabía con exactitud quién era culpable del crimen –¿el gobierno, sectores resentidos del PRI, la oposición o un simple loco?– y como nadie podía adivinar tampoco sus consecuencias –en especial, ¿quién se beneficiaba con la muerte?–, todos aquellos que podían sentirse involucrados en el hecho contribuyeron, consciente o inconscientemente, a paliar o adulterar sus resultados y, por ello mismo, construyeron una nueva espiral conspiratoria cuya existencia, a diferencia de la primera, está plenamente documentada.

Inevitablemente, la muerte de Colosio no es sino un episodio más en la larga tradición de magnicidios que se han producido a lo largo de la historia, desde la muerte de Julio César hasta la de Martin Luther King, por sólo nombrar dos casos paradigmáticos. Sin embargo, por una doble cercanía temporal y afectiva, los primeros analistas del caso no dudaron en establecer un paralelismo con los asesinatos de Álvaro Obregón en 1928 y de John F. Kennedy en 1963. En el primer caso, pocas dudas quedaron de que los autores del homicidio de Obregón habían sido ultramontanos descontentos por la política religiosa de la Revolución. León Toral y la madre Conchita sufrieron un castigo ejemplar. Sin embargo, desde el primer momento la opinión pública de entonces barajó, *sotto voce*, la teoría de la conspiración. *Casualmente,* el mayor beneficiario de la muerte del caudillo era el presidente Calles, quien gracias a este infortunado accidente pudo conservar su poder durante varios años más, ejerciendo una influencia sobre sus sucesores que Obregón jamás habría permitido. Pero, ¿el verse favorecido lo convertía en cómplice? Los chistes de la época, de estructura similar a los que surgieron tras la muerte de Colosio, confirmaban esta idea. Dos ejemplos. Un despistado pregunta quién ha sido el asesino del general. Su interlocutor contesta: "¡*Cállese* usted la boca!" Y, ¿cuáles fueron las últimas palabras pronunciadas por Obregón antes de morir, mientras era trasladado a un hospital por las pedregosas avenidas de San Ángel? "¡Ah, qué *calles*!" Rescatando el sentido de estas bromas, Jorge Ibargüengoitia concibió su pieza teatral *El atentado* (1963) como una comedia de enredos que revelaba el abyecto juego de intereses que se pone en marcha en torno a un magnicidio.

Con la muerte de John F. Kennedy las sospechas fueron similares. Tal como ocurrió con Obregón y Colosio, la policía no tardó en detener al supuesto asesino material del presidente estadounidense: Lee Harvey Oswald, un oscuro simpatizante comunista cuyos motivos resultaban casi tan incomprensibles como los de Aburto. La opinión pública, de nuevo, responsabilizaba al propio sistema –incluido el vicepresidente Johnson– de lo ocurrido. Tal como han mostrado obras como *JFK*, la película de Oliver Stone (1991), u *Oswald: un misterio americano*, la novela de Norman Mailer (1987), en este caso, como en el de Colosio, resulta casi imposible seguir los hilos de la conjura que condujo al atentado debido a la existencia de una *segunda* conspiración encargada de enturbiar las pistas, de manipular los testimonios, de silenciar a los inconformes: en unas palabras, de destruir la verdad. El politólogo Jorge G. Castañeda escribió en *Sorpresas te da la vida*:

–Cabe que nunca sepamos con precisión y claridad lo que sucedió aquella sofocante tarde en Lomas Taurinas; los sucesivos gobiernos de la República que traten el caso, posiblemente quedarán presos en la pérfida trampa que les tendió el sistema político que los condujo al poder. Para el sistema sólo es aceptable una explicación individual, mientras que la opinión pública sólo cree en una conspiración –con una motivación inverosímil– y en una autoría intelectual a la altura del magnicidio. De este dilema no hay salida: nunca se podrá construir la hipótesis que satisfaga ambos requisitos.

Estableciendo un paralelismo inconsciente con la muerte de Obregón, en la mente de la mayoría –como prueba la incontable cantidad de bromas macabras que circularon entonces–, el responsable de la maniobra no podía ser otro que el presidente de la República. Luis Donaldo Colosio había hecho una meteórica carrera en la administración pública, siempre a la sombra de su jefe y amigo Carlos Salinas de Gortari, la cual lo llevó en muy escaso tiempo a fungir como diputado federal, senador, presidente del PRI, secretario de Desarrollo Social –desde donde controlaba Pronasol, la estrella de la política social de Salinas– y, por fin, candidato a la presidencia de la República. En muy pocas ocasiones la carrera de un político había sido tan clara como la de Colosio y en muy pocos casos, asimismo, había resultado tan evidente la proximidad de su ascenso. Si bien es cierto que Salinas nunca declaró abiertamente su preferencia por él, cuidándose de no desalentar a otros posibles contendientes –de manera notoria al entonces regente Manuel Camacho–, Colosio era una creación suya y, ya en la mitad de su sexenio, pocos dudaban que el *delfín* sería el beneficiario de la sucesión presidencial.

Sólo con la muerte de Colosio los analistas comenzaron a atar cabos y a descubrir las pistas que parecían haber enturbiado sus relaciones con Salinas. En primer lugar, la guerrilla zapatista. Colosio, se decía entonces, había sido nominado por su carácter afable y conciliador, pero más que como un político era visto como el encargado de prolongar la política económica y social del salinismo. Al estallar la revuelta, el papel del candidato fue minimizado. Frente a él, Manuel Camacho Solís –el viejo compañero de armas de Salinas que había renunciado a la jefatura del Distrito Federal al hacer pública su inconformidad por la nominación de Colosio– aparecía como un relevo capaz de negociar con los alzados y de restablecer la paz pública. Acaso sin prever las tensiones que provocaría su decisión, o apostando en un peligroso juego de pesos y equilibrios, Salinas aceptó nombrarlo como su mediador personal con la guerrilla.

Desde las primeras semanas de 1994, la estrella de Colosio pareció eclipsarse, al igual que la confianza y el aprecio que le había depositado el presidente. Quienes suscriben la teoría de la conspiración para explicar su muerte no tardaron en encontrar una prueba definitiva de la ruptura entre el presidente y su sucesor. El 6 de marzo, durante la celebración del LXV aniversario del PRI, Colosio pronunció un discurso que muchos señalaron como el paso que cambió su destino. Si bien Colosio hacía uso de la tradicional retórica priista, en algunos puntos se mostraba crítico con la política oficial. En varios momentos, Colosio afirmó:

–Aquí está el PRI que reconoce los logros, pero también el

que sabe de las insuficiencias, el que sabe de los problemas pendientes. En esta hora, la fuerza del PRI surge de nuestra capacidad para el cambio, de nuestra capacidad para el cambio con responsabilidad. Cuando el gobierno ha pretendido concentrar la iniciativa política ha debilitado al PRI. Por eso hoy, ante la contienda electoral, el PRI del gobierno sólo demanda imparcialidad y firmeza en la aplicación de la ley. ¡No queremos ni concesiones al margen de los votos ni votos al margen de la ley! No entendemos el cambio como un rechazo indiscriminado a lo que otros hicieron. Lo entendemos como capacidad para aprender, para innovar, para superar las deficiencias y los obstáculos. Se equivocan quienes piensan que la transformación política de México exige la desaparición del PRI. –Y al final, enfático–: Hoy, ante el priismo de México, ante los mexicanos, expreso mi compromiso de reformar al poder para democratizarlo y para acabar con cualquier vestigio de autoritarismo. Sabemos que el origen de muchos de nuestros males se encuentra en una excesiva concentración del poder. Concentración que da lugar a decisiones equivocadas; al monopolio de iniciativas; a los abusos; a los excesos.

El discurso del 6 de marzo era, desde luego, una toma de posición. Sorprendido por el zapatismo, dolido por la falta de apoyo de Salinas, amenazado por Camacho, Colosio intentó establecer un puente entre su compromiso institucional y su nueva visión de la sociedad mexicana. Sin embargo, en el tenso ambiente de aquellos meses, sus palabras no parecían contener un mensaje de ruptura radical, sino más bien un estado de cuentas y una valoración de sus posibilidades efectivas como candidato. *A posteriori*, los párrafos citados suenan como virulentas críticas al poder presidencial, pero en su momento pocos fueron quienes las interpretaron así. Entonces la retórica de Colosio no parecía más que un intento de rescatar su campaña del *impasse* en que había caído desde el 1° de enero.[11]

[11] En una entrevista, el historiador Enrique Krauze afirmó: "Nunca me sentí un consejero áulico de Colosio ni nada parecido. Yo lo conocía desde algún tiempo atrás y a mí me interesaba empujar la democracia. Sentí que

Hasta antes de su muerte, era opinión generalizada que Colosio era un hombre decente, con las mejores intenciones. Sin embargo, se trataba de uno de los candidatos a la presidencia por el PRI con el perfil político más bajo: su nominación era una garantía de la continuidad del salinismo. En los propios círculos del partido se le consideraba *demasiado* ingenuo y *demasiado* bueno –dos de los peores calificativos que se pueden atribuir a un gobernante– y se invocaba, irresponsablemente, el recuerdo del maximato. Sólo el estallido de Chiapas, su repentino descubrimiento de las condiciones de injusticia que persistían en el país –insólito en quien durante dos años fungió como secretario de Desarrollo Social– y la aparente desconfianza de Salinas le otorgaron una personalidad propia, esbozada apenas en su discurso del 6 de marzo. Tras el magnicidio, obsesionado con lavar su imagen, el PRI emprendió una de las más escandalosas maniobras de manipulación al convertir a Colosio en un mártir del cambio, en el reformador que nunca llegó a ser. En *La presidencia imperial*, Enrique Krauze baraja diversas hipótesis sobre la muerte del candidato:

–¿Asesinado o ejecutado? Quizá nunca se sabrá. ¿Ordenó su muerte Salinas? Es improbable. Nada ganaba Salinas con instigar el crimen. Luego del estallido de Chiapas, era obvio él estaba comprometido con esa vía. Alguna vez me dijo que prefería no llegar a la presidencia que tener un solo voto ilegítimo o robado. Colosio ya estaba en la convicción democrática. Sobre el discurso, te puedo decir que el 4 de marzo Colosio me lo mandó, lo leí, y nos vimos el 5 de marzo. Trabajamos en algunas partes del texto. No me considero de ninguna manera autor de ese discurso. Simplemente sugerí algunas inserciones, algunas supresiones y algunos énfasis, pero las ideas ya estaban ahí. Celebré mucho el discurso del 6 de marzo. Y no creas, con el paso del tiempo no he dejado de tener algún remordimiento. Qué extraños y trágicos son los caminos de los hombres y de la historia: cuando uno hace algo de buena fe y más cerca parece el momento de la democracia, está, al mismo tiempo, contribuyendo sin saberlo, con un pequeño empujoncito, al desastre. Sí creo que ese discurso inquietó al sector más duro del PRI, de donde muy probablemente salió el autor intelectual del asesinato", *La Jornada Semanal*, 27 de octubre de 1996.

que un magnicidio hundiría a su gobierno en el desprestigio, ahuyentaría a los inversionistas, destruiría su obra. ¿Fue Aburto un asesino solitario? No es imposible. ¿Lo mataron los miembros del TUCAN bajacaliforniano? ¿O fueron los jefes de la "familia revolucionaria", los agraviados del salinismo, para cobrarle el pecado capital de bloquear la circulación de las élites políticas, querer apoderarse del sistema y convertirse en rey? Es probable. ¿O tal vez fue una alianza entre el narco y el poder, que desconfiaban de Colosio? Es aún más probable.

Si nos atenemos a las consecuencias de su muerte, el asesinato de Colosio no parece haber beneficiado a Salinas. Todo lo contrario. En primer lugar, provocó una quiebra de su prestigio institucional y arrojó una sombra de sospecha sobre su mandato; en segundo, lo enfrentó a diversos grupos del propio sistema; en tercero, lo obligó a escoger un candidato sustituto, cuyas decisiones no estaban aseguradas; y, por último, lo precipitó en los actos de desesperación posteriores a la captura de su hermano como asesino intelectual de José Francisco Ruiz Massieu, enfrentándolo de modo directo con su sucesor. Con tales circunstancias de por medio, resulta cuando menos difícil suscribir la idea de que un hombre con la astucia de Salinas haya podido equivocarse tanto.

Por el contrario, si algún mérito tuvieron los sacudimientos de 1994, fue terminar de una vez por todas con uno de los mitos fundadores del sistema político mexicano: la omnipotencia y omnisciencia del presidente. A pesar de todas las especulaciones, los hechos muestran que la sorpresa fue compartida por todos los niveles de la clase gobernante. Aun si las redes del poder político participaron de algún modo en la muerte de Colosio, a partir de cierto momento el país vivió en una incertidumbre absoluta. Las consecuencias de las decisiones en turno eran tan imprevisibles que el propio gobierno navegaba a oscuras. La postrera imagen del ex presidente Salinas, sentado en el interior de una miserable vivienda en Monterrey para iniciar una huelga de hambre, fue la patética culminación de más de medio siglo de impunidad presidencial. Con su caída en desgracia, Salinas le prestó un involuntario servicio a la nación, demostrando que el poder debe estar sujeto al permanente escrutinio de una sociedad democrática.

Pero, si en realidad Salinas no participó en el atentado, la pregunta inicial queda en el aire: ¿quién se benefició con la muerte de Colosio? ¿Los priistas bajacalifornianos? ¿Los "dinosaurios" enquistados –según una arbitraria clasificación de corte salinista– en el seno del partido oficial? ¿Los narcotraficantes o el narcogobierno? Siguiendo la teoría de la conspiración, la respuesta positiva a alguna de estas preguntas provocaría resultados incómodos y peligrosos. Si se trató de una forma de castigar a Salinas por su orientación tecnocrática, la maniobra tuvo éxito: no sólo se logró limitar su influencia, sino que muchos de los priistas tradicionales han recobrado la estatura política que les fue negada durante su mandato. Pero si, por el contrario, el objetivo de la conjura era todavía más espurio, como en el caso del narco, la cuestión se vuelve espeluznante: ¿cuál ha sido el beneficio obtenido?

A la distancia, la investigación del homicidio de Luis Donaldo Colosio sigue tan empantanada como al principio. A lo largo de este tiempo, varios fiscales especiales se han encargado de las pesquisas, cada uno de ellos provisto de puntos de vista distintos –a veces, incluso, con intereses políticos encontrados–, de modo que en cada ocasión se ha tenido que comenzar desde el principio. El expediente del caso se ha convertido, así, en un verdadero monstruo de papeles, testimonios, pruebas y videos, similar ya a la famosa investigación Warren, en el cual las opiniones opuestas, las contradicciones y las alteraciones parecen más importantes que los verdaderos descubrimientos. Decenas de líneas de investigación continúan abiertas aunque, a la postre, ninguna de ellas ha conseguido cuajar en un resultado concreto.

A lo largo de esos años, una y otra vez la hipótesis oficial de los fiscales varió de la "tesis del asesino solitario" a la "tesis de la conspiración", de acuerdo a los vientos políticos en curso o, simplemente, a la forma de interpretar los mismos hechos. La primera versión oficial, ofrecida pocas horas después del atentado, apuntalaba la idea del asesino solitario; a diez años de distancia, y a pesar de la desconfianza que suscita esta idea, los jueces han confirmado esa prospección inicial. No obstante, la hipótesis conspiratoria se ha filtrado, incansablemente, en los legajos del expediente. ¿Cuál es el motivo de estas incongruencias?

Más que comprobar la conjura para asesinar al candidato, el *expediente Colosio* demuestra la existencia de la segunda conspiración, articulada a lo largo de esos años, cuyo objetivo –aparentemente cumplido– ha sido confundir la realidad al grado de hacer imposible cualquier certeza en torno al homicidio. La segunda conspiración fue puesta en marcha, quién sabe si por los propios autores de la anterior o por agentes ajenos a ella, para ocultar y borrar los rastros de la primera. Y lo peor es que, al parecer, ambas han tenido éxito.

Más que rastrear las pistas que pudiesen conducir al supuesto asesino intelectual de Colosio, los investigadores han debido concentrarse en descubrir las alteraciones que, intencionadamente o no, han sufrido las propias pesquisas. El *expediente Colosio* ha devenido, pues, en palimpsesto: un alud de palabras, imágenes y sonidos sobre los cuales se ha reescrito, a lo largo de estos diez años, la imposibilidad de su resolución. Veamos.

El 2 de abril de 1994, apenas una semana después del magnicidio, el fiscal Miguel Montes –nombrado *ex profeso* por el presidente Salinas– presenta sus primeras conclusiones: el homicidio de Colosio, declara, fue una "acción concertada". Tres meses más tarde, el 14 de julio, y prácticamente valorando los mismos elementos que en la ocasión anterior, Montes cambia de opinión y confirma, categóricamente, que el asesino material e intelectual de Colosio es Mario Aburto. Ese mismo día, aduciendo que su trabajo ha terminado, renuncia a su encomienda. El 18 de julio de 1995, la prestigiada criminóloga Olga Islas acepta hacerse cargo de las investigaciones. A ella le corresponde iniciar un trabajo que podría llamarse "metapoliciaco": en vez de centrarse en los hechos que rodearon al homicidio, a la doctora Islas no le queda otro remedio que dedicarse a desbrozar la propia validez de las investigaciones. En su informe final, así lo declara:

–A raíz del homicidio hubo deficiencias importantes y notorias en la investigación. En todo caso, esas deficiencias han gravitado sobre la marcha de la investigación y, en concepto del grupo de trabajo, dejan algunas incógnitas que no ha sido posible aclarar cabalmente.

Tras la elección de Ernesto Zedillo como presidente de la República, a fines de 1994 el panista Antonio Lozano es nombrado procurador general y Pablo Chapa Bezanilla se encarga de la investigación del caso Colosio (al igual que de los homicidios del cardenal Juan Jesús Posadas Ocampo y de José Francisco Ruiz Massieu, lo cual daría oportunidad a otras tantas especulaciones conspiratorias). Poco después de su nombramiento, Chapa desecha todas las conclusiones de los fiscales anteriores. Se propone empezar de cero. Y, para ello, refuta todos los puntos de la "investigación Montes" y declara que prácticamente todas las actuaciones policiacas han sido manipuladas. Según Chapa, los testimonios de testigos fueron alterados o forzados, la escena del crimen fue "arreglada" y muchas de las pruebas –entre ellas, la segunda bala– fueron "sembradas" con posterioridad al crimen. A continuación, Chapa presenta su hipótesis sobre el "segundo tirador", Othón Cortés Vázquez, el cual meses después sería liberado por falta de pruebas. Por fin, la espectacular carrera de Chapa termina, junto con la de su jefe Antonio Lozano, tras ser acusado de "sembrar" pruebas –de hecho, un cadáver– en la investigación paralela sobre el homicidio de José Francisco Ruiz Massieu.[12]

---

[12] Mientras que el panista Lozano Gracia fue una presencia opaca en la PGR, Chapa Bezanilla logró convertirse en uno de los personajes más controvertidos de la vida política mexicana. Amante de los reflectores y de las declaraciones sorpresivas, una y otra vez hizo anuncios espectaculares que luego fue incapaz de comprobar. Él fue el responsable de la detención de

Más adelante, el fiscal especial Luis Raúl González Pérez procuró no caer en las contradicciones anteriores, pero tampoco logró obtener ningún resultado importante. Como fuere, a partir de 1999 y hasta la fecha no ha vuelto a hacerse ninguna declaración relevante sobre el caso, fuera de los discursos anuales en que los priistas conmemoran el homicidio de Colosio y exigen la aclaración del caso. A estos hechos habría que añadir, además, el preocupante número de muertes relacionadas con este asunto, entre las que destacan los de los primeros encargados de las investigaciones: el subdelegado de la PGR en Tijuana y el director de la policía de esta misma ciudad. A diez años de distancia, no se ha cerrado una sola de las interrogantes abiertas en Lomas Taurinas.

El magnicidio y la conspiración parecen ser siempre los dos polos de una misma trama. Es como si a nadie le cupiese la idea de que un "asesino solitario", un loco anarquista o un perturbado, fuese capaz de provocar una conmoción social de semejante magnitud. Un resabio de la rebelión de las masas consiste en negar la posibilidad de que una voluntad individual altere, de forma tan drástica, el destino de millones de personas. La sola mención de esta alternativa deja a la sociedad –y en especial al gobierno– con tal sensación de desamparo y desprotección que resulta horroroso tener que reconocerla. De ahí, quizá, la necesidad oficial de mantener viva la tesis de la conspiración: es como una reserva política que puede ser utilizada en momentos de crisis y que permite, al menos idealmente, solidarizar a la sociedad con sus gobernantes para combatir a quienes, desde la oscuridad, alientan el desorden.

Raúl Salinas, hermano del ex presidente, como autor intelectual del homicidio de José Francisco Ruiz Massieu, entonces secretario general del PRI. Tras una serie de escándalos (llegó a utilizar los servicios de una médium para encontrar el cadáver del supuesto contacto entre el asesino material de Ruiz Massieu y Raúl Salinas), renunció a la Procuraduría, permaneció fugitivo varios meses, fue extraditado a México desde España y actualmente se encuentra en libertad, ejerciendo como abogado litigante.

Al ser ubicua y anónima, la teoría de la conspiración ofrece numerosas ventajas para quien la invoca. A diferencia de lo que ocurre con cualquier otra explicación de la realidad, una conjura no necesita ser probada: de antemano se sabe que sus motivos son misteriosos y sus autores decididamente perversos, por lo cual nadie está autorizado a ponerla en duda. Y, por encima de todo, una conspiración permite enrarecer al máximo el ambiente social, de modo que resulta fácil vincularla a cualquier manifestación de inconformidad; una conspiración siempre instaura, de hecho, un estado de excepción. Una vez que se la acepta, el Mal se vuelve ubicuo, amenazas desconocidas se precipitan sobre todos y, en un estado de zozobra, no queda más remedio que plegarse a las soluciones de quien ejerce el gobierno. Como sabe cualquier revolucionario, el ambiente conspiratorio es el terreno de cultivo perfecto para una dictadura; en el imaginario social, sólo una mano fuerte es capaz de frenar sus efectos.

Por ello, si bien en su origen las conjuras se entendían como reuniones de sujetos exteriores al poder que planeaban asaltar el poder –ésta era la idea que se tenía desde Catilina hasta Napoleón–, el siglo XX ha revertido sus efectos. A diferencia de lo que ocurría en la antigüedad, ahora no se entiende el sentido de una conspiración si no se la hace nacer directamente de los entresijos de las élites económicas o políticas. Surgida durante el zarismo en la forma de los *Protocolos de los sabios de Sión*, perfeccionada por Stalin y llevada a su culminación por Hitler tras el incendio del Reichstag, el uso de la teoría de la conspiración como *raison d'État* ha excedido desde entonces el ámbito de los regímenes autoritarios. En una sintomática inversión de su esencia, la conjura no es más un arma *contra* el poder que un arma *del* poder contra sus enemigos.

Acaso a esta ambigüedad se deba la falta de lógica en las versiones oficiales sobre la muerte de Colosio: confirmar la "tesis del asesino solitario" equivaldría a mostrar la vulnerabilidad del sistema y, al mismo tiempo, a incomodar a una opinión pública convencida de la opción contraria; signar la "tesis de la acción concertada", por su parte, significaría aceptar tácitamente la participación del gobierno, o al menos de algunos sectores de la clase política, en el homicidio de Colosio. En el fondo, ninguna de las dos opciones resulta conveniente.

Si lo anterior es cierto, el sentido de la segunda conspiración se muestra mucho más claro: al minar la credibilidad de las investigaciones y al derruir cualquier posibilidad de recomponerlas, se garantiza el mejor de los mundos posibles: la incertidumbre. Esquivando el *tertius non datur*, la segunda conspiración apostó por cancelar definitivamente la verdad y, por tanto, la construcción de una visión fiable de los hechos. Poco importa ya que Aburto haya sido un asesino solitario: si lo fue, nadie está dispuesto a creerlo; en sentido contrario, tampoco es relevante la existencia efectiva de una conjura: los tribunales y los propios investigadores se han obstinado en sostener la versión opuesta.

Esta lógica, adecuadamente maquiavélica, contribuyó a producir el gran triunfo del PRI en las elecciones federales de 1994. En su momento, numerosos analistas aseveraron que se había tratado de un voto a favor de la paz y de la estabilidad. Nueva inversión de la realidad, puesto que justamente el PRI era el responsable del desorden y el caos que se abatió sobre el país en aquel año. Pero, al mantener su ambigüedad en torno a la viabilidad de una conjura –es decir, al sugerir la existencia de un gran enemigo oculto que únicamente la experiencia de gobierno sería capaz de combatir–, el PRI logró preservar su hegemonía. Sólo invocando un argumento semejante puede entenderse que el régimen haya conservado el poder luego de haber soportado, en un mismo año, una revuelta armada y el asesinato de uno de sus principales dirigentes.

Lo anterior no quiere decir, sin embargo, que el PRI haya sido el único beneficiario de la segunda conspiración ni tampoco que haya sido su creador intencional. La condición polisémica de la conjura ha permitido que ésta fuese utilizada, asimismo, por otros sectores. La oposición, en un espectro que va del subcomandante Marcos al PRD, e incluso algunos miembros del PAN, no dudó en invocarla para atacar al gobierno. Pero aquí, de nuevo, la ambigüedad fue la nota dominante: ni siquiera a los grupos más recalcitrantemente antipriistas parecía convenirles que se conociese la verdad. Aún a ellos les resultaba mejor una posición más cómoda: sugerían la existencia de una conspiración cuyo origen estaba en el interior del propio gobierno, pero carecían de pruebas para comprobar sus aserciones.

Al convertirse en el *leitmotiv* de México durante 1994, la teoría de la conspiración –y la incertidumbre derivada de ella– contaminó todos los aspectos de la vida pública del país. Las elecciones de 1994, el diálogo con la guerrilla e incluso los descalabros gubernamentales que condujeron a una de las peores crisis económicas de nuestra historia –el llamado "error de diciembre"– estuvieron determinados por la idea de unas "fuerzas oscuras" que habían logrado desestabilizar al país. Acorralado por el miedo y la desconfianza, el país se precipitó en el peor de los escenarios posibles: el triunfo indiscutible del PRI que, más que garantizar la estabilidad, retardaba la transición democrática; la interrupción de las negociaciones con el EZLN y el posible resurgimiento del conflicto armado; y, *last but not least*, la quiebra financiera que provocó la más drástica reducción del nivel de vida –y el mayor porcentaje de endeudamiento privado de la población– en la historia reciente del país.

Si el asesinato de Colosio fue la parte medular de una "conjura contra México" destinada a propiciar su ruina, hay que reconocer que no estuvo lejos de alcanzar un éxito absoluto. Afirmar lo anterior equivale, sin embargo, a dejarse engañar por este señuelo y permite que, más que la primera conspiración, sea la segunda la que alcance sus objetivos. El poder omnicomprensivo de la teoría de la conspiración cancela todas las posibilidades de crítica y autocrítica; devora cualquier problema y a la postre lo justifica. Ante las artimañas de los "perversos autores" de una conjura nada puede hacerse: atacan sin motivo –o con motivos difusos e incognoscibles, que es lo mismo–, en el momento menos pensado y con la única intención de destruir la armonía nacional. El conspirador no es un delincuente común porque no busca su propio beneficio, sino la ruina nacional: se encuentra al servicio de una fuerza que sólo persigue la confusión y el caos.

Lamentablemente, esta imagen del conjurado no hace sino ocultar la realidad y eludir la responsabilidad del gobierno. Es muy fácil achacar la ruina nacional a enemigos ocultos, pero hacerlo equivale a soterrar los errores, los vicios y la corrupción de un régimen que ha sido el verdadero causante de la crisis. Si bien es cierto que hechos como el asesinato de Colosio no pueden ser previstos por ningún Estado, la gravedad del problema se descubre al constatar que esta imprevisión se extiende a todos los aspectos de la administración pública. Una vez ocurrido un desastre, el gobierno se vio repentinamente imposibilitado para enfrentarlo y no hizo otra cosa sino justificar –o esconder– sus propias equivocaciones. A la distancia, todo indica que el crimen de Luis Donaldo Colosio nunca terminará por resolverse. Si, contrariamente a la opinión de los jueces, en realidad hubo una conjura y el homicidio no fue obra de un asesino solitario, al menos hasta ahora su objetivo seguimos sin poder comprobarlo.

Manuel Camacho Solís, ex regente de la ciudad de México, ex secretario de Relaciones Exteriores y, durante el tiempo que nos interesa, efímero comisionado para la paz y la reconciliación, es una de esas figuras trágicas por casualidad, uno de esos hombres que pasan a la historia por estar cerca de las desgracias sin haberlas provocado, y sin haberlas remediado. Compañero de Carlos Salinas desde la Facultad de Economía, formó con él una especie de equipo de combate y a lo largo de los años nunca dejó de encabezar batallas en nombre de su amigo, y de labrar de manera simultánea su propia carrera política. El mismo Salinas llegó a decir muchas veces: "Manuel es mi hermano".

Un hermano tan incómodo como Raúl, su hermano real:

un aliado demasiado preocupado por sí mismo como para que el presidente pudiese confiar completamente en él. Pese a los años de cercanía, su relación siempre estuvo dominada por la mutua conveniencia más que por una simpatía genuina. Los dos tenían personalidades tan fuertes y en el fondo tan distintas, que sólo podían mantener su amistad convirtiéndola en una especie de sociedad en la que ambos invertían y ambos esperaban ganar. Y al menos tenían una cosa en común: su propensión a las grandes ideas, su ambición desmedida, su fascinación por el poder.

Consciente de las ventajas objetivas de su compañero –Salinas era miembro de pleno derecho de la "familia revolucionaria", su padre había sido secretario de Estado y su fortuna era mucho mayor que la suya–, Camacho, hijo de un general del ejército, siempre se mostró dispuesto a fungir como el "segundo de a bordo", pero siempre imaginando que su trabajo y su lealtad serían recompensados con el tiempo. Ya desde la Facultad de Economía los dos jóvenes se habían propuesto como meta la presidencia de la República; la letra pequeña de aquel juvenil pacto de sangre, sin embargo, no ha llegado hasta nosotros, de modo que resulta imposible saber cuáles eran las condiciones pactadas por Salinas y Camacho, y hasta dónde este último tuvo razón al sentirse traicionado cuando Salinas no lo eligió como su sucesor.[13]

Como fuere, a lo largo de los años constituyeron una pareja indisociable y al rápido ascenso de Carlos como funcionario público siempre le siguió el de Manuel. Ya convertido en el muy influyente secretario de Programación y Presupuesto del presidente Miguel de la Madrid, Salinas no dudó en recomendar a Camacho ante su jefe, quien terminó nombrándolo secretario de Desarrollo Urbano y Ecología. Las carreras de ambos sufrieron un ascenso meteórico, casi sin mezclarse con

[13] Este episodio recuerda tanto el pacto que suscribieron Plutarco Elías Calles y Álvaro Obregón para alternarse en el poder, como el reciente acuerdo de Tony Blair y Gordon Brown para que el segundo se convirtiera en el sucesor del primero.

la clase política tradicional. Al final, lograron cumplir el objetivo que se plantearon como estudiantes cuando De la Madrid designó a Salinas como candidato del PRI a la presidencia en 1987; de inmediato Camacho fue nombrado secretario general del partido oficial y, al lado del joven Luis Donaldo Colosio, se convirtió en el principal operador político de su campaña.

Por desgracia para los dos amigos, los tiempos habían cambiado y las elecciones en México habían dejado de ser una fiesta para el PRI. Salinas contaba con el apoyo de De la Madrid y de las instancias oficiales, pero carecía de popularidad, su apariencia y su voz resultaban casi desagradables para el público, y para colmo se enfrentaba a dos candidatos de oposición más conocidos y fogueados en la política real: Cuauhtémoc Cárdenas y Manuel J. Clouthier. El resultado de los comicios fue peor de lo que Salinas y Camacho pensaban y, en una maniobra que nunca acabó de aclararse, la Secretaría de Gobernación anunció el triunfo de Salinas en medio de airadas acusaciones de fraude.

Según las estadísticas oficiales, Salinas ganó las elecciones con poco más del cincuenta por ciento de los votos, aunque nadie, ni dentro ni fuera del país, creyó esos datos. Cárdenas y Clouthier se negaron a reconocer su victoria e iniciaron una serie de acciones de resistencia civil. En medio del caos, Camacho llevó a cabo una tarea fundamental, logrando que el Congreso conservara una apretada mayoría priista y que avalara *in extremis* la investidura de su amigo. Gracias a estos esfuerzos, así como a su natural talante conciliador, se pensaba que el nuevo presidente recompensaría los esfuerzos de Camacho nombrándolo secretario de Gobernación, pero éste prefirió ponerlo a cargo del Distrito Federal; según algunos, la intención de Salinas era "cuidar" a su futuro delfín, apartándolo de la política nacional y otorgándole la oportunidad de foguearse en la complicadísima ciudad de México –en donde el PRI había tenido los peores resultados de su historia–, pero a la distancia parece como si Salinas hubiese preferido no concederle tanto poder a su voluble camarada.

Investido así como un pequeño virrey en el centro del imperio salinista, Camacho convirtió al Distrito Federal en su feudo –un modelo de lo que sería el país bajo su gobierno–, experimentando con una política abiertamente distinta a la del PRI tradicional y, en el fondo, casi independiente de la dictada por el presidente. Desde el principio, su gestión estuvo marcada por su voluntad de crearse una fama pública y un grupo de apoyo propios: diversificó sus contactos, negoció con la izquierda cardenista y con la derecha panista, se convirtió en la figura más visible del régimen, coqueteó con los medios de difusión y con los intelectuales y no dudó en presentarse como la cara amable del régimen. Pese a no estar muy de acuerdo con el ansia protagónica de Camacho, Salinas le concedió una enorme libertad de acción, e incluso invocó su ayuda para resolver problemas ajenos al Distrito Federal, como los conflictos poselectorales en San Luis Potosí o Guanajuato.

Durante los primeros cinco años de su gobierno, Camacho procuró mantener el delicado equilibrio de ser fiel al presidente y al mismo tiempo abrirse un camino propio. Semejante actitud le ganó el apoyo de numerosos sectores, pero asimismo el encono de casi todos los demás actores políticos, quienes no toleraban su interferencia en toda clase de asuntos públicos. Al llegar el momento en que Salinas debía elegir a su sucesor, Camacho estaba convencido de que sería él. *Tenía que serlo*. Soberbio, pensaba que no había ningún otro político tan inteligente, hábil y popular como él y además recordaba aquel pacto de sangre juvenil que indicaba una especie de "primero por ti y luego por mí". Ingenuo, no imaginaba que Salinas *no* iba a elegirlo precisamente por las razones que él abogaba como sus mejores cartas de presentación.

La mañana en que el PRI anunció intempestivamente que su candidato sería Luis Donaldo Colosio, a la sazón secretario de Desarrollo Social, fue uno de los peores momentos en la vida de Camacho. No sólo se sintió ofendido, sino despechado. Su amigo había roto el pacto que habían firmado hacía más de veinte años eligiendo a ese joven sonorense con el que para colmo mantenía una pésima relación. Furioso, decidió romper el protocolo de cordialidad que se mantenía siempre entre los perdedores en una sucesión presidencial y se abstuvo de felicitar a su rival y de asistir a su investidura.

Colosio no perdonó la afrenta y le pidió a Salinas que expulsara a Camacho del gobierno. Recordando su pacto juvenil, o acaso consciente de que era mejor tenerlo cerca, el presidente decidió ofrecerle a Camacho la Secretaría de Relaciones Exteriores. Éste era valiente y orgulloso, pero no tanto como para renunciar al PRI, desatando la venganza de su viejo amigo, y terminó por aceptar el nuevo empleo.

Así estaban las cosas cuando, el 1° de enero de 1994, unos encapuchados tomaron seis alcaldías de Chiapas y acabaron con la luna de miel de Salinas y Colosio. Atrapado entre la espada y la pared, el presidente no tuvo más remedio que confiar una vez más en su eterno compañero y, desoyendo los consejos de su círculo íntimo y del propio candidato presidencial, aceptó nombrarlo comisionado para la paz y la reconciliación en Chiapas, un puesto sin goce de sueldo que de paso lo rehabilitaba como eventual candidato sustituto.

Ágil y decidido, el nuevo comisionado se entrevistó con el subcomandante Marcos, inició un vasto proceso de consultas y, confiado en convertirse en un héroe nacional –y acaso en presidente–, convenció a los zapatistas y al propio Salinas de sentarse a negociar. Este episodio fue, sin duda, el momento estelar de su carrera política. Representando al gobierno durante las conversaciones celebradas en la catedral de San Cristóbal, Camacho logró hacerle un gran bien al país y, al mismo tiempo, a sí mismo. Una vez concluidas las charlas de paz, aún había que esperar la ratificación de los acuerdos por parte de las comunidades zapatistas, pero en esencia nadie podía reprocharle no haber cumplido su misión de la mejor manera posible.

Por desgracia, en el laberinto de 1994 tanto él como Salinas se equivocaron. Al día siguiente de que Camacho por fin anunciase que no buscaba la presidencia, Luis Donaldo Co-

losio fue asesinado. Uno puede imaginar todas las conspiraciones posibles, todas las intrigas, pero los hechos demuestran que simple y llanamente tomaron las peores decisiones en
los peores momentos. Cuando Luis Donaldo Colosio cayó abatido por las balas de Mario Aburto en Tijuana el 23 de marzo,
cayeron junto con él tanto Camacho como Salinas. El mejor
argumento para negar su complicidad en el homicidio es que
ambos pagaron por él como si lo hubiesen preparado. Desde
que la noticia del asesinato interrumpió los programas de televisión, la idea de que Salinas estaba detrás corrió en México como un reguero de pólvora.

¿Y Camacho? En el fondo nadie pensaba que el ex regente
estuviese involucrado en el crimen –a diferencia de Salinas,
nadie lo consideraba tan perverso–, pero Camacho le había
hecho la vida imposible al candidato, se había burlado de él,
lo había despreciado y había intentado frenar su carrera por
todos los medios. Quizá él no disparó el gatillo ni armó al si-
cario, pero, para los seguidores de Colosio, hizo algo casi tan
grave: fue el peor enemigo público de quien había comenzado a convertirse en el santo mártir de los priistas, e inevitablemente tenía que pagar por ello. Si en algún momento el comisionado para la paz pensó que podía ser presidente de la
República, en ese instante perdió toda posibilidad de lograrlo. Paradójicamente, su destino quedó ligado al de su íntimo
rival, ese sonorense joven al que nunca había respetado.

Tras la muerte de Colosio, Camacho se convirtió en un vacío. Las balas no atravesaron su cráneo, pero era como si también hubiese muerto y su paso por los corredores de la vida
política mexicana se convirtió en el de un hombre invisible.
Como se esperaba, no sustituyó a Colosio como candidato del
PRI: el elegido fue Ernesto Zedillo, quien lo odiaba todavía
más que su antecesor. Vilipendiado y despreciado –al presentarse al velorio de Colosio fue echado entre silbidos y abu-
cheos–, Camacho renunció a su cargo sin sueldo de comisionado para la paz, se perdió entre la confusión generalizada
del fin de sexenio, eventualmente renunció al PRI, fundó su

propio partido político y, en fechas muy recientes, incluso decidió convertirse en diputado bajo las siglas del PRD.

Camacho sigue vivo. Pero, a diferencia de Salinas, que no ha dejado nunca de ser un monstruo, el antiguo regente se ha vuelto inofensivo. Deambula por el Congreso como antes lo hizo ante las cámaras de televisión como candidato presidencial del difuso Partido del Centro Democrático, sin dejar de ser un fantasma del pasado, el ominoso recordatorio de una candidatura que no logró, de una revuelta que trató en vano de desactivar y sobre todo de un homicidio que también terminó por sepultarlo.

El clérigo y su grey

Durante los meses posteriores al 1° de enero de 1994, insistentes rumores provenientes de los sectores más conservadores de Chiapas sostenían que, si Marcos era sólo subcomandante del EZLN, se debía a que su verdadero comandante en jefe era Samuel Ruiz, el obispo de San Cristóbal de Las Casas. Ruiz llevaba prácticamente toda una vida como titular de la diócesis y desde hacía varias décadas se le asociaba con el sector más progresista de la Iglesia, ligado peligrosamente a la teología de la liberación. Su labor pastoral era de sobra conocida tanto por su cercanía con las comunidades indígenas como por sus continuos enfrentamientos con los poderes locales.

A partir del alzamiento, Ruiz se convirtió en uno de los personajes centrales del drama chiapaneco. Tenaz opositor de la violencia armada y al mismo tiempo velado simpatizante de la causa zapatista, profundo conocedor del entorno indígena y enemigo acérrimo de la oligarquía regional, Samuel Ruiz encarnaba muchas de las contradicciones de la Iglesia misionera surgidas tras el segundo Concilio Vaticano, al que él mismo había asistido. Para los indígenas, que lo llamaban cariñosamente *Tatic* (padre), así como para quienes trabajaban con él en la diócesis, era poco menos que un profeta, un digno sucesor de Bartolomé de las Casas, un auténtico protector de los indios; para el gobierno estatal y para los ladinos de San Cristóbal –quienes más tarde habrían de reivindicar el epíteto de "auténticos coletos"–, era poco menos que el diablo, un sacerdote soberbio y altanero, vinculado con la izquierda y a la revolución.

Sea como fuere, por voluntad expresa del EZLN –con el que hasta antes del 1° de enero había tenido fuertes enfrentamientos–, Samuel Ruiz se convirtió en el intermediario entre la guerrilla y el gobierno federal. Al frente de la Comisión Nacional de Intermediación (Conai) –formada por destacados intelectuales chiapanecos cercanos a la izquierda y distinguidos personajes públicos–, fue el encargado de establecer la comunicación entre las dos fuerzas en pugna. Tarea difícil e ingrata, llena de peligros, que lo puso en el punto de mira, acarreándole consecuencias tan contrastantes como un juicio de remoción en el Vaticano –finalmente detenido– y la creación de comités que promovían su candidatura al premio Nobel de la Paz.

Según el historiador estadounidense John Womack, Samuel Ruiz nació en 1924 en Irapuato, "entronque ferroviario y ciudad mercantil en el estado central de Guanajuato, uno de los bastiones del catolicismo en México" y "había sido educado en una familia católica devota". Enrique Krauze, en uno de los perfiles más amplios que se han publicado sobre Ruiz, dice que sus padres desde el principio pensaron que fuese sacerdote, de ahí que lo llamasen Samuel, que significa guardián del templo. Su padre, comerciante, había sido dirigente de los Caballeros de Colón y de Acción Católica y, en los años treinta, había participado en el movimiento sinarquista mexicano, un grupo de derecha, de filiación falangista, surgido a partir de la revolución cristera.

El futuro obispo estudió en el Colegio de las Hermanas del Sagrado Corazón y a los trece años ingresó en el seminario diocesano de León, la principal ciudad industrial del estado. Se graduó en 1947 y fue seleccionado para asistir al Colegio Pontificio Latinoamericano de Roma. En 1949, terminó sus estudios en la Universidad Gregoriana en Teología Dogmática y recibió las órdenes sacerdotales. Dos años después, culminó sus estudios de Sagradas Escrituras en el Instituto Bíblico. Antes de doctorarse, fue llamado nuevamente a León para dar clases en el seminario y en 1954 se convirtió en su rector.

En 1960, a los treinta y cinco años, cuando el papa Juan XXIII lo nombró obispo de San Cristóbal de Las Casas, la población local lo recibió con gran entusiasmo, pues parecía compartir el mismo espíritu conservador de su clase dirigente. En esas fechas, la diócesis abarcaba todo Chiapas, más de un millón de feligreses, casi todos nominalmente católicos. Krauze describe cuidadosamente la transformación ideológica que sufrió Samuel Ruiz a raíz de su contacto con los indígenas chiapanecos.

–El proceso de conversión dio comienzo en Roma, durante el segundo Concilio Vaticano convocado por Juan XXIII y cuyas sesiones se llevaron a cabo a principio de los sesenta. Ruiz era uno de los cerca de 2 692 obispos que asistieron a aquel acontecimiento considerado por él "histórico, pastoral". Poco antes de que diera inicio el Concilio, recuerda haber tenido una primera "revelación". El papa se había referido ya a los dos "puntos focales" del Concilio (el anuncio del Evangelio en un mundo sin sensibilidad religiosa y la búsqueda del ecumenismo), pero de pronto "Juanito" (como le llama Ruiz) habló de "un tercer punto luminoso": ante los países en vías de desarrollo la Iglesia descubre lo que es y lo que tiene que ser. Para el obispo de Chiapas, aquel "anuncio" del papa implicaba un mandato: "Allí se clarifica y determina la misión constitutiva de la Iglesia: si no está en una adecuada relación con el mundo estructural de la pobreza dejará de ser la Iglesia de Jesucristo".

Desde un punto de vista mucho más cercano a Ruiz, el historiador católico Jean Meyer afirma en *Samuel Ruiz en San Cristóbal* (2000) que, durante los primeros años, éste no tuvo más problemas con el Estado que los demás obispos de la República. Al parecer, las fricciones comenzaron más tarde, cuando su decisión preferencial por los indígenas no dejó lugar a dudas. Entonces, la principal tarea del obispo fue la creación de escuelas pastorales para los indígenas, de modo que éstos pudiesen contribuir a la propagación de la fe entre sus comunidades y en sus propias lenguas.

Entre 1962 y 1963, se fundaron cinco centros: uno en Bachajón, donde los jesuitas se hallaban establecidos desde antes de la llegada de Ruiz; dos en San Cristóbal, a cargo de hermanos maristas y hermanas del Divino Pastor, para hombres y mujeres respectivamente; uno en Comitán, también a cargo de los maristas, y un último, en la región Chamula, a raíz de la llegada de la orden de dominicos pertenecientes a la provincia del Santo Nombre de Dios de California.

Otro momento decisivo para el obispo coincidió con la celebración de la segunda Conferencia Episcopal Latinoamericana, llevada a cabo en Medellín, Colombia, en 1968. Tras su regreso a Chiapas, Samuel Ruiz transformó completamente su trabajo pastoral. Se despreocupó por la ciudad, decidió aprender tzeltal y tzotzil, y se lanzó a conocer de modo directo las formas de vida de las comunidades indígenas. En Bachajón, un jesuita comenzó a traducir el *Éxodo* al tzeltal, haciendo que esta historia bíblica se convirtiese en un símbolo de la redención que les esperaba a los indígenas.

–El obispo decidió reformar todo el programa misionero –escribe John Womack–, evangelizar las Cañadas, en una palabra suya, "encarnarlo". No iba a hacer "comunidades de base" sino muchos catequistas locales. Su trabajo ya no iba a ser individual y educativo, sino "comunitario", reflexivo, evocador, para lograr que la palabra de Dios se incorporara a las comunidades. Iban a tener un nuevo catecismo elaborado por ellos mismos en su propia lengua.

Según Krauze, alrededor de esas fechas, en uno de sus habituales recorridos por la zona de Ocosingo, a Javier Vargas se le ocurrió que la experiencia que los agentes estaban compartiendo con los catequistas y los indios era "igual a la que nos relata la Biblia: las comunidades de la selva estaban viviendo su Éxodo". Y entonces surgió la idea de sustituir el catecismo del padre Ripalda por uno nuevo, más acorde con el segundo Concilio Vaticano. El resultado de este proceso fue un libro que en gran medida era una adecuación de la teología de la liberación al mundo indígena, titulado *Estamos buscando la libertad. Los tzeltales de la selva anuncian la buena nueva.* En él, los indígenas se identificaban con el antiguo "pueblo elegido", mientras que los *caxlanes*, los finqueros y ganaderos eran vistos como los "egipcios" que los oprimían. Pronto el propio obispo incorporó este lenguaje, vagamente marxista, en sus sermones y en su labor pastoral.

En 1974, Samuel Ruiz publicó un pequeño libro, *Teología bíblica de la liberación*, donde desarrollaba estas ideas nutriéndolas con su profundo conocimiento de las Escrituras. Gracias a su cercanía con los indígenas y su voluntad de transformar las estructuras de opresión del Estado, el obispo no tardará en encontrar aliados entre los grupos de izquierda radical que comenzarán a llegar a Chiapas en esos años, atrayéndose asimismo la desconfianza y el resentimiento de la clase dominante de San Cristóbal.

El estallido del 1° de enero de 1994 quizá no tomó por sorpresa a Ruiz, el cual no sólo estaba al tanto de las intenciones de los guerrilleros zapatistas, sino que durante los últimos meses había hecho todo lo posible para detenerlos; sólo confirmaba, acaso, que sus intentos de convencer a los rebeldes de buscar vías pacíficas habían sido vanos. En cualquier caso, comenzó entonces una nueva misión para él: la reconciliación de los bandos en pugna. Al frente de la Conai, el obispo alentó el diálogo entre las partes, no sin recibir críticas de ambos lados. Para unos, Samuel Ruiz seguía siendo el obispo revolucionario de los años setenta y, por tanto, un actor decididamente parcial a favor de los zapatistas, lo cual determinó la supresión de su instancia de intermediación en 1998. Para otros, simplemente trataba de ser congruente consigo mismo: en las arduas circunstancias de 1994, su prioridad eran los indígenas a los que siempre había defendido.

–A sus setenta y cuatro años de edad –concluye Krauze–, Samuel Ruiz es un hombre afable, sereno, sencillo. Detrás de sus gruesos lentes, su mirada parece imperturbable y hasta somnolienta. Hay un toque de permanente ironía en su sonrisa. Habla sin grandilocuencia, con la jerga propia de un hombre de Iglesia. Desecha la pertinencia de un acercamiento biográfico a su trayectoria teológico-política: "El santo no lo es, si se cree santo". No cree que su figura tenga más importancia que la de "haber dado voz a quienes no la tienen, al verdadero sujeto de la historia, a los indios". Cinco años después del levantamiento, nada ha cambiado ni puede cambiar en las creencias de Samuel Ruiz. Su trato es respetuoso, pero más que tolerante con la opinión diversa a la suya, parece condescendiente. Su afán está por encima de las minucias humanas: acercar a los pobres al reino de Dios.

Hoy en día, Samuel Ruiz se halla ya retirado de sus labores pastorales. Contra viento y marea, logró vencer a sus enemigos y mantenerse en su diócesis el tiempo suficiente para asegurarse de que el conflicto no se volviese aún peor. Tan odiado por sus enemigos como amado por sus fieles, Samuel Ruiz ha encarnado como nadie los conflictos morales provocados por los problemas de Chiapas, enfrentándose a las armas y al mismo tiempo educando a los indígenas para rebelarse contra sus amos. Contradictorio, tenaz y obcecado, Samuel Ruiz se ha vuelto asimismo un símbolo perfecto de las contradicciones que ha padecido la Iglesia mexicana durante los últimos años del siglo XX.

Al lado del obispo, como en los tiempos de Bartolomé de las Casas, su grey: los indígenas. En el diario que llevó durante los primeros días de enero de 1994 en *Ocosingo. Diario de guerra y algunas voces*, el poeta chiapaneco Efraín Bartolomé se pregunta:

¿De verdad hay racismo en el pueblo?
    Desde luego.
    "¡Indio! ¡Indio! ¡Indio!"
    La palabra hiende el aire con el efecto reverberante de un machetazo sobre un corazón de roble.
    "Maldito indio", "indio desgraciado", "indio tenías que ser", "los cabrones indios", "indio jijueputa", "indio revestido", "indio renegrido", "comés como indio", "montás como indio", "parecés indio", "son muy cochinos los indios", "son unos ladrones", "toda la partida de indios son iguales".
    O la formación reactiva: "los inditos", "los indios de alma pura", "los nobles indios", "los indios esencialmente buenos", "los inditos a los que hay que ayudar", "los indios explotados", "los indios esclavizados en las fincas", "los pobre-

citos indios", los indios que no podrán hacer nada si los ladinos ilustrados no vienen a ponerles *la letra en el ojo, el maíz en la boca*, los ojos en el cielo, las armas en la mano...

En cuanto el gobierno y la opinión pública comenzaron a recibir las primeras noticias sobre un alzamiento armado, éstas venían acompañadas de una acotación que, a pesar de numerosos intentos, nunca pudo ser descalificada: si no todos, al menos la mayor parte de los implicados en la rebelión eran indígenas. Este hecho desató inmediatas y diversas especulaciones: mientras para el gobierno estatal parecía obvio que esto fuera así –la pobreza de este sector de la población y la larga historia de revueltas étnicas volvían explicable el fenómeno–, para el gobierno federal y la mayor parte de la opinión pública la circunstancia no sólo se volvía novedosa, sino profundamente incómoda. Nadie podía negar que la guerrilla había surgido en una de las regiones de mayor miseria en el país ni que el gobierno federal nunca destacó por su habilidad para resolver los problemas de las comunidades indígenas, pero ello no hacía más explicable que de pronto un grupo de indígenas tomase por las armas San Cristóbal de Las Casas. Si bien el mestizaje ha servido como mito fundador de la nación, el Estado posrevolucionario nunca logró resolver su relación con los indígenas, a quienes podía darse el lujo de mitificar por su gloria pasada pero con los cuales mantenía una relación distante cuando no mínima.

Sin duda, México es una sociedad mestiza en la cual conviven numerosos elementos heredados tanto de los conquistadores españoles –la lengua, la religión, las instituciones políticas– como del mundo indígena –símbolos y nombres, ciertos rasgos de carácter, tradiciones y costumbres–: casi desde el momento en que se iniciaron los contactos entre ambas culturas comenzó a tejerse una nueva identidad. Los historiadores han explicado este fenómeno una y otra vez desde la época colonial hasta nuestros días, pero es notable que, hasta bien entrada la década de los cincuenta del siglo XX, el principal tema de discusión en la vida intelectual mexicana fuese definir, justamente, la esencia de lo mexicano. Las obras de Samuel Ramos, Leopoldo Zea u Octavio Paz, todas ellas consagradas a este tema, demuestran hasta qué punto los mexicanos han dudado de su identidad y se han visto obligados a meditar sobre ese carácter que empieza a modelarse desde el siglo XVI.

El encuentro entre indígenas y españoles fue –continúa siendo– violento y sobrecogedor porque se trata de un encuentro con *el otro*. Para ambos grupos, la experiencia resultó insólita: la Conquista de América nada tenía que ver con la Reconquista española frente a los moros o con las disputas entre los diversos grupos indígenas en el México precolombino. De repente, dos culturas radicalmente distintas, que no habían tenido ningún contacto previo entre sí, se vieron obligadas a convivir en el mismo territorio, sujetas a las leyes y condiciones de una sola de ellas: la española. A pesar del incipiente mestizaje entre los dos grupos étnicos, los indígenas apenas tuvieron influencia a la hora de modelar las instituciones que habrían de regir al país. Los sistemas de organización tradicionales de los pueblos indígenas sólo fueron tolerados –en las llamadas "repúblicas indias", por ejemplo– cuando no intervenían en el resto de la sociedad. Durante todo el régimen virreinal, los gobernantes fueron siempre españoles o criollos y, tras la Independencia, mestizos pero, aún si llegó a haber presidentes indígenas –baste pensar en Benito Juárez–, su cultura se mantuvo al margen de la vida pública.

Si bien es cierto que ya en las postrimerías de la época colonial algunos estudiosos comenzaron a reivindicar el pasado indígena –notablemente los jesuitas que más tarde serían expulsados por los Borbones–, y que la Independencia propició una nueva mirada hacia ese pasado ancestral, la enajenación del universo indígena ya había concluido para entonces. Al referirse a los indígenas, los sabios novohispanos o los intelectuales del siglo XIX no podían sino mirarlos de lejos, como quien estudia una cultura ajena, ora idealizándola, ora denigrándola, pero siempre manteniéndose ante ella como un observador distante. De este modo, se creó una extraña combinación de elementos en la sociedad mexicana: por una parte, con el fin de asumir una identidad propia, distinta de la española, los mexicanos asumieron gustosos su papel de herederos de los antiguos pueblos mesoamericanos; por la otra, fueron incapaces de comprender y asimilar los núcleos indígenas que continuaban vivos entre ellos. En palabras de Carlos Montemayor: "Esta especie de despojo del patrimonio histórico indio, esta escisión entre la pasada grandeza cultural y los pueblos indígenas hambrientos y explotados, ha permitido que México celebre el mundo prehispánico, pero que discrimine a los pueblos actuales."

Durante el siglo XIX, los liberales mexicanos asumieron como suya la idea de progreso proveniente de Europa y Estados Unidos, así como muchas de las conquistas en materia de derechos humanos apuntaladas por la Revolución francesa. José María Luis Mora, uno de los intelectuales paradigmáticos del liberalismo, insistía en que sólo se reconocieran en la sociedad mexicana las diferencias económicas, no culturales, y que por tanto se desterrara la palabra indio del lenguaje oficial. Su idea trataba de eliminar la discriminación, pero terminaba por negar la realidad y las diferencias culturales propias de las comunidades indígenas.

Más tarde, durante los primeros años de la Revolución, y a pesar de la influencia de Zapata, los intelectuales mexicanos continuaron creyendo que el indígena era un componente de la sociedad destinado a desaparecer con el avance de la modernidad. Esta idea subyace a la obra de los miembros del llamado Ateneo de la Juventud, la primera generación intelectual mexicana del siglo XX: tanto Martín Luis Guzmán, en *La querella de México*, como posteriormente José Vasconcelos en *La raza cósmica*, apostaron por el mestizaje como elemento determinante de la nación mexicana. Ello significaba reconocer el valor del mundo indígena, pero sólo como un componente más del mexicano moderno; para progresar, los indígenas puros debían integrarse cuanto antes al México mestizo, abandonando sus costumbres, sus tradiciones y sus lenguas.

Sólo el régimen "popular" del presidente Lázaro Cárdenas intentó proseguir una auténtica política "indigenista", pero a la larga, durante los años de gobierno del PRI, ésta se convirtió en un mero pretexto para cooptar a los indígenas en los órganos de control tradicionales del sistema político, como la Central Nacional Campesina. Únicamente en regiones donde la población indígena era mayoritaria, como en Oaxaca, pudo lograrse una relativa convivencia entre la organización social indígena y las instituciones nacionales. Pero, desde luego, éste no fue el caso de Chiapas.

Al comparar el trato que los indígenas han recibido en México con el sufrido por éstos en países como Estados Unidos o Argentina, la evaluación resulta altamente favorable. El mexicano medio es esencialmente mestizo, y en él conviven elementos de ambas culturas; por desgracia, este mestizaje terminó hace varias décadas de forma abrupta. El mestizo se convirtió así en el paradigma único de México, y los indígenas, por el contrario, volvieron a ser marginados en medio de la aparente homogeneidad del país. El movimiento zapatista hizo ver que, para el mexicano medio, el indígena sigue siendo un desconocido, un extraño, casi un extranjero.

–La idea de que todos los pueblos del mundo forman una humanidad única no es, ciertamente, consustancial al género humano –escribe Alain Finkielkraut en su ensayo *La humanidad perdida*–. Es más, lo que ha distinguido durante mucho tiempo a los hombres de las demás especies animales es precisamente que *no se reconocían unos a otros*. Un gato, para un gato, siempre ha sido un gato. Por el contrario, un hombre tenía que cumplir condiciones draconianas para no ser borrado, sin apelación posible, del mundo de los humanos. Lo propio del hombre era, en los inicios, reservar celosamente el título de hombre exclusivamente para su comunidad.

Para la sociedad mexicana, así como para el resto del mundo, el alzamiento zapatista se convirtió en un tema medular de la vida política de fin del siglo XX precisamente porque en él parecían volver a enfrentarse el mundo moderno –con sus dosis de democracia, neoliberalismo y progreso– y los valores tradicionales del pasado. La repentina *aparición* de los indígenas en una sociedad que se preciaba de integrarse al primer mundo tocó las fibras más sensibles del discurso de la modernidad occidental. Las lacerantes imágenes de Chiapas mostraban las profundas contradicciones de nuestra civilización y volvían a darles argumentos a sus antagonistas. Aquellos indígenas alzados en armas, a veces con rifles de madera, y aquellas mujeres embozadas que los respaldaban, ponían en cuestión la validez de la globalización y del neoliberalismo y se insertaban, sin querer, en la larga tradición de antihéroes que Occidente siempre ha necesitado para conjurar sus propios demonios y culpas. El indígena dejó de ser un hombre azotado por la pobreza que decidió levantarse contra quienes lo oprimen y se transformó, de pronto, en un personaje imaginario, en un tema de estudio, en una referencia cultural necesaria para definir los términos de nuestra propia identidad.

Por paradójico que suene, gracias al alzamiento México descubrió una parte de sí que había sido olvidada, tal como decían los líderes del EZLN. Por más mestizaje que hubiese en el pasado y por más valor que se le concediese a la "raza cósmica", las miradas volvieron a dirigirse a los indígenas con la misma admiración, el mismo miedo, la misma sorpresa –y acaso también el mismo terror– con los que los conquistadores españoles debieron observar por primera vez a los antiguos habitantes de México. A pesar de las tradiciones y del peso de la historia oficial, se volvió necesario comprender y enfrentar ese mundo extraño y al mismo tiempo entrañable.

En medio de la incertidumbre provocada por el EZLN, el gobierno, los intelectuales y los medios –la sociedad *ladina* en su conjunto– no pudieron sino recurrir a decenas de tópicos y discursos preexistentes para tratar de explicar y controlar el estallido cultural que suponía el movimiento zapatista. Referencias aparentemente superadas surgieron de nuevo en el debate público: inevitablemente, los indígenas volvieron a poner en circulación temas como el mito del hombre salvaje o la relatividad de los distintos patrones culturales, al lado de consideraciones en torno a la autonomía regional, el trato reservado a las minorías o la vieja disputa entre lo "particular" y lo "universal". El indígena de carne y hueso, tan profundamente desconcertante, fue dejado de lado para dar paso, una vez más, al mito del indígena.

Como ha demostrado el antropólogo Roger Bartra en su espléndido *El salvaje en el espejo* (1992), a fin de preservar su identidad, la civilización occidental siempre ha necesitado preservar el mito de su contrario, el hombre salvaje; sólo la confrontación con ese otro, salvaje o bárbaro, podía permitirle reconocer sus verdaderos rasgos. El *otro* –es decir, todo aquel que no asume sus valores culturales– ha sido una presencia inevitable en la imaginación occidental. El moro, el turco, el negro y, por fin, el indio, asumieron muchos de los rasgos que griegos y romanos atribuían a los bárbaros: a un tiempo que la negación de sus principios, conformaban su *alter ego*. Durante muchos años, su presencia justificó la necesidad de extender el dominio de la civilización occidental al resto del mundo, ora para conquistarlo, ora para evangelizarlo, borrando las diferencias e integrando a los demás a la empresa común europea. En palabras del propio Bartra:

–El salvaje guarda celosamente un secreto, durante muchos años ha sido el guardián de arcanos desconocidos: posee las claves de la tragedia, oculta los misterios del cosmos, sabe escuchar el silencio y puede descifrar el fragor de la naturaleza. El salvaje ha sido creado para responder a las preguntas del hombre civilizado; para señalarle, en nombre de la unidad del cosmos y de la naturaleza, la sinrazón de su vida; para hacerle sentir el terrible peso de su individualidad y de su soledad.

En los siglos XV y XVI, el mito del hombre salvaje sufrió una mutación definitiva: cuando los europeos se encontraron con los indígenas americanos, éstos pasaron a ocupar el papel de los antiguos salvajes europeos. Todas las invenciones de la antigüedad y de la Edad Media –sátiros, amazonas, cíclopes, caníbales y ninfas– se vieron sustituidos por salvajes auténticos, por seres cuya cultura y organización social se había llevado a cabo al margen de Occidente. El *otro* requerido por la imaginación europea se convirtió en una realidad cotidiana que planteaba nuevos desafíos. ¿Eran los nativos de América seres humanos como los europeos? Pasaron varios años antes de que esta respuesta fuera contestada de modo afirmativo gracias a la acción de diversos grupos misioneros y de insignes intelectuales eclesiásticos como Bartolomé de las Casas. Por primera vez se reconocía que el *otro* era igualmente valioso que el hombre occidental: los indígenas tenían alma y, por tanto, eran tan gratos a los ojos de Dios como sus conquistadores.

A pesar de este reconocimiento teológico, en la práctica los conquistadores españoles y los indígenas distaban de ser iguales. Las atrocidades cometidas contra estos últimos están perfectamente documentadas y revelan la resistencia de los nuevos amos a aceptar los postulados de la Iglesia. Al confrontar la brutalidad de los encomenderos con el talante pacífico de muchos indígenas, algunos misioneros no dudaron en considerar que los "naturales" estaban más cerca de Dios que sus amos. ¿Acaso no demostraba más salvajismo la brutalidad de los amos frente a la resistencia de los sometidos? Por ejemplo, en su ensayo *Des cannibales*, Michel de Montaigne hacía una clasificación más ambigua respecto al grado de barbarismo de los salvajes: refiriéndose a los aborígenes de Brasil, decía que eran bárbaros por el primitivismo de su poesía, aunque menos bárbaros que los europeos por ser menos crueles. No hay que olvidar que la época de los grandes descubrimientos es también la de Erasmo y Tomás Moro, autores del *Elogio de la locura* (1511) y de la *Utopía* (1516), de modo que la idea de que antes de la llegada de los españoles los indígenas vivían en un estado de armonía no tardó en aparecer en las mentes de los evangelizadores. Uno de ellos, Vasco de Quiroga, incluso trató de organizar su propia utopía indígena con los purépechas de Michoacán. Era el inicio de la reivindicación intelectual del mundo indígena.

Años más tarde, esta discusión tomó otro rumbo en otras regiones de Europa. Ahora la cuestión consistía en saber si el ser humano era bueno o malo por naturaleza. En Inglaterra, Thomas Hobbes afirmó en su *Leviatán* (1660) lo segundo: el hombre es intrínsecamente malo y sólo las reglas de la sociedad consiguen eliminar sus impulsos destructivos. Pero, frente a esta teoría, los filósofos franceses opusieron la contraria: el hombre es bueno por naturaleza, y es la sociedad la que lo corrompe. Según Rousseau, en su *Ensayo sobre los orígenes la desigualdad entre los hombres* (1755), en épocas primitivas –o en espacios como la América precolombina–, los hombres vivían en un estado idílico de paz y tranquilidad. El salvaje era intrínsecamente bueno. Y también debían de serlo, por extensión, los indígenas americanos.

Al mito del *homo sylvestris*, del bárbaro incivilizado, se opuso entonces el del *buen salvaje,* esa alma pura que, antes de ser contaminada por la sociedad occidental, se hallaba en perfecta sincronía con la naturaleza. Fue la reaparición de Calibán. Gracias a la Revolución francesa y al reconocimiento de los derechos del hombre, Occidente comenzó a sentirse culpable por someter violentamente a otros pueblos. Cientos de europeos se sumaron a una vasta empresa destinada a corregir las equivocaciones anteriores: su historia dio inicio con los abolicionistas ingleses y estadounidenses, pasó por las revoluciones burguesas del siglo XIX, se impregnó de marxismo en los primeros años del siglo XX y por fin se consolidó con los movimientos por los derechos civiles surgidos en Estados Unidos en los sesenta y setenta del siglo pasado. A lo largo de este trayecto, la "culpa histórica" de Occidente cobró cada vez más fuerza, lo mismo que el deseo de reparar los daños.

A últimas fechas, Estados Unidos ha sido el lugar donde esta reacción contra los papeles hegemónicos de la cultura occidental ha encontrado más adeptos. En los años sesenta la lucha por los derechos civiles intentó terminar con el racismo y la segregación, y en los setenta y ochenta las reivindicaciones de las minorías terminaron por convertirse en piedras de toque de la vida cultural estadounidense. Como ha demostrado el crítico Robert Hugues en *La cultura de la queja*, la izquierda universitaria estadounidense se encargó de crear un aparato teórico cuyo objetivo principal consistía en borrar los desequilibrios culturales provocados por la hegemonía de Occidente. Para el nuevo relativismo académico, todas las culturas son iguales y deben tener el mismo reconocimiento y los mismos derechos; de igual modo, todas las minorías –étnicas, religiosas, sexuales– han de contar con idénticas oportunidades de actuar en la sociedad. Lo "multi-culti", como lo llama Hugues, equivale a concederles a las minorías el mismo peso que a las mayorías, lo cual no deja de provocar un nuevo desequilibrio en el balance social. En cualquier caso, esta tendencia no ha dejado de sentar su impronta en el nuevo "indigenismo" mexicano provocado por el alzamiento zapatista.

A la hora de juzgar los acontecimientos de Chiapas, la mayor parte de los intelectuales ha retomado, a veces sin demasiada conciencia de ello, alguno de los argumentos que han venido utilizándose a lo largo de la historia para caracterizar a los indígenas. En el discurso en torno al zapatismo, hecho casi en su totalidad por mestizos –incluyendo a Marcos–, los indios no dejan de ser vistos como los *otros*, si bien las reacciones frente a esta certeza varían de acuerdo con las distintas posiciones ideológicas. En Chiapas, continúa debatiéndose la oposición entre civilización y barbarie, entre modernidad y tradición, entre lo local y lo universal. En este contexto, coexisten dos posturas básicas: la de quienes, sorprendidos por la fuerza del movimiento zapatista y los argumentos de Marcos, consideran que la lucha de los indígenas es un acto heroico que busca defender sus valores tradicionales frente a la agresividad hegemónica de Occidente, y la de quienes piensan que sólo la paulatina integración de las comunidades indígenas a la sociedad moderna podrá librarlas de la pobreza y la marginación en que se encuentran.

Para defender su postura, los primeros no dudan en invocar el "valor intrínseco" de las culturas indígenas, el desconocimiento por parte del resto de los mexicanos de su identidad, su cercanía con la naturaleza y la bondad de sus formas de organización tradicionales, lo cual los engarza directamente con la tradición del buen salvaje que considera que todo aquello ligado al pasado tradicional es digno de preservarse. Mientras tanto, los segundos apelan a la tradición contraria: la voluntad unificadora del mundo occidental, la idea decimonónica de progreso, la necesidad de "integrar" a las minorías en vez de respetar sus diferencias y la crítica a los aspectos más primitivos de su organización social y económica, insertándose a su vez en la línea ideológica que considera al indígena un salvaje que por su propio bien ha de ser llevado, así sea por la fuerza, a la civilización o, en este caso, a la *globalización*.

Uno de los exponentes del primer grupo sería Carlos Montemayor, y en *Chiapas, la revuelta indígena de México* deja clara su postura:

—El investigador científico (y ya no digamos el político de los gobiernos locales o federales) raras veces se plantea la interrogante de cómo observa, desde qué conjunto de referentes culturales investiga, y mucho menos cómo afecta a sus observaciones el caudal de prejuicios que lo obsesiona o lo guía inadvertidamente. Creemos que nuestra cultura es superior y que ellos [los indígenas] la necesitan. Pero ellos no están enfrentando con nosotros la embestida mecánica de la modernidad contra el primitivismo. Es la embestida de otra cultura que los desconoce y subestima pero les pide cancelar en ellos lo que tienen de mayor certidumbre. Su relación con el mundo es una relación entre seres vivientes. De ahí que la comprensión que los pueblos indígenas de México tienen de sus compromisos con la tierra sea sustancialmente distinta a la de aquellos que pertenecen a otra cultura. Para nosotros la grandeza del destino es la trascendencia individual; para ellos, su continuidad como pueblo, como comunidad, representa la conservación de la vida del mundo. En un caso hablamos de la entidad política e individual de un ciudadano; en otro, de pertenecer a una comunidad que tiene sentido porque está al servicio del mundo.

Montemayor piensa que los indígenas poseen una cultura tan rica y valiosa como la occidental y que debe ser respetada en todo momento. En el otro extremo, el historiador Juan Pedro Viqueira afirma que los "usos y costumbres" indígenas no siempre son positivos para el desarrollo de las comunidades indígenas. En el caso específico de la organización política, sostiene lo contrario:

–Seguramente uno de los puntos que encierra más riesgos para los indígenas de Chiapas es la aprobación de los "usos y costumbres" como medio de elegir a las autoridades políticas. La idealización (que es una forma de desconocimiento) de la realidad política de los indígenas ha conducido a la teoría de que ellos cuentan con un sistema de gobierno de origen prehispánico, que garantiza la resolución de conflictos, la armonía, la justicia y la igualdad en la comunidad, a partir de principios no sólo diferentes, sino incluso superiores e incompatibles con los de la democracia occidental. Por lo tanto, basta con dejar que los indígenas se rijan por sus propias reglas sin intervención alguna del resto de la sociedad para que todos los conflictos internos encuentren solución. Éste es el contexto en el que (siguiendo los acuerdos de San Andrés) se quieren ahora introducir como método de elección de las autoridades municipales los "usos y costumbres". Lejos de ser una panacea universal, esta propuesta, de llevarse a cabo, podría agravar aún más los problemas internos de los municipios. Para empezar es más que probable que cada facción política tenga su propia versión de cuáles son los "auténticos" usos y costumbres y que un primer motivo de enfrentamientos sea la definición de dichos "usos y costumbres". En segundo lugar, muchas de las formas tradicionales de gobierno excluyen a amplios sectores de los habitantes de los municipios indios. El consejo de ancianos excluye a todos los jóvenes; el sistema de cargos religiosos a los protestantes y a menudo también a los católicos liberacionistas; las asambleas, salvo casos excepcionales, a las mujeres. –Y concluye–: Los "usos y costumbres" pueden llegar a ser la mejor forma de mantener un orden férreo y autoritario, legitimado en nombre de las "auténticas tradiciones mayas", en la gigantesca reserva de indígenas desempleados y alcoholizados (el alcohol también es parte del "costumbre") que podría llegar a implantarse, con las mejores intenciones del mundo, en los Altos y en la Selva Lacandona si el debate actual sigue versando no sobre los problemas reales, concretos y cotidianos de los indígenas sino sobre el Chiapas imaginario que han construido los propagandistas del zapatismo.

Como puede verse, quizá uno de los mayores problemas a la hora de tratar el conflicto chiapaneco consiste en la imposibilidad de eliminar la pesada carga simbólica y mitológica en torno a los indígenas que se mantiene en las mentes de los periodistas, los intelectuales y los negociadores del gobierno. De modo similar a lo que ha ocurrido con la mirada de Occidente hacia el mundo árabe, como lo ha demostrado Edward Said en su célebre *Orientalismo* (1983), las palabras y los discursos elegidos por los académicos y especialistas han terminado por reinventar y deformar demasiado la realidad humana oculta detrás.

A pesar de los esfuerzos retóricos de Marcos, o acaso debido a ellos, los indígenas no dejan de aparecer en el panorama de la revuelta zapatista como el coro de la tragedia griega: un ente anónimo, vago y múltiple que, sin embargo, carece de personalidades individuales. Los indígenas nunca son *el otro* sino *los otros*: si bien es cierto que al hablar por ellos Marcos intenta ofrecer una visión polifónica en su monólogo –para usar los términos empleados por Bajtín–, no se trata más que de una tentativa abortada, una simple ilusión retórica. A varios años del inicio del alzamiento, la voz de los indígenas sigue ausente de las discusiones y ellos continúan siendo personajes mudos, cuyas palabras deben ser traducidas por ese genial ventrílocuo que es Marcos. Al imitar la voz y el estilo de los indígenas, Marcos no evita comportarse como los misioneros que describían las rebeliones indígenas en la época colonial, es decir, con un toque de ironía que separa al verdadero emisor de los discursos de los oyentes que pertenecen, muy a su pesar, a su propia cultura occidental dominante. En la abrumadora mayoría de las páginas escritas al respecto, los indígenas han sido "objeto" de estudio y muy pocas veces sujetos activos del debate.

Como ha escrito el filósofo español Eduardo Subirats en *El continente vacío* (1994):

–La defensa del indio como portador simbólico y signo de identidad supone, al mismo tiempo, su reducción a una pura representación.

A pesar de la fuerza simbólica que han alcanzado gracias al EZLN, los indígenas en la vida pública continúan siendo más una construcción imaginaria que una realidad cotidiana. Para la mayor parte de los intelectuales, periodistas y miembros del gobierno mexicano, el indígena aún es, inevitablemente, *el otro*.

4

Reporteros y letrados

Durante la mayor parte del largo gobierno del PRI, la prensa ocupó una posición subordinada. Fuese a través del soborno, de la represión o de la propia autocensura, el régimen se aseguró la lealtad de los medios de comunicación para preservar su control sobre la sociedad mexicana. Uno a uno, los diversos intentos de fraguar una prensa crítica fueron saboteados –cuando no completamente desarticulados– por orden de los distintos presidentes de la República.

Si en los años sesenta al fin comenzó a fraguarse una prensa moderna, no opuesta al gobierno pero al menos capaz de iniciativas y criterios propios, la masacre de Tlatelolco canceló prácticamente estas expectativas. Tras la llegada al poder de Luis Echeverría, el régimen procuró atraerse tanto a los estudiantes como a los intelectuales descontentos y permitió el desarrollo de uno de los proyectos periodísticos más importantes llevados a cabo hasta entonces: el diario *Excélsior*, dirigido por Julio Scherer, y su revista de cultura, *Plural*, a cargo del poeta Octavio Paz; en ambos casos, sus directores se preocuparon de ejercer un espíritu crítico sin concesiones. Por desgracia, esta apertura no duró mucho. Tal como narra Vicente Leñero en su novela *Los periodistas*, el presidente Echeverría urdió una conspiración que provocó la salida de Scherer de *Excélsior* y, con él, la de todos sus colaboradores, incluidos Octavio Paz y su grupo.

El golpe a la libertad de expresión fue muy severo, pero a la larga los cimientos construidos por Scherer dieron nuevos frutos durante el sexenio de José López Portillo: primero, el semanario *Proceso*, encabezado por el propio Scherer y Vicente Leñero, así como la revista *Vuelta*, dirigida por Paz y, poco después, el *Unomásuno*, de Manuel Becerra Acosta, cuyo suplemento literario, *Sábado*, quedó en manos de Fernando Benítez. Más adelante, el gobierno provocó en *Unomásuno* una crisis similar a la de 1976 y el diario cambió de dueños y de orientación. Sin embargo, muchos de sus colaboradores iniciaron un nuevo diario, *La Jornada*, cuyas cabezas visibles fueron en un principio Carlos Payán, Miguel Ángel Granados Chapa, Héctor Aguilar Camín y José Carreño Carlón, quienes desempeñaron un importante papel político en los años subsecuentes. El infatigable Fernando Benítez se encargó asimismo de su nuevo suplemento, *La Jornada Semanal*.

Ya en el sexenio de Carlos Salinas, el panorama periodístico de la capital mexicana era el siguiente: en primer lugar, un sector de la prensa crítico hacia el gobierno, representado en especial por *La Jornada* (Carlos Payán) y *Proceso* (Julio Scherer), así como por un pequeño diario de información económica que sin embargo alcanzó una gran influencia: *El Financiero* (Francisco Cárdenas y Alejandro Ramos). En segundo lugar, los medios "tradicionales", es decir aquellos que, sin estar plegados del todo al poder estatal, procuraban seguir sus directrices: *Excélsior* (Regino Díaz Redondo), *El Universal* (Juan Francisco Ealy Ortiz), *Novedades* (Rómulo O'Farrill), y *Unomásuno* (Luis Gutiérrez). Y, por último, el periódico propiedad del gobierno, *El Nacional* (José Carreño Carlón).

No hay que dejar de mencionar que la relevancia que alcanzó la prensa escrita durante este periodo se relacionaba directamente con el descrédito sufrido por la televisión. Durante décadas, ésta se había distinguido por su docilidad ante el poder: tanto la empresa paraestatal Imevisión, luego privatizada con el nombre de TV Azteca, como Televisa –y en especial su conductor emblemático, Jacobo Zabludovsky– probaron su lealtad al gobierno manipulando groseramente la información durante las elecciones de 1988.

Desde los primeros días del alzamiento, Marcos y el EZLN dejaron claro su profundo desdén hacia los medios oficiales, así como su apoyo a aquellos que consideraban imparciales. Aun si la estrategia de comunicación de los zapatistas era uno de los puntos medulares de su política, las relaciones de los medios con Marcos no han dejado de resultar complejas. Tras la toma de San Cristóbal, Marcos decidió que los comunicados del EZLN sólo serían dirigidos a los medios que consideraba independientes: *La Jornada, El Financiero, Proceso* y un periódico de San Cristóbal de Las Casas, *Tiempo*. Por otra parte, no dejó de hacer pública su aversión hacia Televisa y TV Azteca, hacia *El Nacional* y hacia varios corresponsales extranjeros que no le parecían dignos de crédito o que no demostraban un entusiasmo decidido por su causa.

En su libro: *Chiapas, la guerra en papel* (1999), el periodista Marco Levario Turcott, subdirector del semanario *Etcétera* y colaborador de *Nexos*, ha criticado duramente la manipulación de Marcos:

—Luego del 1° de enero de 1994, Marcos dijo haber encontrado que la "vanguardia" política la tenían no los partidos ni sus principales actores, sino los medios de comunicación "honestos", que han difundido "la verdad" de la tragedia chiapaneca. Agradecido con ellos, y en aquel tiempo enojado con quienes no le fueron afines, seleccionó a quienes podrían cubrir los eventos organizados por el EZLN y, en consecuencia, vetó a los que, en su particular visión del ejercicio periodístico, no difundían la "verdad" –escribe Levario–. La palabra "verdad" es la más citada por Marcos cuando se refiere a los medios de comunicación, como si el término fuera único e indivisible; él no exige veracidad a los periodistas sino "verdad", como si ésta se asociara a la promoción de los valores zapatistas e indígenas. La pluralidad editorial e informativa, los enfoques variados frente a un hecho, son términos que encajan sólo en la antípoda de su palabra favorita, en una caja de resonancia donde, si no hay frenesí en favor del zapatismo, entonces todo es falso. ¿Obligar a la verdad guerrillera? ¿Quién o quiénes podrían hacerlo? Ésa es, sin duda, una visión autoritaria que no encaja con el trabajo periodístico.

Al contrastar opiniones como ésta con el seguimiento dado al conflicto por diarios como *La Jornada* –que con el tiempo se ha convertido en el boletín oficial de la causa zapatista– resulta indudable que la relación de Marcos con la prensa ha sido muy problemática. Tal vez no podía ser de otro modo. Como se ha repetido muchas veces, el éxito del movimiento zapatista se funda principalmente en el apoyo obtenido gracias a los medios de comunicación "críticos". En una guerra como ésta, donde el valor de la "verdad" –es decir, de la propia opinión– es lo más importante, "todo está permitido". Con el fin de conseguir el apoyo de la prensa, Marcos no ha vacilado en ser autoritario o zalamero, en alabar la libertad de expresión y restringirla en la zona bajo su control, en respetar a los periodistas y, al mismo tiempo, denigrarlos en corto. Todas y cada una de estas maniobras no han tenido como fin propiciar la "objetividad", sino, evidentemente, *ganar la guerra*. Y, al menos durante 1994, los zapatistas estuvieron muy cerca de lograrlo.

No habían pasado ni siquiera unas horas de la toma de San Cristóbal de Las Casas el EZLN cuando los intelectuales ya se dedicaban a explicar, al calor de los hechos, las causas de este acontecimiento decisivo del fin del siglo XX. Desde luego, en otras épocas los intelectuales han influido enormemente en la vida pública, pero en pocas ocasiones su papel ha sido tan activo como durante los primeros meses del alzamiento zapatista de 1994.

Tras el terremoto que devastó a la ciudad de México en 1985, los intelectuales mexicanos recuperaron un público que antes apenas los había tomado en cuenta. Más adelante, la conformación del frente cardenista en 1988 y las controvertidas elecciones posteriores obligaron al gobierno a tolerar una incipiente libertad de prensa que permitió, por primera vez en años, un auténtico ejercicio de crítica política. Las condiciones estaban dadas para que, oponiéndose a las resistencias del anquilosado sistema priista, los intelectuales adquiriesen un lugar preponderante en la vida pública.

El estallido zapatista alentó a los escritores y artistas a expresar sus puntos de vista sobre la revuelta y sus consecuencias para México. Ante la desconfianza natural hacia las informaciones oficiales y la prensa televisiva, los intelectuales ofrecían a los lectores la oportunidad de acercarse un poco más a la verdad. Quizá la mayor parte no estuviese preparada para afrontar el conflicto chiapaneco, pero aun así sus opiniones provocaron que la discusión se ampliase como nunca antes. Si en México los intelectuales siempre habían sido valorados por el poder –y por ello mismo reprimidos o cooptados–, ahora alcanzaban una estatura impensable, transformados, de pronto, en los voceros de la emergente "sociedad civil". Como nunca antes, los intelectuales críticos se convirtieron en estrellas mediáticas a la sombra del subcomandante. Era, de algún modo, la rehabilitación de la clase intelectual después de Tlatelolco y nadie, ni siquiera los detractores de Marcos, quiso perderse la ocasión de opinar, escribir o aparecer en radio y televisión para dialogar con él.

Es posible identificar, en el México de 1994, algunos grupos e individuos que intervinieron de manera especialmente activa en el diálogo público puesto en marcha entonces. Imaginando otra vez una suerte de *Vidas paralelas* –o al menos de "proyectos paralelos"–, habría que destacar, en primer lugar, la enemistad existente en esos años entre Octavio Paz y Carlos Fuentes, que de alguna manera se prolongó en la competencia entre las revistas *Vuelta* y *Nexos* y, en especial, entre sus dos representantes principales: Enrique Krauze y Héctor Aguilar Camín. Por otra parte, la pareja paradigmática de la izquierda intelectual mexicana, formada por Carlos Monsiváis y Elena Poniatowska, comprometidos con el cardenismo y con los zapatistas. Y, en tercer lugar, los intelectuales que, sin pertenecer a ningún grupo en particular, se dedicaron a defender o a denostar al EZLN.

Desde mediados de los años setenta, la vida cultural de México había estado marcada por dos grupos literarios antagónicos: por una parte, los poetas y críticos reunidos en torno a Octavio Paz y las revistas *Plural* (1971-1976) y *Vuelta* (1977-1998); y, por la otra, los críticos, académicos, políticos y escritores cercanos a la revista *Nexos* (1978), dirigida sucesivamente por Enrique Florescano y Héctor Aguilar Camín (y más tarde por Luis Miguel Aguilar y José Woldenberg). Mientras la orientación política prevaleciente entre los colaboradores de *Vuelta* se inclinaba hacia la derecha, durante esta época quienes escribían en *Nexos* pertenecían más bien al medio universitario o literario de izquierda. Entre los colaboradores habituales de *Vuelta* en 1994 habría que nombrar sobre todo a Alejandro Rossi, Gabriel Zaid, Guillermo Sheridan, Adolfo Castañón, Fabienne Bradu y Christopher Domínguez Michael; entre los de *Nexos*, a Rafael Pérez Gay, Sergio González Rodríguez, Carlos Tello Díaz, Ángeles Mastretta, Rolando Cordera y Soledad Loaeza.

Aunque los roces entre ambos grupos se habían iniciado a principios de los ochenta, sus enfrentamientos se recrudecieron en 1988. En ellos tuvieron mucho que ver Enrique Krauze y Héctor Aguilar Camín. Aunque el primero estudió ingeniería en la Universidad Nacional y el segundo Comunicación en la Universidad Iberoamericana, ambos coincidieron en El Colegio de México, donde cursaron el doctorado en Historia bajo la guía de los insignes Luis González y González y Daniel Cosío Villegas. Allí se convirtieron en amigos inseparables y durante algunos años incluso publicaron algunos artículos al alimón, por ejemplo "La saña y el terror", en *La Cultura en México* de *Siempre!*, donde protestaban por la matanza del día de Corpus en junio de 1971. Convertidos en una especie de "dúo dinámico", se empeñaron en criticar todas las instituciones culturales de la época, de modo que en algún momento la revista *Plural* de Octavio Paz llegó a describirlos como una "pareja de siameses intelectuales" con "medio cerebro en dos cabezas". Poco a poco sus caminos comenzaron a separarse hasta convertirlos no sólo en rivales irreconciliables, sino en dos ejemplos paradigmáticos del comportamiento de los intelectuales mexicanos de fin de siglo.

En 1975 Krauze comenzó a colaborar en *Plural*, acercándose cada vez más a Octavio Paz, hasta que en 1977 se convirtió en el jefe de redacción de la nueva revista del poeta, *Vuelta*. Aguilar Camín, por su parte, prefirió acompañar al historiador Enrique Florescano en la fundación de *Nexos*. Estos dos proyectos no sólo eran distintos, sino antagónicos: mientras *Vuelta* estaba hecha a la imagen y semejanza de su director, se preocupaba fundamentalmente por la literatura y la historia de las ideas y seguía apasionadamente la senda marcada por Paz contra la izquierda, *Nexos* parecía más interesada en la vida política y era una amalgama que reunía tanto a escritores de izquierda como a académicos y políticos con posiciones no siempre coincidentes.

La ideología terminó por depurar las diferencias entre uno y otro: Krauze se adhirió al liberalismo a ultranza de Paz, mientras que Aguilar Camín prefirió continuar defendiendo una especie de democracia social. Asimismo, sus propios campos de interés se separaron: mientras Krauze se consagró por completo a la divulgación histórica, con una larga serie de libros sobre historia mexicana, y se convirtió en un próspero empresario asociado con Televisa, Aguilar Camín se internó en los terrenos de la ficción, escribiendo dos obras memorables: *Morir en el golfo* (1980) y en especial *La guerra de Galio* (1990), acaso la mejor novela política mexicana de las últimas décadas.

Una de las escaramuzas más violentas entre las dos revistas fue provocada por la publicación en *Vuelta* de un extenso artículo de Enrique Krauze, para entonces ya convertido en subdirector de la revista, titulado "La comedia mexicana de Carlos Fuentes", donde atacaba ferozmente al novelista mexicano, quien durante mucho tiempo había mantenido una estrecha amistad con Paz. Para muchos, la mano del poeta estaba detrás de las páginas de Krauze, y los rumores no tardaron en afirmar que el texto era una estrategia para descalificar a Fuentes en la competencia por el premio Nobel. Meses más tarde, *Nexos* cobijó al novelista entre sus páginas. Como fuese, este hecho no sólo precipitó la fractura entre Krauze y Aguilar Camín, sino que aumentó la distancia entre dos de los creadores mexicanos más relevantes de la segunda mitad del siglo XX.

La verdadera fuente de discordia entre *Vuelta* y *Nexos* se produjo poco después. Por una de esas casualidades inevitables entre las élites mexicanas, Héctor Aguilar Camín se había convertido en un cercano amigo de Carlos Salinas. En julio de 1988, Aguilar Camín sostuvo que las elecciones habían sido válidas y que Salinas las había ganado limpiamente. Poco después, algunos destacados miembros del grupo, como el experto en temas indigenistas Arturo Warman o el escritor José María Pérez Gay, se integraron al equipo de Salinas, quien no dudó en apoyar al grupo, cuyos miembros de inmediato fueron acusados de convertirse en "intelectuales orgánicos". La tan denunciada cercanía entre los intelectuales y el poder volvía a producirse: *Nexos* y Aguilar Camín fueron acusados de realizar numerosos proyectos para el gobierno federal por enormes sumas de dinero.

Mientras tanto, Salinas había puesto en marcha un vasto programa cultural, organizado a través de una nueva dependencia, el Consejo Nacional para la Cultura y las Artes (Conaculta), encabezada por el politólogo Víctor Flores Olea, uno de los miembros más distinguidos de la generación de *Medio Siglo* y antiguo compañero de Fuentes. Desde el principio de su mandato, Salinas trató de llevar las mejores relaciones posibles con los intelectuales de todas las corrientes ideológicas; para controlarlos, o al menos para conseguir su simpatía, creó un generosísimo sistema de becas, en algunos casos vitalicias, único en el mundo. Esta estrategia le dio numerosos éxitos: a pesar del descrédito del PRI, la figura de Salinas no tardó en ser alabada por tirios y troyanos, es decir, por prácticamente toda la élite intelectual del país, incluyendo a *Vuelta* y a *Nexos*.

Un detalle de mala planeación, o acaso un error de estrategia, enturbió esta luna de miel, enfrentando violentamente a los dos grupos. El pretexto fue el apoyo que el gobierno, a través del Conaculta, concedió a la revista *Nexos* para celebrar un aparatoso coloquio de intelectuales en la Universidad Nacional, similar al que *Vuelta* había organizado poco antes con el apoyo de Televisa. Los organizadores tardaron en invitar a Paz y a sus allegados, o de plano no los tomaron en cuenta, y en vez de ello se le concedió un papel central a Carlos Fuentes. Iracundo, Paz denunció el desvío de fondos públicos para realizar un encuentro privado, renunció a su papel de asesor de Conaculta y, en última instancia, le exigió a Salinas la destitución de Flores Olea. Ansioso de no parecer demasiado inclinado hacia una de las partes, Salinas complació al poeta, manteniendo el delicado equilibrio entre su gobierno y los dos principales grupos de poder intelectual.

Poco a poco las posiciones de unos y otros terminaron por consolidarse, en primer lugar con el premio Nobel concedido a Paz en 1990 y en segundo con las constantes invitaciones de Salinas a los miembros de ambos grupos para discutir temas de su proyecto modernizador. A pesar de algunas críticas sesgadas, Salinas logró obtener de ellos un amplio reconocimiento hacia sus políticas económicas. Pese a sus diferencias ideológicas, la simpatía de ambos sectores hacia el presidente quedaba fuera de duda. Todo cambió, una vez más, con el alzamiento, pues la crisis de credibilidad abierta por los zapatistas también fracturó de modo definitivo las relaciones entre los intelectuales de ambos grupos y Salinas.

Confrontado con la pobreza y marginación denunciadas por el EZLN, Octavio Paz poco a poco se distanció de las políticas gubernamentales e incluso llegó a manifestar cierta velada admiración hacia Marcos. Menos dúctil y romántico que su jefe, Krauze en cambio nunca dejó de ser un severo crítico de los zapatistas, aunque también se convirtió en un rudo detractor de Salinas, si bien preservando sus contactos con otras figuras del sistema, como Luis Donaldo Colosio, el malogrado candidato a la presidencia. La situación para Aguilar Camín resultó más complicada. Si bien durante los días posteriores al alzamiento publicó numerosas críticas al gobierno por su imprevisión y por el rezago que se sufría en Chiapas, siempre se preocupó de defender a Salinas y de atacar a los zapatistas.[14]

[14] La historia de la relación entre Salinas y Aguilar Camín daría para otro capítulo de estas vidas paralelas. En el año 2000, Aguilar Camín recibió a Salinas en el programa de televisión que conducía en Televisa para promo-

Desde lados contrarios de la trinchera política, Krauze y Aguilar Camín conforman todavía una especie de "caudillos culturales de la transición mexicana", para parafrasear un título del primero, casos ejemplares de la relación siempre problemática entre los intelectuales y el poder en México. Críticos del poder que siempre se han sentido fascinados ante éste, uno y otro han frecuentado a la mayor parte de los presidentes mexicanos de los últimos tiempos, horrorizados y encantados por ese poder al que se enfrentan pero del que también, en buena medida, se han beneficiado.

En el otro extremo del espectro ideológico, Carlos Monsiváis y Elena Poniatowska. El primero era el intelectual *por excelencia*, dedicado de tiempo completo a opinar en todos los medios sobre todos los asuntos públicos imaginables. Dotado de una fina erudición, una capacidad de movimiento inusitada y una inteligencia extrema, Monsiváis era el mejor observador de la vida pública nacional. De la trivialidad del mundo

ver su libro *México: un paso difícil a la modernidad*. Al poco tiempo se filtraron a la prensa unas escandalosas grabaciones que involucraban a Salinas en los delitos financieros cometidos por su hermano Raúl. Entonces Aguilar Camín decidió romper públicamente con el ex presidente. Al poco tiempo, la revista *Milenio* publicó unas grabaciones igualmente incómodas de Aguilar Camín, donde hacía referencia a su relación con Salinas, y posteriormente se filtraron unos recibos de millones de pesos firmados por Aguilar Camín por concepto de proyectos de asesoría llevados a cabo durante la administración de su antiguo amigo. Raymundo Riva Palacio escribió en su columna "El caníbal" de *Milenio* el 22 de enero, 2001: "La relación de Salinas con Aguilar Camín era tan estrecha, que el historiador acompañó al ex presidente en los momentos más aciagos de su gobierno, cuando el asesinato de Luis Donaldo Colosio, y fue uno de los interlocutores reales que tuvo en la definición sobre quién lo remplazaría como candidato del PRI a la presidencia. A lo largo del sexenio zedillista, Aguilar Camín ostentó una amistad que parecía coronar con una lealtad gallarda cuando, en su penúltima visita a México, Salinas quiso convertir en acto político la promoción de su libro y el historiador lo entrevistó –junto con el periodista Joaquín López Dóriga– en su programa *Zona Abierta* que transmite Televisa. Pero la realidad es otra, de acuerdo con nuevos documentos del Cisen que están circulando en algunos círculos políticos". Según las grabaciones filtradas, Aguilar Camín ya no veía el momento de deshacerse de su amistad con Salinas.

del espectáculo a temas de política internacional, de la crítica literaria al despiadado relato de los errores de la clase dirigente mexicana, acaparaba todos los reflectores y todos los foros. Dotado de enorme sagacidad y de un ácido sentido del humor –dos características que el subcomandante Marcos siempre tratará de imitarle–, era sin duda el mayor cronista del despertar de la sociedad civil, su portavoz ejemplar y una referencia indispensable de la cultura mexicana.

A su lado, Poniatowska representaba el complemento perfecto: más sentimental y *naïve,* pero igualmente aguerrida, cumplía a la perfección su papel de mujer comprometida con todas las causas justas. Sutil, elegante y dueña de una poderosa simpatía, la voz de Poniatowska era también la de cientos de hombres y mujeres que se identificaban con sus ideas y que la seguían en todas sus batallas.

A la hora de iniciarse el alzamiento zapatista, sus posiciones fueron levemente distintas. Al principio, Monsiváis demostró un escepticismo rayano en la desconfianza hacia Marcos y los zapatistas; pese a que el jefe del EZLN lo tenía como ejemplo, Monsiváis no dejaba de reclamarle su retórica belicista y su obsesión con glorificar la muerte. Sólo más adelante, a partir de los encuentros que tendrían a lo largo de los años, se estableció entre ellos si no una amistad, al menos una especie de respeto, acaso el del maestro que reconoce al fin sus enseñanzas en los imprevisibles actos de su rebelde discípulo.[15]

---

[15] En 2001, Monsiváis y Marcos sostuvieron un encuentro en la Selva Lacandona. Hermann Bellinghausen, también presente en la cita, lo cuenta del siguiente modo: "Sería su cuarta conversación personal con Marcos, aparte de los debates públicos y los esporádicos guiños epistolares que han sostenido en años recientes. La primera con intención periodística, con grabadoras, fotógrafo y toda la cosa. Dos de los intelectuales más influyentes y activos de la izquierda mexicana esta vez no iban a platicar. Con el filo crítico que lo hace tan incómodo como ineludible, Carlos Monsiváis le traía al subcomandante Marcos unas cuantas preguntas. Pero como duelistas de Joseph Conrad, antes de sacar las armas de la crítica y la autocrítica, se saludaron. El subcomandante Marcos, el comandante Tacho y el mayor Moisés (a quienes doña Rosario Ibarra llama, desde que los conoció, "mis tres mos-

195

Poniatowska, en cambio, fue la primera y más entusiasta defensora de Marcos y de los zapatistas, a los que nunca dudó en prestar todo su apoyo, intelectual e incluso material. Si para Marcos, Monsiváis era ese maestro lejano que uno se esfuerza en imitar y en adular, Poniatowska representaba más bien el papel de madre sabia, comprensiva y justa, siempre dispuesta a justificar la conducta de su vástago. En cualquier caso, no hay duda de que Marcos, Monsiváis y Poniatowska forman juntos una especie de tríada, en donde las relaciones no siempre son fáciles pero entre cuyos miembros cualquier observador puede distinguir cierto *aire de familia.*

queteros") habían estacionado sus caballos al fondo del Aguascalientes y, acompañados de una pequeña escolta de insurgentes, caminaron hasta el cobertizo de las gradas para recibir a los enviados de *La Jornada* y conducirnos al comedor donde se realizaría la entrevista. Monsi y el Sup intercambiaron simpatías, demostraron estar *au jour* el uno respecto de la producción del otro. Leí tu crónica de Gonzalo N. Santos, dijo el subcomandante. El escritor algo mencionó de los recientes comunicados y entregó a Marcos su producción bibliográfica del año 2000: *Aires de familia, La herencia liberal,* las obras completas de Renato Leduc con un prólogo suyo y *Salvador Novo: lo marginal en el centro.* Pa' que se instruya. Una vez a la sombra y sentados en nuestras respectivas sillas de palo, todos, con excepción de Heriberto Rodríguez, que llevaba rato tomando fotos, se habló de las erupciones del Popocatépetl y las no menos preocupantes erupciones de la derecha triunfante. A pesar de que no les faltan diferencias y matices, Monsiváis y Marcos pronto se dieron cuenta de que hablaban exactamente el mismo idioma. Eso pareció ser un alivio para todos. Lo que fluyó en seguida es la conversación-entrevista entre Marcos, Monsiváis y un servidor, cuyos principales pasajes se publican en estas páginas. Monsiváis comentaría más tarde que éste fue su encuentro "más satisfactorio" con el dirigente zapatista, si bien confesó que le había inquietado el silencio en las presencias de Moisés y Tacho, testigos como tantas otras veces. En todo caso, si Monsiváis estuvo inquieto, lo disimuló perfectamente. Con toda tranquilidad puso el dedo en el renglón y no lo soltó ni cuando el entrevistado celebraba con admiración, y en evidente referencia al entrevistador, a "los pocos llaneros solitarios" que documentan la algarabía de los neoliberales (o sea los curas, los políticos y los descerebrados fanáticos de la derecha) con el viejo pero nunca infundado clamor "al lobo, al lobo", y combaten los despropósitos de la reacción. (Cualquier parecido con el siglo XIX es pura coincidencia, *but anyway.* Juárez no debió morir.)" En Hermann Bellinghausen: "Monsiváis y el Sup: un mismo lenguaje".

Un sector de intelectuales más abiertamente antigubernamental era el que se concentraba en torno al diario *La Jornada* y en su suplemento dominical, dirigido entonces por el antropólogo Roger Bartra. Su influencia llegó a ser tan grande, sobre todo debido a la animadversión que producía en muchos círculos oficiales, que intelectuales con otras posiciones ideológicas, como el propio Octavio Paz, no dudaban en utilizarlo para expresar sus puntos de vista. Dentro de los colaboradores habituales de *La Jornada,* hay que destacar al poeta, novelista y filólogo Carlos Montemayor.

Amplio conocedor de las culturas griega y latina, miembro de la Academia Mexicana de la Lengua, narrador y poeta, el perfil de Montemayor no parecía indicar un interés particular hacia los movimientos sociales. Sin embargo, sus primeros contactos con la guerrilla se remontan a sus recuerdos del frustrado asalto al Cuartel Madera, en su natal Chihuahua, llevado a cabo por miembros de las Fuerzas de Liberación Nacional en 1965 (hecho que lo llevó a publicar en 2003 su novela *Las armas del alba*). Años más tarde, realizó una amplia investigación de campo en la sierra de Guerrero sobre la guerrilla de Lucio Cabañas, de la cual surgió su espléndida y abigarrada *Guerra en el Paraíso.* Poco después comenzó a interesarse en las lenguas indígenas, lo cual lo llevó a fundar un taller literario en Yucatán y a coordinar la antología *Los escritores indígenas actuales* (1992).

Al nombre de Montemayor habría que sumar el de otros tantos colaboradores de *La Jornada* –la cual con el tiempo se convertiría en el órgano oficial de los zapatistas–: el historiador Antonio García de León, el director de la revista *Ojarasca,* Hermann Bellinghausen, el escritor Fernando Benítez, el historiador Luis Hernández Navarro, el dirigente político Pablo Gómez y el jurista Luis Javier Garrido.

En 1993, la aparición de *Reforma* provocó que la pluralidad de *La Jornada* se redujese notablemente. Sus dueños estaban decididos a convertirlo en el mejor diario mexicano y, para lograrlo, no dudaron en *fichar* a muchos de los comentaristas políticos más influyentes. De este modo, si bien su orientación política se dirigía hacia la derecha, la riqueza ideológica de sus colaboradores lo convirtió en nuevo punto de referencia. Entre sus editorialistas figuraban Enrique Krauze, Gabriel Zaid y, ocupando una posición cada vez más relevante, los cronistas Germán Dehesa y Guadalupe Loaeza.

Desde medios más afines a las posturas oficiales, como el diario del gobierno *El Nacional*, el semanario *Etcétera* y la propia revista *Nexos*, habría que incluir los nombres de algunos de los principales críticos del EZLN: los periodistas Raúl Trejo Delarbre, Marco Levario Turcott, Pablo Hiriart y el ex guerrillero Gustavo Hirales. Asimismo, entre los más aguerridos detractores del movimiento zapatista es necesario mencionar al poeta Jorge Hernández Campos (en *Unomásuno*) y al historiador Rafael Segovia (en *Reforma*).

Por último, merece una mención especial una de las aventuras más peculiares emprendidas por los intelectuales mexicanos en 1994: el Grupo San Ángel. Formado por intelectuales y miembros de los tres principales partidos políticos –entre los cuales destacaban los nombres de Vicente Fox, Jorge G. Castañeda, Adolfo Aguilar Zínzer, Demetrio Sodi y Santiago Creel–, el grupo estaba decidido a actuar de manera directa en la vida política para evitar lo que ellos consideraban que podría ser una enorme catástrofe: las elecciones de agosto de 1994. Previendo una confrontación muy cerrada, sus miembros buscaban evitar un "choque de trenes" que daría al traste con las expectativas democráticas del país. Se dieron a la tarea de concitar reuniones con los candidatos de los distintos partidos políticos, así como con el gobierno, a fin de establecer una serie de requisitos mínimos que garantizaran la tranquilidad poselectoral; asimismo, redactaron unos Acuerdos para la Concordia e invitaron a todos los partidos a suscribirlo. Si bien a la larga ninguno de los tres candidatos principales llegó a suscribirlo, la sola creación del grupo constituyó una de las iniciativas más novedosas del momento. Para sus críticos, se trataba simplemente de un sector de la élite empeñado en dirigir al resto del país, pero no cabe duda de que, pese a su fracaso inicial, su influencia se prolongaría en el tiempo y daría lugar a una serie de alianzas estratégicas que contribuiría notablemente al triunfo de Vicente Fox –uno de sus miembros fundadores– en las elecciones de 2000.

En la vasta novela zapatista, los intelectuales no sólo se convirtieron en intérpretes o testigos de los hechos, sino en auténticos protagonistas. Marcos era su espejo. Y ellos, adulándolo u odiándolo, se reflejaron en él. Muchos se convirtieron en sus corresponsales y más tarde en sus amigos, otros optaron por una lejana simpatía y unos más decidieron combatirlo con firmeza, pero todos aceptaron escribir con él este episodio fundamental de la historia mexicana del siglo XX.

CUARTA PARTE

La trama

*Donde por fin se cuenta la verdadera historia del
alzamiento zapatista y se narra con profusión
de detalles la guerra de palabras sostenida
entre el gobierno y el subcomandante Marcos,
así como las muchas y muy instructivas opiniones
de los intelectuales y demás protagonistas de los hechos
sobrevenidos en el aciago año del Señor de 1994.*

1

Feliz año nuevo

1° de enero de 1994

Imaginemos los primeros minutos de 1994 en la residencia oficial de Los Pinos, cuando aún no ha ocurrido nada. Tras varias horas de festejos, el presidente al fin ha ido a recluirse a sus habitaciones. Suponemos que comienza a desvestirse, como todas las noches, y que se dispone a descansar. ¿En qué piensa en estos momentos? ¿En la gloria, en la fama, en la envidia de quienes vaticinaron su fracaso? ¿En el fatigoso programa del 1° de enero, en el aburrido desfile militar y el besamanos posterior en Palacio Nacional? Todo ello resultaría demasiado esquemático. Mejor imaginemos que, cuando su jefe de ayudantes toca a la puerta de su habitación, Salinas está ocupado en cualquier minucia cotidiana, en mirarse en el espejo, en desanudarse la corbata o en quitarse los zapatos. La noticia que está a punto de recibir resultará tan crucial que no podemos sino sorprenderlo en un atisbo de intimidad. Quizá piensa en su mujer y sus hijos, o simplemente divaga, libre al fin de la severa compostura que debe aparentar el resto del tiempo. Observémoslo con cuidado: con la ropa floja, la mirada distraída, el porte obtuso y en ese estado posterior a la euforia que se parece sospechosamente a la melancolía. Entonces su jefe de ayudantes lo interrumpe. Tiene una llamada urgente del secretario de la Defensa. Incrédulo, el presidente se precipita a su despacho. La voz del general Riviello desmorona sus últimos destellos de embriaguez.

–No, no hay dudas, señor –le dice el militar–, todas las fuentes lo confirman: un grupo guerrillero acaba de tomar por la fuerza varias alcaldías de Chiapas.

–*¿Guerrilleros?*

–Así es, señor.

¿De verdad podemos imaginar esos segundos? ¿Los instantes previos a aquella llamada que separa el sueño de gloria de la infamia? ¿El momento que inscribe una terrible frontera, un antes y un después, el fin de su ascenso y el inicio de su caída? El presidente permanece en su oficina, en silencio, ofuscado, con el auricular en la mano, pensativo... Una inmensa cadena de funcionarios civiles y militares aguarda sus instrucciones. La pregunta es: *¿lo sabía?* ¿Conocía el significado de aquello? ¿Imaginaba lo que ocurriría? ¿Intuía acaso las intenciones de los guerrilleros? ¿Podía adivinar que a partir de entonces todo sería diferente?

En un régimen tan poderoso y estratificado como el mexicano, nadie cree que el presidente desconociera los preparativos de una acción guerrillera tan importante. ¿Cómo pudo tomarlo por sorpresa un grupo de guerrilleros mal entrenados en la selva? *Imposible.* Patrocinio González Garrido, su secretario de Gobernación, se desempeñó hasta hace poco como gobernador de Chiapas: ¿cómo no iba a comunicarle las actividades de los revoltosos? Además, debía disponer de cientos de informes de los servicios de inteligencia. Resulta increíble que el presidente Salinas –en la imaginación popular, uno de los hombres más poderosos del planeta– no dispusiera de aquella información. Si no aceptamos la teoría de que en realidad era un pobre diablo, ensalzado por la fuerza de las circunstancias y no por su propio carácter, debemos aceptar que *debía saberlo desde antes*. O al menos intuirlo. Los hombres de poder se caracterizan por este tipo de corazonadas. A lo largo de cinco años ha vencido todos los obstáculos, ha destruido a todos sus rivales, se encuentra en la cima de su fama y de su poder. Y, sin embargo...

Volvamos nuestra mirada hacia él. El mismo hombre que, satisfecho, se preparaba para dormir, se ha convertido en un fantasma que se abrocha mecánica y apresuradamente los botones de la camisa –uno debe enfrentar las desgracias bien vestido– y, sumido en un tenso silencio, baraja todas las formas posibles de enfrentar el problema. A principios de 1994 aún tiene la suficiente confianza en sí mismo para creer que es capaz de encontrar una solución. Salinas anticipa jugadas, planea estrategias, diseña el escenario que pondrá en marcha por la mañana. Pero no cuenta con la aparición de su némesis, de esa única figura capaz de vencerlo: el líder de la guerrilla zapatista, el subcomandante Marcos.

Es posible encontrar un paralelo entre la sorpresa causada por el alzamiento zapatista y la provocada por otro fenómeno que a primera vista pareció igualmente impredecible: la caída del muro de Berlín. En efecto, las burocracias comunistas y los observadores occidentales jamás imaginaron que el desmoronamiento del socialismo real fuera a llevarse a cabo de manera tan rápida. Y, sin embargo... Tantos años de imaginar a la Unión Soviética como una potencia monolítica e indestructible –de alentar el temor con libros y películas sobre el peligro comunista– terminaron por ocultar la lenta e incontenible descomposición del sistema.

Tal vez haya sucedido algo semejante con el gobierno del PRI: todos pensábamos que el poder presidencial era inconmensurable, que el mandatario en turno vigilaba todos nuestros movimientos y poseía las claves de cuanto pasaba en el país, y a la postre resultó que no se trataba más que de otra fachada que escondía un desgaste parecido. A diferencia de la URSS, México nunca fue una dictadura implacable, sino un régimen autoritario pero consensual que había ido perdiendo poco a poco el control del país... Es probable que Salinas –uno de los presidentes mexicanos más poderosos de la segunda mitad del siglo XX– haya tenido informaciones dispersas sobre las maniobras de los zapatistas en Chiapas pero, o bien no contaba con los elementos para imaginar su peligrosidad, o bien nadie le proporcionó un buen análisis de aquellos datos.

Aunque incompleta, su sorpresa es real: acaso eso es lo peor. Durante unos instantes –sus críticos hablarán de días–, Salinas se queda inmóvil, paralizado. Él, que nunca ha dudado a la hora de imponer una decisión o dictar una orden, de exigir un castigo o ejercer una represalia, permanece turbado, pre-

sa de un súbito escalofrío. No, no se trata de un pequeño
conflicto en un remoto confín del país; no es un asunto que
pueda resolverse con un poco de presión, con dinero o con
un drástico golpe de fuerza. Los responsables de esta infamia
no son delincuentes comunes. Ha cometido un error de cálculo. Una falsa apreciación. Un exceso de confianza. ¡Maldición!
El presidente odia que la historia se repita con esta machacona
insistencia. ¡Y detesta la palabra griega que describe lo que le
ha ocurrido! ¡La *hubris*, con un demonio! ¡Ni siquiera ha podido disfrutar de una noche de felicidad!

–Serían casi las tres de la mañana del sábado 1° de enero de
1994 cuando sonó el teléfono en mi recámara –recuerda el
propio Salinas en su libro de memorias *México: un paso difícil
a la modernidad* (2000), un moroso ajuste de cuentas con su
sucesor–. Estaba en la residencia oficial de Los Pinos y la llamada era del general de división Antonio Riviello Bazán, secretario de la Defensa Nacional. Su voz mostraba una enorme
tensión. Sólo por su tono supe que se trataba de una llamada
de alarma. Sin preámbulos, me informó que la ciudad de San
Cristóbal de Las Casas había sido ocupada por un grupo guerrillero fuertemente armado. Me concentré para escucharlo.
Mi estado de ánimo transitó de la sorpresa a la preocupación, y
de ahí a la duda. ¿Un grupo guerrillero que ocupa una ciudad? Ésa era una sorpresa. La preocupación apareció ante un
riesgo mayor e inmediato: el de cobrar vidas humanas en caso
de responder militarmente. Al concluir la conversación con
el secretario de la Defensa –reflexiona más adelante–, muchos
pensamientos vinieron a mi mente. Desde la represión del movimiento estudiantil de 1968 y el ulterior aniquilamiento de
los grupos guerrilleros de los setenta, en México no sucedía
algo así. Conforme consideraba las circunstancias, volví la vista a mi alrededor y a mi interior.

El presidente intenta anticipar las consecuencias del alzamiento: siempre ha sido un jugador experto, capaz de adivinar
los pensamientos de sus rivales. Sólo que esta vez todos los escenarios parecen desfavorables; no le queda más remedio que

pasar la noche en vela, en espera de más información. Según su autobiografía –a la que por otro lado no puede concedérsele demasiado crédito–, su estado de ánimo oscila entre el desconcierto y el asombro. Nosotros preferimos imaginarlo furioso. Frenético. *Fuera de sí.*

–Iniciar una revuelta en Año Nuevo sin duda tiene sus bemoles –ironiza Juan Villoro en su libro de crónicas *Los once de la tribu* (1995)–. Quienes contemplan los estragos de la noche anterior saben que lavar los platos requiere de la misma "mentalización" que Hugo Sánchez ante un penalti. En el día 2 nadie quiere problemas graves. Los zapatistas pensaban distinto: el 1° de enero entraba en vigor el Tratado de Libre Comercio, y esto les daba una causa internacional.

Los hechos se han sucedido a una velocidad vertiginosa. A las 00:00 horas entró en vigor el Tratado y sólo media hora más tarde, a las 00:30, el "autodenominado" Ejército Zapatista de Liberación Nacional ocupó San Cristóbal de Las Casas, así como las cabeceras municipales de Altamirano, Las Margaritas, y Ocosingo. Cientos de milicianos se han apoderado de las calles, de los edificios públicos, de las estaciones de radio. Detienen a los azorados funcionarios y policías municipales. Se producen algunas torpes escaramuzas. Hay retenes y barricadas, como en las películas o, peor aún, como en las imágenes televisivas de las calles centroamericanas.

Un poco después, en una improvisada conferencia de prensa en el Palacio Municipal de San Cristóbal, uno de los guerrilleros, a quien algunos periodistas identifican con el nombre de "comandante Marcos", se preocupa por explicar los objetivos del movimiento a un azorado grupo de turistas y curiosos. Lo más notable es que, a diferencia de los cientos de hombres armados que uno ha visto desfilar en el resto de América Latina, este líder guerrillero sonríe. Quizá se regocija porque, como dirá más tarde con orgullo, la toma de San Cristóbal ha sido como un poema. O acaso sólo intuye que es *su* momento. Al igual que Salinas, él también *tiene que saber lo que vendrá.* Es otro hombre de poder asaltado por los presentimientos; para él también concluye una etapa y se inicia una nueva: quedan atrás la preparación, la clandestinidad, la reclusión en la selva, y se inicia una vida a salto de mata pero, asimismo, frente a los reflectores. Acaso él también debería temerle a esa horrible palabra griega, la *hubris*, pero por lo pronto no se permite ninguna debilidad: acaba de ganar su primera batalla doblegando a su gran enemigo, el presidente Salinas, en el mismo día en que éste creía consumar su triunfo. Pero aún queda mucho camino por delante. Sin dejar de comunicarse por radio, y a veces dándole unas largas fumadas a su pipa, el jefe de los alzados responde cortésmente a las preguntas de los curiosos mientras sus soldados reparten unas hojas volantes entre los transeúntes y periodistas. Se trata de una declaración de guerra al ejército federal mexicano. No, no es una broma, el día de los inocentes pasó hace varios días: la guerra es *real*. Y en los siguientes días habrá muchos muertos. No como en las películas o los noticieros, sino muertos *de verdad*. Es el inicio de un largo combate entre el gobierno y los alzados. O, más bien, entre el presidente y el encapuchado que los dirige, entre Carlos Salinas de Gortari y ese desconocido que muy pronto la prensa identificará correctamente con su nombre de batalla: subcomandante insurgente Marcos.

–Hoy decimos: ¡BASTA! –claman los zapatistas en la Declaración de la Selva Lacandona–. Hermanos mexicanos: somos producto de quinientos años de luchas: primero contra la esclavitud, en la guerra de Independencia contra España encabezada por los insurgentes, después por evitar ser absorbidos por el expansionismo estadounidense, luego por promulgar nuestra Constitución y expulsar al imperio francés de nuestro suelo, después la dictadura porfirista nos negó la aplicación justa de las leyes de Reforma y el pueblo se rebeló formando sus propios líderes, surgieron Villa y Zapata, hombres pobres como nosotros a los que se nos ha negado la preparación más elemental para así poder utilizarnos como carne de cañón y saquear las riquezas de nuestra patria sin importarles que estemos muriendo de hambre y enfermedades cura-

bles, sin importarles que no tengamos nada, absolutamente nada, ni un techo digno, ni tierra, ni trabajo, ni salud, ni alimentación, ni educación, sin tener derecho a elegir libre y democráticamente a nuestras autoridades, sin independencia de los
extranjeros, sin paz ni justicia para nosotros y nuestros hijos.

El anónimo redactor del texto –ahora sabemos que es Marcos– quiere demostrar desde el principio su talento verbal; ya
desde el título mismo del panfleto, Declaración de la Selva
Lacandona, emplea una expresión cargada de exotismo y cierta belleza lírica que al mismo tiempo se inserta en la larga tradición de pronunciamientos, proclamas y planes redactados
por caudillos y líderes rebeldes a lo largo de la historia de México. Sin duda, el texto persigue la efectividad de un *slogan* y
la contundencia de una declaración de principios. Observemos la fuerza natural de la frase: "Hoy decimos: ¡BASTA!" La
palabra "hoy" carecería de sentido o resultaría tautológica si
no tuviese un significado extensivo: el de "por fin" o "finalmente", como si se tratara de una profecía que al fin se cumple
(años después, Vicente Fox utilizará esta misma palabra como
lema de campaña). A continuación, el verbo "decir", conju-
gado en la primera persona del plural, permite que cualquiera
se identifique con los zapatistas: ese *nosotros* implícito involu-
cra de antemano al lector. Y la enfática palabra "¡basta!" posee
una contundencia admirable: basta *¿de qué?* No es necesario
conocer la situación política de Chiapas para ser capaz de completar la frase: basta de injusticia, de marginación, de pobreza...
Del mismo modo, el uso del vocativo "Hermanos mexicanos", de resonancias cristianas, se contrapone oportunamente
al envejecido "camaradas" de la izquierda revolucionaria y al
empalagoso "compatriotas" utilizado por Salinas de Gortari en
todos sus discursos. Desde sus primeras líneas, la Declaración
demuestra que el EZLN no es una guerrilla común, sino una
guerrilla preocupada por el *estilo*.

Acaso por su necesidad de combinar elementos retóricos e
ideológicos muy distintos, los primeros párrafos de la Declaración exhiben una sintaxis decididamente caótica. Sin em-

bargo, en ningún momento se distrae de su objetivo de presentar a los miembros del Ejército Zapatista ante la sociedad, de legitimar sus objetivos y de justificar su existencia documentando los agravios sufridos por el pueblo mexicano. "Somos producto de quinientos años de luchas", advierten los zapatistas usando de nuevo la primera persona del plural, identificándose no como guerrilleros, sino como "productos" de un proceso histórico que dura ya quinientos años. ¿*Quinientos*? Otra vez el lector debe completar la frase: en 1992, apenas dos años antes del alzamiento, se conmemoró el quinto centenario del descubrimiento de América, rebautizado para la ocasión como "Encuentro de dos mundos". De un tirón, los zapatistas revelan ya una de sus directrices ideológicas, pues cancelan las luchas anteriores al descubrimiento, como si la época prehispánica no hubiese existido o hubiese sido una añorada Arcadia, decididos a mostrarse como las eternas víctimas de la Conquista. Para el EZLN, 1492 es el año fundacional.

Desde ese momento, el EZLN reinventa su propia historia –el reverso de la historia oficial–, y para ello enumera las batallas de las que se siente heredero: el combate contra la esclavitud, el levantamiento insurgente contra los españoles y la guerra contra los estadounidenses en 1846-1848 y los franceses en 1862-1867, para terminar asimilándose, de manera más obvia, con los héroes populares de la Revolución de 1910: Francisco Villa y Emiliano Zapata, "hombres pobres como nosotros". En unas cuantas palabras, el EZLN no sólo ha resumido la historia nacional, sino que ha justificado sus demandas e iniciado una guerra paralela contra el gobierno a fin de despojarlo de los símbolos históricos que monopoliza, pues los episodios invocados por los zapatistas son los mismos que el PRI ha utilizado para justificar su propia legitimidad. En esta lógica, el EZLN quiere ser visto como auténtico heredero de la Revolución, dejando al PRI como un epígono de los esclavistas, los conquistadores españoles, los invasores extranjeros y los oligarcas porfirianos.

Marcos sabe que sólo ganará la guerra si logra arrebatarle

al gobierno la bandera del heroísmo patrio. El subcomandante pretende demostrar que son ellos, los zapatistas, quienes han sido víctimas de quinientos años de opresión. Apelando a la *commiseratio* del público lector, el líder guerrillero deja claro que, a pesar de todas las luchas previas, los pobres siguen siendo explotados por los poderosos, a quienes poco les importa que éstos no tengan nada, "absolutamente nada". Los desheredados se levantan en armas para reclamar un programa de reivindicaciones sociales –techo, tierra, trabajo, salud, alimentación y educación– y políticas –democracia, independencia del extranjero, paz y justicia– que los saquen del atraso y de paso los conviertan en héroes.

El comunicado prosigue:

–Somos los herederos de los verdaderos forjadores de nuestra nacionalidad, los desposeídos somos millones y llamamos a todos nuestros hermanos a que se sumen a este llamado como el único camino para no morir de hambre ante la ambición insaciable de una dictadura de más de sesenta años encabezada por una camarilla de traidores que representan a los grupos más conservadores y vendepatrias –escribe Marcos–. Son los mismos que se opusieron a Hidalgo y a Morelos, los que traicionaron a Vicente Guerrero, son los mismos que vendieron más de la mitad de nuestro suelo al extranjero invasor, son los mismos que trajeron a un príncipe europeo a gobernarnos, son los mismos que formaron la dictadura de los científicos porfiristas, son los mismos que se opusieron a la expropiación petrolera, son los mismos que masacraron a los trabajadores ferrocarrileros en 1958 y a los estudiantes en 1968, son los mismos que hoy nos quitan todo, absolutamente todo. –Y añade–: Para evitarlo, y como nuestra última esperanza, después de haber intentado todo por poner en práctica la legalidad basada en nuestra Carta Magna, recurrimos a ella, nuestra Constitución, para aplicar el artículo 39 constitucional, que a la letra dice: "La soberanía nacional reside esencial y originariamente en el pueblo. Todo poder público dimana del pueblo y se instituye para beneficio de éste. *El pueblo tiene, en todo tiempo, el inalienable derecho de alterar o modificar la forma de su gobierno".*

Es curioso que un movimiento guerrillero se muestre tan preocupado por las formas jurídicas. En este párrafo, el EZLN trata de demostrar que, si han tomado las armas, ha sido porque no les queda otro remedio y, para defenderse, los zapatistas no dudan en invocar la Constitución. Aun aquellos que están en contra del sistema no dejan de compartir una idea muy arraigada en la conciencia cívica mexicana: las leyes son siempre buenas, a diferencia de los hombres que las aplican. Venerado como axioma, este argumento es un mero prejuicio: de hecho, las leyes pueden ser tan perversas como los sujetos que las crean, pues al fin y al cabo son expresiones de la voluntad humana. Olvidadas las buenas intenciones de sus creadores, la Constitución mexicana de 1917 –reformada una y otra vez según el capricho del gobernante en turno– sirvió como marco perfecto para proteger los intereses del régimen. Y, si bien es cierto que se trata de la primera Carta Magna que incorporó los derechos sociales y que su texto fue uno de los más avanzados de su época, ello no impidió que fuese el escudo de un sinfín de atrocidades.

Si esto es así, ¿por qué el EZLN se empeña tanto en demostrar su respeto a la ley? Como en casi todas las decisiones de Marcos, detrás de su aparente legalismo subyace una doble intención política que nada tiene que ver con el aprecio por nuestro marco jurídico. Si el subcomandante insiste en plegarse a la Constitución no es porque piense que pueda ganar un pleito legal con el gobierno, sino para demostrar la buena voluntad del EZLN y su deseo de mostrarse como el verdadero restaurador del orden constitucional pervertido por el PRI. Al invocar "nuestra Constitución", los miembros del EZLN se empeñan en subvertir las reglas del sistema: si se han levantado en armas, ha sido "como nuestra última esperanza" y "después de haberlo intentado todo".

Con esta misma lógica, los zapatistas prosiguen:

–Por tanto, en apego a nuestra Constitución, emitimos la

presente declaración de guerra al ejército federal mexicano, pilar básico de la dictadura que padecemos monopolizada por el partido en el poder y encabezada por el ejecutivo federal que hoy detenta su jefe máximo e ilegítimo Carlos Salinas de Gortari.

Como golpe de efecto, las líneas anteriores resultan admirables; en sentido estrictamente jurídico, en cambio, son insostenibles. Si bien es cierto que el artículo 39 establece el inalienable derecho del pueblo para alterar o modificar su forma de gobierno, en ningún momento indica la forma de hacerlo y menos aún autoriza una *declaración de guerra* –el término suena espectacular, pero sólo se aplica cuando un estado ataca a otro– contra el ejército federal mexicano. De nueva cuenta, no es que Marcos se equivoque empleando vocablos altisonantes provenientes de discursos muy distintos, sino que intencionalmente pretende confundir a la opinión pública invocando cualquier argumento que pueda parecer válido. Hay que resaltar este punto: como todo buen orador clásico –o como todo buen novelista–, Marcos no pretende decir la verdad, sino resultar verosímil.

–Conforme a esta declaración de guerra –continúa Marcos con su mismo afán teatral– pedimos a los otros poderes de la nación se aboquen a restaurar la legalidad y la estabilidad de la nación deponiendo al dictador.

Tras la declaración de guerra, ahora el EZLN exige a los otros poderes de la nación que depongan al "dictador". Una vez más, los zapatistas saben que esta "petición" también resultará inoperante, pero prefieren tejer una cortina de humo supuestamente legítima para amparar su toma de las armas. La sensación que uno experimenta al escuchar estos sorprendentes párrafos es un incómodo *déjà vu*: parece evidente que al subcomandante siempre le gustaron los libros de historia militar y que, de manera consciente, utiliza sus conocimientos para hacer que la realidad se asemeje a sus lecturas.

–También pedimos a los organismos internacionales y a la Cruz Roja Internacional que vigilen y regulen los combates que nuestras fuerzas libran protegiendo a la población civil –insiste Marcos–, pues nosotros declaramos ahora y siempre que estamos sujetos a lo estipulado por las leyes sobre la guerra de la Convención de Ginebra, formando el EZLN como fuerza beligerante de nuestra lucha de liberación. Tenemos al pueblo mexicano de nuestra parte, tenemos patria y la bandera tricolor es amada y respetada por los combatientes *insurgentes*, utilizamos los colores rojo y negro en nuestro uniforme, símbolo del pueblo trabajador en sus luchas de huelga, nuestra bandera lleva las letras "EZLN", EJÉRCITO ZAPATISTA DE LIBERACIÓN NACIONAL, y con ella iremos a los combates siempre.

Marcos expande su cortina de humo legalista, sólo que ahora llevada al ámbito internacional: al reclamar la condición de fuerza beligerante, el EZLN intenta darle una vuelta a lo que hizo el propio gobierno mexicano cuando, al lado del francés, decidió reconocerle este estatuto al Frente Farabundo Martí de Liberación Nacional en El Salvador. De nuevo, al subcomandante le importa poco que su idea sea descabellada desde un punto de vista jurídico –el estatus de fuerza beligerante sólo podría ser concedido, de manera hipotética, por otro Estado–, pues él está decidido a llevar su ficción revolucionaria hasta sus últimas consecuencias.

Por otro lado, Marcos también necesita probar que la lucha del EZLN es la expresión armada de la voluntad del pueblo mexicano y, a fin de evitar que se les eche en cara el apoyo de extranjeros –una acusación que el gobierno no tardará en formular–, se adelanta a sostener que su única lealtad es para México y la "bandera tricolor". Y, como parte final de este fragmento, al fin se decide a explicar el nombre y los atributos del grupo armado que encabeza: una denominación que combina el antiguo nombre de las Fuerzas de Liberación Nacional con ese nuevo elemento que se convertirá en su marca distintiva: el calificativo "Zapatista". Más allá de su deseo explícito de emparentarse con la lucha campesina del Caudillo del Sur, vale la pena recordar que Zapata era el héroe favorito del presidente Salinas: no sólo había ordenado colgar un inmenso retrato suyo en su despacho, sino que había bautizado como Emiliano a uno de sus hijos.

—Rechazamos de antemano cualquier intento de desvirtuar la justa causa de nuestra lucha acusándola de narcotráfico, narcoguerrilla, bandidaje u otro calificativo que puedan usar nuestros enemigos —continúa el subcomandante, previendo ya las descalificaciones que no tardarán en caerle encima—. Nuestra lucha se apega al derecho constitucional y es abanderada por la justicia y la igualdad. Por tanto, y conforme a esta *declaración de guerra*, damos a nuestras fuerzas del *Ejército Zapatista de Liberación Nacional* las siguientes *órdenes: Primero*. Avanzar hacia la capital del país venciendo al ejército federal mexicano, protegiendo en su avance liberador a la población civil y permitiendo a los pueblos liberados elegir, libre y democráticamente, a sus propias autoridades administrativas.

A la distancia, este punto parece otra baladronada de Marcos: desde luego, él sabía que su fuerza militar jamás podría vencer al ejército federal, y que jamás lograría llegar a la ciudad de México pero, en medio de la sorpresa de los acontecimientos, vale la pena arriesgarse para impresionar al enemigo. La ficción retórica se convierte desde el principio en su principal arma ofensiva: desde luego, Marcos nunca ha pensado en marchar rumbo a la ciudad de México: lo relevante no es la acción, sino las palabras. La mera amenaza es ya un golpe en el rostro de su enemigo. Como insuperable maestro del *bluff*, Marcos confía en su habilidad para mentir, no sólo a fin de ganar tiempo, sino de desestabilizar al enemigo. En un momento de caos como el que comienza a vivirse en México, casi cualquier declaración resulta creíble.

La orden de dirigirse a la ciudad de México tiene un segundo objetivo político: mostrar que la lucha de los zapatistas no se reduce al ámbito de Chiapas. En esta primera etapa de la guerra, a Marcos no le conviene aparecer como el líder de un grupo descontento o de una rebelión meramente indígena: como buen conocedor de los levantamientos chiapanecos, sabe que éstos siempre han terminado por caer en el olvido al ser considerados meros *conflictos locales*, circunscritos a una pequeña área geográfica. El EZLN, por el contrario, aspira a convertirse en un movimiento nacional: quizá sus milicianos no lleguen a invadir la Plaza de la Constitución de manera real, pero sí lo harán de modo simbólico, pues la principal meta del alzamiento es sacudir el centro de la pirámide del poder asentado en el Zócalo de la ciudad de México.[16]

–*Segundo* –prosigue Marcos–. Respetar la vida de los prisioneros y entregar a los heridos a la Cruz Roja Internacional para su atención médica. *Tercero.* Iniciar juicios sumarios contra los soldados del ejército federal mexicano y la policía política que hayan recibido cursos y que hayan sido asesorados, entrenados o pagados por extranjeros, sea dentro de nuestra nación o fuera de ella, acusados de traición a la patria, y contra todos aquellos que repriman y maltraten a la población civil y roben o atenten contra los bienes del pueblo.

Mientras la segunda orden dada por el subcomandante a sus tropas se limita a seguir al pie de la letra la Convención de Ginebra –una nueva incursión en el legalismo internacionalista que tanto fascina a Marcos–, la tercera resulta más relevante en términos ideológicos. Siguiendo la tradición de la "justicia revolucionaria", el EZLN anuncia su deseo de pretender convertirse en el juez de sus enemigos. Marcos ha visto demasiadas películas: su idea de enjuiciar a los soldados y "policías políticos" –es decir, a los miembros de las policías judiciales federal y estatal– ha sido calcada de una mala serie de televisión. No cabe duda de que el subcomandante está decidido a imponer su mundo imaginario sobre la realidad de Chiapas: por desgracia, lo que debió mantenerse como una simple *boutade* se convirtió en tragedia luego de que tres policías judiciales de Ocosingo fuesen ejecutados por los guerrilleros.

---

[16] Siete años después de la primera Declaración de la Selva Lacandona, en 2001, luego de una larga marcha desde Chiapas, al fin los miembros del EZLN encabezados por Marcos lograron entrar en el Zócalo, donde fueron recibidos por una ferviente multitud. El subcomandante cumplió su palabra.

–*Cuarto* –prosigue Marcos–. Formar nuevas filas con todos aquellos mexicanos que manifiesten sumarse a nuestra justa lucha, incluidos aquellos que, siendo soldados enemigos, se entreguen sin combatir a nuestras fuerzas y juren responder a las órdenes de esta Comandancia General del Ejército Zapatista de Liberación Nacional. *Quinto*. Pedir la rendición incondicional de los cuarteles enemigos antes de entablar los combates. *Sexto*. Suspender el saqueo de nuestras riquezas naturales en los lugares controlados por el EZLN.

Pese a los deseos del subcomandante, sólo unos cuantos jóvenes entusiastas querrán unirse a la estructura militar del EZLN; fuera de ellos, nadie más se integrará a las filas de los alzados. Sin embargo, Marcos logrará con el paso del tiempo algo todavía más espectacular: que miles de personas en todo el mundo se consideren zapatistas y que griten al unísono: "Todos somos Marcos".

La Declaración concluye, por fin, con una arenga:

–Pueblo de México –clama el subcomandante dándoles voz a todos los zapatistas–: nosotros, hombres y mujeres íntegros y libres, estamos conscientes de que la guerra que declaramos es una medida última pero justa. Los dictadores están aplicando una guerra genocida no declarada contra nuestros pueblos desde hace muchos años, por lo que pedimos tu participación decidida apoyando este plan del pueblo mexicano que lucha por trabajo, tierra, techo, alimentación, salud, educación, independencia, libertad, democracia, justicia y paz. Declaramos que no dejaremos de pelear hasta lograr el cumplimiento de estas demandas básicas de nuestro pueblo formando un gobierno de nuestro país libre y democrático. INTÉGRATE A LAS FUERZAS INSURGENTES DEL EJÉRCITO ZAPATISTA DE LIBERACIÓN NACIONAL.

Al compararla con documentos similares de otros movimientos guerrilleros, la Declaración de la Selva Lacandona resulta atípica. En primer lugar, en ningún momento se habla de "comunismo", "socialismo", "lucha de clases", "dictadura del proletariado" o "izquierda": el movimiento, en estos instantes, no busca una clasificación ideológica concreta, sino que prefiere refugiarse en un nacionalismo a ultranza. Ideológicamente, el EZLN va sobre seguro: sus demandas de justicia, democracia y soberanía nacional no se alejan demasiado de los programas políticos del PRI o el PRD. En los tres casos, la legitimidad política se basa en principios idénticos; las tres organizaciones compiten no sólo por los mismos espacios, sino incluso por los mismos *significantes*.

No obstante, *a posteriori* llama la atención una ausencia notable en este primer comunicado del EZLN: a lo largo del texto no se menciona ni una sola vez la palabra "indígena". ¿La razón? Pueden aventurarse diversas hipótesis. La primera ya se ha mencionado: tal vez Marcos no quiere ver reducido al EZLN a un mero fenómeno local y por ello evita hacer referencia explícita a la condición indígena de sus miembros. Pero también existe otra posibilidad: aunque en las semanas sucesivas la defensa de los indígenas se convertirá en la nota dominante del discurso zapatista, es probable que al principio no fuese uno de los puntos prioritarios de los ideólogos del movimiento, unos guerrilleros formados en la antigua retórica marxista que privilegiaba la lucha de clases frente a las diferencias étnicas. De hecho, Marcos sólo modificará su discurso para concederle una relevancia fundamental al sustrato indígena del EZLN una vez que la opinión pública muestre un interés creciente por este asunto.

En resumen, la Declaración de la Selva Lacandona es ante todo una elegante y muy convincente obra de ficción. Desde sus primeras líneas, Marcos se muestra decidido a imponerle su mundo imaginario al resto del país. Como hemos visto, casi todas las consignas contenidas en su texto son meras provocaciones o mentiras: pese a sus invocaciones a la ley y a la Constitución, el subcomandante sólo busca una justificación; su deseo de recibir la condición de fuerza beligerante es un simple desafío; su declaración de guerra al ejército federal no goza de ninguna validez; sus amenazas de llegar al Zócalo de la ciudad de México son meras baladronadas... ¿Cómo fraguar una estrategia guerrillera basada en meros golpes de efecto? ¿Cómo es posible que el EZLN sobreviva cuando la distancia entre sus declaraciones y su fuerza real resulta tan desproporcionada? Si Marcos es uno de los grandes líderes de finales del siglo XX, se debe a su talento para convertir sus flaquezas en sus puntos fuertes. Consciente de sus limitaciones –de la escasa preparación de sus tropas, de su falta de armamento, de la pobreza de sus milicianos–, el subcomandante intuye desde el inicio que sus mejores armas son las palabras. Sólo si consigue convencer a la opinión pública de la justicia de sus demandas y del carácter desigual de su combate –unos cuantos campesinos mal armados que se oponen a uno de los últimos regímenes autoritarios del mundo– logrará evitar una carnicería que de otra manera sería inevitable.

Resulta de verdad notable la manera como Marcos pone en escena a sus fantasmas, convirtiendo a Chiapas en un espacio literario de su invención. Nada hacía suponer que este pobre confín del orbe fuese a convertirse en el territorio donde nacería la última revolución del siglo XX y donde comenzarían a dirimirse algunos de los grandes temas del siglo XXI. Si ha ocurrido así, se debió sobre todo a la imaginación literaria y –reconozcámoslo– al talento verbal y escénico del subcomandante. Igual que don Quijote –un personaje que por otro lado le fascina–, Rafael Guillén ha devorado cientos de esos modernos libros de caballerías –tratados de historia marxista fundamentalmente– y se ha empeñado en aplicar sus enseñanzas a un mundo que nada tenía que ver con ellos. Sólo así se explica que alguien pueda hablar en las postrimerías del siglo XX de "declaraciones de guerra", "jefes máximos" o llamados a "deponer al dictador" sin ruborizarse. Pero, en vez de ser ridiculizado como el caballero de la triste figura, Marcos ha sido inmediatamente reconocido como un nuevo héroe popular. La Declaración de la Selva Lacandona y sus escritos posteriores podrían leerse como las obras de un lunático –un lunático que confunde la realidad con sus delirios–, de no ser porque en ellos pone en evidencia la dramática injusticia que han padecido los indígenas chiapanecos. Al inventar su ejército, sus gigantes, sus monstruos y sus prodigios, Marcos ha construido un Chiapas imaginario indispensable para luchar contra el espantoso Chiapas real.

Sólo unas horas después de la toma de San Cristóbal y de la distribución de la Declaración de la Selva Lacandona, esa realidad autoritaria y burocrática hace su aparición a través del primer comunicado de prensa emitido por el gobierno del estado:

–Diversos grupos de campesinos chiapanecos que ascienden a un total de cerca de doscientos individuos, en su mayoría monolingües, han realizado actos de provocación y violencia en cuatro localidades del estado que son San Cristóbal de Las Casas, Ocosingo, Altamirano y Las Margaritas –balbucea con torpeza el vocero estatal–. Sus planteamientos no han sido precisados y las autoridades estatales y municipales han señalado a los medios de comunicación social su disposición a atenderlos para analizar con ellos sus reclamos y, en lo posible, resolver sus demandas presentadas. La región que registra estos incidentes cuenta ya, desde agosto de 1993, con un programa de inversiones y apoyos a la producción tendiente a enfrentar el grave rezago de esas poblaciones y con recursos para resolver los viejos problemas agrarios que han enfrentado y enfrentan entre sí a esos grupos indígenas. El gobierno del estado ha ordenado a las fuerzas de seguridad pública que traten de disuadir a los grupos indígenas, a pedirles que reconsideren su actitud, vuelvan al cauce legal y participen en la construcción de soluciones para sus demandas. Asimismo se ha dispuesto que se eviten confrontaciones y que con tolerancia y prudencia se procure evitar hechos que lamentaríamos todos los chiapanecos. El parte de novedades del gobierno del estado destaca absoluta tranquilidad en los ciento seis municipios restantes así como en las comunidades y parajes rurales de los propios municipios que tienen problemas en sus cabeceras.

El tono del gobierno chiapaneco es muy similar al empleado en otras épocas para tratar de aplacar otros levantamientos indígenas. Por una parte, se descalifica al movimiento al considerar que está formado por "grupos de campesinos chiapanecos", afirmando engañosamente que no tiene más de doscientos individuos y al decir que se trata de indígenas "en su mayoría monolingües". Esta última expresión, como ha señalado Carlos Montemayor, era implícitamente racista, puesto que prácticamente toda la población de México es "monolingüe", ya que sólo habla español; muchos indígenas, por el contrario, son bilingües o incluso trilingües, pues además del castellano conocen sus propias lenguas.

La respuesta del gobierno federal hecha pública poco después es apenas más moderada:

–Ante los lamentables acontecimientos suscitados en cuatro cabeceras municipales en el estado de Chiapas –afirma el subsecretario de Gobierno de la Secretaría de Gobernación, Ricardo García Villalobos–, el gobierno federal se ha mantenido en comunicación con el gobierno de esa entidad federativa con el fin de contribuir a la rápida normalización de la situación. Esa región padece un grave rezago histórico que no se ha podido cancelar totalmente, no obstante los grandes esfuerzos realizados en los cinco años de esta administración, cuyos hechos y apoyos rebasan en sus alcances a las acciones de los últimos treinta años. Sin embargo, la demanda social es y sigue siendo válida y al amparo del diálogo y la relación corresponsable es posible concretar nuevos programas y más acciones como las que se pusieron en marcha el pasado mes de agosto. –Y prosigue el funcionario–: Lo que no se puede justificar es que la demanda social, justa y para la cual existe voluntad de respuesta, se esgrima como pretexto para violentar el orden jurídico, confrontar a la autoridad, violentar derechos humanos de los ciudadanos y privar de la vida a otros chiapanecos que no son causa de sus problemas ni tienen capacidad para resolverlos. El gobierno de la República convoca a esos grupos a la cordura, a deponer la actitud asumida y a establecer, dentro de los cauces legales, el diálogo al que han estado y siguen dispuestas las autoridades municipales, estatales y federales. La actitud de prudencia del gobierno federal debe entenderse como opción responsable para restablecer la relación constructiva que la región demanda y no como decisión de cancelar alternativas que en su circunstancia garanticen la prevalencia del orden y seguridad que demanda la sociedad civil de San Cristóbal de Las Casas, Ocosingo, Altamirano y Las Margaritas.

Esta primera reacción del gobierno federal es prudente: no califica a los alzados, insiste en mencionar el rezago existente en la zona, se compromete a aliviar las condiciones de pobreza e incluso hace un llamamiento al diálogo. ¿El motivo? Debemos recordar que en esos momentos el secretario de Gobernación era Patrocinio González Garrido, quien hasta antes de ser nombrado para este puesto se desempeñaba como gobernador de Chiapas. En teoría, no debía haber nadie mejor enterado de la situación de las Cañadas que él. ¿A qué respondía entonces tanta prudencia? La respuesta es clara: pese a los errores de seguridad nacional, González Garrido debía tener conocimiento de los movimientos guerrilleros que se preparaban en su estado. Si el gobierno federal decidió no darle demasiada importancia a esta información, fue para evitar que se entorpeciera la aprobación del Tratado de Libre Comercio por parte del Congreso estadounidense. Al tratar de minimizar los hechos, el secretario no hacía sino continuar con esta política... Un error de tal magnitud que no tardó en costarle el puesto.

Mientras los funcionarios balbucean sus explicaciones a la prensa, las tropas zapatistas continúan ocupando diversas localidades de Chiapas, entre ellas Ocosingo. Allí, un testigo de excepción, el poeta chiapaneco Efraín Bartolomé, no sólo contempla la toma de la presidencia municipal desde el consultorio de su padre, sino que comienza a escribir un diario. Se trata de un documento único: pese a que su autor afirma que lo escribe "en pinceladas de prosa tartamuda", no sólo se trata de la primera, sino de una de las mejores aproximaciones literarias al alzamiento zapatista:

Son las 8:57 del 1° de enero de 1994.

Mi padre me despierta con la noticia "El pueblo está tomado. El Ejército Zapatista de Liberación Nacional ha declarado la guerra a Salinas".

Incredulidad.

Me pongo de pie.

Me visto.

Mi mujer prende el radio: nada, excepto la radio local convertida en Radio Zapata, donde un hombre con acento centroamericano lee la declaración de guerra al ejército federal.

Un silencio total cubre el pueblo.

Mi padre afirma que ya pasaron por la calle los guerrilleros "armados con buenas metralletas".

Continúa escuchándose la Declaración de la Selva Lacandona.

No creo en lo que oigo.

Todavía no despierto bien.

Qué es esto.

Tiembla largamente la "l" final en la garganta de este locutor revolucionario cuando dice: "el Ejército Zapatista de Liberación Nacional-l-l"...

9:12. Estamos en una recámara del segundo piso. [...]

En la radio se escucha la "Internacional" en idioma irreconocible.

¿Ruso?

9:17. Empieza la balacera por la presidencia.

Ráfagas y disparos aislados.

Empieza a escucharse la ley del impuesto sobre la guerra. [...]

Un hombre de sombrero negro, con arma grande y un equipo de radio impresionante, dispara una ráfaga desde la esquina.

¿A qué le tira?

Algo estalla y hace humo cerca de la escuela.

Claro: a eso le tiran.

Son las instalaciones de la judicial.

Qué silencio.

10:00. Platicamos en el portón de arriba, que es entrada al patio de las palmas: lleno de automóviles en este tiempo de vacaciones en que todos los hermanos venimos a pasar las fiestas con mis padres.

Al fondo del patio está la zona para despulpar café, la huerta con limas, naranjos, cafetos y pacayas.

Territorio de gansos, patos, guajolotes y gallinas.

Y siete gallos, por estas fechas.

Mi padre está contento: "Estos zapatistas sí son gallos", es su frase desde hace rato.

Hay cuatro guerrilleros en la esquina.

No: son seis.

Ocho.

Parece haber más, pero alcanzo a ver a éstos.

Bien armados. [...]

"Sí", confirma mi primo Mario, "todos los tiros son contra la presidencia. Allá abajo verdea de tanto guerrillero". A Mario y a Ovidio los invitaron a unirse.

"A todos los están invitando."

"Contra los ricos."

"Por las armas no se preocupen, nosotros las damos."

Los manifiestos de la guerra siguen en la radio.

A lo largo de estas horas hemos oído una justificación para el levantamiento armado, una ley de impuestos de guerra, una serie de peticiones a organismos internacionales como la Cruz Roja, para que vigilen el desarrollo de los combates y para que contribuyan a la atención a heridos y en el entierro de cadáveres. Se ha escuchado varias veces la declaración de guerra y se escuchan instrucciones para los integrantes del EZLN, una serie de derechos y obligaciones de los pueblos en lucha en los territorios "liberados", y una serie de derechos y obligaciones para los "soldados del EZLN".

"Va a ser igual que el 2 de octubre, no va a pasar nada." Y brindis en broma: "Por si mañana nos vuelan la cabeza los guerrilleros".

Volar la cabeza es un giro habitual en estos valles donde el machete es herramienta y arma; lo más útil, lo primero que se aprende a manejar.

Todos, de niños, teníamos el machete correspondiente a nuestra edad y lo empuñábamos para todo: para rajar ocote, para cortar leña, para sacar varas y hacer corralitos, para hacer arcos y flechas de juguete, para hacer varillas de papalote, para hacer caballitos de carrizo, para cortar y pelar caña.

Miro los machetes que traen estos guerrilleros: pequeños, con funda de artesanía, como de juguete, muy uniformes.

"Los traen como cuchillos de campaña", dice mi primo Pablo, al que le atrae la vida militar.

Volar la cabeza.

Volar la cabeza.

Volar la cabeza.

Ya no suena igual que ayer.

Como si las palabras, ahora, tuvieran filo.

1:35. Imágenes de San Cristóbal en el noticiero.

Declaraciones de Gobernación y del gobierno estatal.

Entrevistan a dos guerrilleros.

Todo parece diferente allá: ni centroamericanos, ni mandones, ni violencia, ni rehenes, ni ataques a civiles, ni muertos.

Y los guerrilleros entrevistados son claramente indígenas.

¿Por el turismo y la prensa de San Cristóbal?

Pero *24 Horas* oculta la declaración de guerra.

Hace pasar todo como demandas indígenas o campesinas de importancia menor.

El gobierno ofrece diálogo.

Afirman que el ejército no intervendrá.

Las imágenes muestran los accesos a la ciudad interrumpidos por enormes pinos derribados.

Termina el noticiero.

Desasosiego: todo parece tan extraño.

Me asomo a la terraza de la calle, desde la parte en construcción.

Los rebeldes que resguardan la esquina duermen, hechos bolita, sobre la acera.

Creo ver uno sentado en el umbral de la casa de don Beto Ruiz.

Hago esta última anotación a las 2:39.

Ya es otro día.

Mi mujer me espera en el lecho tibio.

Un pensamiento me acompaña: la realidad siempre tiene razón.

Pase lo que pase.

Efraín Bartolomé opta por narrar escuetamente los acontecimientos; su estilo neutro, el drástico corte de las líneas como si fueran versos y la ausencia de vuelos líricos contribuyen a crear una atmósfera de inmediata crudeza. Sólo aquí y allá el poeta se permite condenar la violencia o denunciar al gobierno, pero al final el balance ideológico no es importante: se trata del testimonio de un poeta que repudia la violencia pero, a diferencia de los intelectuales de la ciudad de México, él la vive de modo directo. Para él los muertos son reales, no simples metáforas, como también son reales los indígenas y los finqueros. Sobrias y desgarradas, sus palabras constituyen un ejemplo único entre los artistas mexicanos a la hora de narrar el alzamiento zapatista.

Para concluir el relato de este primer día de enero de 1994, vale la pena regresar con el gran antagonista de Marcos, el presidente Carlos Salinas de Gortari. Imaginémoslo de nuevo en su despacho, iracundo y descorazonado, luego de recibir un alud de informaciones contradictorias sobre Chiapas. Cada nuevo detalle le produce un escalofrío. Quizá ya ha tenido oportunidad de mirar por televisión algunas imágenes de los alzados e incluso cuenta con una trascripción de la Declaración de la Selva Lacandona enviada urgentemente por algún funcionario militar.

–Emitida durante las primeras horas del conflicto, esta Declaración planteaba reclamos sociales justos pero en un lenguaje que, en una primera lectura, encontré similar al que empleaban los grupos guerrilleros urbanos en los sesenta y setenta –escribirá Salinas en sus memorias, convertido de pronto en crítico literario–. Sus redactores proponían deponer al gobierno. Declaraban la guerra al ejército y manifestaban que su propósito era llegar hasta la capital del país para tomar el poder. También querían internacionalizar el conflicto. Deseaban ser reconocidos como fuerza beligerante, es decir, como otro ejército.

La actividad en Los Pinos se vuelve frenética. Decenas de funcionarios van y vienen, presentan informes y excusas, el teléfono no para de sonar. El presidente, en ese estado cercano a la indiferencia que lo azota en los momentos más delicados –le complace recordar que Napoleón también padecía estos "sopores letárgicos"–, se limita a escuchar y asentir en silencio. Su imagen ha comenzado a desmoronarse: necesita toda su inteligencia para recomponer las piezas sueltas y recuperar el control del país. Puede lograrlo: pese a la desventaja inicial, aún es capaz de revertir el caos. No serán unos cuantos indígenas chiapanecos, armados con palos, quienes le arrebaten la gloria.

Años más tarde, Salinas repetirá que durante esos momentos recibió presiones "de diversos sectores de la sociedad y del aparato estatal" para aniquilar violentamente a los alzados. Sólo su prudencia, y su decisión de evitar una "guerra entre hermanos", en cambio, lo llevó a tomar la determinación de no escuchar estas voces y apostar por el diálogo. A la distancia, se empeña en convencernos de su valor. Demasiado tarde.

Para su desgracia, en la primera escaramuza de su guerra contra los zapatistas, el subcomandante Marcos ha conseguido derrotarlo. Aunque no sea una de sus mejores piezas oratorias, la Declaración de la Selva Lacandona cumple cabalmente su objetivo: el 1° de enero de 1994 no pasará a la historia por la entrada en vigor del Tratado de Libre Comercio, sino por el inicio del alzamiento zapatista.

2

Mexicanos al grito de guerra

Del 2 al 7 de enero de 1994

El 2 de enero prosiguen los combates entre miembros del
EZLN y del ejército federal en Ocosingo y San Cristóbal de Las
Casas. Tras el conciliador comunicado del día anterior, ahora
la Secretaría de Gobernación difunde un nuevo mensaje que,
por su voluntad de restarle importancia al conflicto, en realidad demuestra que la situación ha comenzado a salirse del
control oficial:

–El día de hoy –sostiene el comunicado–, el grupo armado
que había ocupado diversos municipios de la región de Ocosingo, Chiapas, desalojó la ciudad de San Cristóbal de Las Casas. En esta ciudad la situación está volviendo a la normalidad
con la protección del ejército. Tanto el gobierno federal como las autoridades estatales chiapanecas y los ayuntamientos
de la zona han reiterado y reiteran su disposición al diálogo
político con todas las organizaciones y representaciones de la
sociedad civil a fin de alcanzar la plena normalización de la vida en la región.

Mientras tanto, otro de los actores centrales del conflicto
chiapaneco, el obispo Samuel Ruiz, hace públicos sus primeros comentarios en una carta dirigida a los medios de comunicación. La primera intención de la diócesis es desmentir las
versiones que la ligan con los rebeldes:

–Ante las afirmaciones que oficialmente comunica el gobierno del estado de Chiapas en su boletín de la noche del 1° de
enero del año en curso, en el sentido de que "versiones direc-
tas de vecinos de esos municipios (San Cristóbal de Las Casas,
Ocosingo, Las Margaritas y Altamirano) señalan que algunos
de los sacerdotes católicos de la teología de la liberación y sus
diáconos se han vinculado a estos grupos y les facilitan apoyo

con el sistema de radiocomunicación de la diócesis de San Cristóbal –cita el obispo con evidente desagrado–, la diócesis se ve en la imperiosa necesidad de desmentir una vez más públicamente, a nivel nacional e internacional, tales infundios y difamaciones calumniosas e irresponsables. Ni ahora ni antes, ni en ningún momento la diócesis de San Cristóbal de Las Casas ha promovido entre los campesinos indígenas el uso de la violencia como medio para solucionar sus demandas sociales y humanas ancestrales. Menos todavía ha mantenido ningún tipo de relación operacional o institucional con esas agrupaciones armadas que propugnan una solución violenta.

El mismo 2 de enero, apenas unas horas después de la toma de las alcaldías en Chiapas, diversos intelectuales mexicanos se precipitan a publicar sus primeras opiniones. La confusión es enorme. En los corrillos de la ciudad de México apenas se cree la noticia. "Lo único que faltaba", se dicen unos a otros. La palabra "guerrilla" circula de boca en boca con más asombro que espanto. El PRI siempre ha vendido la idea de que México es una nación en la que predomina la paz social. Y ahora, justo cuando los dirigentes mexicanos se aprestaban a anunciar el ingreso del país en el primer mundo, ¡unos encapuchados lo echan todo a perder! Los intelectuales pasan todo el día llamándose sin cesar, se citan en cafés y discuten durante horas, compartiendo su pasmo y su sorpresa. Y luego se encierran en sus casas, frente a sus máquinas de escribir o sus computadoras, y vierten intempestivos análisis, apenas sedimentados, en los cuales sobre todo dan cuenta de su pasmo. ¿Con qué elementos pueden estos letrados, habitantes de la ciudad de México en su mayoría, referirse a un fenómeno inédito en el panorama político del país? ¿Cómo pueden hablar de algo que desconocen? ¿Cuál es el valor de sus argumentos, de sus llamadas a la calma, de su defensa de las "vías pacíficas para resolver los conflictos"? Olvidando toda prudencia, prefieren lanzarse al ruedo –arriesgándose a errar por completo– en vez de guardar silencio.

Como es natural, la prensa tampoco está preparada para informar adecuadamente sobre la situación. Los periodistas tampoco entienden nada. Necesitan fuentes fiables. Expertos en Chiapas. Especialistas en la guerrilla. Por desgracia, muy pocos de los académicos e intelectuales mexicanos tienen esta formación. Uno de los pocos –quizá el único– que posee las características necesarias para convertirse en un comentarista indispensable del alzamiento es el novelista Carlos Montemayor. En estos instantes de caos es el comentarista ideal.

–El día 1° de enero de 1994, cerca del mediodía –recuerda Montemayor en su libro *Chiapas: la rebelión indígena de México*–, recibí una llamada telefónica de la redacción del diario *La Jornada*. "¿No lo sabe?", insistió de nuevo la voz al teléfono. Me informó que el Ejército Zapatista de Liberación Nacional (EZLN) había tomado por asalto cuatro ciudades de Chiapas, entre ellas San Cristóbal de Las Casas, que el Ejército Mexicano aún no combatía y que sólo se contaba con un comunicado oficial emitido por el gobierno de Chiapas. "Mucha gente está fuera de la ciudad y no podemos localizarla", agregó el reportero. Pedí que me transmitiera por fax la primera información oficial del gobierno de Chiapas.

Al día siguiente, Montemayor publica en *La Jornada* el primero de los numerosos artículos y ensayos sobre el tema que habrá de escribir en los días siguientes:

–La solución militar en el México actual no puede ser una buena decisión –afirma allí–: sería una terrible equivocación. No podrá resolverse ningún conflicto social, agrario, indígena, con la intervención del Ejército Mexicano. Particularmente porque en México estos problemas no son de orden militar, sino de orden social, político y económico, y las soluciones tienen que ser, por tanto, también de orden social y económico. Los severos conflictos armados en Chiapas son un claro ejemplo de la ineptitud política del gobierno estatal y del desprecio étnico y de la rapacidad de los ganaderos y terratenientes que socavan las tierras y selvas de las comunidades indígenas sin la menor conciencia. Durante décadas, los pueblos indígenas se han resistido al despojo.

Desde el primer momento, Montemayor se desmarca de la tendencia general que se limita a condenar la violencia de los alzados y a justificar sus demandas. En vez de ello, el novelista explica que el alzamiento se ha producido debido a las deplorables condiciones sociales que prevalecen en la zona, y condena con especial énfasis el racismo chiapaneco. Asimismo, niega una vinculación directa de los alzados con alguna ideología de izquierda y exige al gobierno que resuelva la situación a través del diálogo y, sobre todo, atendiendo las necesidades de la población.

Paradójicamente, los argumentos progresistas de Montemayor, que pronto se convertirán en moneda corriente entre los intelectuales de izquierda, se ven contradichos por el propio editorial de *La Jornada*:

–Desde que en los años setenta fue acabado el intento guerrillero encabezado por Lucio Cabañas, en Guerrero, el país no asistía a un brote de violencia rural como el que comprende desde ayer el estado de Chiapas –escribe Carlos Payán, su director, por lo general más tolerante a la hora de referirse a los movimientos sociales–. La situación es condenable, entendible y delicadísima, todo al mismo tiempo, y para explicarla es preciso deslindar cuidadosamente los elementos. Cualquier violencia contra el estado de derecho, venga de donde viniere, tiene que ser en principio algo para condenar. Pero si quienes encabezan el alzamiento chiapaneco se proponen, entre diversos objetivos, la remoción del presidente de la República, vencer al Ejército Mexicano y avanzar triunfalmente hacia esta capital, ya no se sabe donde empieza el mito milenarista, dónde el delirio y dónde la provocación política calculada y deliberada. Sin que conozcamos todavía quiénes componen la avanzada ideológica y militar del grupo, sus miembros se han incrustado en las comunidades indígenas y enarbolan un lenguaje no sólo condenable por encarnar sin matices la violencia, sino porque sus propósitos son irracionales. Y la irracionalidad le hace enorme daño a las colectividades, a las naciones y a los pueblos.

La dureza de estas líneas es excepcional, sobre todo si se toma en cuenta que *La Jornada* representa las posiciones más progresistas del país. Y a la distancia parece aún menos comprensible, pues en las semanas siguientes este mismo diario se transformará en el principal foro de apoyo a la causa zapatista. Este hecho es tan notable que, cuando a fines de 1994 *La Jornada* publique en forma de libro una recopilación de las notas aparecidas en sus páginas sobre el alzamiento, su primer editorial del año no será reproducido de modo íntegro.

Un punto de vista muy distinto es el del novelista Sergio Pitol, quien escribe en su diario algunas agudas reflexiones sobre el conflicto en Chiapas, las que más tarde reproducirá en *El arte de la fuga*:

–La prensa de hoy aparece con grandes titulares: "Estallidos revolucionarios en Chiapas, San Cristóbal de Las Casas y tres ciudades caídas en poder de los rebeldes" –se escandaliza Pitol–. Una amiga, por lo general muy bien informada, me llamó esta mañana para felicitarme por el año nuevo. A mis preguntas respondió que la situación se había normalizado, pero que hubo combates en plena forma y muchos muertos. Ayer estuve en casa de mis primos. Era la comida de Año Nuevo; había entusiasmo entre parte de la concurrencia por la entrada en vigor del Tratado de Libre Comercio. En poco tiempo seríamos como Estados Unidos y Canadá. Bueno, no el país, éste todavía tendría que esperar un poco, aclararon; pero a todos los presentes nos iría de perlas. Alguien dijo haber oído en un noticiero radiofónico algo sobre la toma de unas ciudades chiapanecas. Nadie le dio crédito. Por lo visto, le dicen, no debió haber entendido bien. A grupos exaltados de la oposición les ha dado por apoderarse de las alcaldías en algunos pueblos, para después de cuatro o cinco días de anarquía tener que abandonarlas... Bueno, mi amiga bien informada me dijo que el ejército había tenido que intervenir para liberar las poblaciones tomadas. Estaba segura de que era una venganza contra el presidente. Alguien se había propuesto arruinarle el día en que se iniciaba la vigencia del Tratado de Libre Comercio. Con toda seguridad pronto se sabría quién había organizado el alboroto. Los periódicos por su parte dicen que alguien agitó a los indígenas chiapanecos para que se rebelaran. Pero nadie acierta a saber quién es ese alguien capaz de arruinarle su día al presidente de la República y de hacer que los indígenas se rebelen. Me parece que en estos momentos cualquiera que se lo propusiera podría lograr levantamientos en distintos lugares del país porque la miseria es extrema y la gente en el campo está desesperada. Por increíble que parezca, los insurgentes declararon que avanzarían hacia la ciudad de México y no cejarían hasta que no derrocaran al gobierno. No se conformaban con ser los protagonistas de una insurrección regional.

Mientras tanto, en Ocosingo, el poeta Efraín Bartolomé anota en un diario de características muy distintas:

Tres guerrilleros me han visto anotando y vienen hacia acá.

Se detienen frente a nosotros.

Hablan en tzeltal.

Dejo de anotar.

¿Será traición a la patria tomar notas?

Los miré a los ojos y dije: "Buenos días".

Sólo uno contestó.

Se fueron.

Siento la sangre corriendo velozmente.

Quiero sonreír para calmarme pero la verdad es que da miedo.

Esto es la indefensión.

En el hondo silencio los gritos de los gansos, los zanates y los gallos.

La tarde duele en su infinita belleza.

Oigo el fragor.

"Falta la guerra", decían los policías en la mañana.

Ya llegó.

Pasan sobre la iglesia bandas de zanates.
Algunas garzas solas.
Una bandada de palomas vuela sobre nosotros.
Otro estallido perturbador.

El 3 de enero se hace público que los alzados han secuestrado al ex gobernador de Chiapas, Absalón Castellanos, en su
rancho de Comitán. Castellanos fue uno de los gobernadores
que más favorecieron a la oligarquía local y que menos hicieron por mejorar las condiciones de vida de los indígenas. Por
otra parte, el ejército informa que los rebeldes han abandonado Las Margaritas y Altamirano, aunque se mantienen en
las afueras de Ocosingo y San Cristóbal. La cifra oficial de
muertos asciende a ochenta y nueve.

Tanto el ejecutivo federal, a través de la Secretaría de Gobernación, como el local, a través del propio gobernador de
Chiapas, hacen públicos sendos mensajes para comentar estos
hechos. En el primero de ellos, leído esta vez por la subsecretaria de Protección Civil y Readaptación Social, Socorro Díaz
Palacios –es notable la ausencia del secretario Patrocinio González Garrido–, se dice que la situación de los municipios chiapanecos tomados por los zapatistas está a punto de volver a la
normalidad. Asimismo, reconoce que, desde los últimos meses de 1993, "se contaba ya con información sobre actividades
ilegales de pequeños grupos" en la zona fronteriza. Incluso sostiene que se tenía noticia de "tráfico de armas y pertrechos militares", así como de la existencia de "campos de entrenamiento", aunque justifica la pasividad del gobierno al afirmar que
"las circunstancias particulares de un ancestral retraso de la región obligaron a actuar con especial prudencia y cuidado".

En la segunda parte del comunicado, Socorro Díaz hace un
recuento de los hechos: se trata, en realidad, de la primera
versión oficial de lo sucedido. Como podrá verse, su descripción guarda el tono reservado de los partes bélicos:

–El día 1° de enero del presente año –balbucea Socorro Díaz
con evidente malhumor–, grupos armados se posesionaron

violentamente de las cabeceras municipales de San Cristóbal de Las Casas, Ocosingo, Las Margaritas y Altamirano. Ocuparon y destruyeron las instalaciones de gobierno y, en Ocosingo, tomaron la radiodifusora local. Liberaron a los presos de los Centros de Prevención y Readaptación Social de la zona y robaron comercios y tiendas. En estas acciones agresivas perdieron la vida veinticuatro policías locales y tres civiles. La respuesta de las autoridades locales fue la de proteger a la población civil. El Ejército Mexicano, con gran prudencia, no actuó el primer día. No se llevaron a cabo acciones donde las consecuencias pudiesen ser la pérdida de más vidas humanas civiles en estas poblaciones. Los grupos armados iniciaron el día 2 de enero una acción directa contra el Ejército Mexicano en el cuartel localizado en Rancho Nuevo, cerca de la población de San Cristóbal de Las Casas, que fue repelida. El Ejército Mexicano actuó en respuesta a la agresión a su cuartel y en estas acciones perdieron la vida cinco soldados y seis más fueron heridos. Veinticuatro agresores perdieron la vida en este intento. El ejército acudió al llamado de auxilio de otras poblaciones de la zona actuando, nuevamente, con el objetivo de defender y proteger a la población.

Tras esta primera *verdad oficial*, la subsecretaria califica por primera vez al "grupo armado" y describe sus intenciones:

–Los grupos violentos que están actuando en el estado de Chiapas presentan una mezcla de intereses y de personas tanto nacionales como extranjeros. Muestran afinidades con otras facciones violentas que operan en países hermanos de Centroamérica. –Y, luego, con el típico paternalismo gubernamental, añade–: Algunos indígenas han sido reclutados por los jefes de estos grupos y, también sin duda, manipulados en torno a sus reclamos históricos que deben seguirse atendiendo.

Tras la aparente prudencia mostrada hasta ahora, por fin el gobierno federal decide contraatacar a los rebeldes con sus mismas armas: los medios de comunicación. No sólo evita mencionarlos por su nombre –aceptar que se trata de una organización sólida, con un nombre particular, Ejército Zapatista de

Liberación Nacional, equivaldría a reconocer su existencia y a otorgarle condiciones de igualdad–, sino que de plano descalifica todas sus acciones. Los "indígenas monolingües" a los que se refería el comunicado del gobierno de Chiapas se transforman ahora en un grupo armado de características similares a las guerrillas centroamericanas y, según Díaz, en su seno conviven tanto mexicanos como extranjeros.

Por su lado, el gobernador de Chiapas, Elmar Setzer Marseille, antiguo colaborador de González Garrido, parece más preocupado en desmentir los rumores en torno a su renuncia que en referirse a las causas o posibles soluciones del conflicto:

–Sin duda –mascula el aún gobernador, usando un plural mayestático que Marcos no tardará en identificar como herencia de los virreyes españoles–, en este año habremos de redoblar nuestra actividad con la misma emoción con que lo hicimos en 1993 para procurar más y mejores beneficios al pueblo de Chiapas.

Lo mejor que puede decirse de Setzer es que, a diferencia de sus homólogos federales, él es el primer funcionario que se atreve a llamar por su nombre a quienes, "autodenominándose Ejército Zapatista de Liberación Nacional", han cometido secuestros, incendios, asaltos y destrucción de vías importantes de comunicación. A partir de este momento, todas las instancias oficiales repetirán hasta la saciedad que el EZLN se ha "autodenominado". Tal pareciera que, para los diversos sectores gubernamentales, sólo las organizaciones legítimas poseen un nombre propio, connatural a ellas, en lo que parecería una extraña resurrección del nominalismo medieval. En cambio, el que el propio EZLN haya escogido su nombre les parece una trasgresión imperdonable: los intereses de un grupo que se *autodenomina* no pueden ser legítimos. Hay que hacer notar, simplemente, que al PRI nunca se le llama "el autodenominado Partido Revolucionario Institucional".

Aunque uno supondría que la intención de Setzer es condenar las "actitudes criminales" de los alzados, en realidad parece más preocupado por justificar que sea el gobierno federal y no el local –es decir, el suyo–, quien se responsabilice de poner orden en el estado. En cualquier caso, prosiguiendo con la (errática) táctica que ha empleado desde el inicio del conflicto, vuelve a minimizar las dimensiones de la guerrilla:

–De ninguna manera es acción o motivo de alarma generalizada en la entidad, por lo que exhorto a la población a continuar con sus actividades normales fuera de tensiones o sobresaltos, ya que de antemano está garantizada la seguridad pública con la intervención siempre diligente y eficaz del glorioso Ejército Mexicano.

A quien menos le conviene la prolongación de los combates es al propio Setzer, que ya comienza a presentir su destitución; quizá por ello afirma después:

–El gobernador se mantiene unido con su pueblo y desmiente cualquier rumor de abandono de sus funciones.

Lo cual quiere decir, en el elíptico lenguaje político mexicano, que sus días están contados. Pero no nos adelantemos: Setzer termina su alocución con otra clásica muestra de retórica priista: una alabanza al presidente de la República (tal vez imagina que así logrará impedir su remoción):

–Los chiapanecos habremos de seguir significando nuestra labor para proporcionar más y mejores servicios públicos y para responder al apoyo del presidente de todos los mexicanos, *el licenciado Carlos Salinas de Gortari* –concluye Setzer pronunciando el nombre de su jefe con auténticas cursivas.

Lejos de esta declaración que sólo provoca vergüenza ajena, un grupo de distinguidos intelectuales chiapanecos –todos ellos galardonados con el premio Chiapas de Artes, como ellos mismos aclaran– envía una carta abierta a *La Jornada* para expresar exactamente lo contrario de su gobernador. Dos de los firmantes, los poetas Juan Bañuelos y Óscar Oliva, antiguos miembros del grupo poético La Espiga Amotinada, se integrarán más adelante en la Comisión Nacional de Intermediación (Conai), al lado del obispo Samuel Ruiz. Su compañero de La Espiga, el también poeta y narrador Eraclio Zepeda, en cambio, aceptará en 1995 el cargo de secretario general de Gobierno del estado por invitación de su amigo, el gobernador priista Eduardo Robledo Rincón, provocando su expulsión de las filas del PRD y la condena unánime de la izquierda. Los otros firmantes son Carlos Olmos, conocido por su trabajo como dramaturgo y autor de exitosas telenovelas, la poeta Elva Macías, esposa de Zepeda, y el artista plástico Carlos Jurado.

He aquí la "carta abierta":

1. La historia de Chiapas es en gran medida la historia de las insurrecciones indias en contra del desprecio y el despotismo de diferentes gobiernos. La población tzeltal en 1712 y la población tzotzil en 1868, por citar sólo las sublevaciones más importantes, buscaron por medio de las armas lo que no consiguieron dentro de la Ley: el respeto a su dignidad y su cultura. En ambas ocasiones la guerra desatada fue sangrienta y de fatales consecuencias para toda la población.

2. En Chiapas, a diferencia del resto del país, la Revolución de 1910-1917 no triunfó. El gobierno de Obregón transó con los rebeldes locales levantados en armas en contra de las leyes revolucionarias. Así pues, por decisión del centro, los caudillos que lucharon para evitar el reparto de tierras fueron los encargados de aplicar la reforma agraria. Fue hasta el gobierno del general Cárdenas cuando arrancó la dotación de ejidos y comunidades.

3. En Chiapas, abierta o disimuladamente, existe una pertinaz discriminación del indio y el desprecio a su cultura. Muchos dicen, de labios para afuera, que están orgullosos del legado de los indios: se refieren a la grandeza arqueológica, es decir, a los indios muertos. Pero los indios vivos que exigen condiciones dignas de ciudadanos mexicanos son vistos con evidente desconfianza.

4. Con relación a ellos, el gobierno ha mantenido y desarrollado una política basada en un paternalismo que se ejerce a través de caciques, indios o no indios, a quienes les entrega una considerable suma de poderes y prebendas

a cambio del control férreo de la población a ellos encomendada.

5. El nivel y la calidad de vida en las comunidades está muy lejos de ser satisfactorio. Pero lo más grave es la falta de perspectivas para muchas de ellas. Dueños originales de una tierra rica, han cosechado la pobreza.

6. Todo esto explica, aunque no justifica, el surgimiento de una táctica en la que prevalecen la violencia y la fuerza. Desde nuestro punto de vista, las condiciones de vida y explotación descritas en el llamamiento de la selva expresan, en términos generales, una evidencia: la desigualdad de la población india con respecto al resto de los mexicanos. Pero rechazamos en forma categórica la guerra como método para extirparla. La violencia engendra violencia. La violencia, lejos de abrir el camino a la democracia, lo pospone.

7. Es necesario recordar que, en el pasado reciente, las organizaciones de masas y los partidos de oposición trabajaron tenazmente para mantener dentro de la legalidad las justas demandas populares. Muchos valientes representantes del pueblo fueron asesinados, pero la línea siguió siendo la del derecho como arma única.

8. Los problemas políticos se resuelven por vías políticas. Las carencias sociales se resuelven en la paz. No son los métodos militares, en este país y en estos momentos, los que puedan resolver las grandes carencias del pueblo.

9. El día de ayer, 2 de enero, ha sido triste en noticias de sangre derramada. El Ejército Mexicano habrá de tener muy presente que la defensa de la legalidad, el imperio de la Constitución y las demás leyes deben mantenerse bajo un minucioso respeto a los derechos humanos: la protección a la sociedad civil, india y no india, el rechazo a métodos bárbaros difundidos por las instrucciones internacionales de la contraguerrilla que incluyen represión a la población no beligerante, tierras arrasadas, genocidio.

10. Ante una situación tan delicada hacemos un llama-

do a los medios de comunicación para que difundan informaciones no distorsionadas.

11. La paz debe ser reconquistada por la inteligencia, por la democracia, por la libertad, por la igualdad y la fraternidad. Es urgente esforzarnos en el entendimiento basado en la unidad de la diferencia, en el respeto a las distintas culturas. Es la oportunidad de abandonar, por parte del gobierno, oscuros métodos de control político, cerrazones antidemocráticas, terror a las opiniones diferentes. Es el momento de exigir firmemente nuestros derechos y cumplir nuestras obligaciones ciudadanas. Ha llegado el día de exigir a la federación los recursos necesarios para el despegue económico y social de las comunidades indias con pleno respeto a sus planes y proyectos, a través de su participación democrática, sin caciques. Es la hora precisa de poner término a la destrucción ecológica de la Selva Lacandona, patrimonio de estos pueblos y de toda la humanidad. Vivimos el tiempo preciso para unirnos mexicanos indios y mexicanos no indios en una lucha común: conquistar el derecho a las autonomías de los pueblos indios en el marco de la soberanía nacional.

Esta misiva constituye una respuesta puntual tanto a la Declaración de la Selva Lacandona como a las primeras reacciones del gobierno. Acaso por ser un texto redactado por algunos de los pocos escritores mexicanos que de verdad conocían las condiciones de vida en el estado, es uno de los documentos más valiosos publicados durante los primeros días de 1994. Invocando las exigencias de la Revolución francesa, los intelectuales chiapanecos piden que se *reconquiste* la paz y, al mismo tiempo, plantean su propia agenda política: el respeto a las diferencias culturales; el cumplimiento estricto de la ley; la entrega de mayores recursos para el desarrollo de la región; la democratización de la vida política de la región; el respeto ecológico a la naturaleza, y, por último, un punto que se convertirá en uno de las principales exigencias de los zapatistas –aunque hasta entonces no hubiese sido expresada por el EZLN de modo explícito–, y uno de los mayores dolores de cabeza del gobierno federal: la autonomía de las comunidades indígenas.

El 4 de enero se producen nuevos combates al sur de San Cristóbal. Carlos Rojas, secretario de Desarrollo Social, visita la ciudad. La Secretaría de Gobernación informa que el ejército ha recuperado los cuatro municipios en poder de los zapatistas.

–¡Qué días! –se lamenta Sergio Pitol en su diario–. La rebelión de Chiapas tiene a todo el mundo de cabeza. Contra lo que se decía, se mantiene invicta. Veo la televisión y todo me parece irreal y bastante aterrorizador... Me siento fatigado, agobiado, de pésimo humor... Tengo la casi seguridad de que este año va a ser monstruoso. Lo peor que podría pasarle a México sería que le naciera un Sendero Luminoso. En un noticiero de televisión dijeron que el dirigente de la guerrilla tiene veinticuatro años y que maneja cuatro idiomas. Seguramente pronto aparecerán nuevos elementos. Pero, ¿cómo fue adiestrada militarmente toda esta gente? También eso se sabrá poco a poco, dicen. Me dan ganas de irme a vivir a Italia o a España. A Portugal. El salinismo terminará desinflándose en el transcurso de este, su último año. Pero la herida que le deja al país es tremenda.

"Tengo la casi seguridad de que este año va a ser monstruoso": la profecía de Pitol se cumplirá cabalmente.

Mientras tanto, convocados por la sección de cultura del diario *La Jornada*, media docena de intelectuales mexicanos detallan sus puntos de vista sobre el alzamiento.

–Lo que sucede en Chiapas es la sucesión, la consecuencia de malos gobiernos, lo cual es muy lamentable en un estado con gente de primer orden para gobernarlo –comienza Carlos Fuentes–. Cualquiera de los firmantes de la carta que hoy publica *La Jornada* son gente que sabe lo que ese estado y su pueblo necesitan. Intelectuales conscientes de que el problema de Chiapas es histórico. ¿Por qué siempre está la peor gente en los gobiernos; por qué no poner gente que lleve a ese estado el respeto de su diversidad cultural?

–Entiendo o creo entender dos aspectos innegables del conflicto en Chiapas –interviene Carlos Monsiváis–: la injusticia histórica en contra de las comunidades indígenas y campesinas; el saqueo frenético de los recursos naturales a cargo de gobernantes en función de empresarios y de empresarios en función de gobernantes; las estructuras de impunidad que protegen a caciques y compañías depredadoras; la corrupción infinita del poder judicial; el papel imperial del centro; la mascarada del poder legislativo; el hambre; la intervención ominosa del narcotráfico; el hartazgo ante la demagogia; el mantenimiento político y empresarial del atraso. –Y añade–: Creo entender también, o mejor, creo vislumbrar, algunas consecuencias de la desesperación y la desesperanza: la violencia diaria, las guerras (a escala) de religión; la acumulación de la rabia y la impotencia y las exigencias de justicia. Por otra parte, estoy convencido, y cada vez más, y los acontecimientos de estos días me lo confirman, de la profunda, devastadora inutilidad de la violencia, del callejón cerrado del que parten y a donde llegan todo voluntarismo y toda alucinación mesiánica. Estoy de acuerdo con mis amigos del premio Chiapas: la violencia sólo conduce a la violencia, y no se justifica.

–Es atroz –se lamenta Elena Poniatowska–. Las demandas de los campesinos han sido ignoradas a lo largo de muchos años y el momento del hartazgo llegó; lo que ahora vemos es la reacción de los olvidados, una advertencia de lo que vamos a vivir en el país si no se imparte justicia social y la riqueza se sigue acumulando entre unos cuantos. Creo, como Carlos Montemayor, que la solución no debe ser militar sino social, política y humana; una solución para la que aún es tiempo aunque hace mucho debió darse. Es terrible comenzar el año así, con una masacre.

–Lo lamento muchísimo –dice con su voz siempre enfática el novelista Ricardo Garibay–. El origen de todo esto es la miseria y la falta de atención que se le ha dado. El alzamiento es un inmenso despropósito. Ojalá el gobierno tenga el equilibrio suficiente para tratar de modo militar y político este problema. Lo anhelo verdaderamente: serenidad en el gobierno y equilibrio y cordura de parte de los llamados guerrilleros. Espero que las cosas no vayan más allá de lo que todos tememos.

–Parecen noticias de hace sesenta años los sucesos actualmente ocurridos en Chiapas –abunda Sergio Pitol, confirmando los puntos de vista que anota en su diario–. Noticias como las de hoy sólo habían ocurrido durante la Revolución mexicana, como la toma de una ciudad tan grande como San Cristóbal de Las Casas. Le doy vueltas al asunto y todo me parece misterioso. Sin embargo, sé que en el fondo de todo está la miseria. Porque donde hay miseria hay caldo de cultivo para la insurrección. Pero me pregunto, ¿a quién le puede interesar levantar en armas a esos grupos que son fácilmente levantables debido a la miseria en que se encuentran? ¿Cómo es posible que nadie detectó que se gestaba un movimiento que no parece ser improvisado como un estallido inmediatista?

En cambio, Enrique Krauze es mucho más severo con los guerrilleros:

–Los mexicanos padecemos una fascinación macabra, casi un culto, por la violencia. Esa actitud es una malformación histórica: ¿qué problema se ha resuelto en México por la violencia? Contra toda mitología, creo que ninguno. La violencia, en cambio, ha agravado muchos problemas o ha retrasado su solución. La prioridad nacional en esta hora, y desde hace mucho tiempo, es construir una nueva legitimidad, una legitimidad democrática, un acuerdo para administrar civilizadamente los desacuerdos. La violencia revolucionaria significa lo contrario. No conduce sino a la escalada de represión y endurecimiento. No conozco un solo caso en que la democracia plena, cabal, nazca de la violencia. La violencia misma no es una partera de la historia, sino la partera de sí misma.

Ese mismo 5 de enero, el escritor José Emilio Pacheco constata la brutal distancia entre la imagen de México que pretende ofrecer el gobierno y la realidad sociopolítica en un artículo también publicado en *La Jornada*:

–El 1° de enero de 1994 despertamos en otro país –escribe el poeta–. El día en que íbamos a celebrar nuestra entrada en el primer mundo retrocedimos un siglo hasta encontrarnos de nuevo con una rebelión como la de Tomóchic. Creímos y quisimos ser estadounidenses y nos salió al paso nuestro destino centroamericano. La sangre derramada clama poner fin a la matanza. No se puede acabar con la violencia de los sublevados si no se acaba con la violencia de los opresores.

En el otro extremo del país, Efraín Bartolomé anota:

22:00. Cien muertos, dicen algunos, y son pocos para tanta bala que se disparó.

¿Cuántos proyectiles se habrán usado en estos largos días?

¿500 mil?

¿Un millón?

¿Más?

¿Y quiénes serán los muertos?

¿Los muchachos de aquí, tzeltales de botas de hule y armas chiquitas; o sus comandantes, de armas poderosas y equipo impresionante?

Las imágenes de la televisión sólo muestran indios pobres.

Duele ese tzeltal joven que estuvo tirado tres días con tres balas en el cuerpo.

Pienso en el frío de la tarde, de la noche, de las mañanas.

Y en el calor gradual que se convierte en el violento sol del mediodía.

Y en los muertos cercanos a este joven que aún puede hablar: "Nomás me trajeron a morir. Ya va a empezar la guerra, me dijeron... Iba yo en mi milpa. Ahí nomás me jalaron".

Un día desangrándose sobre el duro pavimento.

Y otro día más.

Y otro más.
Sobre el cemento frío de la calle.
Sobre la propia sangre.
Pensando qué.
Sintiendo qué.
Diciéndose qué cosas.

"¿Qué vamos a hacer con tanta tristeza?", me preguntan los ojos húmedos de mi mujer.
Tomo sus manos y las presiono fuerte, largamente.
Apagamos la luz.

En el lado oficial, las secretarías de Gobernación, Defensa y Desarrollo Social, y la Procuraduría General de la República emiten un comunicado conjunto que señala que el movimiento zapatista *no es* un levantamiento indígena. El gobierno parece cansado de hacer concesiones y se muestra listo para endurecer sus políticas. De modo que, mientras el presidente Salinas envía a Chiapas a Jorge Madrazo, presidente de la Comisión Nacional de Derechos Humanos, el ejército por fin retoma el control de Ocosingo.

Entre tanto, el oficial mayor de la Secretaría de Gobernación, Eloy Cantú, nombrado vocero único del gobierno federal en Chiapas, lee un comunicado en donde refiere la media filiación del comandante Marcos: según sus fuentes, es rubio, de ojos verdes y habla cuatro idiomas. Además, sostiene que el movimiento está conducido por "profesionales de la violencia" –una expresión que se volverá frecuente y de la que el propio Marcos se burlará muy pronto–, si bien reconoce que en sus filas también hay indígenas mexicanos.

Como puede advertirse, el talante del gobierno se vuelve cada día menos conciliador: el 1° de enero se habló de un alzamiento indígena sin mayores consecuencia; a continuación, éste se convirtió en un grupo armado con características guerrilleras; ahora, por fin, se dice que está conducido por "profesionales de la violencia", lo que equivale a decir mercenarios o simples provocadores que no tienen otra intención que desestabilizar al país. Con esta afirmación, el gobierno desatará un alud de rumores en torno a las verdaderas intenciones de los alzados. Será este comunicado, propiamente, el que inaugure la teoría de la conspiración o de la mano negra para referirse a los incontables problemas que sufre México.

Tratando de poner un poco de orden en medio de la confusión reinante, Octavio Paz publica en *La Jornada* uno de sus primeros textos sobre Chiapas. Se trata, asimismo, de uno de los más severos:

–No es un secreto la intervención de grupos extremistas en el alzamiento –afirma el poeta, dando por buenas las informaciones oficiales–. Desde hace mucho han penetrado en las comunidades indígenas y, debido a las miserables condiciones de vida, les ha sido relativamente fácil formar lo que ellos llaman "bases revolucionarias y militares". Es asombroso, para emplear una expresión suave, que las autoridades civiles y militares no hayan tenido noticias de esas actividades. No es menos asombroso que, si las tenían, no hayan adoptado medida alguna para evitarlas o prevenirlas. ¿Cuál es la procedencia de los grupos infiltrados entre los campesinos? –Se pregunta Paz–. Sus orígenes ideológicos, a juzgar por sus declaraciones y por su retórica, parecen relativamente claros: retazos de las ideas del maoísmo, de la teología de la liberación, de Sendero Luminoso y de los movimientos revolucionarios centroamericanos. En suma, restos del gran naufragio de las ideologías revolucionarias del siglo XX. Desconozco la extracción de los dirigentes. Pero es evidente que no son indios ni campesinos. Basta verlos y oírlos para cerciorarse: son gente de la ciudad. Vienen de organizaciones extremistas supervivientes de las sucesivas crisis de los partidos revolucionarios. Han conservado de su paso por esos grupos la estricta disciplina, el hábito de trabajo ilegal o clandestino y el ánimo conspiratorio. No es imposible, igualmente, la presencia entre ellos de guerrilleros centroamericanos.

Ya se sabe que desde hace años Paz detesta a los izquierdistas revolucionarios: ha condenado sin piedad a los regímenes de Cuba y Nicaragua, y no duda en descalificar ahora a los alzados de su propio país.

–Por todo esto –agrega– es extraño que las primeras acciones de los alzados muestren una indudable habilidad táctica. Lo prueban la fecha en que estalló, la simultaneidad de las operaciones y el manejo del elemento sorpresa. En cambio, desde el punto de vista estratégico, que es el que cuenta finalmente en esta clase de operaciones, la sublevación es irreal y está condenada a fracasar. No corresponde a la situación de nuestro país ni a sus necesidades y aspiraciones actuales. Lejos de extenderse, fatalmente tendrá que replegarse más en la Selva Lacandona hasta desaparecer. El movimiento carece de fundamentos ideológicos y, en materia militar, de pensamiento estratégico. También es notable el arcaísmo de su ideología. Son ideas simplistas de una gente que vive en una época distinta a la nuestra. Al carácter quimérico de la sublevación, hay que añadir el culto a la violencia. Por las características del movimiento y por su intrínseca debilidad material e ideológica, esa violencia está destinada a revertirse en contra de los alzados mismos. Es una violencia suicida. El desenlace (me refiero al militar, no al social ni al político) será rápido. Creo que el ejército podrá restablecer pronto el orden en esa región. Debe hacerlo con humanidad y respeto a los derechos humanos. En todos los casos nuestras autoridades deben preferir el diálogo al uso de la fuerza. No debe olvidarse que las comunidades indígenas han sido engañadas por un grupo de irresponsables demagogos. Son ellos los que deben responder ante la ley y ante la nación. Han encabezado un movimiento sin porvenir y condenado al fracaso pero los daños que han causado a la nación son muy graves. Han enturbiado el crédito internacional de México; comenzamos a ser ya el objeto de las especulaciones y los juicios sumarios de la prensa mundial. Han sembrado la desconfianza en nuestra economía precisamente en el momento de la entrada en vigor del TLCAN (la

Bolsa ha resentido inmediatamente el golpe). En fin, han suscitado el desconcierto y la confusión en un periodo particularmente difícil de nuestra vida política, con unas elecciones presidenciales a la vista. Ojalá que pronto podamos sobreponernos a tantos tropiezos. Por último: los cabecillas del movimiento no son los únicos responsables. También es grande (quizá más grande en términos históricos y morales) la responsabilidad de las clases acomodadas de Chiapas y de muchos políticos locales. Lo ocurrido es un aviso. Si en algún lugar de México es urgente la reforma social, económica y moral, ese lugar es Chiapas.

Cuando escribe estas páginas, Octavio Paz es ya la figura intelectual más importante del país tras haber obtenido el premio Nobel en 1990. Su opinión sobre el alzamiento era esperada con ansiedad y, tal como se preveía, desató el inmediato repudio de un gran sector de la izquierda mexicana. Ésta lo acusa de mantener una creciente cercanía con el presidente Salinas de Gortari, a quien, a pesar de su vena antidemocrática, el poeta considera un renovador de la economía. De allí su crudo rechazo hacia los violentos, y en especial hacia ese líder educado y demagógico que los guía; todavía habrán de pasar varias semanas antes de que la posición de Paz se atempere y comience a descubrir el encanto de Marcos.

Más conciliador, Sergio Pitol apunta en su diario:

—Subí a mi cuarto, prendí la televisión y oí a Socorro Díaz leer, en representación de la Secretaría de Gobernación, un documento sobre la organización del grupo insurgente: instrucción militar, armamento, reclutamiento, etcétera. Resulta inexplicable que las autoridades no tuvieran conocimiento de esos preparativos. O estuvieron los guerrilleros protegidos por un sector muy poderoso del gobierno o tuvieron el apoyo pleno de las comunidades indígenas para permitirles la creación de este ejército, o ambas cosas. Todo parece estar en chino.

Y Efraín Bartolomé le replica desde Ocosingo:

10:35. Nueve helicópteros zumban en el cielo.

Y en el suelo estas latas de sardinas, esta barricada de bloques.

Y más mochilas, más pozol, más pilas Ray-O-Vac, más cantimploras de plástico amarillo.

Y un palo con un cuchillo en la punta.

Y tortillas de maíz chimbo.

Tras la barricada hay un portafolios negro, con papeles de banco y muchas monedas blancas, de las de antes, sobre las cuales quieren atreverse los mirones.

Un cinturón de campaña, hecho a mano, cosido con aguja capotera, con sus depósitos para balas, de plástico duro.

Habla un hombre de playera amarilla: "Los meros jefes se fueron en tres camiones, como a las doce. Para abajo, rumbo a la selva... aquí dejaron como a trescientos de los más jodidos. Nomás para que los mataran".

La bandera de paz de este hombre es una playerita blanca, de niño.

Más rifles de palo, tallados con machete.

Aquí quedaron estos cuerpos jóvenes, como puestos para el sacrificio.

Un mango de barretón, duro, como de chicozapote, con una punta de machete; éste sí impresiona, está hecho con gracia, con dedicación; un arma sólida y atemorizante si se luchara cuerpo a cuerpo.

Pero... ¿qué puede hacer esta pieza artesanal frente a la artillería de este final de siglo? [...]

¿Valdrá una visión del mundo una sola vida humana?

¿Una sola vida que no sea la nuestra?

¿Valdrá la vida de este joven de cejas negras, bozo apenas visible, negros pómulos, y dientes blancos en su boca abierta donde ahora veo moscas, y donde empiezan a reptar larvas pequeñas?

Aquí quedó, junto a su rifle de palo, que tiene un cuerito para ser portado.

Junto a su mochila y su foco de mano.

Junto a su pañuelo rojo y su cajetilla de cigarros, roja también.

Y vendrán los políticos torvos con su lengua retórica: vale más morir de pie que vivir de rodillas.

"Puro chantaje", responderá una voz.

Falsa alternativa.

El poeta dirá que vale más *vivir* de pie.

Y estar de pie todo el tiempo cansa.

A veces dan ganas de sentarse en una piedra.

O en una silla.

O en un tronco.

O acostarse en una cama.

O en el suelo sobre la juncia.

Y por qué no: también tiene sentido ponerse de rodillas para besar los muslos de la mujer que se ama.

O para honrar, cada cual, a su dios.

Y me descubro los lentes empañados, a punto de llorar *como una niña*, como decía Sabines.

Y mi mujer ya va muy lejos y tengo que alcanzarla.

El 6 de enero, el presidente Salinas de Gortari vuelve a dirigir un mensaje a la nación. Después de la aparente serenidad de los primeros días, el presidente ya no oculta su furia. Necesita que la sociedad que lo ha glorificado como su modernizador le revele su apoyo, que los empresarios y sus aliados extranjeros a los que tanto ha favorecido lo respalden sin fisuras. Por desgracia para él, a seis días de la rebelión los estragos en su imagen pública ya son palpables. No importa que la mayor parte del país condene a los guerrilleros: en el fondo todos justifican las causas del levantamiento y lo hacen responsable de la miseria indígena. Despechado, Salinas no duda en emplear todas las acusaciones posibles contra sus enemigos:

–Una región del estado de Chiapas ha sido afectada por la violencia –empieza Salinas con su voz aguda y machacona–. En ese entrañable estado de la República, el atraso y la pobreza vienen de muchas décadas. En los últimos cinco años se ha trabajado intensamente y se han invertido grandes recursos para revertir esta condición. Esto fue posible por la presencia de una rica y diversa gama de organizaciones sociales que han mantenido un diálogo permanente con el gobierno: y el diálogo ha sido fructífero. Sin embargo, una organización diferente emergió en el estado de Chiapas. *Profesionales de la violencia, nacionales y un grupo extranjero,* ajenos a los esfuerzos de la sociedad chiapaneca, asestaron un doloroso golpe a una zona de Chiapas y al corazón de todos los mexicanos. Por eso se ha señalado con razón, que deben distinguirse claramente dos situaciones: la agresión armada de un grupo violento, de otra muy diferente que deriva de la situación de pobreza y carencias de esa región. Éste no es un alzamiento indígena, sino la acción de un grupo violento, armado en contra de la tranquilidad de las comunidades, la paz pública y las instituciones de gobierno. –Poco después, agrega–: No se puede tolerar el atentado contra la vida de un indígena, de un habitante de esas ciudades, de un policía, de un soldado del ejército nacional, de ningún ser humano. Todos los mexicanos, todos merecen el mayor respeto. Este grupo armado está en contra de México. En estos días de conflicto en Chiapas sus objetivos no han prosperado. Varias comunidades indígenas y la población rural los han rechazado. Las organizaciones indígenas y campesinas de Chiapas se han acercado a las autoridades reclamando protección por parte del Ejército Mexicano y ofreciendo plena participación para evitar la agresión.

Aturdido y enfadado, el presidente concluye:

–Los agresores pueden seguir provocando acciones aisladas de violencia. Ningún país puede evitar que sucedan. Pero van a fracasar. La resolución de los mexicanos unidos contra la violencia los derrotará. Se les ha ofrecido diálogo desde las primeras horas de la confrontación. Han respondido con más violencia. Reiteramos nuevamente nuestra oferta de diálogo.

–Y, volviendo a aplicar el criterio de que los "indígenas" son seres manipulables por las "fuerzas oscuras", añade con falsa magnanimidad–: Para aquellos en condiciones de pobreza que han participado por engaño, presiones o aun por desesperación, que depongan su conducta violenta e ilegal, buscaremos un trato benigno y aun consideraremos el perdón.

Para el final, Salinas se ha reservado la parte más polémica de su comunicado. Tras decir que a la invitación al diálogo los alzados han respondido con más violencia, no tiene empacho en decir que su gobierno está decidido a ofrecer un trato benigno, *e incluso a considerar el perdón*, a quienes hayan participado en la revuelta movidos "por engaño, por presiones y aun [*sic*] por desesperación". Como ya se ha anunciado, este comentario habrá de ser respondido por el subcomandante Marcos muy pronto.

Mientras el presidente desgrana su resentimiento, un grupo de intelectuales pide al gobierno que, "por razones humanitarias, morales y políticas", cesen los bombardeos en zonas densamente pobladas del estado de Chiapas. Entre los firmantes se encuentran de nueva cuenta los infaltables Carlos Fuentes, Carlos Monsiváis, José Emilio Pacheco, Carlos Montemayor, Elena Poniatowska y Jorge G. Castañeda.

Muy lejos de allí, Efraín Bartolomé escribe en su cuaderno:

¿Qué verdad poética hay en todo esto?

Una: el monstruo nunca surge por casualidad.

Es siempre una llamada de atención de la Gran Madre, para indicarnos que hemos violado principios poéticos básicos.

Y en Chiapas es tan obvio.

Atentados contra la tierra, contra los ríos, contra la selva.

Es cierto que en estos valles fértiles la gente no se muere de hambre: el más pobre hace milpa y frijolar, en tierra propia o en tierra ajena.

Y siembra plátano y tiene colmenas y en cualquier choza pobre hay puercos, guajolotes y gallinas.

Pero hay odio racial.

Pero hay guerra de castas.

Y hay jueces corruptos, funcionarios corruptos, profesores corruptos.

Y comerciantes abusivos de moral envilecida.

Y odio entre ocosingueros y oxchuqueros.

Y penetración lenta de salvadores de almas.

Y agandalle.

Y canallez.

Y, mezclada con todo eso, una capacidad sorprendente de trabajo.

El 7 de enero, un coche bomba estalla en un centro comercial de la ciudad de México. Un nuevo informe de la Secretaría de Gobernación da a conocer el emplazamiento de los centros de adiestramiento del EZLN y se refiere a la composición ideológica de sus dirigentes. Y, en un comunicado, los zapatistas proponen a diversos personajes como posibles mediadores en el conflicto.

La Jornada publica, entretanto, el artículo de Fuentes, titulado "Chiapas, donde hasta las piedras gritan", en el cual realiza un minucioso repaso de las revueltas indígenas en la zona. En realidad, se trata de una drástica refutación de las palabras de Salinas –y de Octavio Paz. En vez de referirse a los guerrilleros como demagogos, *profesionales de la violencia* o manipuladores de indígenas, los inserta en esa tradición de rebeliones provocada por quinientos años de injusticia.

–Hay una guerra en Chiapas –se queja el novelista–. Todo el país reprueba el uso de la violencia. En primer lugar, la de los guerrilleros. Su desesperación es comprensible; sus métodos, no. ¿Había otros? Ellos dicen que no. A nosotros, el gobierno y los ciudadanos, nos corresponde demostrarles a los insurrectos que sí. La solución política será tanto más difícil, sin embargo, si el ejército se excede en su celo, confundiendo a Chiapas con Vietnam y desfoliando la selva chiapaneca con bombas de alta potencia –indica Fuentes, haciendo caso a las denuncias zapatistas sobre el uso de este tipo de armas en la zona del conflicto–. Así se amedrenta a la población, es cierto. Los habitantes de una aldea indígena ven caer los primeros cohetes como sus antepasados entrar a los primeros caballos. Sienten miedo, se rinden, prefieren tranquilidad así sea con la miseria. Pero aceptar el miedo como norma de la concordia es asegurar nuevos estallidos. El ejército, por otra parte, tiene una imagen dañada por los sucesos del 2 de octubre de 1968: la matanza de cientos de estudiantes inocentes en Tlatelolco a fin de tener una olimpiada feliz y preservar la "buena imagen internacional" de México. El ejército no debe dañarse aún más con el uso excesivo de la fuerza en Chiapas.

Y culmina:

–Puede y debe haber diálogo, puede y debe haber soluciones políticas en Chiapas, por difícil que sean en un cocido de racismo, teologías de liberación, sectas protestantes, explotación económica e ideologías guerrilleras arcaicas... Pero con las autoridades actuales, la solución política se dificulta.

La primera semana de enero se acerca a su fin. Encerrado en su palacio como un monarca shakespeareano, Salinas se debate sobre la forma de resolver el problema. La disyuntiva es clara: acabar drásticamente con el movimiento, como le sugieren numerosos políticos de la vieja escuela, o tomar la vía del diálogo. Según narra en sus memorias, él nunca estuvo dispuesto a mancharse las manos de sangre:

–La opción de aniquilarlos resultaba inaceptable para mí –escribe en 2000 a modo de extemporánea exculpación–. Tenía presentes los recuerdos de los excesos cometidos en nombre de la libertad en contra de los pueblos de América Latina y en el sureste asiático: las imágenes de poblados incendiados, familias destrozadas, niñas y niños llorando en caminos desconocidos después de haber sido rociados con napalm, decenas de víctimas inocentes y los países lastimados. Al final, el saldo era completamente adverso a su propósito original: las instituciones desprestigiadas, las fuerzas armadas repudiadas, la sociedad dividida y más guerrillas movilizadas. Yo no quise eso para México.

Por una vez en su libro de memorias –escrito con el estilo

sobrio y puntual del burócrata–, Salinas se permite una efusión lírica: en el fondo, quisiera tener la habilidad retórica de Marcos, pero su lenguaje se ha quedado muy atrás en el tiempo, envejecido y paralizado ante la explosión de vitalidad de su enemigo. No importa: mientras pasan por su mente las imágenes de *The Dearhunter*, *Apocalypsis Now* o *Missing*, Salinas toma su decisión y decide hablarle de frente a la historia:

–Yo no quise eso para México.

3

El alto al fuego

Del 8 al 15 de enero de 1994

El 8 de enero un coche bomba estalla en una de las entradas del Campo Militar Número Uno, en la ciudad de México. Poco después, otra bomba es arrojada contra una torre de electricidad de Tepojaco, Cuautitlán Izcalli, si bien no logra interrumpir la corriente. Unos desconocidos lanzan una granada al Palacio Federal de Acapulco. El PROCUP, un grupo de guerrilla urbana originado en los años setenta, se hace responsable de todos estos hechos. El presidente Salinas anuncia la creación de una comisión especial para Chiapas, formada por el escritor Eraclio Zepeda, el antropólogo Andrés Fábregas y el senador priista Eduardo Robledo.

La Jornada publica un comunicado recibido por fax en sus oficinas, presuntamente enviado por el EZLN, en el cual fija condiciones para el diálogo con el gobierno y da los nombres de tres "personalidades reconocidas" que pudiesen servir como intermediarios: la premio Nobel de la Paz Rigoberta Menchú, el director del semanario *Proceso*, Julio Scherer García y el obispo Samuel Ruiz. No obstante, a los pocos días el EZLN niega la autoría de este comunicado.

Entre tanto, Eraclio Zepeda, uno de los firmantes de la carta abierta de los intelectuales chiapanecos y futuro miembro de la comisión creada por Salinas, publica un relato sobre el alzamiento:

Cuando las aguas de la creciente derrumban las casas, y el río se desborda arrastrando todo, quiere decir que hace muchos días que empezó a llover en la sierra, aunque no nos diéramos cuenta, me dijo don Valentín Espinosa.

Estábamos hablando de cómo fue que de pronto vino la guerra a caer a estas tierras.

Y nos pusimos a platicar de tantas maldades que les han y que les hemos hecho a la indiada. Es que desde el principio de los tiempos, cuando empezamos a hablar en castilla, fuimos a darles duro, al pan y sin zacate. Si tenían tierras buenas, a quitárselas íbamos. Que si el río lamía sus tierras y se navegaba en sus aguas, nuestras eran. Para ellos el cerro y los pedregales. ¿Que sus abuelos se las heredaron? ¡Pues nuestros padres se las quitaron!

—La poca tierra que les dejamos sirvió para que sembraran lo que a nosotros nos hacía falta, para pagárselos, cuando se les pagaba, a como nosotros queríamos...

—Pero eso fue hace mucho tiempo, don Valentín...

—Mucho para nosotros, para ellos fue ayer, y la cicatriz no cierra todavía.

Y me quedé viendo la iglesia, y los palacios y la plaza, todo de piedra labrada. Y pensé en las manos que labraron.

—En todo están sus manos. No te equivoques —dijo don Valentín.

Y me quedé pensando en todo lo que había conocido desde niño: los caminos, los puentes, las presas, los aljibes, los pozos, los cimientos, las casas. Y en todo advertí las manos de los indios.

—¿Y dónde viven? —preguntó don Valentín.

—Fuera de todo lo que hicieron —contesté.

—¿Y dónde mueren?

—En cualquier parte. De cualquier cosa.

—¿Y de qué te sorprendes? —volvió a preguntar.

—¿Sorprender?

—De lo que estás mirando... —y don Valentín extendió el brazo para que su mano describiera el mundo.

Y fue entonces cuando vimos las botas de hule nuevecitas hasta abajo y las gorras nuevas hasta arriba, y las mochilas en la espalda, y los uniformes ciñendo el cuerpo, y las escopetas en las manos, y las lanas en las manos del otro compañero, y las miradas dispuestas debajo de las gorras.

–¿Adónde van? –les preguntó una mujer.

–A la guerra, contestó un niño arreglando su mochila.

–¿Contra quién?

–Contra el tiempo, contestó un viejo que amarraba la punta de su lanza.

–¿Por qué a la guerra, don Valentín? –quise saber.

–Esto viene de lejos. Cuando el río crece quiere decir que hace mucho tiempo se están preparando en la sierra los torrentes.

El tono de esta breve parábola es similar al de los cuentos publicados de Zepeda, como en *Benzulul* (1959), en los cuales se utiliza el vocabulario y la sintaxis del español de los indígenas como una forma de acercarse a su mundo, regido todavía por la magia de la palabra, el poder evocador de la tradición y por un tiempo circular que hace que el pasado permanezca vivo en el presente. Se trata del mismo tono que, en los meses siguientes, llevará a sus últimas consecuencias el subcomandante Marcos.

En *La Jornada* aparece también una entrevista de Elena Poniatowska con Juan Bañuelos.

–La insurrección de los Altos de Chiapas nace de la realidad sin esperanza en que viven sus pobladores –afirma el poeta luego de referirse a las "grandes familias" que dominan Chiapas–. A diferencia de muchos intelectuales y miembros del gobierno que piensan que este fenómeno corresponde a las condiciones peculiares de esa región por el rezago histórico y que no va a extenderse, yo creo que este levantamiento llegó para quedarse y aunque se imponga la estrategia militar de *tierra arrasada* como en Vietnam y en otros países centroamericanos, se volverá *guerra de la pulga* que será a largo plazo –A continuación, Bañuelos se queja del trato concedido por el gobierno a los sublevados–.¿Por qué no aceptamos lo que los religiosos proponen: partir de una amnistía?

En Jalapa, Sergio Pitol sigue entonando su amarga queja por lo que ocurre no demasiado lejos de donde él se encuentra:

–Continúan los combates, y se producen algunos actos terroristas en diferentes lugares del país –escribe el novelista–. Sin mayores daños. Más bien, como señales del peligro que acecha en varias partes al mismo tiempo. Los programas televisivos preparados por el gobierno son, como siempre, muy burdos; tratan de negar el problema central: la miseria y el desprecio a que ha sido sometida la población indígena. ¿Cómo el gobierno no se enteró de que ocurría algo de semejante dimensión? Siguen los bombardeos del ejército cerca de San Cristóbal, en zonas pobladas ampliamente por indígenas. Las marchas por la paz y por el alto a los bombardeos son constantes en la ciudad de México. Me vuelvo a preguntar: ¿no registró nada el ejército durante el año en que, según Gobernación, duraron los preparativos?, ¿ni los servicios secretos de las distintas policías?, ¿ni la tan afamada inteligencia militar? ¿Alguien interceptaba la información, o se recibía y no se le daba crédito, engolosinada como estaba la cúpula por llegar al dígito inflacionario? Hoy hice una larga cola en un puesto de periódicos para poder comprar *La Jornada* y *El Financiero*. Este fin de semana no logré trabajar.

Y Efraín Bartolomé reflexiona:

Pienso en esos muchachos, los rebeldes en armas.

Los imagino bajo la llovizna en esas jornadas de sufrimiento.

Pienso en la gente de los ranchos durmiendo en el monte, también bajo la llovizna y el viento, huyendo de los rebeldes.

Los imagino pidiendo a los niños que no hagan ruido porque los pueden descubrir, porque los pueden matar.

Y pienso también en los jóvenes soldados haciendo guardia en los retenes.

Con el ojo sensible a todas las siluetas, a todas las sombras.

Con el oído atento a cada ruido nocturno, a cada grito animal, a cada rama que se quiebra.

Detrás de cualquier árbol puede asechar la muerte.

El 9 de enero, la Secretaría de la Defensa Nacional anuncia tener bajo su control Ocosingo, Las Margaritas, Altamirano, San Cristóbal, Chanal y Morelia. Rigoberta Menchú acepta mediar en el conflicto y Julio Scherer declina. Y Elena Poniatowska publica en *La Jornada* un largo artículo, "Chiapas o la desesperación", donde ya emplea el tono exaltado que la convertirá en la principal abogada de Marcos y los zapatistas:

–¡Qué feos días! Mal año este de 1994. La sangre derramada en la Selva Lacandona, en los pueblos de Chiapas, está aquí frente a nuestros ojos y nos impregna la conciencia. Lo que nosotros podemos decir aquí en el Distrito Federal es bien pobre, bien insatisfactorio, y al rato se volverá retórica, inútil como toda retórica.

Ya en este primer artículo su descripción de los *milicianos* es apoteósica: para ella, son jóvenes, casi niños, desvalidos, solitarios, morenos, magullados, con ojos de ciervo asustado, e incluso sugiere que han sido engañados por sus líderes y que por esta razón empuñan rifles de madera. En su intento de *humanizar* a los indígenas que se han levantado en armas, muchos intelectuales en realidad contribuyen a mitificarlos: por más jóvenes que sean, no hay que olvidar que estuvieron dispuestos a luchar; por más "solitarios, magullados y asustados" que estuviesen, se lanzaron voluntariamente a esta aventura (quizá con las mejores razones). Ni el gobierno ni los intelectuales deberían minimizar sus decisiones: es necesario dejar de pensar que se trata de "buenos salvajes" manipulados por hombres lobos del hombre. Al menos el alzamiento zapatista debería servir para que todos dejemos de contemplar a los indígenas como *los otros* –como menores de edad sin capacidad de decisión–, para empezar a juzgarlos como nuestros iguales.

–No creo que se les haya dicho una cosa en lugar de otra –explica el obispo Samuel Ruiz, refiriéndose a los indígenas que participan en la rebelión–; no hay gente que haya sido obligada o estrictamente engañada para incorporarse con ellos.

Es decir: se han levantado en armas por su voluntad.

En el mismo tono de Elena Poniatowska, la periodista y narradora Cristina Pacheco publica unas "Imágenes de Chiapas" que insisten en conferirle un aura poética a la desolación que se vive en el estado:

Olor del aire

El cielo es, como siempre, intensamente azul. Los rayos de sol descubren las infinitas tonalidades de los follajes y persiguen el vuelo zumbador de los insectos. El viento helado se hace eco de un estruendo lejano y pastorea un rebaño de nubes blancas que al pasar sobre el caserío proyecta una sombra de malos augurios.

En las laderas no aparecen niñitas agobiadas por sus cargas de leña; en las brechas no se aprecian las huellas de los hombres –*chuj* negro, piernas desnudas, voz amarga de *posch*– que siempre han cuidado milpas y cafetales. Los perros flacos no arañan la tierra endurecida a bajo cero ni se revuelcan para rascarse las picaduras del hambre y de las pulgas.

Los troncos de los árboles no están acinturados con los telares donde las mujeres han tejido por generaciones –al abrigo de las frondas y bajo la custodia de santa Lucía– la trama de su vida. El aire no huele a maíz, ni a leña, ni a miel: huele a MUERTE.

Las construcciones de bajareque y tablas no arrojan sus pacíficas señales de humo blanco: sin embargo, la ranchería no está desierta ni las casas deshabitadas; sus moradores permanecen en ellas, sólo que inmóviles, silenciosos, cohibidos ante la aparición de un nuevo huésped: el miedo.

Al oriente vuelan los aviones en picada. Al occidente vuelan los zopilotes.

Diego vuelve a hundir la pala en la tierra donde su hijita tomaba el sol y recibía manacitos por llevarse las piedras a la boca. Al caer, los terrones producen un tamborileo seco que se agranda en el silencio del paraje solitario.

Lucía está de pie. Lleva entre los brazos una cajita de cartón. Dentro está, envuelto en trapos, el cuerpo de su hija que no alcanzó a cumplir un año ni a ser bautizada. De no haberla herido una bala, la niña sería heredera del nombre de su madre, de su lengua, de sus costumbres, de su huipil de fiesta, de su gusto por las flores.

Pero la niña está muerta, replegada en su cajita de cartón, su madre la acuna, como si temiera que la despertaran el ruido de la pala que orada la tierra o el estruendo de los aviones que desgarran el cielo.

Hay setenta refugiados en la Casa de Don Bosco. En la comunidad sólo quedó un anciano que no podía caminar.

Efraín Bartolomé, en cambio, no se deja llevar por el lirismo de la violencia y sus palabras resultan más estremecedoras. En su diario de hoy comenta la noticia de la creación de la comisión especial formada por el presidente Salinas:

¿Cómo será el país que sueñan estos hombres en armas?

¿Es más fácil organizarse para matar que para producir?

¿No ha bastado la sangre?

¿No soplan realmente vientos mejores, aun en estas tierras olvidadas?

¿No basta la sangre derramada en Guatemala, en El Salvador, en Cuba, en Nicaragua?

¿Más sangre para abonar el suelo de la utopía?

Y todo, ¿para qué?

Oigo, en la radio, de una comisión del gobierno integrada por chiapanecos: Andrés Fábregas, Eduardo Robledo y Eraclio Zepeda.

Una comisión para la paz.
La paz: la nunca bien ponderada.

El alzamiento zapatista ha sido un remolino. A pesar de su aparente inmovilidad inicial, a los diez días de la toma de San Cristóbal el presidente al fin se decide a ponerse en acción y a cambiar los principales puestos de su gabinete. No puede conservar por más tiempo a un secretario de Gobernación que, habiendo sido gobernador de Chiapas, fue incapaz de prevenir la catástrofe. El 10 de enero Salinas decide sustituirlo por el jurista Jorge Carpizo; al mismo tiempo, nombra a Diego Valadés como titular de la Procuraduría General de la República y –lo que es más importante– a Manuel Camacho Solís como comisionado para la paz y la reconciliación en Chiapas.

–A las pocas horas del levantamiento –cuenta Salinas en sus memorias–, Manuel Camacho me había llamado por teléfono. Me hizo saber que se encontraba en Cancún y que su suegro, el doctor Manuel Velasco Suárez, ex gobernador de Chiapas, lo había buscado desde San Cristóbal para narrarle la ocupación de la ciudad. Camacho me ofreció trasladarse de inmediato a Chiapas. Le advertí que como secretario de Relaciones Exteriores su presencia era inconveniente y podría representar un mensaje equivocado dentro y fuera del país. En los días siguientes insistió en ser el mediador. Era una decisión muy difícil, porque si bien Camacho se había destacado por su habilidad negociadora, su calidad de candidato presidencial perdedor [sic] implicaba un riesgo para la campaña recién iniciada. Sin embargo, consideré que la prioridad era encauzar el conflicto por la vía del diálogo y evitar que la propagación de los combates afectara la realización de los comicios para presidente.

Realizados al calor de la guerra, los movimientos en el gabinete generan numerosos resquemores en la clase política tradicional. Jorge Carpizo, antiguo rector de la UNAM, primer presidente de la Comisión Nacional de Derechos Humanos y luego procurador general de la República, es un *outsider*: él mismo se jacta de no militar en ningún partido político, y su inteligencia y honestidad, reconocidas por tirios y troyanos, se combinan con un carácter agrio e impredecible. No es de extrañar que a muchos priistas les incomode su presencia en el puesto más importante del país, y todavía más considerando que va a ser el encargado de organizar las elecciones presidenciales en agosto. Si a ello se suma la presencia de Valadés, amigo de Carpizo y hasta hace poco cercano colaborador de Camacho, las sospechas de los colosistas no hacen sino aumentar. Cuando el país se desliza hacia el abismo, Salinas parece reconocer que el único hombre capaz de salvarlo de la catástrofe es su viejo amigo, el ex regente de la ciudad de México, a quien hace apenas unos meses despreció como su posible sucesor.

Al convertir a Camacho en comisionado para la paz y la reconciliación, un cargo que −se señala con demasiada insistencia− no implica un puesto oficial ni un sueldo, Salinas no sólo resucita la carrera política de Camacho, sino que provoca una enorme confusión sobre sus intenciones. Para nadie es un secreto la acerba enemistad entre Colosio y el comisionado; nadie calla, tampoco, que la candidatura de este último ha sido herida de muerte con los acontecimientos de Chiapas, y, por último nadie duda del carácter perverso de Salinas, capaz de maniobrar para cambiar al candidato del PRI en caso de urgencia. ¿Hasta dónde Salinas sabía lo que hacía? ¿Y hasta dónde jugaba con fuego?

Desestimando a los teóricos de la conspiración que piensan que la decisión de Salinas anticipa la muerte de Colosio, habría que aceptar, más bien, la necesidad de Salinas de ganar tiempo. Pese a su enfado, Camacho ha sido su amigo y cómplice de toda la vida; ahora necesita sus servicios −nadie más puede hacerse cargo de la empresa−, y en el fondo el presidente considera que, si bien su nombramiento golpeará todavía más la endeble candidatura de Colosio, se trata de un mal menor comparado con lo que podría ocurrir si el conflicto en Chiapas se recrudeciera. ¿En realidad Salinas piensa en Camacho como un eventual candidato sustituto? Seguramente, sí. El presidente −ya lo sabemos− no tiene un pelo de tonto;

pero ello no quiere decir que él mismo lo desee: por el contrario, Salinas ya ha tomado su decisión y espera no tener que modificarla. Si eligió a Colosio es porque confía más en su temple moderado que en el impredecible y caprichoso carácter de Camacho.

En el fondo, Salinas improvisa. Necesita ampliar su margen de maniobra. Si todo sale como quiere, al final podrá volver a cambiar de estrategia, reacomodará sus peones y regresará a su modelo inicial, con Colosio como candidato. Pero, como están las cosas, Salinas tampoco descarta que, en caso de que su viejo amigo conduzca unas negociaciones rápidas y exitosas con la guerrilla, tal vez no le quede más remedio que alterar el juego. En una situación crítica debe elegir el menor de los males. Lo peor que podría ocurrirle es que al final ni siquiera pudiera decidir. Por ello no evita los mensajes cruzados: oficialmente, Colosio es el candidato y Camacho el comisionado para la paz. Mientras tanto, él continúa moviendo los hilos. Faltan diez meses antes de que deba ceder el poder, de modo que sólo le preocupa una cosa: no Chiapas, no Marcos, no las elecciones, no Colosio ni Camacho, sino su *futuro*. Su lugar en la historia.

El 10 de enero, esta vez en la revista *Proceso*, Carlos Monsiváis se desmarca de las opiniones de sus colegas de izquierda, empeñados en considerar a los alzados como héroes:

—Primer acuerdo de la (difusa y concreta) opinión pública: la vía armada (y esto se ha probado trágicamente) no es solución alguna, el culto a la revolución se extingue en todas partes, la violencia sólo engendra violencia, es demencial la pretensión de un grupo de mil o dos mil personas de declarar la guerra al Estado mexicano —aclara Monsiváis—. Lo increíble fue el modo en que unos cuantos nos sorprendieron a todos. Y se limitaron a lo elemental. Con una lógica que no es ni será la nuestra, se levantaron y dijeron: "¡Basta!" No hay que idealizar tan rápidamente a los alzados. Su lenguaje político es rudimentario, su idea del socialismo corresponde al modo desinformado con que se adoptan utopías difusas.

En estos primeros días de enero, Monsiváis no escatima sus críticas. Nada parece anunciar aquí la intensa relación que más adelante sostendrá con el subcomandante.

En el mismo número de *Proceso*, Héctor Aguilar Camín también bosqueja sus primeras opiniones sobre los hechos de Chiapas. No hay que olvidar que el director de *Nexos* mantiene una relación pública de amistad con Salinas: no es casual entonces que, si bien le parece que muchas de las demandas de los alzados son justas, al final termine por tratar de salvar *in extremis* el proyecto modernizador de su amigo:

–Puesto todo junto, la explosión de Chiapas parece más el último capítulo de las agotadas guerrillas centroamericanas que el primero de la futura inestabilidad violenta de México –sentencia el historiador y novelista–. Su catártica irrupción no niega, sino confirma, el proceso de internacionalización del país: el fin de la insularidad orgullosa, la permeabilidad de todas las fronteras a los buenos y malos vientos del mundo. Y no desmiente, sino refrenda, la urgencia de la modernización ya emprendida, poniendo en primer plano las modernizaciones esenciales del futuro.

El 11 de enero, el recién designado comisionado para la paz inicia sus actividades –su nueva vida, su resurrección– y reconoce abiertamente la existencia del EZLN, llamándolo por primera vez por su nombre. Más tarde se reúne con Samuel Ruiz y con la Comisión Plural del Congreso. Mientras tanto, la guerrilla retoma Chanal.

¿Cuál es el juego de Camacho? En su caso, la respuesta es muy simple: en medio de la opacidad propia de la política mexicana, él persigue la transparencia. ¿Por qué es el mejor comisionado para la paz posible? No por su cercanía con Salinas, ni por su habilidad como negociador en el Distrito Federal, ni por sus múltiples conexiones con todos los sectores del país. Es el mejor comisionado posible porque nadie puede dudar de sus intenciones: Camacho hará todo lo que esté en sus manos para lograr un acuerdo rápido y eficaz con los zapatistas. ¿Por qué? La respuesta es fácil: éste es el único camino que podría devolverlo a la carrera por la presidencia. Así de simple. Con Camacho nadie se engaña. A diferencia de Salinas, no es un político torvo: sus intereses personales coinciden con los de la nación. Si Camacho triunfa, México triunfa. Y esa victoria sólo puede ser recompensada con la gloria o, mejor, con su pago en efectivo: la presidencia de la República. Su buena voluntad resulta tan nítida que incluso el subcomandante Marcos la reconoce, aceptándolo de inmediato como negociador. El subcomandante entiende que no es un funcionario cualquiera, sino un político que se juega su carrera –y su futuro– en la negociación.

–Al saber que Camacho Solís se ha propuesto para intentar llevar a cabo negociaciones de paz me sentí reconfortado –reconoce Sergio Pitol en su diario–. Si lo logra se transformará en un gigante. Un gigante en el mundo de enanos que gobierna el país. Mi odio, mi desprecio a toda esa chusma engreída que constantemente se vanagloriaba de los llamados triunfos macroeconómicos se ha vuelto más intenso y también más radical. ¡Qué inmenso desperdicio de dinero y de esfuerzos en esa bufonada que fue Solidaridad, por ejemplo! Por la televisión conocimos hoy una nueva imagen de Salinas. No parece ser ya el presidente del siglo sino un hombre diminuto, de mirada huidiza, de presencia derrotada: el hombre que durante cinco años ha engañado a la nación y se engañó a sí mismo creyendo que era César, se ve obligado a enfrentarse, por obra y gracia de una indiada miserable cuya existencia negaba, a un espejo que le devuelve a sus verdaderas dimensiones. Me viene a la mente la frase de Tosca ante el cadáver de Scarpia: *E avanti a lui tremaba tutta Roma!* Lo único que cabe esperar de estos diez ultraenigmáticos días que hemos vivido es que no sean olvidados, que sirvan de lección, que los consideren como el inicio de una reflexión nacional, que los acerquen a la realidad, que se den cuenta de lo lejos que estamos, por su culpa, de ese primer mundo en el que creían vivir.

A Sergio Pitol, el creador de personajes tan ridículos como el Dante C. de la Estrella de *Domar a la divina garza*, le bastan unos cuantos trazos para dibujar el perfil de Carlos Salinas, convertido así en otro de los miserables y extravagantes personajes de sus novelas.

Del otro lado del océano, uno de los primeros intelectuales españoles que se apresuran a opinar sobre el conflicto en Chiapas es el novelista y poeta Manuel Vázquez Montalbán. El creador del detective Pepe Carvalho publica en su columna de *El País* la primera de una larga serie de notas sobre el alzamiento chiapaneco. Conocido por sus posiciones progresistas, Vázquez Montalbán prepara el camino que lo convertirá en uno de los hagiógrafos oficiales del subcomandante Marcos:

–El inmenso Chiapas de la aldea global no tiene quien le escriba ni quien le permita ratificar su identidad –escribe el novelista español–, y cuando ejerce el lenguaje de la revuelta se atribuye a la inspiración de revolucionarios urbanos, señoritos del marxismo residual o de la teología de la liberación que hinchan la cabeza a los condenados de la tierra para impedirles ver las ventajas del GATT, el TLCAN o el TAV (tren de alta velocidad). Nada se dice de esos señoritos, igualmente urbanos, que con veinte duros de Karl Popper predican la utopía de la edad de oro como consecuencia de la instauración universal de la sociedad abierta y del democratismo, creando un desfase entre lo que se predica y lo que se ve. Esos peligrosos señoritos neoliberales que, en definitiva, impulsan una contrarrevolución cultural para la que están dispuestos a sacrificar a tantos peatones de la historia como en el pasado pudo sacrificar el estalinismo o el maoísmo para cumplir planes quinquenales o dar grandes saltos hacia adelante. Esos peligrosos señoritos criollos neoliberales que reclaman la restauración de la razón de Estado a cargo del ejército, pero, eso sí, respetando los derechos humanos, curiosa cuadratura del círculo. Puestos en evidencia ahora en Chiapas, antes en Venezuela, Argentina, Los Ángeles... donde haya explotado o explote la indignación de los que no se ven representados en simposios sobre la sociedad abierta, al cabo de siglos y siglos de dobles verdades y triples mentiras.

En un tono todavía más pedestre, el novelista valenciano Manuel Vicent se lanza con saña contra Octavio Paz:

–Están asesinando con la máxima violencia y rapidez a esos parias de la tierra que se han levantado por hambre en la antigua diócesis de Chiapas, donde fue obispo fray Bartolomé de las Casas, el defensor de los indios –escribe el muy indignado y desinformado Vicent–. No pasan los siglos. Mientras los helicópteros artillados del Ejército Mexicano rocían de plomo indiscriminadamente la Selva Lacandona, suenan las palabras suavonas de taimados legisladores que ofrecen clemencia a los que han sido acribillados. Hoy todos los corridos que canten los mariachis nos harán llorar, puesto que la izquierda del mundo ya no tiene más armas que la música y la piedad para acompañar en su agonía a esos indios famélicos que van a ser exterminados en presencia de las naciones democráticas. Como ya no existe el imperio soviético, ahora le echan la culpa a la mínima Guatemala, y en el infame cometido de enmascarar este genocidio se servirán también del bardo oficial Octavio Paz, que acaba de publicar un artículo vergonzoso, lleno de distingos escolásticos para salvar el bulto y quedar incontaminado en su torre de marfil rodeada de sangre. Sea usted poeta para eso.

Adoptando un todo de superioridad moral intolerable, Vicent cree ver en Chiapas uno de esos escenarios calamitosos en los que se enfrentan los últimos desheredados contra los neoliberales, y los criollos contra los indígenas, sin apreciar ningún matiz. Poco le ha faltado a Vicent para comparar a Chiapas con Vietnam. A los lugares comunes de la retórica de izquierda, el valenciano añade los lugares comunes relacionados con el exotismo mexicano: mariachis y corridos dolorosos aparecen en las páginas de Vicent como si estas imágenes dotasen de credibilidad a sus palabras.

Casi lamentando la caída de la Unión Soviética, el novelista carga sus armas contra ese "todo México" que parece estar contra los indígenas. A Octavio Paz lo llama "bardo oficial", dice que su artículo es vergonzoso y lo acusa de mantenerse en su "torre de marfil rodeada de sangre": su tono no sólo es excesivo, sino delirante. Si bien el artículo de Paz carece de matices y evita responsabilizar al gobierno salinista de lo que ocurre en Chiapas, ello no lo convierte en responsable del supuesto "genocidio" que se lleva a cabo en el estado. Vicent es uno de los primeros intelectuales europeos en cometer una de las más odiosas –y contagiosas– deformaciones del conflicto chiapaneco, repetida hasta la saciedad por la prensa bienpensante: para él, la guerra se lleva a cabo entre "indígenas", los "parias de la tierra", y los tecnócratas "blancos", como si sólo fuera una prolongación de la lucha entre "conquistadores" y "conquistados".

En momentos en los cuales la guerra de Yugoslavia está en curso, persiste la tentación de creer que el conflicto chiapaneco es de naturaleza étnica, cuando se trata ante todo de un conflicto social. A pesar del innegable racismo de gran parte de la población mestiza del país, la guerra obedece a circunstancias económicas y políticas. Por más que le pese al gobierno mexicano, que preferiría ver a extranjeros en las filas del EZLN, o a los izquierdistas mundiales, como Vicent, quienes consideran a los indios como una especie en peligro de extinción, la guerra de Chiapas se produce entre ciudadanos mexicanos: tan mexicanos son los soldados del ejército federal como los zapatistas. Y los muertos de ambos bandos son también mexicanos.

El 12 de enero, Homero Aridjis, poeta y presidente del Grupo de los Cien, una de las organizaciones ecologistas más importantes del país, publica un artículo titulado "Más allá de Chiapas, rectificar la pirámide", en el cual abunda sobre la metáfora, ya empleada por Paz, de comparar al sistema político mexicano con el mundo azteca:

–Se compara con frecuencia al sistema político mexicano con una pirámide de poder, de corrupción o de estolidez, según se quiera –dice Aridjis–. El momento ha llegado de rectificar la pirámide. Los acontecimientos del estado de Chiapas revelan más que nunca la necesidad de una reforma política y social en México de fondo, no retórica, no de imagen. En esa rectificación necesaria la democracia debe estar en la base poligonal y en cada una de las caras de la pirámide. La democracia no de decretos y discursos, sino la que practican diariamente los gobernantes y los gobernados como una forma de vida. Porque en la pirámide de corrupción material y moral que agobia a México es práctica común de los funcionarios abusar de los recursos económicos y de los derechos humanos de los ciudadanos (indígenas o no indígenas). Y esto debe cesar.

Este texto, en el cual reaparece la imagen de las "piedras" para referirse a Chiapas ya empleada por Carlos Fuentes, es otro de esos artículos bienintencionados que, sin embargo, apenas contribuyen a aclarar el panorama. Chiapas se ha convertido en el tema de moda y todos los intelectuales se lanzan a opinar sobre lo que ocurre aun si no hacen otra cosa que repetir las mismas viejas ideas una y otra vez.

En el otro extremo del espectro ideológico, en un artículo publicado en el nuevo periódico *Reforma*, Gabriel Zaid reflexiona sobre lo que él considera una inexplicable serie de "cortesías" que tanto los zapatistas como otros sectores del país parecen tener dese el 1° de enero. En primera instancia, señala que el EZLN ha tomado las alcaldías de Chiapas el 1° de enero de 1994, en vez del 2 de octubre de 1993, con lo cual ha dejado a un lado la fecha simbólica más importante de la izquierda mexicana; de haberlo hecho en ese momento, reflexiona Zaid, tal vez hubiesen podido frenar la firma del Tratado de Libre Comercio; ahora, en cambio, es demasiado tarde. La segunda cortesía le corresponde, en cambio, al ejército, el cual, según Zaid, simplemente se "cruzó de brazos" el 1° de enero, permitiendo el despliegue de la guerrilla. La tercera cortesía la ha tenido la televisión mexicana al decidirse a transmitir las imágenes del alzamiento desde el primer día del conflicto, cuando por regla general ha sido tan propensa a la autocensura y a la complicidad con el gobierno. Y, por último, Zaid señala que, al atacar el cuartel militar de Chiapas, la guerrilla provocó innecesariamente la cólera del Ejército Mexicano, que en otro caso hubiese preferido limitarse a observar los acontecimientos desde lejos. Zaid se pregunta con evidente ironía: ¿cuál es la razón de todas estas extrañas cortesías? Si bien para muchos la única respuesta posible es la puesta en marcha de una gigantesca conspiración –tesis que corre como la pólvora en esos días y que artículos como el de Zaid alientan de modo involuntario–, por primera vez el sistema político mexicano muestra sus debilidades ante la repentina ruptura de la cohesión y de las reglas observadas durante muchos años.

Como si quisiese corroborar lo anterior, este mismo día se hacen públicos varios nuevos comunicados del EZLN, firmados ya por el "subcomandante" Marcos, quien así oficializa su nombre de guerra. Pocos temas han despertado tanto la imaginación popular –y las sospechas de los servicios de inteligencia– como la identidad del líder guerrillero. Las especulaciones se han disparado en todos los sentidos: un infeliz botánico venezolano fue detenido en la Selva Lacandona, confundido con el jefe zapatista, y más tarde los rumores no cesan de sostener que Marcos es en realidad un sacerdote o miembro de la Iglesia.[17] Por ello, en su primer comunicado tras la Declaración de la Selva Lacandona, Marcos desmonta todas las acusaciones que ha recibido:

–Hermanos –dice en el texto publicado en *La Jornada* el 12 de enero–, desde el 1° de enero del presente año nuestras tro-

[17] Por ejemplo, una nota publicada en *El Norte* el 3 de enero decía: "La descripción del guerrillero dada a conocer por la Procuraduría General de la República causó en esta ciudad polémica, en especial, porque el dibujo hablado de los peritos muestra un rostro femenino, lo cual, dicen aquí quienes vieron a Marcos, no corresponde a la realidad. Tampoco están de acuerdo los testigos en el color verde claro que se da a los ojos del supuesto líder, pues coincide la mayoría eran cafés claros. Un fotógrafo de la ciudad de México, que pidió el anonimato por razones de seguridad, tuvo oportunidad de estar con el guerrillero en el Palacio Municipal de esta ciudad. Lo describe simplemente como 'un chavo de Coyoacán'. 'Imagínatelo en una cafetería de Coyoacán: ése sería su ambiente natural', dice". Desde luego, parece poco probable que el subcomandante Marcos tuviese un rostro femenino, pero en el revuelto México de aquellos días todo parecía posible.

pas zapatistas iniciaron una serie de acciones político-militares cuyo objetivo primordial es dar a conocer al pueblo de México y al resto del mundo las condiciones miserables en que viven y mueren millones de mexicanos, especialmente nosotros los indígenas. Con estas acciones que iniciamos damos a conocer también nuestra decisión de pelear por nuestros derechos más elementales por el único camino que nos dejaron las autoridades gubernamentales: la lucha armada.

Como puede verse, a diferencia de lo que ocurría con la Declaración de la Selva Lacandona, ahora se subraya la condición indígena del EZLN.

–Nuestro EZLN no tiene en sus filas, ni en sus organismos de dirección, extranjero alguno –prosigue el subcomandante–, ni ha recibido jamás apoyo o asesoría de movimientos revolucionarios de otros países ni de gobiernos extranjeros. La noticia de que guatemaltecos militan en nuestras filas y fueron entrenados en el país vecino son historias inventadas por el gobierno federal para desvirtuar nuestra causa. No hemos tenido, ni tenemos, nexo alguno con el FMLN salvadoreño, ni con la URNG de Guatemala ni con ningún otro movimiento armado latinoamericano, estadounidense, africano, asiático u oceánico. Las tácticas militares que empleamos no fueron aprendidas de la insurgencia centroamericana sino de la historia militar mexicana, de Hidalgo, Morelos, Guerrero, Mina, de la resistencia a la invasión *yanqui* en 1846-1847, de la respuesta popular a la intervención francesa, de las grandes gestas heroicas de Villa y Zapata, y de las luchas de resistencia indígena a todo lo largo de la historia de nuestro país.

No es casual que Marcos se detenga a aclarar esta cuestión: por más que los indígenas guatemaltecos y chiapanecos posean importantes vínculos culturales, la opinión pública mexicana jamás toleraría la presencia de extranjeros en las filas de un movimiento rebelde. Es algo que Marcos sabe muy bien, y de ahí su necesidad de mostrar al EZLN como un bastión nacionalista.

–Nuestro EZLN no tiene liga alguna con autoridades reli-

274

giosas católicas ni de ningún otro credo –continúa el subcomandante–. No hemos recibido orientación ni apoyo de estructura eclesial alguna, ni de ninguna de las diócesis de Chiapas
ni del nuncio apostólico ni del Vaticano ni de nadie. En nuestras filas militan, mayoritariamente, católicos, pero también
hay de otros credos y religiones.

Esta aclaración va dirigida contra quienes han vinculado a
los zapatistas con sacerdotes y religiosos de la diócesis de San
Cristóbal.

–Los mandos y elementos de tropas del EZLN son mayoritariamente indígenas chiapanecos –insiste Marcos–, esto es así
porque nosotros los indígenas representamos el sector más hu-
millado y desposeído de México, pero también, como se ve, el
más digno. Somos miles de indígenas alzados en armas, detrás
de nosotros hay decenas de miles de familiares nuestros. Así
las cosas, estamos en lucha decenas de miles de indígenas. El
gobierno dice que no es un alzamiento indígena pero nosotros pensamos que si miles de indígenas se levantan en lucha
entonces sí es un alzamiento indígena. Hay también en nuestro movimiento mexicanos de otros orígenes sociales y de distintos estados de nuestro país. Ellos están de acuerdo con nosotros y se han unido a nosotros porque no están de acuerdo
con la explotación que sufrimos. Actualmente, la dirección
política de nuestra lucha es totalmente indígena, el cien por
ciento de los miembros de los comités clandestinos revolucionarios indígenas en todo el territorio de combate pertenecen
a las etnias tzotzil, tzeltal, chol, tojolabal y otras. El uso del pasamontañas u otros medios para ocultar nuestro rostro obedece
a elementales medidas de seguridad y como vacuna contra el
caudillismo.

Este punto refleja asimismo un cambio de matiz importante respecto a la Declaración, y constituye una respuesta a las versiones oficiales del movimiento que, contradiciendo la primera declaración emitida por el gobierno de Chiapas, han
querido arrebatarle su condición indígena al EZLN. Para con-
trarrestar asimismo la impresión de que por ser indígena el

movimiento carece de armas y pertrechos, el subcomandante aclara:

–El armamento y equipo con que cuenta nuestro pueblo es muy variado y, como es de entender, no fueron mostrados públicamente en su totalidad y cantidad a los medios de comunicación ni a la población civil en las cabeceras municipales que tomamos los días 1° y 2 de los corrientes. Estas armas y equipo fueron conseguidos poco a poco y preparados a través de diez años de acumulación de fuerzas en silencio. Los "sofisticados" medios de comunicación que poseemos se pueden conseguir en cualquier tienda de artículos de importación del país.

Marcos insiste en aplicar una de las típicas estrategias de la guerra consistente en engañar al enemigo sobre su potencial destructivo. Sin embargo, en el fondo parece que ni siquiera él mismo está convencido de su *bluff*, pues no evita bromear sobre sus equipos de comunicación. El juego de Marcos consiste en mantener un delicado equilibrio, pues debe probar que el EZLN es un grupo fundamentalmente indígena y que sin embargo se halla bien armado, aunque no tanto como para sugerir el apoyo de fuerzas extranjeras.

–Algunos preguntan que por qué decidimos empezar ahora si ya nos estábamos preparando desde antes –dice Marcos a continuación–, la respuesta es que antes probamos todos los otros caminos pacíficos y legales sin resultado. Durante esos diez años han muerto 150 mil de nuestros hermanos indígenas por enfermedades curables. –Y se empeña–: Estamos dispuestos a morir otros 150 mil si es necesario esto para que despierte nuestro pueblo del sueño de engaño en que lo tienen.

Marcos justifica nuevamente el alzamiento: si se tomó la decisión de empezar la guerra, fue porque todas las demás vías estaban cerradas. Obsesionado con las muertes heroicas, Marcos afirma, con esa voluntad novelística de manejar a los hombres como personajes, que la muerte de 150 mil indígenas valdría la pena con tal de demostrar la justicia de su causa. Por fortuna, Marcos no es un ideólogo radical –su sentido del humor se lo impide–, sino un extraño guerrillero escéptico, por lo cual sus ansias de martirio por lo general son simples baladronadas literarias.

Para concluir, el subcomandante se refiere a las posibles condiciones para establecer un diálogo con el gobierno:

A] Reconocimiento del EZLN como fuerza beligerante.
B] Cese al fuego de ambas partes en todo el territorio de combate.
C] Retiro de las tropas federales de todas las comunidades con pleno respeto a los derechos humanos de la población rural. Regreso de las tropas federales a sus respectivos cuarteles en los distintos puntos del país.
D] Cese al bombardeo indiscriminado a poblaciones rurales.
E] Con base en las tres condiciones anteriores, formación de una comisión nacional de intermediación. Nuestras tropas se comprometen a respetar estas condiciones si el gobierno federal hace lo mismo.

Y concluye:

–En caso contrario, nuestras tropas seguirán llevando adelante su avance sobre la ciudad capital del país. Nuestro EZLN reitera que seguirá ateniéndose a las leyes de la guerra aprobadas en la Convención de Ginebra, respetando a la población civil, a la Cruz Roja, a la prensa, a los heridos y a las tropas enemigas que se rindan sin combatir ante nuestras fuerzas. Hacemos un llamado especial al pueblo y gobierno estadounidenses. Al primero, para que inicie acciones de solidaridad y ayuda para nuestros compatriotas, y al gobierno estadounidense, para que suspenda toda ayuda económica y militar al gobierno federal mexicano por tratarse de un gobierno dictatorial que no respeta los derechos humanos y porque dicha ayuda será empleada para masacrar al pueblo de México.

Como si se tratara de una oportuna respuesta a las demandas expresadas por los zapatistas, el mismo 12 de enero el presidente Salinas ordena un alto unilateral al fuego:

–Tomando en cuenta que el Ejército Mexicano ha alcanzado ya el primer objetivo de su misión constitucional de garantizar la seguridad en la región –exclama Salinas asumiéndose como salvador de la patria–, tomando en cuenta el sentimiento y la opinión pública de la nación, y por las propias convicciones del presidente de la República, con toda responsabilidad he tomado la decisión de suspender toda iniciativa de fuego en el estado de Chiapas. El Ejército Mexicano garantizará la tranquilidad de los habitantes de estas ciudades y pueblos. Sólo responderá si es atacado. Si los grupos armados no deponen a su vez sus acciones agresivas, el Ejército tendrá que defenderse y defender a la población civil. También, en este tipo de situaciones es frecuente que se presenten actos para lograr objetivos de propaganda. Esto no puede descartarse y se estará alerta. De esta manera, el presidente de la República, comandante supremo de las fuerzas armadas, hace todo lo que está en sus manos para buscar seriamente la paz. La tarea más urgente es construir este nuevo espacio de conciliación. Deseo fervientemente que esta decisión del gobierno de la República, que recoge el sentimiento de toda la sociedad, sea el primer paso para salvar vidas y para encontrar nuevos caminos de reconciliación. Estamos en la posibilidad de encontrar una solución que muestre la fuerza extraordinaria de la sociedad mexicana. Éste es un momento de unidad para vencer una situación difícil. Continuaremos llevando alivio y alimentos a los afectados por la confrontación. Redoblaremos la atención a las demandas sociales de las comunidades indígenas, particularmente de los Altos y la selva de Chiapas, con su propia participación. Actuaremos para asegurar mejor justicia. Reitero que aquellos que hayan participado por presión o desesperación, y que ahora acepten la paz y la legalidad, encontrarán el perdón. Así, estoy seguro de que México saldrá fortalecido. Ahora, actuemos todos a favor de la paz y la reconciliación. Mostremos así con la voz de un México unido que la fuerza de la paz es inmensamente mayor que la capacidad de daño de cualquier grupo violento agresor.

Con estas palabras, Salinas da por concluida la guerra. Durante los siguientes días todavía se producirán algunas reyertas aisladas, pero la guerra en cuanto tal ha concluido tras doce días de enfrentamientos. Lo mejor que puede decirse de Salinas es que ha reconocido a tiempo que los costos de una guerra de baja intensidad resultarían altísimos no sólo para él, sino para todo el país. Si bien en sus memorias pretende convencernos de que su decisión tuvo un carácter heroico cuando se trató de un acto de simple realismo político, hay que reconocer que al menos en esta ocasión tomó la mejor decisión posible.

Desechadas las armas, el conflicto pasa a una segunda etapa. Marcos no dejará de reiterar sus amenazas de reiniciar las hostilidades, pero en el fondo él también prefiere una guerra por otros medios: *los medios*. Si bien el subcomandante posee una genuina fascinación por la estrategia militar y las gestas heroicas, ahora podrá concentrarse en sus aspectos literarios. Tal vez la toma de San Cristóbal haya podido parecerle un "poema", pero al final apenas ha logrado retener algunas de las posiciones ocupadas el 1° de enero. El subcomandante no se engaña: sabe que, de proseguir la vía armada, sus posibilidades de ser rápidamente aniquilado son altísimas: por ello el alto unilateral al fuego decretado por Salinas constituye una gran victoria para él. Significa que sus palabras han conseguido la resonancia que necesitaban. Animado por este primer éxito, se apresta a iniciar la segunda fase del conflicto con un arma que apenas ha comenzado a manejar pero que ya le ha conferido más poder que sus anticuados fusiles y sus escasos *kaláchnikov*: la voz de los indígenas. O, más bien, la voz de los indígenas que él se encargará de crear para consumo de esa opinión pública que ha comenzado a vitorearlo como a un semidiós.

Al día siguiente, mientras Manuel Camacho inicia su actividad como comisionado encabezando una caravana entre San Cristóbal y Ocosingo, Efraín Bartolomé escribe:

17:00. Lo que sigue, según se alcanza a ver, es política.

"La ciencia cuyo fin último debe ser el bien del hombre", según Aristóteles.

O "la conducción de los asuntos públicos para el provecho privado", según Ambrose Bierce.

Habrá de todo: tenebra, grilla, baja y alta política.

¡Nos quieren tanto los políticos!

¡Se preocupan taanto por nuestro bienestar!

¡Les interesa taan poco el poder personal!

¡Es taaaanta su abnegación!

Ah, los habladores profesionales... de izquierda y de derecha...

Con todo, son preferibles a los matones del despotismo encapuchado.

17:30. Cierro mi diario.

Ya se oye venir el río revuelto.

Es el último día de Cabañuelas.

La muerte está cerca.

Puede pasar sin vernos.

El viento limpió la tarde.

Dejó ese cielo azul.

Brillarán otra vez, en un rato, las impasibles constelaciones.

Aliviados por la decisión de Salinas, otros intelectuales comentan el nuevo estadio del conflicto:

—El gobierno federal ha dado señales importantes de querer resolver el conflicto armado de Chiapas por vías no sólo militares —escribe el 13 de enero Carlos Montemayor en su artículo "Premisa para una negociación política en Chiapas"—. Pero necesitamos reconocer de manera inmediata las verdaderas premisas que harían posible que esa disposición del gobierno federal llegara a una concreción efectiva y duradera, y no a una concertación periférica o disimulada.

—En los recientes acontecimientos se ha demostrado hasta

qué punto la opinión pública nacional e internacional está vigilante de los procesos legales, de los procesos políticos y sociales –apunta por su parte Víctor Flores Olea, hasta hace poco presidente del Consejo Nacional para la Cultura y las Artes; y añade, en lo que es un claro elogio al presidente–: la grandeza del hombre de Estado consiste precisamente en tomar la oportunidad y, con la sociedad a su lado, realizar una obra de verdadera creación histórica.

El 14 de enero, Manuel Camacho acepta que Samuel Ruiz funja como mediador en el conflicto. Nadie conoce mejor que él a los indígenas de la zona; gracias a sus diáconos y catecúmenos, Ruiz se ha mantenido al tanto de las actividades de ese grupo de activistas desde que llegó a las regiones de las Cañadas y de la Selva; en varias ocasiones ha intentado desanimar a quienes han apostado por la violencia y, al mismo tiempo, no ha dejado de compartir su dolor y su desesperanza. Ubicado a medio camino entre el gobierno y los alzados, Ruiz cumplirá el papel de mediador que la Iglesia siempre ha tenido; por desgracia, los gobierno estatal y federal no confían demasiado en su imparcialidad. Pese a los constantes esfuerzos por desacreditarlo y hacerlo a un lado –se llegará a pedir su remoción a Juan Pablo II, siempre huraño con los sacerdotes cercanos a la izquierda–, Ruiz permanecerá en su diócesis durante los años más duros del conflicto como el pivote en torno al cual giran las negociaciones. Nadie lo quiere demasiado –ni Marcos, ni el gobierno, ni los habitantes de San Cristóbal–, pero todos lo necesitan. En el complicado ajedrez de Chiapas, las enormes y coloridas corbatas del obispo de San Cristóbal se volverán indispensables en todas las fotografías.

El 15 de enero, el ejército se retira parcialmente de Las Margaritas. La Comisión Nacional de Derechos Humanos exhuma once cuerpos presuntamente sepultados por el ejército en Ocosingo y pide a los zapatistas que liberen a sus rehenes, entre ellos al general Absalón Castellanos. Diversas marchas de apoyo a los zapatistas se suceden en el Distrito Federal. Sergio Pitol escribe:

–En Cuernavaca, en casa de un amigo industrial, de quien fui compañero en la universidad. Por un buen rato hablamos de tonterías, hasta que alguien mencionó el nombre del presidente. El anfitrión dio casi un salto. Se levantó de la mesa y comenzó a recorrer el comedor con pasos largos, imprecándolo de una manera violentísima. Habló del asesinato de su sirvienta, del asesinato de sus yeguas, de su obsesión de mando, de su arrogancia, del desgobierno que le debemos... Me quedé estupefacto. ¡De modo que el odio hacia él y hacia el actual grupo en el poder se ha fijado en los más distintos estratos de la sociedad! En algunos casos, imagino que éste sea uno de ellos, probablemente resulte por cuestión de intereses...

Apenas han transcurrido quince días desde el inicio del alzamiento y ya puede advertirse la creciente animadversión hacia el presidente. Con el paso de los días, la predicción de Pitol se cumplirá sin remedio: Salinas se hundirá poco a poco en la ignominia hasta convertirse en uno de los personajes más odiados de la historia mexicana, en tanto el subcomandante Marcos se apuntala como un héroe popular en todo el mundo.

4

¿De qué tienen que perdonarnos?

Del 16 al 24 de enero de 1994

El 15 de enero, el presidente Salinas anuncia una amnistía general a quienes hayan participado en el alzamiento entre el primer día del año y las 11:00 horas del domingo 16 de enero, e indica que presentará su proyecto de ley de amnistía durante un periodo extraordinario del Congreso.

El diario *Unomásuno* reproduce un artículo del novelista peruano Mario Vargas Llosa, en el cual compara a México con otros regímenes dictatoriales de América Latina:

–Aunque la rebelión en Chiapas del autoproclamado Ejército Zapatista de Liberación Nacional ha sido ya en gran parte aplastada por operaciones represivas que, por lo visto, incluyeron ejecuciones de prisioneros, bombardeos a mansalva contra poblaciones inermes y demás ferocidades habituales en los regímenes de América Latina que se enfrentan a una subversión –escribe Vargas Llosa haciendo caso también a las alarmantes noticias propagadas por la izquierda–, es probable que las acciones rebeldes continúen, aunque sin la espectacularidad del primer día del año, cuando, en una impecable representación de "propaganda armada", los zapatistas capturaron seis poblados chiapanecos ante las cámaras de televisión. Para saber lo que le espera ahora a México no hay que esforzar la fantasía. Basta recordar el recientísimo pasado de El Salvador, antes de que el Frente Farabundo Martí y el gobierno de Cristiani hicieran las paces, o pasear la vista por la realidad actual de Guatemala, Colombia y Perú. ¿Esas cosas no ocurrían en México, país al que casi siete décadas de dominio incontestado del PRI habían convertido en un modelo de orden y estabilidad? Pues bien, ahora ocurren.

Más adelante, Vargas Llosa manifiesta su dura condena a los zapatistas:

–Yo estaba por esos mismos días del alzamiento en Chiapas recorriendo las ruinas mayas del estado vecino de Yucatán y los acontecimientos me sorprendieron en Mérida, la capital yucateca. Allí vi, por televisión, al joven y desenvuelto comandante Marcos, detrás de su pasamontañas y acariciando su FAL, anunciar los objetivos de la rebelión: acabar con el capitalismo y la burguesía y establecer el socialismo en México, para traer justicia y pan a los indios empobrecidos por el Tratado de Libre Comercio con Estados Unidos y Canadá (que, precisamente, empezó a funcionar el 1° de enero). El distraído guerrillero no parecía saber que cayó el muro de Berlín ni haberse percatado de que el Golfo de México y el mar Caribe hierven de balsas de fortuna en que desesperados cubanos, hartos del escorbuto y las dietas de raíces y flores que les trajo el socialismo, están dispuestos a que se los coman los tiburones con tal de llegar al infierno capitalista, incluso en versión mexicana. Por eso, y pese a ser un crítico severo del sistema antidemocrático que impera en México (por haberlo llamado "la dictadura perfecta" muchos paniaguados del régimen priista me llenaron de improperios), creo que la insurrección zapatista de Chiapas debe ser condenada sin eufemismos, como un movimiento reaccionario y anacrónico, de índole todavía más autoritaria y obsoleta que la que representa el propio PRI, un salto atrás ideológico que, en la utópica hipótesis de que conquistara el poder, no disminuiría la corrupción ni aumentaría en un ápice la limitada libertad de que goza el pueblo mexicano, más bien la trocaría en un verticalismo totalitario asfixiante, y, además de dictadura política, infligiría a México en el campo social y económico lo que, sin una sola excepción, han traído siempre a los pueblos el estatismo y el colectivismo: un desplome de su aparato productivo y una pobreza generalizada. –Y más adelante insiste–: Ojalá que la presencia de esos revolucionarios centroamericanos desocupados que ambulan ahora en las montañas de Chiapas confundidos con los indios arrancados de sus hogares por la reciente violencia, y las campañas de solidaridad con la "revolución zapatista" que comienzan a brotar en distintos lugares del mundo, abran los ojos de los gobiernos mexicanos sobre la conveniencia de una política internacional basada en la seriedad y la coherencia en vez del ilusionismo y la picardía.

Coherente con la ideología liberal que llevó hasta sus últimas consecuencias durante su malograda campaña presidencial en Perú, Vargas Llosa critica con la mayor severidad posible al EZLN, en el cual reconoce los peores vicios de la izquierda latinoamericana. Para el novelista, el único modo de hacer que un país progrese es insertándolo de lleno en una plena libertad económica y política: de ahí que en principio haya aprobado las medidas reformistas del presidente Carlos Salinas, sin dejar de oponerse a su autoritarismo, que no vaciló en calificar como "dictadura perfecta" durante un encuentro de intelectuales organizado por la revista *Vuelta* en 1990.[18] Vargas Llosa no puede ver con buenos ojos un movimiento con raíces socialistas y que, al menos en aquellas primeras semanas de 1994, parece encarnar un programa populista y no una verdadera apuesta democrática.

Mientras el peruano truena contra el gobierno de México, Sergio Pitol escribe, descorazonado:

---

[18] Aunque escapa al ámbito temporal de este relato, quizá valga la pena recordar el episodio. En el encuentro "La experiencia de la libertad", organizado por Octavio Paz en México en 1990 para reflexionar sobre el fin del socialismo real, Vargas Llosa declaró que México era una "dictadura perfecta", desatando una fuerte polémica y la reprimenda del propio Octavio Paz. Tal como se relata en una crónica del diario *El País* en aquel momento: "México es la dictadura perfecta. La dictadura perfecta no es el comunismo. No es la URSS. No es Fidel Castro. La dictadura perfecta es México: es la dictadura camuflada. Tiene las características de la dictadura: la permanencia, no de un hombre, pero sí de un partido. Y de un partido que es inamovible". Mientras Paz lo escuchaba, sentado atrás en el estudio de televisión, con evidente molestia, Vargas Llosa continuó: "Yo no creo que haya en América Latina ningún caso de sistema de dictadura que haya reclutado tan eficientemente al medio intelectual, sobornándolo de una manera muy sutil".

–¡Otro día sin poder concentrarme en mis cosas! No he hecho sino leer periódicos. Horas y horas de consternación. Cada vez me parece entender menos la situación. Recorrí toda clase de opiniones. Pasé por algunas parodias excelentes de Carlos Monsiváis, la incisiva crítica contra José Córdoba y su discípulo Salinas en *El Financiero*, y la visceralidad de algunos periodistas de otros diarios, quienes parecen casi exigir la solución final para los indios, los guerrilleros, y sus manipuladores; estos últimos instalados, según alguno, en la UNAM y en el estado de Michoacán, donde se dedican a preparar nuevas conspiraciones contra la nación y otras perversidades por el estilo. Quedé mareado y fatigadísimo. Sigo sin comprender gran cosa. ¿Quién alienta y sostiene la rebelión? La Iglesia en Chiapas manifiesta su apoyo a los indígenas... El mismo papa se ha declarado en favor de la paz y del remedio a la miseria en que viven los indios chiapanecos.

El 17 de enero, el EZLN hace llegar sus propuestas para el diálogo a Manuel Camacho, quien se encuentra en San Cristóbal. Un día después, Camacho reconoce la representatividad del EZLN y plantea sus propias ideas. En respuesta a Camacho, los zapatistas suspenden todas sus operaciones ofensivas y envían a la prensa dos paquetes de comunicados. El primero de ellos se refiere a la comisión mediadora y está fechado el 13 de enero:

–En días pasados se han conocido diversos pronunciamientos sobre las personas que podrían formar parte de una comisión de intermediación para llegar a una solución política a la actual situación en las zonas de combate del sureste mexicano –escriben los zapatistas–. Un supuesto comunicado, atribuido erróneamente al EZLN, publicado por el diario nacional *La Jornada*, proponía como intermediarios del diálogo al obispo de San Cristóbal de Las Casas, don Samuel Ruiz García, a la indígena guatemalteca y premio Nobel de la Paz, Rigoberta Menchú, y al periodista Julio Scherer, director de la revista *Proceso*. Otras voces y propuestas se han escuchado sin que hasta ahora hayamos dicho nosotros nuestra palabra. Por eso pensamos que ya es hora de que digamos nuestro pensamiento sobre este punto.

A continuación, los zapatistas establecen una serie de requisitos para formar parte de la comisión de intermediación: ser mexicano por nacimiento; no pertenecer a ningún partido político; mantener una posición pública neutral frente al conflicto; tener sensibilidad hacia los graves problemas sociales que aquejan al país; ser públicamente reconocido por su honestidad y patriotismo; comprometerse públicamente a poner todo su empeño para conseguir una solución política digna al conflicto bélico; y formar esta Comisión Nacional de Intermediación para mediar entre el gobierno y el EZLN. Para concluir, los zapatistas indican que Samuel Ruiz cumple los requisitos anteriormente expuestos, y por tanto lo invitan expresamente a formar parte de la Comisión, en su calidad de "mexicano patriota" y no de "autoridad religiosa, porque éste no es un problema religioso".

El siguiente comunicado se refiere a las condiciones del cese al fuego e indica que, pese a las supuestas órdenes del presidente Salinas, el ejército continúa atacando posiciones zapatistas:

—O miente el señor Salinas de Gortari o el ejército federal no está dispuesto a cumplir las órdenes del ejecutivo federal.

Otro comunicado está especialmente dirigido a Bill Clinton, a los congresistas y al pueblo de Estados Unidos de América. Pero los textos más importantes son los que se refieren al alto unilateral al fuego decretado por Salinas y al nombramiento del comisionado para la paz:

—El EZLN declara que no conoce al señor Camacho Solís –admite el EZLN–, pero si en este señor hay ánimo verdadero y honesto de buscar una salida política y justa, saludamos su nombramiento y le reiteramos nuestra disposición a dialogar en los términos expresados en el comunicado del 6 de enero de 1994.

Más importante resulta el segundo paquete de comunicados, pues contiene el primer texto realmente personal de Marcos: un severo cuestionamiento en el cual desmonta con gran eficacia retórica todos los argumentos planteados por Salinas y el gobierno a la hora de buscar una negociación con el EZLN.

–Debo empezar por unas disculpas ("mal comienzo", decía mi abuela) –escribe el subcomandante, marcando desde el inicio el tono irónico que habrá de emplear en todo el texto; y, tras presentar los comunicados anexos, indica–: sólo hasta el día de hoy, 18 de enero de 1994, hemos tenido conocimiento de la formalización del "perdón" que ofrece el gobierno federal a nuestras fuerzas.

Y entonces comienza:

–¿De qué tenemos que pedir perdón? ¿De qué nos van a perdonar? ¿De no morirnos de hambre? ¿De no callarnos en nuestra miseria? ¿De no haber aceptado humildemente la gigantesca carga histórica del desprecio y el abandono? ¿De habernos levantado en armas cuando encontramos todos los otros caminos cerrados? ¿De no habernos atenido al código penal de Chiapas, el más absurdo y represivo del que se tenga memoria? ¿De haber demostrado al resto del país y al mundo entero que la dignidad humana vive aún y está en sus habitantes más empobrecidos? ¿De habernos preparado bien y a conciencia antes de iniciar? ¿De haber llevado fusiles al combate, en lugar de arcos y flechas? ¿De haber aprendido a pelear antes de hacerlo? ¿De ser mexicanos todos? ¿De ser mayoritariamente indígenas? ¿De llamar a todo el pueblo mexicano a luchar de todas las formas posibles, por lo que les pertenece? ¿De luchar por libertad, democracia y justicia? ¿De no seguir los patrones de las guerrillas anteriores? ¿De no rendirnos? ¿De no vendernos? ¿De no traicionarnos? ¿Quién tiene que pedir perdón y quién puede otorgarlo? ¿Los que, durante años y años se sentaron ante una mesa llena y se saciaron mientras con nosotros se sentaba la muerte, tan cotidiana, tan nuestra que acabamos por dejar de tenerle miedo? ¿Los que nos llenaron las bolsas y el alma de declaraciones y promesas? ¿Los muertos, nuestros muertos, tan mortalmente muertos de muerte "natural", es decir, de sarampión, tosferina, dengue, cólera, tifoidea, mononucleosis, tétanos, pulmonía, paludismo y otras lindezas gastrointestinales y pulmonares? ¿Nuestros muertos, tan mayoritariamente muertos, tan democráticamente muertos de pena porque nadie hacía nada, porque todos los muertos, nuestros muertos, se iban así nomás, sin que nadie llevara la cuenta, sin que nadie dijera, por fin, el "¡YA BASTA!" que devolviera a esas muertes su sentido, sin que nadie pidiera a los muertos de siempre, nuestros muertos, que regresaran a morir otra vez pero ahora para vivir? ¿Los que nos negaron el derecho y don de nuestras gentes de gobernar y gobernarnos? ¿Los que negaron el respeto a nuestra costumbre, a nuestro color, a nuestra lengua? ¿Los que nos tratan como extranjeros en nuestra propia tierra y nos piden papeles y obediencia a una ley cuya existencia y justeza ignoramos? ¿Los que nos torturaron, apresaron, asesinaron y desaparecieron por el grave "delito" de querer un pedazo de tierra, no un pedazo grande, no un pedazo chico, sólo un pedazo al que se le pudiera sacar algo para completar el estómago? –Y, para concluir, el subcomandante pregunta de nuevo–: ¿Quién tiene que pedir perdón y quién puede otorgarlo? ¿El presidente de la República? ¿Los secretarios de Estado? ¿Los senadores? ¿Los diputados? ¿Los gobernadores? ¿Los presidentes municipales? ¿Los policías? ¿El ejército federal? ¿Los grandes señores de la banca, la industria, el comercio y la tierra? ¿Los partidos políticos? ¿Los intelectuales? ¿Galio y *Nexos*?[19] ¿Los medios de comunicación? ¿Los estudiantes? ¿Los maestros? ¿Los colonos? ¿Los obreros? ¿Los campesinos? ¿Los indígenas? ¿Los muertos de muerte inútil? ¿Quién tiene que pedir perdón y quién puede otorgarlo?

Este comunicado es, sin duda, uno de los textos más elocuentes escritos por Marcos; por su novedad, su fuerza irónica y su capacidad de remover las conciencias debe figurar como uno de los textos políticos más relevantes de la historia reciente de México. Construido como una larga *dubitatio* –una

[19] Marcos se refiere al personaje homónimo de la novela de Héctor Aguilar Camín *La guerra de Galio* (1988), que narra la historia de un periodista sumergido en el mundo de la política mexicana.

sucesión de preguntas–, el subcomandante pone en evidencia, con un sarcasmo brutal, las contradicciones del discurso
salinista. Como hemos visto, en dos declaraciones públicas el
presidente ofreció "perdón" para aquellos que se hubiesen
levantado en armas por su situación de pobreza, por engaños
o "incluso por desesperación", y que estuviesen dispuestos a
entregar las armas. El comunicado de Marcos es una respuesta contundente a la benevolencia presidencial: sólo puede
pedir perdón quien ha cometido una falta, y Marcos deja claro que los zapatistas no tienen de qué ser perdonados y el
gobierno no tiene la calidad moral para ofrecer ningún perdón. La guerra de palabras alcanza en este episodio uno de
sus momentos culminantes: se trata, de hecho, de la mayor
victoria zapatista hasta el momento: gracias a estas líneas se
producirá un cambio decisivo en la percepción pública del
movimiento. Mucho más relevante y espectacular que sus acciones militares, este "¿De qué tienen que perdonarnos?" constituye uno de los mayores golpes propinados por el EZLN al gobierno federal. Una pieza oratoria perfecta, una obra maestra
del discurso político y una bomba de acción retardada.

Sergio Pitol escribe:

–Parece que las cosas van por un rápido y buen camino. El
gobierno ha declarado la amnistía y el ejército rebelde comienza a dar señales que podrían convertirse en contactos y más
tarde en negociaciones. Monsiváis dice que las posiciones zapatistas son bastante realistas. Tal vez dentro de poco estemos
nuevamente en paz. ¿Qué vendrá después? ¿Continuará Colosio su campaña electoral? ¿Se acabarán los muchos enigmas
planteados? Me resulta imposible pensar en otra cosa.

Las dudas de Pitol son las de toda la sociedad mexicana. Y
uno se atreve a imaginar que también asaltan al propio Colosio
mientras permanece en silencio, enclaustrado en su cuartel
de campaña, como un mudo observador del espectáculo, ajeno por completo a la toma de decisiones, perdiendo poco a
poco su lugar en la historia.

El 19 de enero, el presidente Salinas nombra a Beatriz Paredes como presidenta de la Comisión Nacional de Desarrollo Integral y Justicia Social para los Pueblos Indígenas, una de tantas comisiones creadas entonces sin que nadie sepa muy bien para qué sirven. Manuel Camacho y Samuel Ruiz emiten un mensaje radial conjunto llamando a la conciliación y al diálogo. Y se produce otra de las renuncias anunciadas: la del gobernador de Chiapas, Elmar Setzer, sustituido por Javier López Moreno.

El 20 de enero, el EZLN reconoce a Manuel Camacho como interlocutor del gobierno y la Cámara de Diputados aprueba la ley de amnistía. El 22, Manuel Camacho informa que ha acordado reunirse con la dirigencia zapatista. El nuevo gobernador de Chiapas envía su propia ley de amnistía al Congreso del estado.

Por su parte, Octavio Paz publica la primera parte de un extenso ensayo sobre el alzamiento, "La recaída de los intelectuales". Paz pretende criticar severamente el entusiasmo que los intelectuales de izquierda han manifestado hacia los zapatistas, aunque no pasará mucho tiempo antes de que el poeta haga algo parecido:

–Los hechos de Chiapas han provocado en México, como es natural y legítimo, inmensa expectación y angustia –reconoce Paz–. También han despertado muchas pasiones dormidas. Pero la inusitada efervescencia que ha agitado a un vasto sector de la clase intelectual mexicana es única y merece un pequeño comentario. Me refiero no a los intelectuales que trabajan silenciosamente en sus gabinetes o en sus cátedras sino a los que llevan la voz cantante (estrellas y coro) en la prensa. Desde comienzos de enero los diarios aparecen atiborrados de sus artículos y de sus declaraciones colectivas. Hijas de una virtuosa indignación a un tiempo retórica y sentimental, estas ruidosas manifestaciones carecen de variedad y terminan infaliblemente en condenas inapelables. Somos testigos de una recaída en ideas y actitudes que creíamos enterradas bajo los escombros (cemento, hierro y sangre) del muro de Berlín –se queja el poeta–. La historia no ha curado a nuestros intelectuales. Los años de penitencia que han vivido desde el fin del socialismo totalitario, lejos de disipar sus delirios y suavizar sus rencores, los han exacerbado. Docenas de almas pías, después de lamentar de dientes para afuera la violencia de Chiapas, la justifican como una revuelta a un tiempo inevitable, justiciera y aun redentora.

Desde mediados de los años ochenta, Paz mantiene una posición de enfrentamiento cada vez más agria con la izquierda. Tras su aplaudida renuncia a la embajada de México en la India como protesta por la matanza de la Plaza de las Tres Culturas en 1968, la imagen de Paz se ha ido deteriorando en los ambientes progresistas conforme sus posiciones políticas se hacen cada vez más liberales. Su rechazo a cualquier compromiso revolucionario no tarda en granjearle la enemistad de numerosos grupos radicales, los cuales lo convierten en el mayor blanco de sus críticas antiimperialistas.[20] Más adelante, su defensa de las políticas neoliberales de Salinas y su acercamiento a Televisa desató aún más descalificaciones en su contra. No es extraño, pues, que Paz responda con la misma virulencia a quienes ahora celebran el alzamiento:

–Muchos de nuestros intelectuales han escogido lo más fácil: juzgar sin oír –acusa Paz–. Algunos se obstinan en proclamar la espontaneidad de la revuelta. Por lo visto no han oído ni leído a los "comandantes". Lo mismo en sus apariciones en

[20] Baste recordar que en 1985 un grupo de inconformes quemó una efigie de Paz frente a la embajada de Estados Unidos para protestar por sus críticas al gobierno sandinista en Nicaragua. Tal como cuenta Fernando Vizcaíno en su *Biografía política de Octavio Paz o la razón ardiente*: "El 11 de octubre más de cinco mil personas tomaron las calles del centro de la ciudad de México y demandando la muerte del poeta marcharon con pancartas hasta la embajada de Estados Unidos. Entre los manifestantes había uno que cargaba un monigote con la efigie de Paz. Tras hora y media de porras a los sandinistas y mueras al gobierno estadounidense, la gente formó un círculo alrededor del monigote. Mientras éste era bañado en gasolina y elevado sobre un grosero palo, se repetía en coro esta frase que lejos de ser una consigna política parecía un conjuro cantado en derredor de un tótem mítico: "Reagan, rapaz, tu amigo es Octavio Paz".

la televisión que en sus comunicaciones a la prensa han declarado una y otra vez que habían preparado su movimiento desde hacía muchos años. Añaden con orgullo que su organización es un ejército, no una mera guerrilla. ¿Qué decir ante estas declaraciones? Pues exactamente lo contrario de lo que han dicho y dicen nuestros creyentes "en la espontaneidad revolucionaria de las masas". Empeñados en lavar a los insurrectos de Chiapas del pecado de "premeditación", no se han hecho la única pregunta que debe hacerse: ¿cómo es posible que nuestras autoridades hayan ignorado que desde hacía mucho se preparaba un movimiento militar en Chiapas? Y si lo sabían, ¿por qué no tomaron a tiempo las medidas del caso? El gobierno ha dado a estas preguntas una respuesta tardía y poco convincente. Su responsabilidad es grave e inocultable. Otros oráculos afirman que la revuelta es puramente indígena. Es una idea que comparten algunos despistados periodistas extranjeros. Basta haber visto y oído a los "comandantes" en la televisión para darse cuenta de que ni por su lenguaje ni por su aspecto son indígenas. Y sobre todo: el programa y las ideas que exponen en sus dos manifiestos y en sus boletines de prensa, desmienten esa pretensión. Entre los dirigentes algunos son ideólogos y adeptos de esta o aquella doctrina, del maoísmo a la teología de la liberación.

Pese a sus peleas con los intelectuales de izquierda y su rechazo a la violencia, Paz comienza a sentir una paradójica atracción por la figura del subcomandante Marcos. A fin de cuentas, de joven Paz también fue un militante revolucionario, muy cercano al Partido Comunista, y poco a poco su mirada hacia el líder zapatista, mitad intelectual y mitad guerrillero, se hace más benévola. Aun cuando no suele ser pródigo en elogios, en esta ocasión no omite deslizar uno hacia Marcos:

–Aclaro que no incurro en el simplismo de atribuir el alzamiento únicamente a la influencia de un grupo de ideólogos y de militantes. No cierro los ojos ante la miseria y el desamparo de las comunidades indígenas. La elocuente carta que el 18 de enero envió el subcomandante Marcos a varios diarios, aunque de una persona que ha escogido un camino que repruebo, me conmovió de verdad: no son ellos, los indios de México, sino nosotros, los que deberíamos pedir perdón.

El 23 de enero se publica la segunda parte del artículo de Octavio Paz, "Chiapas, ¿nudo ciego o tabla de salvación?" Tras analizar el papel de los intelectuales de izquierda, realiza una primera evaluación de las negociaciones entre el gobierno y el EZLN:

–A nadie se le ocultan las dificultades de la futura negociación –explica el poeta–. La primera se refiere a los interlocutores: ¿quiénes son? Uno de los misterios de la situación actual (y no es el único) es la identidad de los dirigentes de la revuelta. Cada colectividad humana es el teatro de la lucha entre tendencias, intereses y grupos; el movimiento de Chiapas no es una excepción y en su seno existen oposiciones y diferencias. Cualquier análisis de la situación debe tener muy en cuenta estas circunstancias. Seguramente los dirigentes superarán, en el primer momento de la negociación, sus diferencias y presentarán una lista o pliego de temas, condiciones y demandas. Aquí interviene la gran pregunta: *¿qué puede negociarse?* Los dos manifiestos del movimiento se refieren, en primer lugar, a ciertos objetivos *nacionales* (libertad, democracia) y, enseguida, a las demandas *locales* de las comunidades indígenas. Me parece que en el segundo punto el acuerdo puede ser rápido. El gobierno acaba de crear una comisión nacional, en la que participan personas sin partido y miembros de la oposición, encargada de diseñar un programa que, a corto y a largo plazo, mejore las condiciones de los grupos indígenas. Si el gobierno oye las demandas de las comunidades, como parece que está decidido a hacerlo, se habrá iniciado el proceso de una inmensa reparación histórica. Pero los dos manifiestos contienen también, como ya señalé, un programa político nacional que entraña una verdadera subversión del orden actual: la destitución del gobierno y el nombramiento de un gobierno provisional encargado de convocar a nuevas elecciones. Es claro que estas demandas no son ni negociables ni discutibles. Aceptar siquiera su discusión equivaldría a una rendición *de ipso*.

Como ha señalado Margo Glantz en un largo artículo sobre el tema, la relación entre Octavio Paz y el subcomandante Marcos posee una naturaleza muy especial. Aunque uno hubiese podido suponer que el Paz liberal y violentamente anticomunista de los años noventa jamás podría haber simpatizado con un guerrillero enmascarado, tras la publicación de este artículo no escatimará muestras de aprecio hacia el líder zapatista.[21] Paz detesta a los intelectuales de izquierda, y desde luego no siente ninguna admiración por figuras como el Che,

---

[21] En 1996, Paz reconocerá refiriéndose a Marcos: "Una parte de mí lo aplaude: son sanas la insolencia y la falta de respeto; otra lo lamenta: la pasión no debe atropellar a la justicia ni a la razón. El humor de Marcos, sus idas y venidas me hacen sonreír aunque a veces me exasperan por su falta de coherencia. La invención del escarabajo Durito, caballero andante, es memorable; en cambio, sus tiradas poéticas me conquistan a medias: esos cuernos de la luna, de estirpe gongorina, que iluminan la noche de las montañas del sur, aparecen con demasiada frecuencia en poemas, cuentos, novelas, pinturas e incluso en el cine y sus carteles. ¿Y sus ideas o, mejor dicho, su idea? Su exposición comienza con una imagen osada y atrayente: un espejo se ve en el espejo de enfrente. ¿Y qué ve? Su imagen, sólo que invertida, al revés. Marcos quiere así, me imagino, escapar del maniqueísmo: ellos son los malos y nosotros los buenos. Con su parábola nos dice que todos somos los mismos. Por desgracia, un poco más adelante afirma que, a pesar de todos los pesares, hay una diferencia válida entre ellos y nosotros. ¿Quiénes son ellos? Los opresores. ¿Y nosotros? El pueblo que pide justicia y la hará. Demasiado simple y maniqueo". Véase Octavio Paz: "La Selva Lacandona", *Vuelta*, n. 231, febrero de 1996. Por otra parte, también hay que señalar que, en vez de compartir el desprecio de gran parte de la izquierda hacia Paz, Marcos también guarda un hondo respeto hacia el premio Nobel. Como todos los mexicanos de su generación, debió leerlo desde la escuela y esa admiración juvenil lo hace defenderlo a pesar de que sus divergencias ideológicas no podían ser más grandes. En 2000, Marcos no dudará en escribir a modo de tardío epitafio: "Octavio Paz, excelente poeta y ensayista, el más grande intelectual de derecha de los últimos años en México, declaró: 'Vengo del pensamiento llamado de izquierda. Fue algo muy importante en mi formación'". Subcomandante Marcos, "La derecha intelectual y el fascismo liberal", *La Jornada*, 8 de abril de 2000.

pero detrás de su horror ante ese México bárbaro representado por el subcomandante, se trasluce un atisbo de reconocimiento hacia su estilo, como si en el fondo el romanticismo
de izquierda de Marcos le recordase a Paz sus años de militancia juvenil. Al igual que el subcomandante, en la década
de los treinta el joven Paz viajó a Yucatán decidido a convertirse en la vanguardia de la revolución al lado de los indígenas mayas de la zona. Acaso de modo inconsciente, Paz veía
en Marcos el borroso reflejo de su propio rostro.

5

Ante el tribunal de la historia

Del 25 de enero al 5 de febrero de 1994

El 25 de enero, en un nuevo paquete de comunicados, los zapatistas se refieren al establecimiento del diálogo con Manuel Camacho y definen algunos objetivos del movimiento. Tras hablar de las difíciles condiciones impuestas por el ejército federal que han dificultado el contacto directo con el comisionado para la paz, Marcos escribe:

–Bien, por fin he tenido oportunidad de unas horas para leer algunas publicaciones que alguien tuvo a bien enviarme (la llegada de voceadores o suscripciones a las montañas del sureste es tan improbable como un asiento vacío en el metro capitalino a horas pico). Por acá me doy cuenta de la angustia que provocan los pasamontañas y las "oscuras" intenciones de la "dirigencia" zapatista. He abusado, conscientemente, de ustedes al tomarlos como interlocutores. Sin embargo, creo que a todos ha servido esta correspondencia inoportuna y retrasada. Ahora el horizonte se empieza a oscurecer y cada línea puede ser la última. Así que, reiterando el abuso, aprovecho ésta para tocar algunos puntos aunque sólo queden señalados. Gracias si los leen, muchas más si los publican. Por acá pintan mal los tiempos y pueden ser los últimos. Tengo el honor de tener como mis superiores a los mejores hombres y mujeres de las etnias tzeltal, tzotzil, chol, tojolabal, mam y zoque. Con ellos he vivido por más de diez años y me enorgullece obedecerlos y servirlos con mis armas y mi alma. Me han enseñado mucho más de lo que ahora enseñan al país y al mundo entero. Ellos son mis comandantes y los seguiré por las rutas que elijan. Ellos son la dirección colectiva y democrática del EZLN, su aceptación al diálogo es verdadera como verdadero su corazón de lucha y verdadera su desconfianza a ser engañados de nuevo. El EZLN no tiene el deseo ni la capacidad de aglutinar en torno a su proyecto y su camino a todos los mexicanos. Pero tiene la capacidad y el deseo de sumar su fuerza a la fuerza nacional que anime a nuestro país por el camino de justicia, democracia y libertad que nosotros queremos. Si tenemos que escoger entre caminos, siempre escogeremos el de la dignidad. Si encontramos una paz digna, seguiremos el camino de la paz digna. Si encontramos la guerra digna, empuñaremos nuestras armas para encontrarla. Si encontramos una vida digna seguiremos viviendo. Si, por el contrario, la dignidad significa muerte, entonces iremos, sin duda, a encontrarla. No tomaremos al país como rehén. No queremos ni podemos imponerle a la sociedad civil mexicana nuestra idea por la fuerza de nuestras armas, como sí hace el actual gobierno que impone con la fuerza de sus armas su proyecto de país. No impediremos el proceso electoral venidero.

Al finalizar esta declaración de principios, el subcomandante vuelve sobre un tema más concreto: la negativa del EZLN a entregar las armas. Por último, termina con la célebre posdata sobre el pasamontañas a la cual se ha hecho referencia en las páginas anteriores.

Los otros comunicados están dirigidos a Samuel Ruiz y a Manuel Camacho –les informa que el EZLN no ha recibido la propuesta por escrito de ley de amnistía–, a "nuestros hermanos indígenas de otras organizaciones" y a "todas las personas y organizaciones civiles y políticas democráticas, honestas e independientes de México". Sin embargo, el más importante de todos da cuenta del proceso seguido contra el ex gobernador Absalón Castellanos, secuestrado por el EZLN los primeros días de enero.

Con el rimbombante título de "Conclusiones del juicio popular para establecer responsabilidad del señor general de división Absalón Castellanos Domínguez en los delitos de violación de los derechos humanos, asesinato, secuestro, robo, corrupción y los que se deriven de la persecución de los mismos en perjuicio del pueblo indígena de Chiapas, México", los zapatistas hacen del conocimiento general tanto las acusaciones como el veredicto emitido contra el ex gobernador. Más que un juicio celebrado conforme a los usos y costumbres indígenas, el tribunal erigido por Marcos recuerda una película estadounidense. El proceso de Castellanos es sobre todo un espectáculo, en donde los zapatistas se convierten en jueces, acusadores y verdugos, pero no sólo del tirano, sino de todo nuestro sistema político. Convertido en secretario de acuerdos del juzgado de la historia, Marcos relata el juicio con una rudimentaria prosa jurídica:

Primero. El general de división Absalón Castellanos Domínguez fue acusado de haber orillado a la población indígena chiapaneca a alzarse en armas en contra de las injusticias, al cerrarle todo camino legal o pacífico para sus justas demandas durante el periodo en que se desempeñó como titular del ejecutivo estatal de Chiapas. El general de división Absalón Castellanos Domínguez fue encontrado culpable de, en complicidad con el gobierno federal en turno durante su mandato estatal, haber obligado a los indígenas chiapanecos a alzarse en armas al cerrarles toda posibilidad de una solución pacífica a sus problemas. Son cómplices del general de división Absalón Castellanos Domínguez, en la comisión de este delito, los señores Patrocinio González Blanco Garrido y Elmar Setzer Marseille, que le siguieron en la titularidad del ejecutivo estatal y que, con la complicidad de los respectivos gobiernos federales, siguieron orillando a nuestros pueblos a este camino.

Segundo. El general de división Absalón Castellanos Domínguez fue acusado de, antes, durante y después del periodo en que se desempeñó al frente del ejecutivo estatal en Chiapas, haber reprimido, secuestrado, encarcelado, torturado, violado y asesinado a miembros de las poblaciones indígenas chiapanecas que luchaban legal y pacíficamente por sus justos derechos. Conclusión. El general de división Absalón Castellanos Domínguez fue encontrado culpable de, en complicidad con el gobierno federal en turno durante su mandato, haber reprimido, secuestrado, encarcelado, torturado, violado y asesinado a miembros de las poblaciones indígenas chiapanecas que luchaban legal y pacíficamente por sus justos derechos.

Tercero. El general de división Absalón Castellanos Domínguez fue acusado de, antes, durante y después del periodo en que se desempeñó al frente del ejecutivo estatal en Chiapas, haber despojado a campesinos indígenas chiapanecos de sus tierras en complicidad con el gobierno federal en turno. Conclusión. El general de división Absalón Castellanos Domínguez fue encontrado culpable de, en complicidad con el gobierno federal en turno, antes, durante y después de su mandato estatal, haber despojado a campesinos indígenas chiapanecos de sus tierras y, de esa forma, haberse constituido en uno de los más poderosos terratenientes del estado de Chiapas.

El espectáculo no puede ser mejor: un grupo de guerrilleros indígenas secuestra y juzga al antiguo gobernador del estado. Una vez concluido el proceso sumario –que recuerda la justicia revolucionaria de la Izquierda Proletaria francesa–, el jurado zapatista encuentra al ex gobernador culpable de todos los delitos que se le imputan. Las faltas se repiten, machaconamente, una y otra vez. Evidentemente, el juicio no es válido en ningún sentido –ni siquiera invocando las leyes de guerra tan caras a Marcos–, pero por el sólo hecho de representarlo Marcos logra que se vuelva *real*.

Imaginemos la escena: el viejo ex gobernador permanece sentado en el banquillo de los acusados, detenido en medio de la selva, obligado a escuchar las infamias que le atribuyen sus captores. Mientras actúa en su papel de fiscal, de seguro Marcos piensa en las grandes novelas latinoamericanas sobre dictadores: por su mente se deslizan los personajes de *Yo, el Supremo, La guerra del fin del mundo* y, desde luego, *El otoño del patriarca*. El coronel –en este caso el general– sí tiene quien le escriba. Sólo que en esta ocasión las víctimas efectivamente enjuician y sentencian a uno de sus verdugos. De manera simbólica, el juicio a Castellanos también vale para Patrocinio González Garrido y Elmar Setzer. Y para Salinas, De la Madrid y López Portillo. Y, en tal caso, para casi todos los políticos mexicanos. Los zapatistas, los hombres sin rostro, los condenados de la tierra, los desheredados, los miserables anónimos de todo el mundo, al fin hacen justicia.

Concluida la etapa acusatoria, Marcos revela las conclusiones del caso:

–Después de haber deliberado y analizado todas las acusaciones en contra del general de división Absalón Castellanos Domínguez, y habiéndose demostrado su culpabilidad, el Tribunal de Justicia Zapatista emite el siguiente veredicto y dicta sentencia. –Tras una pausa dramática, prosigue–: El señor general de división Absalón Castellanos Domínguez fue encontrado culpable de los delitos de violación a los derechos humanos indígenas, robo, despojo, secuestro, corrupción y asesinato. Sin encontrarse atenuante alguno en la comisión de estos delitos, el Tribunal de Justicia Zapatista dicta la siguiente sentencia: se condena al señor general de división Absalón Castellanos Domínguez a cadena perpetua, haciendo trabajos manuales en una comunidad indígena de Chiapas y ganarse de esta forma el pan y medios necesarios para su subsistencia.

La fascinación de Marcos por la violencia, la justicia y el sacrificio tiene mucho de artificio. Su jugada es maestra: en vez de ordenar la ejecución del culpable, lo condenan "a vivir hasta el último día de su vida con la pena y la vergüenza de haber recibido el perdón y la bondad de aquellos a quienes tanto tiempo humilló, secuestró, despojó, robó y asesinó". No se puede pensar en un mejor guión.

Una verdadera obra de arte: con razón Marcos comienza a convertirse en el ídolo de millones.

El 26 de enero, el alicaído presidente Salinas realiza una visita relámpago a Tuxtla Gutiérrez, al tiempo que el Congreso del estado de Chiapas por fin aprueba la ley de amnistía local. Ese mismo día, el dirigente del PRD Pablo Gómez publica la primera parte de un largo artículo en el cual cuestiona los puntos de vista de Octavio Paz sobre el movimiento zapatista.

—Octavio Paz parece no tomar en cuenta estos hechos —murmura el líder perredista refiriéndose a las "condiciones objetivas" que han propiciado el alzamiento—. En realidad, él no es un hombre de ciencia, no es un científico social, sino un ideólogo que pretende elaborar o reelaborar sistemáticamente ideas con la pretensión de marcar el rumbo para todos. Pero los hechos rebasan (siempre ha ocurrido) a las ideologías para obligarnos a ir al estudio de la vida real. Paz acusa a "muchos de nuestros intelectuales" de "juzgar sin oír". Pero no pocos de ellos han estudiado sin tregua al país y sus regiones, y tal esfuerzo no ha encontrado la justificación de la política neoliberal del gobierno. Grandes problemas de México no han sido resueltos pero, en cambio, se han profundizado. —Y agrega—: Uno de los cargos de Paz contra "nuestros intelectuales" es que éstos consideran que la sublevación de Chiapas ha sido espontánea. Yo no lo he visto así, pero en tal caso habría que entrar a la polémica, si es que vale la pena, con aquellos que expresan tan insostenible punto de vista.

Antiguo líder del movimiento del 1968 y militante comunista durante muchos años, Gómez no deja pasar la ocasión de comparar a los críticos del EZLN con los que en su momento denostaron a los estudiantes:

—También en 1968 se nos acusó de estar manipulados. Los gobernantes dijeron que éramos expresión de un "plan subversivo de proyección internacional elaborado en el extranjero". Ahora se pretende que los indios sublevados se mueran solos en sus parajes y no enturbien "el crédito internacional de México", para usar las palabras de Paz. Los zapatistas están diciendo que buscan democracia y libertad, pero no pretenden el poder. Este elemento, como otros, se le ha escapado a Octavio Paz, quien no explica cómo el EZLN puede ser equiparado con otras experiencias guerrilleras de América Latina a pesar de que no busca erigirse en gobierno revolucionario.

Para terminar, Gómez arremete contra el poeta con los típicos argumentos utilizados en su contra por la izquierda:

–Octavio Paz sigue apartado del estudio sistemático de la realidad, envuelto en un mundo de *ideas convenientes, generadoras de progreso*, según él, pero de espalda al movimiento real de la sociedad que debe ser analizado sin concesiones, si se quiere contribuir a la transformación social. Por eso, de nada servirá que Paz acuse a "nuestros intelectuales" de "obcecación ideológica", pues lo hace para descalificar la crítica, para llevar todo al terreno de lo superficial y, sobre todo, de la pasividad.

El 27 de enero, otro periodista de izquierda, Jaime Avilés, también lanza sus dardos contra el poeta en las páginas de *El Financiero*:

–A Octavio Paz le asiste la razón en muchas de las cosas que dice en su último díptico sobre Chiapas, pero sus hallazgos, por agudos y brillantes que sean, no poseen más que la astucia y la sagacidad de un periodista: carecen de la generosidad de un poeta. Empeñado en demoler sistemáticamente nuestras certezas, Paz se ha convertido, para decirlo con Cioran, en un "pedante del vandalismo".

Habría que preguntarle a Avilés cuál es la generosidad de un poeta y qué tiene que ver con sus posiciones políticas.

El 1° de febrero, la Secretaría de la Defensa informa que unos "quinientos individuos armados" mantienen cercados a 1 460 habitantes de las zonas aledañas al municipio de Ocosingo. Camacho anuncia que el sábado tendrá un diálogo con la Comandancia del Ejército Zapatista y que el encargado de realizar las acreditaciones de la prensa por parte del EZLN será el obispo Samuel Ruiz.

Más allá de los acontecimientos estrictamente políticos, este día reviste una significación especial debido a la aparición de un suplemento especial de la revista *Vuelta* dedicado al conflicto zapatista. Titulado "Días de prueba", incluye artículos de Paz, Alejandro Rossi y Enrique Krauze, así como un muestrario de las opiniones vertidas por los intelectuales mexicanos desde el inicio del alzamiento (maliciosamente aderezadas con títulos de la redacción).

Además de reproducir los dos artículos publicados anteriormente en *La Jornada*, Paz añade un nuevo texto, titulado "El nudo se deshace o ahoga". Prolongando sus reflexiones anteriores, el poeta dice que las preguntas básicas que deben formularse son: "¿Cómo la cultura de los indios chiapanecos puede traducirse a la modernidad? ¿Y cómo esa cultura puede insertarse en la moderna cultura mexicana?" Paz afirma que el mestizaje cultural ha sido la respuesta mexicana a la singularidad india, reitera que muchas de las demandas de los zapatistas le parecen legítimas y revela su temor de que los sectores más duros del PRI y del gobierno intenten resolver la situación *manu militari*. Por el contrario, él se muestra convencido de que la negociación es la única vía para resolver el problema, aunque deplora que el diálogo tenga que hacerse con encapuchados "como si leyésemos una novela gótica".

—Debemos convertir a la negociación por la paz en un imperativo nacional —escribe—. Se ve ahora la relación íntima entre el conflicto regional de Chiapas y la democracia. Sin libertades democráticas será imposible la acción popular, no partidista, en favor del acuerdo. A su vez, sin un acuerdo en Chiapas el proceso democrático sufriría una herida de muerte.

Por su parte, Alejandro Rossi resume de manera concisa sus opiniones en un texto titulado "Cinco observaciones".

—Me parece que entre tantas voces y tanta letra escrita no encuentro, salvo honorables excepciones, la convicción profunda del daño que una guerrilla y su secuela natural, el terrorismo, le causan a un país —escribe el autor del *Manual del distraído*—. Se trata, sin posible exageración, de un cáncer que carcome no sólo la vida política de una nación, sino también su trama social y sus repertorios de conducta.

A continuación, Rossi sostiene que es falso que el surgimiento de la guerrilla se deba a la falta de democracia.

—Por desgracia —se queja—, las balas sólo matan, no refutan teoremas, no refutan teorías, refutan, eso sí, la vida.

El largo artículo de Enrique Krauze, "Procurando entender", resalta el testimonio de José Pérez Méndez, un indígena que participó como miembro del Ejército Zapatista y fue hecho prisionero en la localidad de Oxchuc. Según Krauze, Pérez Méndez declaró: "Quiero que haya democracia, que no haya desigualdad". La vida de este guerrillero improvisado le permite a Krauze reflexionar sobre los problemas de México desde la Conquista y en particular sobre la marginación sufrida por los indígenas.

El mismo día en que aparece el cuadernillo especial de *Vuelta* sobre Chiapas, *Nexos* publica un largo editorial sobre el alzamiento. Para comprender su contenido, es necesario recordar que en el comunicado de Marcos "¿De qué nos van a perdonar?" aparecía una mención expresa a *Nexos*. Los redactores de la revista no dejan pasar la oportunidad y responden con una agresiva justificación de su conducta:

–Las acciones violentas del Ejército Zapatista han encontrado eco, simpatía y aún justificación en muchos intelectuales, políticos y periodistas. No es nuestro caso. Rechazamos la violencia como forma de acción pública, venga de donde venga: de la sociedad o del gobierno. Durante muchos años hemos rechazado la violencia como recurso del gobierno para enfrentar problemas políticos y sociales. Rechazamos hoy los medios violentos elegidos por el EZLN para presentar sus agravios. –Y, más adelante, contesta de modo directo a las acusaciones del subcomandante–: *Nexos* no pide ni pretende otorgar perdones a nadie. Nuestros instrumentos elegidos son la reflexión crítica, el análisis político y la reflexión intelectual, de cara a la sociedad, en representación de nosotros mismos, con nuestras propias palabras y con nuestros nombres propios, a la vista de todos. No tenemos ni queremos otros recursos. No nos sentimos responsables de la miseria ancestral del país, ni pedimos perdón por ella, pero no hemos dejado en ningún momento de poner ese problema en el centro de nuestra mirada. No basta, y acaso es insignificante como aporte. Pero tampoco han bastado, a lo largo de los siglos, los esfuerzos de tantos redentores, instituciones, organizadores, activistas y otros intermediarios de la tragedia indígena. No han bastado las rebeliones ni los muertos, ni la palabra de Dios, ni la consigna del degüello.

Y el editorial de *Nexos* concluye:

–Creemos que hay en México espacios para la transformación democrática y pacífica de la realidad. Nos parece que, antes de esos estallidos de Chiapas, esos espacios tendían a abrirse, no a cerrarse. Creemos que la violencia, venga de donde venga, debe ser rechazada como vía de solución de problemas. El siglo XX es un gigantesco cementerio que demuestra, entre otras cosas, la esterilidad paralizante de la violencia y la fecundidad transformadora de la paz. Decimos no a la violencia, venga de donde venga, y persistimos en nuestros esfuerzos, por modestos que sean, para hacer justa la paz.

Para nadie es un secreto que el comentario del líder zapatista representó un duro golpe contra *Nexos*. Si ya de por sí sus miembros trataban por todos los medios de no ser vistos como "intelectuales orgánicos" de Salinas, los vínculos de Aguilar Camín con el presidente terminaban siendo siempre demasiado estrechos. Aun cuando los argumentos de *Nexos* suenan razonables, inquieta su machacona insistencia en condenar la violencia con la fórmula "venga de donde venga", pues su aserto nunca se ve acompañado de una denuncia clara de la violencia salinista.

En el mismo número de la revista, Carlos Tello Díaz bosqueja un anticipo de su libro *La rebelión de las Cañadas*, el primer estudio importante sobre el EZLN.

–Quienes legitiman el recurso de la violencia como vía para tratar de resolver los problemas que padece toda la nación, además de revelar su candidez, traicionan un grado de inconsciencia que resulta de verdad impresionante –escribe Tello con desconfianza y lucidez–. En Chiapas, a juicio de muchos, entre ellos yo mismo, los caminos para resolver en paz los agravios de la sociedad estaban tan reducidos que parecían a todas luces cancelados. Ello no significa, sin embargo, que los caminos que restaban, los de la violencia, vayan a resolver esos agravios. En todo caso, dejarán a su paso los estragos de la guerra. Aquellos que, con el afán de solucionar esos problemas, pretenden hacer uso de todas las formas de lucha, la militar y la civil, están jugando con fuego. Ni más ni menos. El recurso de la violencia, al desencadenar reacciones que no pueden ser previstas, genera necesariamente más violencia. Los intelectuales que juegan con fuego, como si fueran niños, lo deberían de reconocer también, rechazando sin equívocos la posibilidad de compartir con las armas la lucha por la justicia y la democracia en México.

El 2 de febrero se establecen las dos zonas francas propuestas por Manuel Camacho Solís en San Miguel y Guadalupe Tepeyac. El día 3, el obispo Samuel Ruiz advierte que si no se llega a un acuerdo pacífico y negociado en el conflicto en Chiapas, México ingresará en un "camino irreversible" de violencia y salvajismo. Por su parte, el EZLN anuncia que el general Absalón Castellanos será liberado en cuanto se compruebe la liberación de treinta y ocho prisioneros del EZLN.

El 7 de febrero, Héctor Aguilar Camín vuelve a escribir sobre el conflicto, esta vez en su columna de *Proceso*:

–Como todos, tengo mis creencias, infinidad de datos fragmentarios, sobre algunos de estos misterios –confiesa el director de *Nexos* refiriéndose a los orígenes del EZLN–. Nada en lo que he leído hasta ahora me ha hecho variar gran cosa esas creencias. A saber: que estamos frente al último capítulo de las guerras centroamericanas, más que frente a la primera resurrección de los pobres de México; que la pobreza y la opresión indígena son el caldo de cultivo, la causa última, del estallido en Chiapas, el cual tiene los rasgos de una rebelión indígena, pero que esta relación se explica también por la convergencia de otra mezcla explosiva: cuadros de la ultraizquierda mexicana, desempleados de las guerras centroamericanas y religiosos envueltos en los dogmas de la teología de la liberación.

Si bien Aguilar Camín trata de identificar los diversos factores que originaron el levantamiento, yerra al asimilar al EZLN con otras guerrillas centroamericanas e insinuar que en sus filas hay mercenarios y sacerdotes. Su idea de comparar a Chiapas con Nicaragua también es errónea. En el marco del debate público sobre el conflicto, Aguilar Camín parece encontrarse en una posición muy delicada: a diferencia de otros intelectuales oficialistas, él no puede permitirse el lujo de criticar a los zapatistas sin fundamentos; su amistad con Salinas lo obliga a buscar argumentos de peso para descalificar a Marcos y sus huestes. El brillante novelista de *La guerra de Galio* no quiere ser visto como un emisario del gobierno. Decidido a mantener el delicado equilibrio entre la honestidad intelectual y su cercanía con Salinas, Aguilar Camín desempeña uno de los papeles más incómodos en esta novela. Sin embargo, como buen lector de Maquiavelo y de Goethe, tenía que haberlo sospechado: la amistad del príncipe –o del demonio– siempre tiene su precio.

6

El arte de la posdata

Del 8 al 19 de febrero de 1994

Cada vez más dueño de sus recursos literarios, el 8 de febrero el subcomandante Marcos envía siete cartas dirigidas a diversos corresponsales, entre los que se cuentan los estudiantes rebeldes del Consejo Estudiantil Universitario, el Frente Cívico de Maspatepec y el Comité de Solidaridad del Internado de Educación Primaria Núm. 4 "Beatriz Hernández". Más allá del contenido de estas cartas, resulta interesante observar cómo el estilo de Marcos se torna cada vez más irónico y juguetón, evolucionando desde la solemnidad de los primeros días hasta un humor ácido de un poder indiscutible. En el primero de estos comunicados, dirigido al CEU, incluye una serie de "posdatas" que constituyen en realidad un "metacomunicado":

PD: sección del Sup: "La posdata recurrente".

PD a la PD del CEU que decía: "Para el Sup Marcos: no te preocupes, nosotros tomaremos el Zócalo por ustedes". Yo de por sí le he dicho al CCRI-CG que el DF está en el otro lado del mundo y los cayucos no nos dan abasto y además, como dijo no-me-acuerdo-quién, los guerrilleros que toman zócalos tarde o temprano se hamburguesan. (Por cierto, y aprovechando el viaje, reviren dos sin cebolla y sin salsa de tomate. Gracias.)

PD a la PD anterior: ya que en posdatas estamos, ¿cuál de todos los CEU's es el que nos escribe? Porque cuando yo era un apuesto joven de veinticinco años (¡órales! ¡Avísale a la computadora de la PGR para que saque cuentas) había, cuando menos, tres CEU's. ¿Por fin se unieron?

PD a la PD de la PD: en el caso de que, ¡uf!, tomaran el

Zócalo, no sean ojeras y aparten un pedacito para siquiera vender artesanías, porque pronto puedo convertirme en un "profesional de la violencia" desempleado y siempre es mejor ser un "profesional de la violencia" subempleado (por aquello del TLC, *you know*).

PD a la "n" potencia: en realidad estas posdatas son una carta que se disfraza de posdata (por aquello de la PGR y etcéteras de lentes oscuros y fornidos) y, *but of course*, no requiere respuesta, ni remitente, ni destinatario (ventajas inobjetables de las cartas disfrazadas de posdatas).

PD nostálgica: cuando yo era joven (¿Bueno? ¿PGR? Ahí le van más datos) había un espacio ligeramente arbolado ubicado, aproximadamente, entre la Biblioteca Central, la Facultad de Filosofía y Letras, la Torre de Humanidades, la avenida Insurgentes y el circuito interior (?) de CU. A ese espacio le llamábamos, por razones comprendidas por los (as) iniciados (as), el "valle de pasiones", y era visitado asiduamente por elementos diversos de la fauna que poblaba la CU a partir de las 7 pm (hora en que las buenas conciencias toman chocolate y las malas se ponen como agua para *ídem*) procedentes del área de Humanidades, Ciencias y otras (¿hay otras?). En ese tiempo un cubano (¿Bueno? ¿Embajador Jones? Anote usted más pruebas de procastrismo) que dictaba conferencias frente al teclado de un piano del color de su piel y se hacía llamar Bola de Nieve, repetía:

"No se puede tener conciencia y corazón..."

PD de *finale fortissimo*: ¿notaron el aire exquisitamente culto y delicado de estas posdatas? ¿No son dignas de nuestro ingreso al primer mundo? ¿No llama la atención que estos "transgresores" se preparen también para ser competitivos en el TLC?

PD *of happy end*: ya, ya, ya me voy... pero es que ese avión ya me tiene de siete meses, y la guardia, para variar, se quedó dormida y alguien se cansa de repetir "¿Quién vive?", y yo me digo que la patria... ¿y ustedes?

Arropado por el entusiasmo que numerosos intelectuales han manifestado hacia su prosa –incluido alguien tan severo como Paz–, el subcomandante se permite bromas absolutamente impropias de una guerrilla. Asumiendo el papel de crítico mordaz, a lo largo de las siguientes semanas continuará ensayando este estilo desenfadado y brillante, heredero directo de la célebre sección "Por mi madre, bohemios" que Carlos Monsiváis publicaba semanalmente en *La Jornada*. Quien se atreve a escribir estas sarcásticas divagaciones metaliterarias ya no es un simple guerrillero, sino un personaje inédito de la literatura latinoamericana: un rebelde sardónico que ha descubierto su mayor arma –la palabra– y la utiliza para desmontar el discurso tradicional del poder en México. Aunque los políticos priistas tardarán bastante tiempo en aceptarlo, después de estas posdatas del subcomandante ya no se puede hablar igual en México: la retórica oficial ha quedado desahuciada; a partir de ahora si alguien quiere ser escuchado, debe apartarse de los rígidos corsés del habla burocrática.

Carlos Fuentes, quien retrató como nadie la naturaleza del caduco discurso oficial en novelas como *La región más transparente* o *Cristóbal Nonato* –y más recientemente en *La silla del águila*–, escribe el 11 de febrero:

–Uno de los momentos más dramáticos de la insurrección chiapaneca ocurrió el 25 de enero pasado, cuando representantes de las comunidades agrarias e indígenas de la región le explicaron en Tuxtla Gutiérrez al presidente Carlos Salinas de Gortari la situación de injusticia que padecen –apunta el novelista en su artículo "Las dos democracias son una sola"–. El campesino chiapaneco Luis Herrera le dice al presidente en español difícil: "En Chiapas has manifestado cambiar la sociedad para ser nuevo, señor presidente. Pero no pasó nada. Sólo por palabra quedó". ¿Qué es lo que estos hombres profundamente inteligentes esperan que cambie? Otro campesino, Hernán Cortés Méndez, habló de "grandes persecuciones a campesinos, encarcelamientos y asesinatos que jamás se han castigado o esclarecido". Pero en Chiapas "hoy, con las leyes actuales, todos los campesinos somos potencialmente delincuentes", dijo otro trabajador, Jacobo Nazar Morales.

Según Fuentes, la protesta contra los abusos ha caído en el vacío.

–Que todos quepamos en la sociedad. Ésta definición casi perfecta de la democracia, nace de una cultura profunda, antigua, con raíces de gobierno propio, como lo describió Ricardo Pozas, el extraordinario antropólogo, en su *Juan Pérez Jolote*. –Tras esta serie de ejemplos, Fuentes teoriza–: Éste es el problema. Los indígenas y campesinos que le hablaron al presidente Salinas no necesitan la tutoría del PRI, saben gobernarse a sí mismos. Con sus palabras, cae el mito cultivado a lo largo de nuestra historia: son niños, son analfabetas, son premodernos. Pues sí: qué cultos son estos analfabetas y cómo, con muy pocas palabras, demuestran que ellos son verdaderamente la "gente de razón" y no los supuestos monopolizadores de la razón, los ladinos, blancos y mestizos que tienen derecho a caminar en la acera mientras los indios se ven obligados a usar la acequia.

A continuación, el novelista se refiere a las posibilidades de la democracia en esta región del país:

–¿Democracia en Chiapas? –se pregunta–. Las razones de la primera revolución poscomunista, que empezó en México el 1° de enero de 1994, son locales, son profundas y tienen que ver con la situación de injusticia irresuelta revelada mundialmente por la caída del comunismo. Esas razones se acumulan diariamente. Este pueblo digno, inteligente, cada vez más consciente de sus derechos, puede y debe elegir libremente a sus gobernantes locales, pues sólo ellos serán responsables ante las voces ciudadanas de Chiapas. Pero si los problemas de Chiapas no pueden resolverse sin democracia en Chiapas, la democracia en Chiapas no puede ser efectiva sin una democracia nacional a la cual aquélla se articule.

En respuesta a una solicitud de entrevista que le formula el diario *El Sur*, de Oaxaca, Marcos aprovecha para explicar los motivos por los cuales sólo envía sus textos a unos cuantos periódicos y de paso para hacer un análisis del periodismo en México. Según el subcomandante, la decisión de dirigirse al diario *Tiempo* de San Cristóbal fue unánime y por aclamación; en su opinión, se trata del único medio de Chiapas que se abocó a denunciar la injusticia cometida contra los indígenas, y su única preocupación es que alguien llegase a creer que el periódico era una especie de órgano oficial del EZLN. De *La Jornada* dice: "Su política editorial era, como se dice ahora, plural". En ella tienen cabida, en opinión de los zapatistas, todas las corrientes de opinión. Y añade: "Creo que este mosaico de corrientes editoriales es parte del éxito de este diario. Sin embargo, no fue la existencia de este mosaico ideológico lo que nos decidió a incluir *La Jornada* entre los destinatarios. Lo decisivo fue la valentía y la honestidad de sus reporteros". De *El Financiero*, Marcos sostiene: "Tiene, a nuestro entender, un equipo de columnistas serios y responsables en su quehacer periodístico". Al referirse a este periódico, Marcos aprovecha para hacer un comentario sobre el mundo intelectual que resulta especialmente revelador para este trabajo:

–Cuando yo era joven y bello, los intelectuales tendían a agruparse en torno a una publicación, atrincherarse, y desde ahí lanzar verdades al ignorante mundo de los mortales –se jacta el subcomandante–. En aquellos tiempos les decían "las élites de la inteligencia" y había tantas como revistas y corrientes ideológicas estuvieran de moda. Publicaciones para que las leyeran los mismos que las publicaban. "Una masturbación intelectual", dice Lucha. Si tú, inocente terrícola, querías llegar a rozar esas torres de marfil tenías que seguir un proceso más bien escabroso.

Marcos ha soñado con ser uno de los miembros de esa "élite de la inteligencia" de la que ahora se burla. Pero decidió torcer su camino para empuñar las armas aunque paradójicamente ahora éstas le permitan codearse con esos intelectuales a los que dice despreciar. Convertido en analista de los medios, afirma que *El Financiero* es un diario que de verdad "disecciona" la realidad o que *Proceso* es una publicación en la que "salen análisis y reportajes verdaderos". E incluso cuenta una anécdota relacionada con esta revista: el 1° de enero, mientras las tropas zapatistas ocupaban San Cristóbal, uno de los habitantes de la ciudad le dijo que se habían equivocado al atacar en sábado, porque no podrían salir en la edición de *Proceso* del domingo.

El 16 de febrero, un comando del EZLN encabezado por el mayor Moisés hace entrega oficial a la Cruz Roja Internacional de Absalón Castellanos Domínguez en la frontera entre el territorio zapatista y la zona franca de Guadalupe Tepeyac. Una vez liberado, el ex gobernador rechaza las acusaciones de los zapatistas. El pobre no comprende que la sentencia dictada por Marcos se ha hecho efectiva y que nadie se olvidará nunca de sus culpas.

El mismo día, el escritor Jorge Aguilar Mora, antiguo alumno de Roland Barthes en Francia, autor de un libro de referencia sobre la obra política de Octavio Paz y profesor de literatura en la Universidad de Maryland, analiza con justeza el lenguaje zapatista:

–De pronto las preguntas se volvieron implacables –escribe–. Desde el principio, desde el día escogido para el surgimiento rebelde, desde los rifles de madera, y luego desde los comunicados y las cartas y las entrevistas, el Ejército Zapatista de Liberación Nacional (EZLN) ha estado haciendo preguntas, preguntas implacables. Las preguntas del EZLN cuestionan precisamente esa fe ciega, muy ciega, en la modernidad, y en los poderes supuestamente infalibles del tiempo. –Y agrega más adelante–: Con todas las respuestas dadas, e incluso practicadas, las preguntas del EZLN seguirán preguntando. Son preguntas radicales porque van a la raíz de la situación real, porque muestran con lujo de sencillez que la raíz de la realidad es problemática y que la realidad es real sólo cuando plantea y mantiene los problemas como problemas. En ese sentido, el EZLN está en el extremo opuesto del romanticismo o del utopismo trasnochado que muchos han querido atribuirle. Sus demandas tienen respuestas prácticas, concretas, sin duda;

pero también se extienden por un horizonte donde no hay respuestas, sino sólo cuestionamientos, críticas, autocríticas, problemas: ¿cómo manifestamos o cómo ocultamos nuestro racismo? ¿Cómo nos hacemos cómplices de la injusticia cotidiana? ¿Qué significa ser propietario de una idea dogmática de ser humano, de un lenguaje dominante, de una intolerancia disfrazada de cientificismo? ¿Cómo nos fundimos con el aparato que ejerce legalmente la violencia? Por más que éstas y muchas otras preguntas necesiten respuestas y remedios urgentes, inmediatos, los problemas que plantean no dejarán de ser problemas. Y cuando dejen de serlo, se habrá realizado la utopía. Pero la utopía no existe.

Asimismo, la prensa publica ese 16 de febrero otro comunicado zapatista, cuya parte más relevante es otra serie de posdatas de Marcos, esta vez referidas a la fascinación que despierta su pasamontañas:

Sección "La posdata mercantilista".

PD: ¿a cómo cotiza, en dólares, un pasamontañas sucio y apestoso? ¿Cuántos más de la PGR?

PD de la PD: ¿cuánto se puede obtener si alguna marca de refrescos embotellados aparece en la mesa de diálogo?

PD con la tasa de interés al alza: ¿qué tal un *streap tease* (¿así se escribe?) de pasamontañas? *How much for this show?* O sea, ¿cuánta marmaja por eso?

PD a la baja en la Bolsa de Valores: ¿cuánto por un minuto diciendo tonterías? ¿Cuánto por medio minuto de verdades? (Recuerden que las verdades siempre son más parcas que las mentiras y, por tanto, se venden menos.)

PD machista pero cotizada en el Mercado de Valores: ¿cuánto por la filiación de media cintura para abajo?

PD de *crack* en la Bolsa: ¿cuánto por una exclusiva, en *close up*, de la nariz pronunciada?

PD devaluada por las presiones "externas": y la "máquina de hacer comunicados", ¿cuánto porque siga? ¿Cuánto porque calle?

PD sin valor monetario: y por nuestros muertos, ¿con cuánto dolor se pagan? ¿Con cuánta luz se llenan sus bolsillos? ¿Cuánta sangre más para que no sea inútil su silencio? ¿Quién quiere la exclusiva de su pena? ¿Nadie? Sea...

PD que se retira del mercado accionario: adiós... Gracias a los que se dijeron la verdad. Mi más sentido pésame a los que siguieron el camino de la mentira.

Vale.

El Sup en el ostracismo. (Yo merengues.)

Encandilado por su propio poder, Marcos ya no admite límites expresivos y se permite todo tipo de juegos, incluso para burlarse de sí mismo. No obstante, más tarde le confesará a Yvon LeBot que su sentido del humor no fue bien recibido en este caso por los "comandantes indígenas", quienes, según él, comenzaban a preocuparse de su frivolidad. Marcos al fin ha encontrado su estilo. Por fin puede decirse, un par de meses después de su primera aparición pública, que Marcos ya es Marcos.

7

Conversación en la catedral

Del 20 al 28 de febrero de 1994

El mes de febrero se dirige inexorablemente hacia su fin; mientras tanto, Manuel Camacho ya ha establecido contacto con la dirigencia del EZLN para acordar las bases del diálogo. El 17 de febrero, el comisionado por fin anuncia que las conversaciones entre el EZLN y el gobierno se llevarán a cabo a partir del lunes 21.

–Camacho actuó con valentía –reconoce el propio presidente Salinas en sus memorias–. Me relató cómo, a mediados de febrero, unos días antes de iniciar las conversaciones de la catedral, había acudido a la selva. Después de intensos intercambios, se dirigió a una reunión con Marcos. Había salido en automóvil, de madrugada, aún oscuro, por caminos desconocidos. Tuvo que aguardar sentado en la parte delantera del vehículo. Horas después, abordaron el auto varios individuos. Uno de ellos, desde el asiento de atrás, empezó a dialogar con él: era Marcos. Se había iniciado la comunicación directa, sin intermediarios, entre el representante del titular del poder ejecutivo federal y el jefe del EZLN. Fue un buen logro de Camacho. –Sin embargo, Salinas añade–: Algo que me inquietó un poco de su relato: la gran admiración que Marcos había despertado en Manuel.

El 20 de febrero, el EZLN insiste en que no asistirá a las pláticas del próximo lunes a pedir perdón ni a suplicar: "Iremos a exigir lo que es derecho y razón de todas las gentes, libertad, justicia y democracia". Se informa, además, que la Comandancia General del EZLN no ha decidido si el subcomandante Marcos participará en las pláticas. El segundo comunicado va dirigido a todos los indígenas que han sido expulsados de su tierra, particularmente a los de San Juan Chamula.

Tal como se acordó, el 21 de febrero, minutos después de la llegada de los delegados del EZLN a la catedral, se inicia el diálogo por la paz. Una vez más, la escena resulta tan rocambolesca que sería calificada de inverosímil incluso en una novela latinoamericana. El escenario no puede ser más apropiado: el interior de la catedral de San Cristóbal, rodeados por los centenarios muros construidos por los indios bajo la dirección de los conquistadores, junto al solio desde el cual Bartolomé de las Casas imprecó contra los hacendados. Entonces, el obispo Samuel Ruiz da la bienvenida a los delegados de ambas partes: Manuel Camacho y sus asesores, por parte del gobierno federal, y el subcomandante Marcos y numerosos delegados indígenas, por parte del Ejército Zapatista.

Una larga mesa divide a los representantes: un pesado mueble de madera en donde se colocarán los papeles que den fe de las negociaciones y que sirve también como barrera entre esos dos mundos. Los zapatistas asisten ataviados con sus trajes típicos, aderezados con los símbolos de su lucha guerrillera: paliacates, camisas de manta, sombreros, pasamontañas... Marcos ni siquiera ha olvidado su pipa. Pese a ser la estrella del momento, intenta permanecer en un discreto segundo plano, concediéndoles el protagonismo a sus aliados indígenas.

Perfecto en su papel de director de escena, Marcos quiere que los representantes del Supremo Gobierno lidien con la sintaxis retorcida y la arcaica pronunciación de sus tropas. ¿Qué mejor símbolo del abismo que separa a las dos delegaciones? Las diferencias entre los dos lados de la mesa deben quedar claras para todos: los hombres sosos y formales que rodean al comisionado son los *malos*: los emisarios del poder que durante siglos han aplastado a los indígenas. En cambio, éstos no necesitan sino exhibirse tal como son. El juego de espejos no cesa ni por un minuto. Cada delegado tiene que hacerse la misma pregunta: ¿es posible dialogar con el otro?

¿Podemos imaginar qué piensan Camacho y sus asesores mientras permanecen allí, sentados frente a esos indígenas? ¿Intentan adivinar sus intenciones o comprender sus deseos?

¿Piensan que Marcos los manipula o de verdad serán ellos quienes le dan órdenes al subcomandante? ¿Y qué piensan los indígenas? ¿Qué piensan esos hombres que se han levantado en armas y que ahora dialogan con el amigo del presidente? La situación parece tan insólita –tan *fantástica*– que vale la pena observarla con cuidado. Contemplemos allí, reunidos bajo la cúpula de la catedral de San Cristóbal, a los tres actores centrales del drama: el gobierno, los indígenas, la Iglesia. Estudiemos sus reacciones, sus gestos, esas sutiles barreras que los alejan de modo inevitable. Aunque estamos acostumbrados a los programas de televisión que difunden los actos oficiales de presidentes y gobernadores en las comunidades indígenas –baste recordar las imágenes de Patrocinio González Garrido usando el sombrero tradicional de los chamulas–, hay algo de veras novedoso en el encuentro: por primera vez el espectador no advierte condescendencia ni folclor barato ni simple politiquería en los delegados del gobierno; en vez de eso, flota en el ambiente una sensación de igualdad muy pocas veces vista. Si las conversaciones de San Cristóbal son relevantes, no es tanto las palabras o los acuerdos que surjan de allí –y que al final, como siempre, ni siquiera se llevarán a la práctica–, sino porque esta vez el gobierno no puede amenazar o conceder su graciosa beneficencia a los indígenas como ha hecho siempre, sino que debe sentarse con ellos en plan de igualdad y considerar sus demandas.

Aunque representa a un gobierno que siempre se ha creído omnipotente, esta vez Camacho está allí para hacer concesiones. No puede conformarse con "otorgar el perdón", como quiso hacer Salinas en los primeros días de enero; casi parece como si ahora su misión consistiese en pedir disculpas. Si bien las pláticas apenas comienzan, Marcos tiene la ventaja. Por ello, en cuanto se inicia el diálogo la Comandancia del EZLN se apresura a ratificar ante el comisionado para la paz que los indígenas no están arrepentidos de luchar por sus derechos, si bien le manifiestan su disposición para escuchar la palabra del gobierno. Camacho les responde que "la nueva situación política no debe tener marcha atrás, no sólo por la voluntad de las partes", sino porque es una exigencia de toda la sociedad mexicana.

Unas horas más tarde, el subcomandante Marcos ofrece una conferencia de prensa asegurando que por su voz "habla el CCRI para informar al pueblo de México, a los pueblos y a los gobiernos del mundo, y a la prensa nacional e internacional de lo sucedido hoy en esta mesa de diálogo". Todos los días se repetirá la misma rutina: sesiones de trabajo por la mañana y encuentros con la prensa por la tarde.

Al día siguiente, Marcos recibe a los representantes de siete partidos políticos, con quienes conversa durante una hora. Les dice que el candidato que gane las elecciones deberá cumplir los compromisos que resulten de la negociación.

Por su parte –ya lo hemos dicho antes–, Manuel Camacho hace todo lo posible para que las negociaciones tengan éxito. Promete todo lo que puede prometer: para eso le pagan. Y, claro, en esas promesas se juega su futuro. No sorprende, entonces, que el 23 de febrero, el líder insurgente explique a los medios que el comisionado "dio respuesta a las demandas, a las que pueden resolverse en la mesa de San Cristóbal".

–Se ha resuelto ya la cuarta parte de las demandas –expresa Marcos–. Corresponde a la sociedad civil, a los medios de comunicación y a los partidos políticos presentar proyectos sobre ese tema, ya que son quienes tienen posibilidades reales de darle a este país otro rumbo.

El día 24, el EZLN informa que en la mesa del diálogo se ha resuelto ya el 50 por ciento de su pliego petitorio. Entre sus conquistas destacan: redistribución de la inversión federal en Chiapas, impacto del Tratado de Libre Comercio en las comunidades indígenas, educación bilingüe oficial y obligatoria, castigo a la discriminación y al desprecio que reciben los indígenas.

El 25 de febrero, Marcos, Camacho y el obispo Samuel Ruiz ofrecen una conferencia de prensa conjunta para hacer un balance de las negociaciones.

–Amigos de los medios de comunicación en el ámbito nacional e internacional –comienza el obispo–. Nos hemos acostumbrado a vivir en el mundo actual un ritmo de sucesión de acontecimientos casi regulados por las marcas olímpicas que se rebasan unas a otras con gran rapidez. Así nos ha ido pasando con los acontecimientos que desde el día 1° de enero a esta parte se han ido sucediendo. Viraje político nacional a los doce días del conflicto, cese del fuego también a fechas cercanamente inesperadas; preparación de caminos para un diálogo por la paz; ofrecimiento de una mediación para el diálogo, y nos pareció largo y eterno el tiempo de respuesta que vino desde la selva. Inicio del diálogo con la espectacular llegada de los miembros del EZLN; resultados de acuerdos iniciales sobre asuntos que fueron ya aquí comunicados. Pero el tiempo en que vivimos tiene diferentes lógicas. Para el campesino no es el tiempo el valor al que todo se subordina, pues el tiempo está más bien a servicio del hombre. Pero el ritmo de los acuerdos serios tiene una dimensión de tiempo futuro, de duración de consecuencias de más de cien años-plazo, lo que demanda seriedad y responsabilidad. Los dialogantes en la mesa de la paz se manifestarán, no obstante estas consideraciones que hago en mi discurso. Gracias.

Marcos le responde:

–Por mi voz habla la voz del Ejército Zapatista de Liberación Nacional para informar al pueblo de México, a los pueblos y gobiernos del mundo y a la prensa nacional e internacional, de lo acontecido el día de hoy en la mesa del diálogo con el comisionado nacional de intermediación, el señor obispo Samuel Ruiz García, y el comisionado nacional para la paz y la reconciliación en Chiapas, el licenciado Manuel Camacho Solís. Hemos ya resuelto el 50 por ciento del pliego de demandas y hemos recibido ya respuesta a los siguientes puntos del pliego de demandas que presentó el Comité Clandestino Revolucionario Indígena-Comandancia General del Ejército Zapatista de Liberación Nacional. Uno sobre la demanda de electrificación de las comunidades indígenas y redistribución de la inversión federal en el estado; el otro sobre los impactos del Tratado de Libre Comercio en las comunidades indígenas; el otro referente a las demandas de salud, de información veraz, de vivienda, de educación, referido a la construcción de escuelas, la dotación de material didáctico y la habilitación de maestros de la educación bilingüe como obligatoria y oficial en las comunidades indígenas; el problema de alimentación; los apoyos económicos a las víctimas de la guerra y a viudas y huérfanos provocados por el conflicto; las demandas de las mujeres respecto de los caminos que hay que seguir para que los indígenas puedan vivir en paz. La otra demanda para que se multipliquen y se fortalezcan las organizaciones no gubernamentales de derechos humanos; la necesidad de que se forme, llegado el momento, una Comisión Nacional de Paz con Justicia y Dignidad, que sería la encargada de dar seguimiento al cumplimiento de los acuerdos a los que llegue esta mesa de diálogo. Y el último punto en el que hemos estado de acuerdo es el de que la ayuda humanitaria a la zona en conflicto sea canalizada a través de los representantes auténticos de las comunidades indígenas. Ésos son los acuerdos a los que hemos llegado hasta ahora. Hay otro mensaje de nuestro Comité, de nuestra dirección respecto a la consulta que se va a hacer con nuestras bases. Es que cuando esta mesa de diálogo haya llegado a resultados concretos más acabados, remitirá los documentos respectivos a las organizaciones no gubernamentales, a la prensa nacional e internacional y, en general, al resto de la población civil, tres tipos de documentos: los que se refieren al pliego de demandas de nuestro ejército, a las respuestas que recibe del gobierno federal y a los acuerdos a que se lleguen. Con el fin también de recibir las opiniones y el consenso de toda la gente que se ha manifestado en torno a este conflicto, dé un camino de paz con dignidad. Esta decisión del Comité de ampliar la consulta sobre la firma de la paz, si es que llega a darse, es para hacerse en cuanto lleguemos a puntos más acabados.

–Nos dio esa de alzarnos en armas porque tuviéramos una vivienda digna –interviene el compañero Juan, uno de los delegados indígenas del Ejército Zapatista–, porque tuviéramos un buen trabajo y también porque tuviéramos tierras donde trabajar, porque también tuviéramos libertad de expresión, porque también tuviéramos la participación, lo que nosotros ponemos en nuestros puntos de democracia. Aparte de nuestras necesidades más sentidas que hoy demandamos, también por nuestra dignidad. Que se nos respete nuestra dignidad indígena, para que no nos sigan vendiendo como animales en un zoológico, sino que nos traten como personas y seres humanos. Muchas Gracias.

Al final, el comisionado concluye:

–Nosotros vemos en esto la oportunidad no sólo de llegar a una respuesta, sino de lograr un amplio consenso en torno a esos acuerdos para una salida política al conflicto en Chiapas y en torno al acuerdo para la paz.

El 26 de febrero, el EZLN se limita a informar en un comunicado sumamente escueto que el diálogo continúa. En cambio, el día 27 Marcos aprovecha su encuentro con la prensa para realizar una de las descripciones más líricas e intensas de la empresa zapatista:

–Cuando el EZLN era tan sólo una sombra arrastrándose entre la niebla y la oscuridad de la montaña, cuando las palabras justicia, libertad y democracia eran sólo eso: palabras –escribe–. Apenas un sueño que los ancianos de nuestras comunidades, guardianes verdaderos de la palabra de nuestros muertos, nos habían entregado en el tiempo justo en que el día cede su paso a la noche, cuando el odio y la muerte empezaban a crecer en nuestros pechos, cuando nada había más que desesperanza. Cuando los tiempos se repetían sobre sí mismos, sin salida, sin puerta alguna, sin mañana, cuando todo era como injusto era, hablaron los hombres verdaderos, los sin rostro, los que en la noche andan, los que son montaña.

Tras esta introducción de tono mítico, gracias a la cual les confiere a los zapatistas un estatus de héroes primordiales, Marcos los hace hablar largamente, usando de nueva cuenta un tono casi bíblico, y articula una verdadera definición de la democracia:

–Es razón y voluntad de los hombres y mujeres buenos buscar y encontrar la mejor manera de gobernar y gobernarse, lo que es bueno para los más para todos es bueno. Pero que no se acallen las voces de los menos, sino que sigan en su lugar, esperando que el pensamiento y el corazón se hagan común en lo que es voluntad de los más y parecer de los menos, así los pueblos de los hombres y mujeres verdaderos crecen hacia adentro y se hacen grandes y no hay fuerza de fuera que los rompa o lleve sus pasos a otros caminos.

Tras el alzamiento, los "hombres sin rostro", es decir, los propios zapatistas, deben devolverle la capacidad de gobernarse a la sociedad civil:

–Que busquen a los hombres y mujeres que mandan obedeciendo, los que tienen fuerza en la palabra y no en el fuego, que encontrándoles les hablen y les entreguen el bastón de mando, que vuelvan otra vez a la tierra y a la noche los sin rostro, los que en la noche andan descansen por fin junto a la tierra.

Este texto del subcomandante es el mejor cierre posible para las negociaciones. El 1° de marzo, el EZLN anuncia formalmente el fin de las pláticas:

–El EZLN vino a esta mesa de diálogo con ánimo verdadero de hacerse escuchar y de explicar todas las razones que nos obligaron a empuñar las armas para no morir indignamente –explica Marcos–. Llegamos a dialogar, es decir, a hablar y a escuchar. Dijimos nuestra palabra al Supremo Gobierno y a todas las personas buenas y honestas que hay en el mundo. También hablamos a las gentes malas para que escucharan la verdad. Algunos recibieron nuestra palabra, otros siguieron en el camino del desprecio a nuestra voz y nuestra raza. Encontramos oídos atentos y dispuestos a escuchar la verdad que salía de nuestros labios. El diálogo de San Cristóbal fue verdadero. No hubo dobleces ni mentiras, nada fue escondido a nuestros corazones y a la gente de razón y bondad. No hubo compra y venta de dignidades. Hubo igualdad en el hablar y en el escuchar. Hubo diálogo bueno y verdadero. Ahora tenemos respuestas que reflejan el interés verdadero del señor comisionado para encontrar la paz. Tenemos ahora la obligación de reflexionar bien lo que sus palabras nos dicen.

Consciente de la buena voluntad de Camacho, Marcos se permite alabar su empeño:

–Hemos encontrado en el comisionado para la paz y la reconciliación en Chiapas un hombre dispuesto a escuchar nuestras razones y demandas. Él no se conformó con escucharnos y entendernos, buscó además las posibles soluciones a los problemas. Saludamos la actitud del comisionado Manuel Camacho Solís.

Y, luego de saludar la labor del obispo Samuel Ruiz, el subcomandante concluye:

–Ahora esta etapa de diálogo se ha terminado y es bueno su rumbo. Apartemos todos los obstáculos para que sigamos andando.

Durante unos momentos, aquella mañana de marzo de 1994, parece como si la paz de verdad estuviese al alcance de la mano, como si aún fuera posible revertir la pesadilla de la guerra, como si el país no sólo fuese a volver a la normalidad, sino a salir fortalecido gracias al coraje de sus ciudadanos más pobres y olvidados, los indígenas del EZLN. Los espíritus se tranquilizan. Tal como lo prometió, Camacho ha cumplido su labor en un tiempo récord. No falta quien, aplicando una vez más la teoría de la conspiración, ve en la buena marcha de las charlas un acuerdo subterráneo entre el comisionado y el subcomandante, e incluso algún maledicente insinúa que ambos pertenecen al mismo bando, pero los críticos de la negociación apenas se atreven a mostrar sus reservas: el país en su conjunto no desea otra cosa que la paz.

Inevitablemente, la victoria de Camacho significa un nuevo golpe para Colosio. Los enemigos del comisionado se multiplican y el presidente no parece dispuesto a defenderlo ni a rehabilitarlo como candidato. Es un héroe, pero un héroe vencido de antemano. A pesar de los buenos augurios dejados por las conversaciones de San Cristóbal, el panorama político vuelve a ensombrecerse. Y, en medio de tantos recelos y tanta desconfianza, muy pronto un siniestro personaje, cuya aparición no estaba contemplada, eliminará de una vez por todas cualquier atisbo de esperanza.

8

La espera

Del 1° al 22 de marzo de 1994

El 1° de marzo aparece en los quioscos mexicanos un nuevo número de la revista *Vuelta*, donde se incluye otro largo artículo de Octavio Paz dedicado a los zapatistas. "Chiapas: hechos, dichos, gestos" es una severa crítica de la violencia, de los intelectuales y de la izquierda que prolonga las observaciones del poeta publicadas en el suplemento especial de la revista del mes de febrero. En esta ocasión, Paz comienza por referirse al aparente acuerdo al que han llegado el obispo Samuel Ruiz, el comisionado para la paz y los delegados del EZLN. En la primera parte de su artículo, titulada "¿Tabla de salvación?", el premio Nobel alaba el inicio del diálogo :

–Si todo sale bien –sostiene Paz–, dos meses habrán bastado para que el conflicto de Chiapas, iniciado con tiros y muertos, se haya transformado en una conversación pacífica. La prudencia, la más alta virtud política, habrá triunfado. ¿Soy demasiado crédulo si digo que el alba de la democracia mexicana despunta en el horizonte? Pronto lo sabremos.

En la segunda parte de su artículo, titulada "Los dichos y los gestos", Paz vuelve a otra de sus obsesiones: la relación entre el EZLN y los intelectuales. En este caso, el poeta no es tan optimista, pues considera que "el conflicto ha hecho correr poca sangre y mucha tinta" y que, si bien al principio las palabras de sus colegas "producían un cosquilleo intelectual, hoy provocan un invencible bostezo." A continuación, Paz critica ferozmente a quienes se han apresurado a vitorear a los zapatistas:

–Asistimos a la entronización del lugar común y a la canonización de la ligereza intelectual –se queja Paz–. Por ejemplo, a un desaprensivo se le ocurrió decir que el movimiento de Chiapas es "la primera revolución poscomunista del siglo XXI".

Ahora media docena de pericos repiten imperturbables su despapucho. Apenas si vale la pena puntualizar que lo de Chiapas no es una revolución por sus proporciones –abarca a cuatro distritos– ni por su doctrina o ideología. El movimiento tampoco es posmoderno, como han dicho otros. (De paso: una palabrita a la moda sin preciso significado.) Sus demandas, muchas de ellas justificadas, se dirigen a enmendar abusos e injusticias tradicionales en contra de comunidades indígenas y a pedir la instauración de una democracia auténtica. Esto último es una aspiración tan vieja como la Revolución de 1910. Con este criterio histórico, Madero sería el "primer revolucionario posmoderno de México."

No es necesario conocer de cerca las guerras intelectuales mexicanas para saber que el "desaprensivo" que llamó "poscomunista" y "posmoderna" a la guerrilla zapatista no es otro que Carlos Fuentes. A diferencia de éste, Paz cree ser el único intelectual que puede alabar legítimamente a los zapatistas justo porque no concuerda con ellos:

–Sin embargo, los insurgentes de Chiapas sí son decididamente ultramodernos en un sentido muy preciso –añade el poeta–: por su estilo. Se trata de una definición estética más que política. Desde su primera aparición pública el 1° de enero, revelaron un notable dominio de un arte que los medios de comunicación modernos han llevado a una peligrosa perfección: la publicidad. Después, durante las pláticas y negociaciones en la catedral de San Cristóbal, cada una de sus presentaciones ha tenido la solemnidad de un ritual y la seducción de un espectáculo. Desde el atuendo –los pasamontañas negros y azules, los paliacates de colores– hasta la maestría en el uso de símbolos como la bandera nacional y las imágenes religiosas. Inmovilidad de personajes encapuchados que la televisión simultáneamente acerca y aleja en la pantalla, próximos y remotos: cuadros vivos de la historia, alucinante museo de figuras de cera.

En verdad es notable el velado entusiasmo de Paz hacia el estilo y la "seducción del espectáculo" ofrecido por los zapatistas:

–El lenguaje de los líderes del PRI es un lenguaje de funcionarios: frases hechas de cartón y de plástico; el del subcomandante Marcos, aunque desigual y lleno de subidas y caídas como un tobogán de montaña rusa, es imaginativo y vivaz. Sus pastiches de lenguaje evangélico y, con más frecuencia, de la elocuencia indígena, con sus fórmulas recurrentes, sus metáforas y sus metonimias, son casi siempre afortunados. A veces es chabacano y otras chocarrero; otras brioso y otras machacón y sentimental; otras sarcástico y realista; prosa accidentada: elevaciones y batacazos. Su fuerte no es el razonamiento, sino la emoción y la unción: el púlpito y el mitin. Su locuacidad le ha ganado oyentes pero también podría perderlo, sobre todo si cede al gusto por la provocación e incurre en baladronadas. El arte de la gran retórica incluye el de saber callarse a tiempo. Aunque en principio se trata de textos políticos, en principio dedicados a los más, parecen pensados y escritos para seducir o irritar a una élite: esa clase media que concurre a los cafés literarios, lee los suplementos culturales, va a las exposiciones y a las conferencias, ama al rock y a Mozart, participa en los espectáculos de vanguardia y concurre a manifestaciones. Triunfo de la literatura: gracias a la retórica y a su indudable talento teatral, el subcomandante Marcos ha ganado la batalla de la opinión. En esto, no en una pretendida "posmodernidad", reside el secreto de su popularidad entre los intelectuales y entre vastos sectores de la clase media de nuestra capital.

No cabe duda: incluso Paz ha terminado por sucumbir ante la prosa de Marcos.

En realidad son pocos los intelectuales mexicanos que no lo han hecho; uno de ellos es Rafael Pérez Gay:

–El comandante Marcos no me parece ni lúcido ni ingenioso ni humorístico –escribe en el número de marzo de la revista *Nexos*–; al contrario, creo que la verdadera esencia de sus comunicados son el chantaje emocional que anida en la culpa de eso que se llama ahora sociedad civil y que pasa por encima, incluso, de la tragedia indígena y los conflictos militar y político.

El 2 de marzo, Manuel Camacho Solís asevera que, si bien está empeñado en ofrecer respuestas a las demandas indígenas en Chiapas, la negociación tiene límites:

–No se aceptó nada que pudiera debilitar el orden constitucional, la soberanía de México y la posibilidad de cambios democráticos.

Como parte de los compromisos asumidos por el gobierno en las conversaciones de San Cristóbal, se encuentran once modificaciones legislativas, promover el autogobierno indígena y dar paso a una verdadera reforma electoral, así como otras treinta y un acciones concretas que competen a a ocho secretarías de Estado. Por su parte, el EZLN, acuerda consultar los puntos acordados con Camacho con sus "comunidades de base".

Aunque muchos analistas se muestran escépticos sobre las posibilidades tanto de que las comunidades zapatistas acepten los acuerdos como de que el gobierno federal cumpla con sus promesas, el final del diálogo de San Cristóbal no ha podido resultar más esperanzador. Por desgracia, el asesinato de Luis Donaldo Colosio terminará para siempre con estas perspectivas halagüeñas.

El 4 de marzo, el CCRI anuncia que iniciará el proceso de consulta a sus bases con la capacitación de la jerarquía militar del EZLN, relacionada con los contenidos de los compromisos asumidos por el gobierno. Los documentos serán traducidos del español al tzeltal, tzotzil, tojolobal y chol. Por otra parte, este día se lleva a cabo el registro oficial de Colosio como candidato del PRI.

El día 6, Luis Donaldo Colosio pronuncia un encendido discurso durante el LXV aniversario del nacimiento del PRI, donde se muestra bastante crítico con el gobierno de Salinas. Si bien su tono beligerante forma parte del típico ritual de transferencia del poder que se opera en México cada seis años, tras el homicidio del candidato muchos querrán ver en él una prueba del rompimiento entre Salinas y Colosio, y por tanto un indicio de la presunta autoría intelectual del presidente en la muerte de su sucesor.

El 7 de marzo, *Proceso* publica una entrevista con Luis Donaldo Colosio en la cual, entre otros asuntos, el candidato del PRI se refiere al subcomandante:

–Creo que Marcos es un hombre con personalidad compleja, con diferentes facetas –subraya Colosio–. Quizá lo que más atrae a la sociedad es que se trata de una persona con preocupaciones sociales y con disposición a luchar por lo que cree. Yo creo que él tomó el camino equivocado. La violencia no es la solución.

Casi al mismo tiempo, Elena Poniatowska declara su entusiasmo sin cortapisas hacia Marcos:

–Creo que *Marcos* es una figura muy carismática, todas las mujeres enloquecen por él, hasta hay condones con su máscara. Pero no se trata de que el subcomandante le robe cámara al problema de Chiapas.

El 8 de marzo, el recién creado Frente Cívico de San Cristóbal advierte que quemará la casa episcopal si el obispo Samuel Ruiz no abandona la diócesis en un plazo de veinticuatro horas. Mientras tanto, el Frente Cívico Coleto Contra los Desestabilizadores continúa los hostigamientos contra el obispo. En los templos católicos de San Cristóbal aparecen carteles en los cuales se afirma que las iglesias permanecerán cerradas hasta que Samuel Ruiz salga de la ciudad, de Chiapas y de México.

En una conferencia de prensa ofrecida el 11 de marzo, el comisionado para la paz afirma que su tarea en Chiapas ha consistido en sacar adelante el acuerdo para la paz y que se consagrará a ello hasta el término de la misión. Por su parte, en una entrevista publicada por el diario *Reforma*, Marcos aclara que, si bien se han alcanzado algunos acuerdos con el gobierno, aún se requiere de la ratificación de las bases para su aprobación. Indica que lo único que hizo la cúpula del EZLN fue nombrar delegados para dialogar, no para negociar. El tercer actor de las negociaciones, Samuel Ruiz, asegura por su parte que el diálogo podría reanudarse en dos semanas.

El 15 de marzo, el subcomandante Marcos manifiesta que

el EZLN no emprenderá nuevas iniciativas de fuego y frenará cualquier tipo de acción bélica y aventurera, independientemente del resultado de las consultas.

Desde luego, no todo el mundo está contento con el resultado de las negociaciones. Siempre severo con el movimiento zapatista y con el obispo Samuel Ruiz, el escritor Jorge Hernández Campos escribe en *Unomásuno*:

–Para mí, lo de Chiapas se inscribe en la tendencia de que junto con los universalismos laicos, o envuelto en ellos, se están cargando también al concepto del Estado-nación, al que ahora ya vemos como producto de una época y un pensamiento localizados en la historia. Por lo mismo, advierto ahí una no tan secreta intención de cargarse al Estado mexicano que, hijo de su tiempo, se define como Estado-nación de sello liberal. Por lo tanto, cuando el obispo Ruiz habla de democracia o de política está refiriéndose a otra cosa, a otra sociedad aún por construir en el futuro, otra sociedad cuyos contornos seguramente no sabría precisar porque no creo que el caletre le dé para tanto, pero no es ni el Estado que estamos tratando de perfeccionar, ni la democracia de cuya plenitud nos preocupamos.

Entretanto, los delegados del CCRI-EZLN concluyen el 17 de marzo la primera fase de análisis de los compromisos para una paz digna en Chiapas, y vuelven a sus comunidades con el propósito de explicar los contenidos del documento. El subcomandante Marcos declara que el comisionado, "puede postularse a la presidencia de la República si desea, pero no puede usar sus vínculos con los guerrilleros como un trampolín".

Este mismo día se publica un comunicado del EZLN que incluye en su posdata un largo poema de Marcos, siguiendo los pasos del Che Guevara:

Problemas

Esto de la patria
es algo difícil de explicar.

Pero más difícil es comprender
eso del amor a la patria.
Por ejemplo,
nos enseñaron que el amor a la patria es,
por ejemplo,
saludar a la bandera,
ponerse a escuchar el himno nacional.
Emborracharse a discreción cuando
pierde la selección de futbol.
Algunos etcéteras que poco cambian
de sexenio en sexenio...
Y por ejemplo,
no nos enseñaron que amor a la patria
puede ser,
por ejemplo,
silbar como quien se va alejando,
pero,
tras de aquella colina también hay
patria y nadie nos ve,
y nos franqueamos
(porque uno siempre se franquea
cuando nadie nos ve)
y le decimos
(a la patria),
por ejemplo,
todo lo que la odiamos,
y todo lo que la amamos
y esto siempre es mejor decirlo,
por ejemplo,
a balazos y sonriendo.
Y, por ejemplo,
nos enseñaron que el amor a la patria es,
por ejemplo,
un sombrero de charro,
saber los nombres de los niños héroes,
gritar "¡Viva-arriba México!"

aunque México esté abajo-muerto.
Otros etcéteras que poco cambian
de sexenio en sexenio.
Y, por ejemplo,
no nos enseñaron que
amor a la patria
puede ser,
por ejemplo,
callar como quien se muere,
pero no,
bajo esta tierra también hay patria
y nadie nos oye
y nos franqueamos
(porque uno siempre se franquea
cuando nadie nos oye)
y le contamos
(a la patria)
la pequeña y dura historia
de los que se fueron muriendo para amarla
y que ya no están aquí para darme la razón,
pero me la dan no estando,
los que nos enseñaron
que a la patria se la ama,
por ejemplo,
a balazos y sonriendo.

Este excéntrico texto, fechado en 1987, se acerca más a "La suave patria" de Ramón López Velarde y a la tradición de poesía "cívica" que a la poesía comprometida al estilo de Éluard o Neruda. Por desgracia, Marcos dista de ser un buen poeta. La fuerza de sus comunicados en prosa se derrumba por completo cuanto intenta mostrarse lírico. Aunque sin duda es un buen lector de poesía latinoamericana, el subcomandante no posee un verdadero oído poético. Su defensa de la "patria" y la vía armada ("a balazos y sonriendo") no sólo suena hueca y manida sino decididamente cursi. Y demuestra una enorme pobreza en sus recursos estilísticos: repite versos completos para camuflar su falta de ritmo –la obsesiva cantinela "por ejemplo"–, apenas tiene algún atisbo de ingenio –ese México que está "abajo-muerto"–, y su enumeración de los falsos actos de amor a la patria suena tan chabacana como las soluciones que plantea. En fin: no es la primera vez que una buena causa genera mala literatura.

Tal vez porque no ha leído aún el poema de Marcos, el historiador Lorenzo Meyer alaba este mismo día en *Excélsior* su estilo franco y desenfadado:

–El subcomandante Marcos y el Ejército Zapatista de Liberación Nacional pueden resultar inaceptables para muchos –escribe Meyer–, pero ni sus enemigos negarán que el discurso de los nuevos zapatistas es sencillo, comprensible y tiene un sustento moral claro. Se trata, por tanto, de la antítesis del lenguaje gubernamental.

Según el historiador, el poder en México se ejerce a través de las palabras de los gobernantes, que nunca se adecuan entre éstas y los hechos. El poder trastoca constantemente el significado de las palabras para asimilarlo a sus fines; en este contexto, los zapatistas han contribuido a una renovación completa del discurso político en México:

–En la política del poder mexicano, el lenguaje dominante sirve para varias cosas, pero raras veces para lo que se supone que debería servir: para expresar claramente las ideas y sentimientos de quienes lo emplean. El lenguaje de la clase política mexicana, sobre todo de la que está en el poder, ha sido, casi desde su origen, un lenguaje turbio que tiene significados múltiples y que oculta mucho más de lo que descubre. Ese discurso político es, básicamente un instrumento de desinformación, de mentira sistemática elevada al grado de arte, cuyo objetivo central es la defensa de intereses ilegítimos. Uno de los motivos del sorprendente éxito político del EZLN en general, y del subcomandante Marcos en particular, es que ambos, con una gran congruencia entre el decir y el hacer, han reintroducido en la política mexicana el discurso sencillo, directo y simple, que no simplista, y hasta se han permitido algunas licencias poéticas. Se trata, por tanto, de un discurso donde las palabras buscan recuperar su significado original, y por ello se vuelven antiautoritarias y liberadoras.

Como el propio subcomandante ha dicho, el lenguaje de los políticos mexicanos es el que está verdaderamente enmascarado, y son ellos, los hombres con pasamontañas, quienes hablan con transparencia:

–Ese discurso también se distingue, y mucho, del lenguaje acartonado y esotérico que por largo tiempo usó la izquierda en México. El EZLN es, desde luego, heredero de esa izquierda, pero como bien lo ha señalado el subcomandante Marcos, un heredero que ya no busca repetir sino inventar nuevas fórmulas. Su punto de partida no es ya un postulado teórico de Marx, sino la propia experiencia de las comunidades indígenas chiapanecas, y la ausencia de compromisos y subordinación a otros movimientos políticos. Lo que ha logrado con eso el EZLN es convertirse en un punto de referencia para todos, tanto para el gobierno como para la oposición. Su éxito se explica, en buena medida, por emplear un discurso directo, sin dobleces, y que todo ciudadano de buena fe puede entender.

Seguramente obligado por su viejo amigo Carlos Salinas, el 22 de marzo Manuel Camacho Solís al fin declara a la prensa, de manera inequívoca, que no buscará la candidatura a la presidencia de la República ni un escaño en la Cámara de Senadores. Su compromiso, afirma, está en resolver el conflicto zapatista. Por desgracia, es demasiado tarde. La escasa oportunidad de sus palabras se hará evidente sólo unas horas después, cuando comiencen a llegar las noticias provenientes de Tijuana.

9

El asesino solitario

El 23 de marzo, el candidato del PRI a la presidencia, Luis Donaldo Colosio es asesinado durante un mitin de campaña en la colonia Lomas Taurinas de Tijuana. La policía detiene de inmediato al asesino: Mario Aburto. Aunque antes se han analizado las consecuencias de este hecho, vale la pena repetir que el homicidio trastoca completamente la vida del país, incluyendo la negociación con la guerrilla. Debido a las sospechas que inmediatamente flotan en torno a la autoría intelectual del crimen, y que llegan hasta Manuel Camacho y el propio Salinas, el éxito de las conversaciones de San Cristóbal se derrumba por completo. En cuanto la noticia se expande por el país, el alud de preguntas sin respuesta se extiende de un lado a otro.

–La tarde del 23 de marzo de 1994 me encontraba en el salón Vicente Guerrero de Los Pinos en una reunión con campesinos –escribe el presidente Salinas de Gortari en sus memorias–. El acto concluyó aproximadamente a las 7:30 de la noche. Al salir del salón, me aguardaban junto a la puerta el jefe del Estado Mayor presidencial, general Arturo Cardona, y el jefe de la Oficina de la Presidencia, José Córdoba. Me abordaron de inmediato para darme una noticia terrible: durante un acto de su campaña electoral en Tijuana, Baja California, Luis Donaldo Colosio había sufrido un atentado. Me dijeron que estaba herido de bala y que lo habían trasladado a un hospital. Sus palabras me produjeron una turbación profunda –escribe Salinas con ese mismo estilo parco y sobrio que tanto daño le hizo en el momento del crimen–. Traté de reponerme. Pregunté sobre su estado de salud. Me respondieron que esperaban noticias sobre su evolución.

Transcurren unas horas de tensa espera, y Salinas no tiene más remedio que recibir a Jean Chrétien, el primer ministro de Canadá, con quien tiene programada una cena de gala:

–Junto a él –cuenta Salinas–, me dirigí al salón donde se habían congregado decenas de funcionarios, empresarios e intelectuales. Se anunció la cancelación de la cena que teníamos programada. Despedimos de mano a cada uno de los asistentes. Regresé con el primer ministro a la residencia, y me despedí de él. Luego me trasladé a mi oficina. Ahí, a las 22:10 horas, me comunicaron que Luis Donaldo Colosio había fallecido. Me entristecí profundamente. Me resultaba muy difícil, casi imposible, contener mis sentimientos de tristeza y de dolor.

No obstante, el presidente se sobrepone y, como el político completo que es, se detiene a meditar sobre las consecuencias políticas del homicidio. Necesita decidir cómo mover sus piezas para mantener el control del país. Durante la noche, Salinas convoca una reunión del gabinete económico, con el cual decide cerrar los mercados cambiarios hasta el lunes siguiente a fin de prevenir la crisis. El país se halla al borde del colapso, pues a la desestabilización provocada por el EZLN se suma ahora el temor provocado por el asesinato. Los riesgos de una debacle financiera son enormes. El margen de maniobra del gobierno se torna cada vez más reducido.

–Durante la noche del 23 de marzo y en la madrugada del día siguiente creció el dolor por la ausencia del amigo y la rabia ante el crimen traidor –prosigue Salinas–. No pude conciliar el sueño. Un desconsuelo profundo me oprimía el pecho. Sólo un esfuerzo enorme me impidió contener el llanto. En mi mente golpeaban pensamientos que eran preguntas sin respuesta: ¿por qué Donaldo?, ¿por qué atentar contra él?, ¿por qué causar tanto dolor?, ¿quién fue?, ¿qué hacer? Mis pensamientos iban desde los más directos hasta los más descabellados. Sin embargo, sólo atinaba a aumentar mi angustia personal, íntima. Me propuse no contagiar al país ni a mis colaboradores con mi desánimo profundo ni descuidar mi responsabilidad frente a los acontecimientos políticos y económicos que amenazaban agravarse ante este hecho terrible y dramático.

Salinas reconoce que el escenario para él se vuelve impredecible. Muchos lo acusarán, a partir de ahora, de ser el autor intelectual del homicidio. Invocarán la semejanzas con Calles y Obregón, recordarán sus supuestas desavenencias con Colosio, mencionarán el nombre cada vez más incómodo de Manuel Camacho y aventurarán toda clase de suposiciones para ligarlo al crimen. Pero nunca encontrarán una sola prueba, ni siquiera un indicio claro que conduzca a él. La verdad quedará en el aire, y no habrá más remedio que lidiar con los rumores, las insidias, las sospechas... Mientras tanto, el país en su conjunto se formula las mismas preguntas. Como de costumbre, los intelectuales no tardan en expresar sus opiniones, apresurándose a condenar el crimen aunque todavía demasiado consternados como para comprenderlo.

–Estoy consternada, horrorizada, no entiendo que es lo que sucede –se lamenta Elena Poniatowska–. ¿Cuándo vamos a salir del México bárbaro? Todos vamos a manifestar nuestro repudio y nuestra absoluta condena. Un crimen contra alguien que estaba cumpliendo con su deber, desarmado, ése es el más desastroso de los crímenes, es una ignominia...

Por su parte, Carlos Monsiváis señala que el hecho es de "genuino horror y una gran desesperación, un acto monstruoso incalificable".

–Sólo hay una condena severa a un acto tan miserable, incalificable y la esperanza de que se consiga el clima de racionalidad que impida que los asesinos consigan su propósito desestabilizador –concluye el cronista.

Por su parte, Octavio Paz declara:

–Las circunstancias nos exigen un gran acopio de energía y serenidad para que la contienda política vuelva a la normalidad.

Y, sólo unas semanas más tarde, en el número de *Vuelta* del mes de abril, insistirá:

–Todo nos avisa, del levantamiento de Chiapas al crimen de Tijuana, que ha reaparecido entre nosotros el elemento demoníaco de la política.

La situación no sólo se vuelve trágica, sino explosiva. Mientras el país intenta reponerse del dolor y el espanto, los grupos reales de poder comienzan a mover los hilos para encontrar a un sustituto de Colosio. Los sectores del PRI hostiles a Salinas intentan aprovecharse del caos –y del declive de su régimen– para impulsar la candidatura de Fernando Ortiz Arana, entonces presidente del partido. Pero Salinas es un animal lastimado, pero no muerto, y no está dispuesto a ceder.

Por ahora, el presidente se ocupa de un asunto más urgente: el nombramiento de Miguel Montes, un viejo político priista, como encargado de investigar el crimen. Según él, se trata de alguien cercano a Diana Laura Riojas, la esposa del candidato, aunque luego hombres cercanos a la familia Colosio sostendrán que ella nunca confió en Montes.

El 25 de marzo, el EZLN condena el "cobarde asesinato" del candidato del PRI a la presidencia y considera que es el preludio de una ofensiva militar del gobierno contra sus posiciones:

–El 23 de marzo de 1994, en horas de la noche y a través de una transmisión radial, tomamos conocimiento del cobarde asesinato del señor Luis Donaldo Colosio Murrieta, candidato del Partido Revolucionario Institucional a la presidencia de la República –declaran los zapatistas–. Nuevamente el CCRI-CG del EZLN condena explícitamente el uso del terrorismo para el logro de cualquier fin. El CCRI-CG del EZLN declara que el señor Colosio siempre se refirió a nuestro movimiento con prudencia y respeto. Sus últimas declaraciones marcaban en él un claro compromiso de competir en términos de igualdad con las demás fuerzas políticas. Reconoció que el país arrastraba grandes injusticias y tomaba clara distancia del régimen salinista y sus políticas económica y social. Las fuerzas provocadoras en contra de la esperanza de una paz con justicia y dignidad, que nació en el diálogo de San Cristóbal, eligen en el señor Colosio Murrieta la figura cuyo sacrificio es la señal para evitar el tránsito pacífico a la libertad, la democracia y la justicia.

Y agregan:

–El EZLN sabe que el artero crimen que ahora conmueve a la nación es sólo el preludio de una gran ofensiva militar del gobierno federal en contra de nuestras posiciones y nuestras fuerzas, y el inicio de una guerra sucia contra todos aquellos seres honestos que buscan, por caminos distintos, la misma bandera que buscamos nosotros. Con el argumento de que es necesario endurecer el régimen para evitar actos como el asesinato del señor Colosio, se pretende dar sustento político e ideológico a la represión indiscriminada y al injustificable rompimiento del cese al fuego y, por ende, el diálogo para la paz. Hay claras señales previas de que el Supremo Gobierno prepara un intento de solución militar al conflicto actual. Esta línea es la misma que ordena el magnicidio del candidato del Partido Revolucionario Institucional, y la que ahora pretende coronar su infame acción con la ruptura del cese al fuego y el reinicio de la guerra. El EZLN está ya en alerta roja. Nuestras tropas están listas para defender, hasta el último hombre, el territorio zapatista, los accesos han sido minados y esperan nuestros combatientes el ataque del mal gobierno.

Mientras tanto, Enrique Krauze se refiere a los rumores que ya comienzan a circular sobre la posible complicidad de Salinas en el homicidio:

–Él no era hombre de rupturas, sino de lealtades –escribe en *Reforma*–, no de lealtades perrunas e incondicionales, pero sí de lealtades absolutas a la amistad y la verdad. A Salinas de Gortari le debía buena parte de su carrera y un trato personal de excepción; admiraba además, y con razón, las reformas económicas y sociales del régimen, en cuya concepción e instrumentación llegó a colaborar muy de cerca. No iba a ser Colosio quien volteara la espalda al presidente.

Consultados por el mismo periódico, numerosos intelectuales ofrecen sus primeras reacciones sobre el homicidio de Colosio:

–Estoy sumamente indignado –exclama Carlos Fuentes–. Luis Donaldo Colosio es mi amigo, estoy muy afectado y herido, todos los mexicanos hemos sido lastimados y debemos hacer un frente común para evitar que ocurran actos como éstos. Es una bajeza y un crimen contra los mexicanos y el país.

–Aquí en Madrid la gente está muy impresionada por las noticias –declara el filósofo español Fernando Savater–, muy temerosa de lo que pueda ocurrir en México, un país muy emblemático e importante para España, nada peor podría ocurrir. Todos esperamos que este asesinato sea una cosa aislada y que no exista ningún tipo de conspiración. La violencia plantea situaciones diferentes en cada país, en líneas generales debe haber firmeza civil y social en el fortalecimiento de las instituciones para no dejarse llevar por la provocación, por agravar más lo que ocurre con una respuesta más violenta.

–En los últimos años, han ocurrido más de doscientas muertes de militantes de diferentes partidos políticos, periodistas, sin que los crímenes se hayan esclarecido –interviene Juan Bañuelos–. Ahora le toca a un connotado político joven, aspirante a la presidencia del país. Que los escritores y todos los artistas e intelectuales nos reunamos para reflexionar sobre lo que ocurre, ante una sociedad que tiene el cuerpo descompuesto, una sociedad que está enferma por falta de democracia y justicia.

Más contenido, Salvador Elizondo agrega:

–Es una cosa trágica y espantosa, de enormes magnitudes. Naturalmente va a afectar la vida general del país. No puedo decir más porque no soy político.

El 26 de marzo, la Secretaría de la Defensa rechaza categóricamente las afirmaciones del EZLN sobre presuntos bombardeos en la zona de conflicto en Chiapas. El comisionado para la paz emite una declaración en virtud de las preocupaciones del EZLN, donde asegura que el gobierno y el ejército apoyan la negociación.

Tras el comunicado oficial del EZLN sobre la muerte del candidato a la presidencia del PRI, *La Jornada* publica una meditación personal de Marcos sobre el homicidio de Colosio:

–Ellos… ¿Por qué tuvieron que hacer eso? –se pregunta el subcomandante–. ¿A quién castigan con esta ignominia? Si tratan de justificar una acción militar en contra nuestra y de nuestra bandera, ¿por qué no mejor matar a uno de nosotros? Sangraría así menos el país que con esta infamia que ahora nos estremece. ¿A quién hacía daño este hombre? ¿Quién recelaba de su alejamiento del grupo que se pretendía perpetuar a través de él? ¿Quién obtiene ganancias de su sangre? ¿Dónde estaban los que lo cuidaban? ¿Quién patrocina esa mano "pacifista" que abre de nuevo la gigantesca puerta de la guerra? ¿Atribuir a la paz un crimen para negar así la posibilidad de la paz? ¿Quién sigue ahora? ¿Cuántos más para dejar entrar, por fin, la democracia, la libertad y la justicia? Entendemos bien el mensaje que este crimen dibuja en el cielo de la nación. ¿Es necesaria más sangre nuestra? Bueno… lo sabíamos. Pero él no. Vengan. Acá estamos, donde nacimos y crecimos, donde tenemos el gran corazón que nos sustenta, donde moran nuestros muertos y la historia. Acá estamos, en las montañas del sureste mexicano… vengan por nosotros… sabremos recibir a cada quien como se merece… a buenos y malos… Cuidaos. Ya nada está a salvo, mucho menos de la paz las esperanzas. Vale.

Resulta estremecedor escuchar a Marcos lamentar la pérdida de quien habría de convertirse en su enemigo. No obstante, la vida continúa. Muerto el rey, viva el rey. Después de un intenso proceso de consultas, el presidente dispone que el 29 de marzo Ernesto Zedillo Ponce de León, coordinador de la campaña de Colosio y hasta hace poco secretario de Educación, sea nombrado nuevo candidato del PRI.

El 10 de abril, durante la conmemoración del aniversario del asesinato de Emiliano Zapata, el subcomandante Marcos declara que el EZLN considera que no hay condiciones para reanudar la consulta interna sobre los "Compromisos para una paz digna en Chiapas". Para reactivar el diálogo, se requiere que el Ejército Mexicano "afloje" su presencia en la región y que los ganaderos y finqueros "bajen" su actitud de beligerancia.

–El día de hoy, 10 de abril de 1994 –continúa el subcomandante–, se cumple el 75 aniversario del asesinato del general Emiliano Zapata. Su grito de "¡Tierra y Libertad!" pretendió ser ahogado por la traición de Venustiano Carranza. Hoy el usurpador Carlos Salinas de Gortari, quien se autodenomina "presidente de la República mexicana", miente al pueblo de México diciendo que sus reformas al artículo 27 constitucional reflejan el espíritu del general Zapata. ¡Miente el Supremo Gobierno!

Marcos sigue fascinado por las comparaciones históricas: si el EZLN es el auténtico heredero de Zapata, Salinas de Gortari debe convertirse en un trasunto de Venustiano Carranza.

Al día siguiente, en otro de sus comunicados *personales*, Marcos ensaya un tono mítico para referirse al Caudillo del Sur:

–Votán Zapata, luz que de lejos vino y aquí nació de nuestra tierra –exclama el subcomandante en esta nueva efusión lírica–. Votán Zapata, nombrado nombre de nuevo siempre en nuestras gentes. Votán Zapata, tímido fuego que en nuestra muerte vivió quinientos un años. Votán Zapata, nombre que cambia, hombre sin rostro, tierna luz que nos ampara. Vino viniendo Votán Zapata. Estaba la muerte siempre con nosotros. Muriendo moría la esperanza. Viniendo vino Votán Zapata. Nombre sin nombre, Votán Zapata miró en Miguel, caminó en José María, Vicente fue, se nombró Benito, voló un pajarito, montó en Emiliano, gritó en Francisco, visitó a Pedro. Muriendo vivió, nombrado sin nombre, en nuestra tierra. Nombre sin nombre, estando vino Votán Zapata en nuestra tierra. Hablando calló su palabra en nuestra boca. Viniendo está. Votán Zapata, guardián y corazón del pueblo.

10

Don Durito de la Lacandona

Del 10 de abril al 30 de junio de 1994

El 10 de abril nace uno de las mejores creaciones del subcomandante Marcos: el escarabajo don Durito. Incluso Octavio Paz, tan reacio a los halagos, reconocerá que se trata de una "invención memorable". Parodiando las novelas de caballerías, las fábulas y, desde luego, el propio *Don Quijote*, el subcomandante finge contarle una historia a una niña, la "subcomandanta Mariana Moguel":

–Te voy a platicar una historia que me pasó el otro día. Es la historia de un pequeño escarabajo que usa lentes y fuma pipa. Lo conocí un día que estaba buscando tabaco para fumar y no lo encontraba –le cuenta Marcos–. A unos cuantos metros y detrás de una piedra me encontré a un escarabajo sentado en un pequeño escritorio, leyendo unos papeles y fumando una pipa diminuta. "Ejem, ejem", dije yo para que el escarabajo se percatara de mi presencia, pero no me hizo caso. Entonces le dije: "Oiga, el tabaco es mío". El escarabajo se quitó los lentes, me miró de arriba abajo y me dijo muy enojado: "Por favor, capitán, le suplico que no me interrumpa. ¿Qué no se da cuenta de que estoy estudiando?"

El escarabajo se convertirá en la voz de la conciencia del subcomandante, al estilo del Pepe Grillo de *Pinocchio*, la Campanita de *Peter Pan* o el Yoda de *La guerra de las galaxias*. Tras una breve conversación, Marcos le pregunta su nombre al escarabajo ("Nabucodonosor, pero mis amigos me dicen Durito"), y éste a su vez le cuenta que está leyendo un manual sobre cómo el neoliberalismo busca dominar a América Latina.

–"¿Y eso de qué le sirve a un escarabajo?", le pregunté. Y él me respondió muy enojado: "¿Cómo que de qué? Tengo que saber cuánto tiempo va a durar la lucha de ustedes y si van a ganar o no. Además, un escarabajo debe preocuparse por estudiar la situación del mundo en que vive, ¿no le parece, capitán?" Según el escarabajo, necesita saber cuándo va a terminar la guerra para tener una idea de cuándo cesará el peligro de ser aplastado por las "bototas" de los zapatistas. Marcos le pregunta entonces cuál piensa que será el resultado de la lucha: "Van a ganar". "Eso ya lo sabía", le dije. Y agregué: "Pero, ¿cuánto tiempo va a tardar?" "Mucho", dijo suspirando con resignación. "Eso ya también lo sabía... ¿No sabe cuánto tiempo exactamente?", pregunté. "No se puede saber con exactitud. Hay que tomar en cuenta muchas cosas: las condiciones objetivas, la madurez de las condiciones subjetivas, la correlación de fuerzas, la crisis del imperialismo, la crisis del socialismo, etcétera, etcétera." "Mmh", dije yo.

Tras este intercambio, Marcos promete ordenar a sus tropas no pisar a los escarabajos. Durito agradece la medida y le dice al subcomandante –convertido aquí en capitán– que regrese cuando quiera para "platicar".

–El papel que ocupa el *Quijote* en los comunicados de Marcos –apunta Monique Lemaître en un artículo de 2000– se equipara al que ocupan las leyendas mayas, algunas veces, pero no exclusivamente, narradas por uno de los personajes más entrañables que aparecen en los textos del Sup, el Viejo Antonio. Es decir que parece haber una intención por parte del narrador de mantener cierto equilibrio entre las raíces culturales prehispánicas, o sea indígenas, y las raíces españolas de la mexicanidad, evitando así la absoluta preeminencia del elemento indígena sobre el elemento mestizo.

El 18 de abril, Samuel Ruiz informa que la segunda fase del diálogo entre el EZLN y el comisionado para la paz cambiará de sede y sólo participará una pequeña delegación zapatista. Al día siguiente, Camacho declara que es una irresponsabilidad política poner en duda el proceso de diálogo entre el EZLN y la representación gubernamental. Por su parte, Ernesto Zedillo visita San Cristóbal de Las Casas por sorpresa el día 21, conversa con Samuel Ruiz y promete justicia. En conferencia de prensa, el obispo asegura que la visita de Zedillo reafirma el camino de la negociación y asegura que ese mismo día el EZLN dará a conocer el lugar y la fecha para la reanudación del diálogo.

Después de trece días de ausencia, el 3 de mayo llega a San Cristóbal el comisionado para la paz y se reúne durante más de seis horas con Samuel Ruiz. El 4 de mayo, la Comandancia General del EZLN, el comisionado para la paz y Samuel Ruiz reinician el diálogo en algún lugar de la Selva Lacandona, posiblemente por el rumbo de Guadalupe Tepeyac. Tras numerosos retardos, Samuel Ruiz informa que las tres partes han acordado mantener comunicación en las próximas semanas. Menos optimista, el subcomandante Marcos declara:

–De plano, vemos que el gobierno da claras señales de que es la línea dura la que se está imponiendo. Si no hay democracia, va a haber una guerra civil en el país.

El 12 de mayo, Marcos publica un comunicado fechado el 30 de abril, para celebrar el día del niño en México:

–Nosotros celebraremos por partida doble –se jacta–: primero sacrificaremos a un infante (para que no haya duda de nuestra barbarie) no a los dioses mayas sino a los del Olimpo (para que no haya duda de nuestro apoyo al TLC), yo estoy enfermito pero me cuentan que llegaron globos de colores que son un regocijo y algún amargado pregunta si están seguros que son globos y no condones, el Beto se quedó a cuidarme, dice él, y ahora le quiere poner mi pasamontañas a su perro. Para que no lo identifiquen en las fotos, dice el Beto. Después celebraremos el día 1° de mayo con una fiesta bastante solemne y un baile ya no tanto. En ambos estaré ausente, mi pasamontañas está en huelga y aquí sí se respeta el derecho laboral.

En un segundo comunicado, Marcos se permite "ser la voz" de los niños zapatistas:

–Nosotros somos los niños zapatistas. Somos indígenas chiapanecos. Somos pobres. Somos NO NACIDOS. Para nuestro gobierno, para nuestros compatriotas, para las asociaciones de derechos infantiles, para la ONU, para los periódicos, para la televisión, para la radio, para los presupuestos gubernamentales, para el Tratado de Libre Comercio, para el mundo entero, NOSOTROS NO EXISTÍAMOS antes del 1° de enero de 1994. Nunca existimos, puesto que nadie llevó la cuenta de nuestro nacimiento ni de nuestra muerte. Lo peor de todo es que tampoco para ustedes, niños y niñas de México y del mundo, existíamos antes del inicio de este año.

Más adelante, el subcomandante de plano imita el habla de los niños chiapanecos para mostrar, con toda vivacidad, ese olvido al cual se refiere en el primer párrafo:

—El Sup nos dijo que hoy es el día del niño acá en México y entonces también los queremos felicitar a todos los niños y niñas y que la pasen contentos y jugando. Nosotros no podemos jugar mucho porque también tenemos que aprender a no morirnos.

El 13 de mayo, respondiendo a una invitación directa del subcomandante, Cuauhtémoc Cárdenas inicia una gira de tres días por Chiapas. El 15, se reúne con el EZLN sin acceso a los medios de comunicación; al día siguiente, en presencia del candidato, Marcos realiza una severa crítica pública al PRD, al cual acusa de repetir los vicios que envenenaron al PRI y de practicar en su interior la intriga palaciega, el acuerdo de cúpula, la mentira y los ajustes de cuentas. Azorado por el rapapolvo, Cárdenas se limita a declarar que el voto es el instrumento fundamental para cambiar al país.

El 20 de mayo, Samuel Ruiz afirma que, de no firmarse los acuerdos de paz antes del 21 de agosto, una sombra estará presente en el proceso electoral. Organizaciones civiles, campesinas, indígenas y sindicales proponen a Amado Avendaño, fundador del periódico *Tiempo*, como candidato a la gubernatura de Chiapas. El 21 de mayo, en medio de fuertes impugnaciones mutuas y la renuncia de una parte de la dirigencia estatal, el PRD al fin lo elige como candidato a la gubernatura.

El 28 de mayo, el EZLN informa sobre los resultados de la consulta:

—En todos los poblados que lo forman y apoyan, mediante

asambleas realizadas en los distintos poblados, ejidos, rancherías y parajes que apoyan y simpatizan con la justa causa del EZLN, los hombres, mujeres, niños y ancianos zapatistas han analizado, discutido y expresado su decisión respecto a las treinta y dos propuestas del gobierno federal, a las treinta y cuatro demandas del pliego zapatista de San Cristóbal.

El 25 de mayo, en una conferencia de prensa, Miguel Montes, encargado del caso Colosio, anuncia que sus conclusiones son que el homicidio fue producto de una "acción concertada", es decir, de una conspiración, en la que intervinieron varias personas, y promete continuar las pesquisas.

El 30 de mayo, al término de otro de sus comunicados, titulado "Los arroyos cuando bajan", Marcos incluye en otra de sus posdatas una definición de sí mismo que lo convierte, desde ese momento, en uno de los símbolos de los diversos movimientos que luchan contra la globalización y el neoliberalismo en todo el mundo:

PD MAYORITARIA QUE SE DISFRAZA DE MINORÍA INTOLERADA. A todo esto de que si Marcos es homosexual: Marcos es gay en San Francisco, negro en Sudáfrica, asiático en Europa, chicano en San Isidro, anarquista en España, palestino en Israel, indígena en las calles de San Cristóbal, chavo banda en Neza, rockero en CU, judío en Alemania, ombudsman en la Sedena [Secretaría de la Defensa Nacional], feminista en los partidos políticos, comunista en la posguerra fría, preso en Cintalapa, pacifista en Bosnia, mapuche en los Andes, maestro en la CNTE [Coordinadora Nacional de Trabajadores de la Educación, sección disidente del sindicato de maestros], artista sin galería ni portafolios, ama de casa un sábado por la noche en cualquier colonia de cualquier ciudad de cualquier México, guerrillero en el México de fin del siglo XXI, huelguista en la CTM, reportero de nota de relleno en interiores, machista en el movimiento feminista, mujer sola en el metro a las 10 pm, jubilado en plantón en el Zócalo, campesino sin tierra, editor marginal, obrero desempleado, médico sin plaza, estudiante inconforme, disidente en el neoliberalismo, escritor sin libros ni lectores, y es, seguro, zapatista en el sureste mexicano. En fin, Marcos es un ser humano, cualquiera, en este mundo, Marcos es todas las minorías intoleradas, oprimidas, resistiendo, explotando, diciendo "¡Ya basta!" Todas las minorías a la hora de hablar y mayorías a la hora de callar y aguantar. Todos los intolerados buscando una palabra, su palabra, lo que devuelva a la mayoría a los eternos fragmentados, nosotros. Todo lo que incomoda al poder y a las buenas conciencias, eso es Marcos.

El 1° de junio, el comisionado para la paz le presenta al presidente Salinas un informe confidencial sobre la situación del conflicto y sobre las acciones políticas que puede tomar el gobierno, precisando cuál es la salida que, desde su punto de vista, "mejor responde a las causas del levantamiento y protege los intereses de la sociedad y del Estado mexicano". Anuncia que envió a la Comandancia General del EZLN un comunicado confidencial en el que hace referencia a los puntos que aumentarían la tranquilidad de la sociedad, del ejército, así como las seguridades para el propio EZLN.

Paralelamente, el EZLN informa sobre los resultados de la consulta realizada con sus bases sobre la posibilidad de firmar los acuerdos de paz con el gobierno federal y luego Marcos añade una vez más una posdata que, en su celebrado tono irónico, vuelve a referirse a sí mismo:

PD DE "LA OTRA CONSULTA". Revisé parte de la correspondencia externa que va dirigida a mi pasamontañas. Hay de todo: caricaturas, albures, mentadas (de menta y de las otras), amenazas de muerte y retos a duelo. Éstos son los resultados preliminares:

–El 97.98% de los consultados piensa que soy muy mamón. El 2% dice que no soy mamón, sino bastante payaso. El 0.02% no contestó (está contando un chiste de Pepito).

–El 87.56% piensa que voy a terminar vendiéndome al

gobierno. El 12% pregunta que cuál es el precio. El 0.44% revisa la cartera en busca del cambio.

–El 74.38% dice que yo no escribo las cartas y comunicados, que con esta cara (?) dudan que pueda hilvanar un par de ideas coherentes. El 25% señala que sí escribo yo, pero me dictan. El 0.62% mejor se puso a leer *El Chahuistle*.

–El 69.69% dice lo que dice. El resto no lo dice, pero lo piensa. Varios no contestaron, pero entornaron los ojos y jadearon ostensiblemente.

–El 53.45% dice que nunca he estado en la montaña, que despacho desde un escritorio público donde se mecanografían tesis y cartas como las que, el otro día, me dictó Rutilio y que dice: "Ufemia: claro que necesito que me digas si querétaro las manzanas para que poninas dijo popochas y, si naranjas podridas y ni maíz palomas, me boinas con los cuadernos". El 46% dice que sí estuve en la montaña pero en la de Vail, Colorado, *iuesei*. El 0.55% está haciendo fila en la taquilla de la montaña rusa.

–El 49.99% dice que nunca he agarrado un arma y que soy "soldado de escritorio". El 50% dice que la única arma que he agarrado es la que diosito me dio, y quién sabe, dicen. El 0.01% se mantuvo a prudente distancia (¡órale! ¡no salpiquen!)

–El 33.71% dice que "perdí el piso" con la crítica al PRD y el veto a "importantes diarios" (?). El 66% dice que nunca he tenido piso alguno, que seguro me desalojaron. El 0.29% no trajo su copia de la boleta del predial.

–El 26.62% dice que mi pasamontañas ya está muy guango y que enseña TODO. El 73% dice que me suba el cierre del pantalón. El 0.38% fue por unos binoculares.

–El 13.64% dice que soy egocentrista. El 86% dice que soy un presumido. El 0.36% cambió de periódico y ahora lee *Nexos*.

–El 99.99999% dice que ya está hasta la madre de encuestas y consultas. El 0.00001% fue al baño, ahorita regresa (ojo: se llevó la hoja de la encuesta, no se vayan a manchar).

Incluso en un momento decisivo de la historia zapatista, cuando está a punto de decidirse la consulta sobre la negociación con el gobierno, Marcos se empeña en utilizar su sentido del humor, lleno de dobles sentidos sexuales y elementos escatológicos. Si bien este texto resulta muy divertido, el subcomandante ha comenzado a sucumbir ante la autocomplacencia y el narcisismo; nadie duda de su ingenio, pero ahora parece más un recurso manierista que, en medio de la situación que se vive en el país, resulta muy poco reconfortante.

El 2 de junio, empleando exactamente las mismas pruebas que presentó hace apenas unos días, el subprocurador encargado del homicidio de Colosio, Miguel Montes, cambia completamente sus conclusiones y determina que sólo hubo un asesino: Mario Aburto.

El 6 de junio se hace pública la existencia del llamado Grupo San Ángel, un conglomerado de políticos e intelectuales de diversas corrientes ideológicas que se reúne semanalmente para analizar el próximo proceso electoral y buscar consensos entre los distintos partidos.

Como iniciativa, el Grupo San Ángel constituye una empresa inédita en la vida política del país, si bien su actuación será motivo de constantes polémicas. Sus defensores insisten en considerarlo como una genuina expresión de la "sociedad civil" –un término que apenas comienza a ponerse en boga en México– y sostienen que la pluralidad de sus miembros es prueba suficiente de su voluntad de lograr confluencias entre los distintos sectores. Sus críticos argumentan, en cambio, que se trata de una mera expresión de las élites mexicanas, empeñadas en imponer sus designios por encima de los partidos y los candidatos. La realidad es una mezcla de ambas cosas: en el descompuesto ambiente electoral que se vive a mediados de 1994, sus integrantes están convencidos de que el país se derrumbará en una catástrofe si no se logran acuerdos prioritarios entre el gobierno y las demás fuerzas políticas; no obstante, también es cierto que algunos de sus miembros sólo buscan acrecentar su influencia en el interior de sus respectivos partidos.

Convencido de su misión –en la que sus detractores no dejan de ver cierto aire mesiánico–, a partir de entonces el Grupo San Ángel propiciará reuniones con los diversos candidatos, así como iniciativas de acuerdos mínimos entre ellos con el fin de evitar el "choque de trenes" que en su opinión podría producirse durante las elecciones del 21 de agosto. Con este motivo, redactan un Acuerdo para la Concordia, esperando que todos los candidatos los tomen como bandera.[22]

Por desgracia, su iniciativa choca frontalmente con las dirigencias de los partidos, con el gobierno y con los propios candidatos. Si bien mostrarán su simpatía hacia el Grupo, al final ninguno de los candidatos principales, Ernesto Zedillo, Cuauh-

---

[22] El Grupo San Ángel proponía: "1] Apoyar los esfuerzos que el gobierno, los consejeros ciudadanos, los partidos y las organizaciones cívicas están realizando para garantizar la limpieza, la legalidad y la credibilidad de los próximos procesos electorales. 2] Celebrar reuniones con los tres principales candidatos a la presidencia de la República e identificar los puntos en litigio para articular un acuerdo que garantice elecciones limpias, resultados creíbles y la preservación de la paz. 3] Buscar de las diferentes fuerzas políticas y sectores sociales –academia, empresarios, Iglesias, organizaciones no gubernamentales, sindicatos– el compromiso de actuar en forma imparcial y con respeto a las distintas opciones electorales. 4] Celebrar reuniones con los consejeros ciudadanos del IFE y con el gobierno para analizar y poner en práctica propuestas fundadas en las sugerencias de los candidatos y de los demás actores sociales. 5] Evitar el uso de recursos y de programas públicos en beneficio de cualquier candidato y partido político. Insistir en el nombramiento inmediato del subprocurador especial para asuntos electorales. 6] Exigir que, de acuerdo a las facultades legales del gobierno, se garantice la apertura e imparcialidad de los medios de comunicación masiva, en particular de la televisión. Realizar una serie de programas de análisis y discusión, en los tiempos y canales de mayor audiencia, sobre los siguientes temas: transición democrática; justicia y seguridad; federalismo, desarrollo regional y municipal; desarrollo económico; educación y cultura; pobreza y desigualdad. 7] Promover la participación activa de la ciudadanía en los procesos electorales y contribuir al florecimiento de una cultura democrática en México. 8] Convenir una agenda de modernización democrática basada en los 'Veinte compromisos por la democracia', que identifique los cambios necesarios en los ámbitos económico, social y político, así como los acuerdos que debe celebrar un gobierno de concordia nacional para construir un nuevo proyecto de nación".

témoc Cárdenas y Diego Fernández de Cevallos, aceptará suscribir los Acuerdos.[23]

El 10 de junio el CCRI-CG del EZLN da a conocer el resultado de su consulta a las bases: 2.11% votó en favor de aceptar la propuesta de paz del gobierno, en tanto que 97.88 de los indígenas consultados la rechazó. Al explicar los motivos del rechazo a la propuesta gubernamental, el EZLN precisa que los temas centrales de democracia, libertad y justicia para todos los mexicanos no han sido resueltos, y por eso las bases, "decidieron rechazar la firma de la propuesta".

Pese al fracaso de las negociaciones, el EZLN se permite ofrecer su reconocimiento a la labor de Manuel Camacho y Samuel Ruiz:

–El CCRI-CG del EZLN agradece al comisionado para la paz y la reconciliación en Chiapas, señor Manuel Camacho Solís, su esfuerzo verdadero en la búsqueda de una solución política al conflicto, desgraciadamente la ceguera histórica del Supremo Gobierno le impide ver que su negativa a ceder ante el empuje democratizador llevará al país a un enfrentamiento doloroso y de consecuencias imprevisibles. –Y más adelante–: El CCRI-CG del EZLN agradece al comisionado nacional de intermediación, señor obispo Samuel Ruiz García, y a su equipo de trabajo, su esfuerzo y sacrificio para mediar entre las partes en conflicto, su entereza para resistir presiones y amenazas y su disposición a escuchar. Esperamos que, en la nueva etapa de diálogo a la que hoy convocamos, sume su participación honesta en la búsqueda de salidas políticas a las demandas nacionales de democracia, libertad y justicia.

Más adelante, Marcos continúa con sus guiños irónicos

---

[23] A la larga, el Grupo San Ángel se disolverá en medio de un sonoro fracaso, pues el anunciado "choque de trenes" no se producirá nunca: en contra de todas sus previsiones, la victoria de Zedillo será demasiado amplia. No obstante, el experimento se convertirá en el germen de un éxito absoluto: seis años después del triunfo de Zedillo, Vicente Fox, uno de sus miembros originales, será elegido candidato del PAN a la presidencia y ganará las elecciones de 2000.

y, tras pedir una disculpa por su "torpe política de medios", afirma:

–Esperamos que comprendan que nunca antes habíamos hecho una revolución y que estamos aprendiendo. Reiteramos que, gracias al esfuerzo de la prensa, fue posible detener la fase militar de la guerra. Esperamos, sinceramente, que sabrán entender las difíciles condiciones en que nos encontramos y nuestra injusta selección y eliminación de medios que acceden a nosotros.

Y el comunicado concluye con una muestra de agradecimiento a esa sociedad civil que se ha convertido en el mayor sostén de los zapatistas:

–El CCRI-CG del EZLN saluda a todos los hombres y mujeres, niños y ancianos, seres sin rostro en todo el país y en el extranjero, que nos han hecho llegar su solidaridad y su adhesión a nuestra justa causa. Por ustedes, hermanos, es nuestra lucha. Para ustedes, nuestra muerte. No descansaremos hasta que todos los mexicanos, los indígenas, los campesinos, los obreros, los empleados, los artistas e intelectuales honestos, los jubilados, los desempleados, los marginados, los hombres y mujeres sin voz ni rostro, tengan todo lo necesario para una vida digna y verdadera. Para todos todo, nada para nosotros.

En su segundo comunicado, el EZLN justifica las razones que lo llevan a rechazar las propuestas acordadas en las conversaciones de San Cristóbal.

–El EZLN amplía sus demandas –escribe Marcos–: son necesarios un gobierno de transición democrática y un nuevo Constituyente que aseguren, en ley y hecho, el cumplimiento de las demandas fundamentales del pueblo mexicano: las demandas de democracia, libertad y justicia, demandas que encontraron voz en los sin voz, rostro en los sin rostro, mañana en los sin mañana, vida en nuestra muerte.

Además, los zapatistas exigen que el artículo 27 constitucional vuelva a su espíritu original; reclaman el derecho de los indígenas a poseer una radiodifusora independiente del gobierno; piden educación completa y gratuita para todos los pueblos indígenas; reclaman que las lenguas indígenas sean oficiales y obligatorias en todos los niveles escolares, que se respeten sus culturas y tradiciones, que se termine con la discriminación y el racismo; y demandan apoyos económicos y sociales para las mujeres indígenas. Por otra parte, el EZLN solicita que se realicen elecciones generales en Chiapas, el reconocimiento de todas las fuerzas políticas del estado, la electrificación del campo y que se destine un porcentaje de los ingresos petroleros del estado a los indígenas, así como la indemnización a las víctimas de la guerra, la derogación del código penal estatal en lo referente a las limitaciones de la lucha política, el cese a las expulsiones, el retorno libre y voluntario de los expulsados a sus tierras de origen y que se sometan a juicio político Patrocinio González Garrido, Absalón Castellanos Domínguez y Elmar Setzer.

De acuerdo con los zapatistas, hasta ahora el gobierno no ha tenido voluntad de responder a ninguna de sus peticiones.

–En suma, las respuestas insatisfactorias y la desconfianza que tenemos al cumplimiento real de las promesas gubernamentales –insiste el subcomandante–, nos llevan a rechazar las propuestas gubernamentales de acuerdos de paz en los puntos 5, 6, 25, 27, 28, 29 y 30. Por lo anterior y con base en la votación libre y democrática de quienes lo forman, el Ejército Zapatista de Liberación Nacional responde "no" a la propuesta de firmar los acuerdos de paz del Supremo Gobierno, da por terminado el diálogo de San Cristóbal, reitera su disposición a seguir buscando una salida política que lleve a una paz con justicia y dignidad, y llama a todos los sectores progresistas e independientes a un diálogo nacional de paz con democracia, libertad y justicia.

A raíz de lo anterior, el 12 de junio, el EZLN emite la segunda Declaración de la Selva Lacandona, rechaza las propuestas del gobierno y convoca a una Convención Nacional Democrática. Este documento zapatista representa el inicio de una nueva etapa de su actuación pública, en este caso centrada en coordinar a los diversos sectores descontentos de la sociedad civil contra el partido en el gobierno:

–Hoy decimos: ¡no nos rendiremos! –gritan los zapatistas.

Y, a continuación, citan extensamente a Emiliano Zapata:

> No son únicamente los que portan espadas que chorrean sangre y despiden rayos fugaces de gloria militar, los escogidos a designar el personal del gobierno de un pueblo que quiere democratizarse; ese derecho lo tienen también los ciudadanos que han luchado en la prensa y en la tribuna, que están identificados con los ideales de la Revolución y han combatido al despotismo que barrena nuestras leyes; porque no es sólo disparando proyectiles en los campos de batalla como se barren las tiranías; también lanzando ideas de redención, frases de libertad y anatemas terribles contra los verdugos del pueblo, se derrumban dictaduras, se derrumban imperios y si los hechos históricos nos demuestran que la demolición de toda tiranía, que el derrumbamiento de todo mal gobierno es obra conjunta de la idea con la espada, es un absurdo, es una aberración, es un despotismo inaudito querer segregar a los elementos sanos que tienen el derecho de elegir al gobierno, porque la soberanía de un pueblo la constituyen todos los elementos sanos que tienen conciencia plena, que son conscientes de sus derechos, ya sean civiles o armados accidentalmente, pero que aman la libertad y la justicia y laboran por el bien de la patria.

Con estas palabras de Zapata, transcritas según cuenta Marcos por Paulino Martínez, delegado zapatista a la Soberana Convención Revolucionaria de Aguascalientes, celebrada el 27 de octubre de 1914, Marcos adelanta ya la principal propuesta del EZLN: una reunión de todas las fuerzas democráticas del país en una nueva convención, esta vez llamada Convención Nacional Democrática. Una vez más, el subcomandante hace un guiño a la historia: si antes decidió adueñarse del nombre y la figura de Zapata, ahora Marcos quiere llevar su filiación revolucionaria todavía más lejos, tratando de repetir o más bien de prolongar aquel mítico encuentro. En la segunda Declaración, Marcos refrenda la "misión" histórica del Ejército Zapatista:

—En diciembre de 1993 dijimos "¡Basta!" El 1° de enero de 1994 llamamos a los poderes legislativo y judicial a asumir su responsabilidad constitucional para que impidieran la política genocida que el poder ejecutivo federal impone a nuestro pueblo, y fundamentamos nuestro derecho constitucional al aplicar el artículo 39° de la Constitución Política de los Estados Unidos Mexicanos: "La soberanía nacional reside esencial y originariamente en el pueblo. Todo poder público dimana del pueblo y se instituye para beneficio de éste. El pueblo tiene, en todo tiempo, el inalienable derecho de alterar o modificar la forma de su gobierno". A este llamado se respondió con la política del exterminio y la mentira, los poderes de la Unión ignoraron nuestra justa demanda y permitieron la masacre.

Tras esta breve *conmiseratio*, Marcos se dirige a otro de sus mejores personajes, esa *sociedad civil* que él tanto ha ayudado a configurar:

—Pero sólo duró doce días esta pesadilla pues otra fuerza superior a cualquier poder político o militar se impuso a las partes en conflicto. La Sociedad Civil asumió el deber de preservar a nuestra patria, ella manifestó su desacuerdo con la masacre y obligó a dialogar, todos comprendimos que los días del eterno partido en el poder, quien detenta en su beneficio el producto del trabajo de todos los mexicanos, no puede continuar más; que el presidencialismo que lo sustenta impide la libertad y no debe ser permitido, que la cultura del fraude es el método con el que se imponen e impiden la democracia, que la justicia sólo existe para los corruptos y poderosos, que debemos hacer que quien mande lo haga obedeciendo, que no hay otro camino. Eso todos los mexicanos honestos y de buena fe, la sociedad civil, lo han comprendido, sólo se oponen aquellos que han basado su éxito en el robo al erario público, los que protegen, prostituyendo a la justicia, a los traficantes y asesinos, a los que recurren al asesinato político y al fraude electoral para imponerse. Sólo esos fósiles políticos planean de nuevo dar marcha atrás a la historia de México y borrar de la conciencia nacional el grito que hizo suyo todo el país desde el 1° de enero de 1994 –sostiene el subcomandante–. Pero no lo permitiremos. Hoy no llamamos a los fallidos poderes de la Unión que no supieron cumplir con su deber constitucional, permitiendo que el ejecutivo federal los controlara. Si esta legislatura y los magistrados no tuvieron dignidad, otras vendrán que sí entiendan que deben servir a su pueblo y no a un individuo, nuestro llamado trasciende más allá de un sexenio o una elección presidencial en puerta.

En el discurso político de Marcos, la sociedad civil adquiere el carácter providencial que los hombres de la Ilustración le conferían al pueblo; como depositaria de la soberanía, a la sociedad civil le toca expresarse (por más que sea Marcos quien en realidad quiere darle voz desde su posición *fuera* de la sociedad civil, en un grupo armado). En un nueva vuelta de tuerca, Marcos prácticamente le concede la autoría de la nueva Declaración de la Selva Lacandona a la propia sociedad civil.

A continuación, después de hacer un resumen del alzamiento desde sus inicios y de reiterar sus demandas de siempre, los zapatistas al fin presentan su plan de acción:

–Es necesaria una Convención Nacional Democrática de la que emane un gobierno provisional o de transición, sea mediante la renuncia del ejecutivo federal o mediante la vía electoral –exigen–. El EZLN tiene una concepción de sistema y de rumbo para el país. La madurez política del EZLN, su mayoría de edad como representante del sentir de una parte de la nación, está en que no quiere imponerle al país esta concepción. El EZLN reclama lo que para sí mismo es evidente: la mayoría de edad de México y el derecho de decidir, libre y democráticamente, el rumbo que habrá de seguir. De esta antesala histórica saldrá no sólo un México más justo y mejor, también saldrá un mexicano nuevo. [...] Otros apuestan desde ahora a que el conflicto armado se reinicie antes de las elecciones y la ingobernabilidad sea aprovechada por ellos para perpetuarse en el poder. Como ayer hicieron usurpando la voluntad popular con el fraude electoral, hoy y mañana, con el río revuelto de una guerra civil preelectoral, pretenden alargar la agonía de una dictadura que, enmascarada en el partido de Estado, dura ya décadas. Todos los ladrones de la esperanza suponen que detrás de nuestras armas hay ambición y protagonismo, que esto conducirá nuestro andar en el futuro. Se equivocan. Detrás de nuestras armas de fuego hay otras armas, las de la razón. Y a ambas las anima la esperanza.

Modificando un poco el tono de su arenga, Marcos utilizará otra de sus conocidas fórmulas o *slogans* que alcanzarán un enorme éxito en todo el mundo: *que la esperanza se organice.*

—Que la esperanza se organice, que camine ahora en los valles y ciudades como ayer en las montañas. Peleen con sus armas, no se preocupen de nosotros. Sabremos resistir hasta lo último. Sabremos esperar... y sabremos volver si se cierran de nuevo todas las puertas para que la dignidad camine. Por esto nos dirigimos a nuestros hermanos de las organizaciones no gubernamentales, de las organizaciones campesinas e indígenas, trabajadores del campo y de la ciudad, maestros y estudiantes, amas de casa y colonos, artistas e intelectuales, de los partidos independientes, mexicanos.

Concluidos los prolegómenos, los zapatistas plantean ahora sí su propuesta para llevar a cabo las transformaciones que exige el país:

—Los llamamos a un diálogo nacional con el tema de Democracia, Libertad y Justicia. Para esto lanzamos la presente convocatoria para la Convención Nacional Democrática. Nosotros, el Ejército Zapatista de Liberación Nacional, en lucha por lograr la democracia, la libertad y la justicia que nuestra patria merece, y considerando: *Primero.* Que el Supremo Gobierno ha usurpado también la legalidad que nos heredaron los héroes de la Revolución mexicana. *Segundo.* Que la Carta Magna que nos rige no es ya más la voluntad popular de los mexicanos. *Tercero.* Que la salida del usurpador del ejecutivo federal no basta y es necesaria una nueva ley para nuestra patria nueva, la que habrá de nacer de las luchas de todos los mexicanos honestos. *Cuarto.* Que son necesarias todas las formas de lucha para lograr el tránsito a la democracia en México. Llamamos a la realización de una Convención Democrática Nacional, soberana y revolucionaria, de la que resulten las propuestas de un gobierno de transición y una nueva ley nacional, una nueva Constitución que garantice el cumplimiento legal de la voluntad popular.

Y a continuación el subcomandante explica:

–El objetivo fundamental de la Convención Nacional Democrática es organizar la expresión civil y la defensa de la voluntad popular. La soberana convención revolucionaria será nacional en tanto su composición y representación deberán incluir a todos los estados de la federación, plural en el sentido en que las fuerzas patriotas podrán estar representadas, y democrática en la toma de decisiones, recurriendo a la consulta nacional. La convención estará presidida, libre y voluntariamente, por civiles, personalidades públicas de reconocido prestigio, sin importar su filiación política, raza, credo religioso, sexo o edad. La convención se formará a través de comités locales, regionales y estatales en ejidos, colonias, escuelas y fábricas por civiles. Estos comités de la convención se encargarán de recabar las propuestas populares para la nueva ley constitucional y las demandas a cumplir por el nuevo gobierno que emane de ésta. La convención debe exigir la realización de elecciones libres y democráticas y luchar, sin descanso, por el respeto a la voluntad popular. El Ejército Zapatista de Liberación Nacional reconocerá a la Convención Democrática Nacional como representante auténtico de los intereses del pueblo de México en su tránsito a la democracia.

Y, como es costumbre, la Segunda Declaración concluye con un apartado heroico, invitando a los diversos grupos y organizaciones de la sociedad civil a sumarse a la empresa.

–Hermanos mexicanos: nuestra lucha continúa. Hablen la palabra de los otros mexicanos, encuentren del corazón el oído de aquellos por los que luchamos. Invítenlos a caminar los pasos dignos de los que no tienen rostro. Llamen a todos a resistir, que nadie reciba nada de los que mandan mandando. Hagan del no venderse una bandera común para los más. Pidan que la compartan, pidan que con ustedes resistan, que rechacen todas las limosnas que del poderoso vienen. Que todas las gentes buenas de estas tierras organicen hoy la dignidad que resiste y no se vende, que mañana esa dignidad se organice para exigir que la palabra que anda en el corazón de los mayoritarios tenga verdad y saludo de los que gobiernan, que se imponga el buen camino de que el que mande, mande obedeciendo. No recibiremos nada del Supremo Gobierno. Aunque aumenten nuestro dolor y nuestra pena, aunque la muerte siga con nosotros en mesa, tierra y lecho, aunque veamos que otros se venden a la mano que los oprime, aunque todo duela, aunque la pena llore hasta en las piedras. No aceptaremos nada, resistiremos. Hermanos: no se vendan. Resistan con nosotros. No se rindan. Resistan con nosotros. Unan su voz hermanos, griten con nosotros, hagan suya nuestra voz.

A diferencia de lo que ocurría al inicio del alzamiento, ahora Marcos no sólo evoca el pasado, sino que es capaz de recrearlo. El talento escenográfico de Marcos alcanza su punto más alto: dueño de todos sus recursos y arropado por una fama pública sin precedentes, se permite reconstruir Chiapas a imagen y semejanza de sus deseos. Nada queda ya del discurso de tendencias comunistas de los primeros días de enero; con un sentido de la oportunidad único, Marcos aprovecha sus mejores bazas: no ya las armas, sino su capacidad de torcer el curso de los hechos y lograr que cientos de delegados se desplacen de todas partes del mundo para acudir a *su* espectáculo.

Como un Fitzcarraldo comprometido, Marcos ordenará construir un teatro en medio de la selva, al que le dará el nombre de "Aguascalientes", al cual acudirán no sólo a los militantes de izquierda que siempre lo han arropado, sino sus corresponsales más entusiastas: los intelectuales. En vez de llevar a Caruso a cantar a Manaos, el subcomandante está empeñado en verse cara a cara con Fuentes, Monsiváis, Krauze y Poniatowska, a quienes dirige invitaciones personales llenas de admiración o de respeto. La iniciativa no puede ser más grandilocuente pero, ¿cómo el gobierno podría oponerse a esta nueva astucia del líder zapatista? Al asistir a la Convención y aceptar el papel de comparsas en el guión escrito por este genial hombre de teatro, los delegados se convertirán gustosos en los mejores garantes de su éxito. En pocas ocasiones un líder guerrillero o un político –o incluso un novelista– ha logrado modificar tan drásticamente la realidad para adecuarla a sus propósitos.

Al día siguiente, Jorge Hernández Campos renueva sus críticas devastadoras contra los alzados, en este caso por el rompimiento del diálogo y la convocatoria a la Convención Nacional Democrática.

–No nos hagamos tontos, el proyecto de la Convención Nacional es el proyecto del EZLN y del subcomandante, y de nadie más –denuncia–. En ese respecto, frente a los chiapanecos, Cuauhtémoc Cárdenas y todo el PRD son segundos violines. Más todavía, si mira uno bien a bien la situación, para los ezelenitas, la plana mayor del PRD es un conjunto de marionetas a quienes ha tocado desempeñar un papel parecido al que los viejos comunistas asignaban a los intelectuales burgueses: preparar los caminos del Señor, y ser desechados. El subcomandante ha nutrido su ideología en la olla podrida del no muy admirable pensamiento de la izquierda mexicana, ese revoltijo de interpretaciones enanas de un marxismo fracasado, sazonado a últimas fechas con unas buenas dosis de locura política sudamericana.

Hernández Campos no duda a la hora de enjuiciar al subcomandante:

–Tengo la convicción de que el tal Marcos es un desquiciado, como no pocas luminarias que ha habido de grandes causas bañadas en sangre. Sé que no se vale expresarse así en un análisis político; pero ¿por qué no? La historia reciente ha sido pródiga en ejemplos de orates en el poder, y de pueblos enteros entregados a ellos. No pocas veces, mediante un uso pervertido de los instrumentos de la democracia. Ahora, para volver a la sensatez, hagámonos la siguiente reflexión: un país de casi cien millones de habitantes, con una gran forja histórica a sus espaldas, con una visión clara de las metas a que aspira, no puede caer sin más en manos de un puñado de aventureros. Pero sí hay riesgo de que esos aventureros dividan a los mexicanos y los enfrenten.

El 16 de junio, Camacho renuncia al cargo de comisionado para la paz y la reconciliación en Chiapas:

—La censura [que me hace] Zedillo es un acto contra la negociación política en Chiapas —explica en algún momento.

El obispo Samuel Ruiz asegura que, al terminar la fase del diálogo entre el EZLN y el gobierno federal, su papel como mediador y el del comisionado Manuel Camacho han concluido. El 23 de junio, Salinas nombra a Jorge Madrazo, presidente de la Comisión de Derechos Humanos, como nuevo comisionado para la paz. Ernesto Zedillo se muestra complacido por su designación.

Ese mismo día, Gustavo Hirales, antiguo guerrillero de la Liga 23 de Septiembre y ahora asesor de la Secretaría de Gobernación, publica otra de sus numerosas descalificaciones del EZLN. Hirales afirma que los zapatistas nunca tuvieron la intención real de dialogar con el gobierno y compara al líder zapatista con el dictador Pol-Pot.

—El peor error que pueden cometer las fuerzas auténticamente democráticas, las que han luchado dentro de los cauces constitucionales por tanto tiempo, remontando enormes resistencias, la represión y las incomprensiones, es rendirse ahora a este canto de sirena de los neopolpotianos —escribe este guerrillero converso—. Los que quieren que el país avance a niveles superiores de democracia, de civilidad y de justicia social, deben saber por experiencia propia y ajena, que el camino corto que ofrecen los violentos será, al final de cuentas, el camino más corto al precipicio.

11

Un poderoso navío

Del 1º de julio al 15 de septiembre de 1994

Uno de los primeros escritores en recibir la invitación de Marcos para participar en la Convención Nacional Democrática es Carlos Fuentes. Si bien otros intelectuales más cercanos a la izquierda ya han confirmado su asistencia –Carlos Monsiváis lo hará en calidad de "observador"–, el subcomandante quiere que el novelista más importante del país se convierta en uno de los actores centrales del espectáculo que se apresta a montar en la selva.

–Por causas y azares diversos me veo a mí mismo escribiéndole esta carta. Me veo a mí mismo buscando las palabras, las imágenes, los pensamientos necesarios para tocar en usted lo que de pasado y de futuro sintetiza su quehacer cultural y político –escribe Marcos parafraseando el estilo de Fuentes–. Me veo a mí mismo en el empeño de convencerlo a usted de que esta nueva crisis y esa necesidad de cambio que acarician y cohíben en el aire mexicano necesitan de su mirada, su palabra. Me veo a mí mismo sin rostro, sin nombre, dejando a un lado las armas y toda la parafernalia militar que nos oprime, tratando de hablarle de hombre a hombre, de esperanza a esperanza.

Pocas veces Marcos se ha mostrado tan cortés a la hora de dirigirse a un intelectual. Al citarlo y halagarlo, Marcos no sólo trata de convencerlo de sus buenas intenciones, sino que de paso demuestra conocer bien su obra, e incluso convierte a Fuentes en uno de los inspiradores de su causa. Además, le dice que deja las armas para hablarle "de hombre a hombre", como si en realidad Marcos quisiese desprenderse de la máscara para hablar con el autor al que admira "de igual a igual". El subcomandante no oculta sus aspiraciones de escritor y no escatima las citas eruditas ("¿Cómo va la noche?", pregunta Macbeth, y Lady Macbeth sentencia: "En lucha con la mañana, mitad por mitad") ni los guiños hacia la propia obra de Fuentes. Seguro de conseguir así la *benevolentia* de Fuentes, Marcos le explica una vez más las circunstancias de su lucha, adelantándose a los reparos del novelista:

–Sé que suena paradójico que una fuerza armada, anónima e ilegal, esté llamando al fortalecimiento de un movimiento civil, pacífico y legal para lograr la apertura definitiva del espacio democrático, libre y justo en nuestro país –le dice–. Nosotros, simplemente, en lugar de tratar de negar o justificar esta contradicción, la hemos asumido y la hemos reconocido y tratamos de subordinar nuestro andar a su no tan caprichoso dictado.

En vez de excusarse por su uso de la violencia, el subcomandante le pide su colaboración en esta "Convención paradójica". Marcos no es ingenuo –aunque a veces quiera parecerlo– y sabe que la tarea de llevar al escritor a la Lacandona no es sencilla:

–Vale, señor Fuentes, sentimos que no podemos dar paso sin haber, cuando menos, intentado darlo junto a mexicanos como Carlos Fuentes. Ignoro si logré invitarlo, mucho menos convencerlo. Sé también que, deseando asistir, podría no tener usted tiempo de darse una vuelta por esta esquina mexicana. Como quiera que sea, salud al hombre de letras, al diplomático, al científico, pero sobre todo, salud al mexicano.

A pesar de esta enorme cantidad de halagos, que se explican por la propia "educación sentimental" de Marcos, Fuentes rechaza la invitación en una carta publicada el 7 de julio. Con idéntica cortesía, el novelista se dirige al líder zapatista llamándolo "estimado amigo".

–La primera deuda que yo tengo con ustedes es que nos hicieron pensar de nuevo qué entendemos por modernidad. ¿Una modernidad excluyente, que deja a la vera del camino a quienes no son capaces de sumarse hacia el progreso? –le pregunta Fuentes–. Ustedes han venido a recordarnos que nuestra modernidad los incluye a ustedes. No como imitación de nosotros, sino como ustedes mismos, como lo que ustedes son. Las culturas indígenas de México quizá estén destinadas a desaparecer en el proceso mayor del mestizaje. Pero mientras eso ocurre, *si es que ocurre y en la medida en que vaya ocurriendo*, hay que respetar culturas que son nuestras porque viven con nosotros, aportándonos valores que acaso sean superiores, y sin duda son necesarios, para enriquecer nuestra menguada idea de modernidad y de progreso. Ustedes han completado nuestra modernidad: nuestro vivir con más plenitud en el presente. Completan también nuestra idea de progreso. Ustedes me han hecho ver que hay dos realidades chiapanecas y, por extensión, nacionales.

Fuentes sostiene que el alzamiento ha permitido que el resto de la sociedad se dé cuenta de que la globalización sacrifica a millones de trabajadores en aras de la eficiencia.

–Alguien tenía que levantar la voz, presentar las peticiones, unir los reclamos ancestrales a los más modernos –concluye.

Sin embargo, Fuentes deplora el uso de las armas:

–¿Tenían ustedes que tomar las armas para lograr todo esto? –se pregunta el autor de *La muerte de Artemio Cruz*–. Yo insistiré en que no. Yo insistiré en que se sigan hasta agotarse las vías del derecho y cuando se agoten, buscar nuevas vías políticas. La política y el derecho, si se ejercen con imaginación, son inagotables. ¿No tenían ustedes más camino que el de las armas? Yo insistiré en que sí. Ya no vale discutir si pudieron ustedes seguir otro camino. No tiene usted que convencerme: hay que unir fuerzas para lograr el objetivo de una elección democrática y creíble el 21 de agosto a fin de que no haya secuelas de violencia el 22 de agosto.

Por último, Fuentes le pide al subcomandante Marcos que extienda la invitación que le hizo a título particular a los demás miembros del Grupo San Ángel. Sin negarse abiertamente, Fuentes traspasa la responsabilidad a sus compañeros. Pese a los esfuerzos retóricos de Marcos, previsiblemente Fuentes no llegará nunca a la Convención.

El 9 de julio, se publica la convocatoria para la Convención Nacional Democrática. En un comunicado adjunto, Marcos define cuál deberá ser su papel:

–Esta Convención Nacional Democrática es: El esfuerzo de un proceso de diálogo y articulación de las diversas expresiones sociales y políticas del país sobre problemas fundamentales de la nación y sus posibles soluciones. El esfuerzo por construir un espacio amplio, plural y representativo, con el mayor respeto a los puntos de vista divergentes, pero con el común denominador de la necesidad del cambio democrático. El esfuerzo de la sociedad para exigir elecciones libres, limpias y democráticas, y la defensa de la voluntad popular. *La Convención Nacional Democrática es el esfuerzo de organización pacífica de la sociedad en contra del partido de Estado y por el tránsito a la democracia, la libertad y la justicia.*

El 14 de julio, Cuauhtémoc Cárdenas se reúne con el Grupo San Ángel, pero rechaza firmar el Acuerdo para la Concordia. Miguel Montes dimite como encargado del caso Colosio. Salinas nombra en su lugar a Olga Islas, presidenta de la Academia Mexicana de Ciencias Penales. El 18 de julio, es ahora el presidente Salinas quien se entrevista con el Grupo San Ángel.

Unos días después, el 22 de julio, se dan a conocer los requisitos para inscribirse como delegado a la Convención Nacional Democrática. Con ese tono lírico y un tanto cursi del que a veces hace gala, Marcos escribe:

–Una mañana, después de una noche larga, llena de pesadillas y tierno dolor, aparecerá EL MÉXICO QUE QUEREMOS. Habrán de despertar los mexicanos sin palabras que callar, sin máscaras para vestir sus penas. Habrá en sus pies esa inquieta urgencia de bailar y en las manos la comezón de estrechar, amigas, otras manos.

El 25 de julio, Enrique Krauze publica una larga carta al subcomandante Marcos con motivo de la Convención Nacional Democrática. Si bien durante los primeros meses del año su condena hacia el grupo armado había sido radical, en esta ocasión matiza sus opiniones y aplaude la vocación democrática de Marcos. En algún punto, siguiendo tal vez el ejemplo de Octavio Paz, Krauze reconoce: "Muchos de sus comunicados y casi todos sus testimonios orales me conmovieron". Más adelante, incluso llega a compararlo con Hidalgo y Morelos, los artífices de la Independencia, haciendo eco del guiño de Marcos al referirse a los *Sentimientos de la Nación*.

–¿Encarna usted esos sentimientos o los olvida? –pregunta Krauze, y él mismo responde–: Las dos cosas, digo yo.

Según el historiador, en su carácter de *insurgente*, Marcos prolonga la legítima lucha de Morelos al denunciar la pobreza y la injusticia que sufren los indios de Chiapas. Sin embargo, le reprocha que, en su calidad de subcomandante, traicione el ideal de Morelos:

–Créame que no pretendo darle lecciones de historia ni quiero entrar en argumentos abstractos sobre la conveniencia de usar medios violentos para alcanzar fines legítimos. Apunto que en México (y ya podemos decir, en el mundo todo) la pasión revolucionaria ha conducido al martirio de los hombres y los pueblos, no a la libertad, la igualdad y la justicia.

Y, más enérgico, apunta:

–Mi tesis es simple: no hay más tránsito a la democracia que el tránsito pacífico. Transitar por la vía violenta es, por definición, no transitar.

En otro de sus excursos históricos, Krauze compara a Marcos con Bar Kojba, el jefe judío que se enfrentó a los romanos en Masada y que terminó dándose muerte antes de sucumbir ante sus enemigos. Krauze teme que éste pueda ser también el destino de Marcos y en general de todos los combatientes zapatistas. Por último, el historiador propone que, en vez de organizar una Convención Nacional Democrática que a él le parece del todo irrelevante, sería mejor que Marcos tomase el camino de la lucha cívica:

–Ignoro si su proyecto vital encuadra con su vocación, pero algunos lo vemos encabezando la nueva izquierda de México: imaginativa, creativa, antidogmática, tolerante, práctica, flexible (y sí: moderna); una izquierda que comience por proponer vías de solución al conflicto indígena. De solución, no de salvación; vías humanas, no divinas.

Krauze concluye diciendo que sólo aceptaría ir a la Convención si ocurriese lo anterior. Evidentemente, Marcos no piensa dejar las armas y Krauze tampoco llegará a internarse en la Selva Lacandona.

El 26 de julio, el EZLN se declara en alerta roja tras el accidente automovilístico sufrido por Amado Avendaño, candidato del PRD a la gubernatura de Chiapas. Al día siguiente, tras las negativas de Fuentes y Krauze, ahora le corresponde a Carlos Monsiváis responder a la invitación que Marcos le ha hecho para asistir a la Convención. Al igual que sus predecesores, Monsiváis confiesa padecer un dilema ético, pues por una parte valora las aportaciones de los zapatistas a la reforma democrática del país, pero por la otra no puede estar de acuerdo con la violencia.

–Las victorias políticas del zapatismo, tan importantes como son, no alcanzan a disminuir lo otro –le explica Monsiváis–: los muertos y los heridos, los desplazados, los inconformes con el EZLN que viven en territorio zapatista, los inmensos problemas del abastecimiento, el deterioro de las ya de por sí deterioradas condiciones de vida de la región.

Monsiváis critica con especial severidad la "mística de la muerte digna" que el subcomandante enarbola en muchos comunicados y entrevistas. Y, por otro lado, teme que la Convención se convierta en una "asamblea más de la izquierda con pretensiones de Congreso Constituyente".

–Te agradezco sinceramente tu carta –añade en el tono de quien le habla a un amigo–. Me hizo pensar, durante largos y cálidos sesenta segundos, que mi trabajo no ha sido en vano. (Detente, oh momento, eres tan reconfortante.) Sin embargo, no puedo aceptar el estatus de invitado a la convención. Eso me instalaría peligrosamente en el presídium ideal donde por lo común los integrantes le confieren a los asistentes la tarea de constituirse en espejo de sus logros. Me propongo asistir como periodista. ¿Cómo perderme la oportunidad de cronicar otro Condominio de Babel, un Avándaro de la música del rollerío o, así lo espero y contraviniendo mi pesimismo, cómo no atestiguar un gran acto crítico y autocrítico de sectores de izquierda y centro-izquierda en su búsqueda justa de alternativas democráticas?

En efecto: ¿cómo iba a perderse Monsiváis –y el resto de la sociedad a través suyo– un espectáculo que casi ha sido pensado para tenerlo a él como su más lúcido comentarista?

El 30 de julio, el EZLN declara que ha decidido no perturbar el proceso electoral. Por su parte, los miembros del Grupo San Ángel rechazan asistir a la Convención Nacional Democrática en cuanto grupo. El 2 de agosto, la Comisión Nacional Organizadora da a conocer el reglamento para los seis mil delegados que asistirán a la Convención.

Por fin, el 6 de agosto se lleva a cabo la primera jornada de la Convención Nacional Democrática en San Cristóbal de Las Casas. La ocasión resulta tan significativa que Marcos se atreve a publicar este día "el grado cero" de los comunicados, es decir, aquel que se ha convertido sólo en una posdata:

–Hoy no hay comunicado, nomás les escribo para que no se sientan solos los que no pudieron o no quisieron venir al delirio neozapatista, la Convención Nacional Democrática –escribe.

E inicia su serie de posdatas con su mismo humor de siempre, sugiriendo una frase para la sección "Rayuela" del diario *La Jornada:*:

PD opcional para "Rayuela": "Letrero en Aguascalientes, Chiapas: 'Prohibido el paso a los tráilers'".

Y aprovecha para hacerle un regaño singularmente violento a la izquierda institucional:

PD: de cartera política vencida. Casi todos los partidos y organizaciones políticos, grandes y chicos, del confuso espectro de la izquierda mexicana han venido, en distintos tiempos, a dejarnos claro que ellos sí nos han apoyado, detallan tiempos y lugares, cantidades y calidades. Nos quieren cobrar desde la marcha del 12 de enero hasta las distintas caravanas. Nos reclaman que los apoyemos en sus distintos ajustes de cuentas a cambio del apoyo que nos dieron. No les debemos absolutamente nada. Solos iniciamos, solos peleamos, solos nos morimos, fue nuestra sangre, y no la de ellos, la que alumbró el 94.

Marcos concluye sus posdatas con otra de sus evocaciones líricas, acentuando las metáforas marinas y asumiéndose él mismo –y en general a todos los zapatistas– como piratas:

–Ahora soy un pirata... Un pirata es una ternura que explota fiera, es justicia incomprendida, es desconsolado amor, es triste batallar y soledad compartida, es un simple navegar sin puerto, es perenne tormenta, es beso robado, es siempre insatisfecha posesión, es sin descanso.

"Un poderoso navío": con esta metáfora marina resume Marcos su visión de lo que ocurrirá en estos días.

El 7 de agosto se lleva a cabo la segunda jornada de la Convención. Su mejor cronista es, claro, Monsiváis. De nuevo, parece como si Marcos hubiese organizado todo sólo para que su autor favorito escribiese una crónica sobre lo acontecido. Publicado en *Proceso* una semana después, el texto posee todas las virtudes retóricas de Monsiváis, el verdadero y auténtico maestro de Marcos:

–En Aguascalientes, Chiapas, en la Selva Lacandona, el graderío se colma lentamente y el ánimo se recobra, en lo posible, de las inclemencias del viaje. Para integrarse en esta "foto de generación", la primera de su índole, han venido de todas partes del país el contingente previsible y los imprevisibles: personas altamente representativas y los que con dificultades se representan solos, líderes de colonos, politólogos, líderes de movimientos campesinos, algunos (escasos) representantes de la causa obrera, académicos, marxistas jubilados y renacidos, variedad de periodistas extranjeros y nacionales, estudiantes del CEU y del ITAM y la Universidad Iberoamericana, feministas, miembros de organizaciones de defensa del voto, lesbianas y gays, escritores (en número regular), (escasísimos) empresarios, activistas del PRD y militantes de izquierda a la izquierda de la izquierda... Y numerosos viejos y acopio de jóvenes, los veteranos de las causas perdidas y los esperanzados en inaugurar el triunfalismo.

Tras este repaso de los asistentes, Monsiváis describe las reuniones:

–En la mañana del sábado 6 no consigo entrar a los debates, que se inician muy tarde de cualquier manera. Sólo a través de rumores se vislumbra el criterio para rechazar a los periodistas: no conviene ofrecer a los medios el show del canibalismo de las izquierdas, ¿para qué?

Más interesantes que las mesas de trabajo, dominadas por la típica tentación de la izquierda de enzarzarse en discusiones interminables, Monsiváis considera que el viaje a la selva ha valido la pena para escuchar a Marcos.

–Se nos cita a las cinco de la mañana cerca de la feria de San Cristóbal para salir en punto. Previsiblemente el autobús que me toca abandona San Cristóbal a las ocho y media. Y de modo lógico también, lo que no se consiguió en las mesas se consigue en el viaje. La idea de la Convención se perfila entre bromas, canciones, repartos fraternales de refrescos y comida chatarra, develación del misterio de las siglas de grupos participantes que para el neófito equivalen a sonidos del más allá. En el retén del ejército nacional un soldado asciende al autobús a darnos cortésmente la bienvenida. Como a las once, un retén zapatista. Se escudriña camión por camión, equipaje por equipaje. La última etapa de la odisea: otra revisión, idéntica, desdeñosa, silente. Se me explican las condiciones de seguridad, el miedo al atentado. Alguien afirma, para arrojarnos al abismo pequeñoburgués: sólo los cobardes se quejan, venimos a compartir la forma de vida de los compañeros indígenas, no a hospedarnos en el Aguascalientes Hilton. Como quiera llego al auditorio y me derrumbo donde sea (a las cinco y media de la mañana todo es "donde sea"). Un joven paramédico me venda el pie. Ahora tengo a mi disposición dos horas de sueño.

Parece haber cierta dosis de sadismo en este viaje iniciático que el subcomandante les ha preparado a los delegados. En realidad la distancia entre San Cristóbal y Aguascalientes no era más que de unos cientos de kilómetros, pero los peregrinos debían padecer toda suerte de penalidades antes de llegar al santuario zapatista. Por ello, Marcos se preocupó de acrecentar el suspenso magnificando las dificultades para acceder al lugar de reunión, haciendo que los autobuses se detuvieran muchas veces u obligándolos a dar varias vueltas antes de llegar a su destino. Era la mejor forma de agrandar su aura mítica.

Al final del largo viaje, Aguascalientes se presenta para los viajeros como una tierra prometida. Marcos no defrauda a los viajeros, pues les tiene preparada una impresionante escenografía:

–En efecto, Aguascalientes es impresionante. A lo largo de veintiocho días, en jornadas de catorce horas, seiscientos hombres y mujeres han construido el anfiteatro, el caracol marino, el Arca de Noé, el navío de Fitzcarraldo. El esfuerzo costó 60 millones de viejos pesos, "con todo y área para atentados". Presiden el centro de convenciones de la Selva Lacandona dos inmensas banderas nacionales. Los activistas ajustan el toldo. A los lados del presídium mantas con temas de la revolución y manteles bordados. Se avisa que hay que retirarlos. Se está, variadamente, ante Woodstock, Avándaro, un campamento minero, *Mad Max IV*. Se pasea por entre las cabañas.

Entonces comienza el espectáculo. Entre canciones, poemas y vítores, entran los jefes zapatistas encabezados por Marcos. Éste saluda a la multitud: "Buenas tardes. Bienvenidos a bordo... Proponemos la presidencia de esta primera Convención". Y el subcomandante lee la lista de los invitados especiales, entre los que se cuentan Rosario Ibarra, Elena Poniatowska, Luis Javier Garrido, Carlos Payán, Antonio García de

León, David Huerta, Pablo González Casanova, Elva Macías, Juan Bañuelos, Eraclio Zepeda y Óscar Oliva.

Tras un breve discurso del comandante Tacho –uno de los indígenas con mayor jerarquía–, Marcos al fin se digna intervenir:

–Nadie nos ha podido decir cuántos son los delegados, invitados, gorrones, colados, extraviados que llegaron aquí a Aguascalientes. La Comisión Organizadora se ha hecho pato. Con nuestro moderno sistema de cómputo hemos llegado a una conclusión: somos un chingo. ¡Somos un chingo!... Creo que ya no es necesario que en nuestras postas las fuerzas zapatistas pregunten quién vive. Creo sinceramente que uno de los primeros resolutivos de esta Convención es declarar que quien vive es la patria... Si acá estamos un chingo, allá afuera hay, lo menos, dos chingos... Pido permiso para que las tropas zapatistas presenten un saludo a los convencionistas, con una cinta blanca en la punta de los fusiles, significando que no son armas para enfrentar a la sociedad civil, sino una paradoja: armas que aspiran a ser inútiles...

Una vez elegida la presidencia, Marcos se saca otro as de la manga y, con su talento coreográfico, hace desfilar a los milicianos del EZLN y sus bases de apoyo, entre los que se cuentan numerosos niños y niñas. El efecto tiene el éxito planeado y los asistentes se desgañitan en gritos de apoyo a la causa zapatista. El subcomandante comienza su discurso acumulando una metáfora tras otra:

–Por mi voz habla la voz del EZLN. Aguascalientes, Chiapas, un cuartel, un búnker, una fábrica de armas, un centro de adiestramiento militar, una bodega de explosivos. Aguascalientes, Chiapas, el Arca de Noé, la Torre de Babel, el barco selvático de Fitzcarraldo, el delirio del neozapatismo, el navío pirata. La paradoja anacrónica, la tierna locura sin rostro, el despropósito de un movimiento civil en diálogo con un movimiento armado. Aguascalientes, Chiapas, la esperanza en gradas escalonadas, la esperanza en las palmitas que presiden la escalera, para mejor asaltar el cielo, la esperanza en el caracol marino que desde la selva por el aire llama, la esperanza de los que no vinieron pero están, la esperanza de que las flores que en otra tierra mueren, aquí vivan.

Empleando una de sus gustadas enumeraciones líricas, el subcomandante hace un elogio de su propia iniciativa, comenzando siempre con la frase: "Y antes de Aguascalientes...", para referirse a ese mundo primitivo, inmemorial, dominado por la violencia, la discriminación y la pobreza que existía antes del alzamiento. De plano Marcos no tiene empacho en asumir su condición de profeta y declara que allí, en ese mismo momento, se funda un "tiempo nuevo", el tiempo "posterior a Aguascalientes" (que casi merecería cambiar la notación cronológica: "a. A." y un "d. A", antes y después de la Convención), y el inicio de una edad dorada, dominada por la sociedad civil. Ésta es una de las ocasiones en las que el nombre de Marcos, el Evangelista, parece convenirle mejor al líder guerrillero: sin empacho alguno se asume como el portador de la buena nueva, de este Nuevo Testamento que habrá de proclamar la armonía universal de los hombres y la unión sempiterna de la sociedad civil con sus guardianes, los zapatistas.

Aludiendo a su espíritu democrático, Marcos señala que el EZLN sólo tiene veinte votos en la CND, demostrando su voluntad de sumarse a las decisiones de la mayoría, pero el escenario y el estado mental de los delegados no están para formalismos democráticos y aceptan por aclamación todas las propuestas de Marcos.

Embelesado, el subcomandante continúa revelando su doctrina en lo que parece una velada respuesta a Monsiváis:

–Queremos decir, por si alguien lo duda, que no nos arrepentimos de habernos alzado en armas contra el Supremo Gobierno, que reiteramos que no nos dejaron camino, que no renegamos de nuestro paso armado ni de nuestro rostro amordazado, que no lamentamos nuestros muertos, que estamos orgullosos de ellos y que estamos dispuestos a poner más sangre y más muerte si ése es el precio para lograr el cambio democrático en México. Queremos decir que nos dejan inamovibles las acusaciones de ser sacerdotes del martirologio, de ser belicistas: que no nos atraen los cantos de sirenas y ángeles para darnos acceso a un mundo que nos mira con desprecio y desconfianza, que escatima el valor de nuestra sangre y ofrece fama a cambio de dignidad. No nos interesa vivir como ahora se vive.

Una vez aclarado este punto, Marcos aclara que no es su intención que la CND se convierta en el brazo civil de un movimiento armado, sino en el instrumento para construir una paz con dignidad. Para terminar, lanza una arenga a los delegados que vuelve a ser una obra maestra de retórica:

–Luchen. Luchen sin descanso. Luchen y derroten al gobierno. Luchen y derrótennos. Nunca será tan dulce la derrota como si el tránsito pacífico a la democracia, la dignidad y la justicia resulta vencedor.

Como era de esperar, el público estalla en aplausos y vítores.

–Marcos abandona el podio y se dirige al presídium, a entregarle la bandera nacional a Rosario Ibarra, la defensora de los derechos humanos en los años setenta –relata Monsiváis–. Se canta el himno nacional y se alzan los brazos con el puño o la V de la victoria. La plenaria continúa con discursos y saludos. De pronto, el estallido. Se abate la tormenta y todos se congregan bajo la lona. Lo que sigue es a la vez terrible y magnífico, soberbio y patético. El sonido de la lluvia amenaza y encandila, y si en Woodstock la muchedumbre lanzó gritos encantatorios para detener la naturaleza (*"No rain! No rain!"*), aquí las consignas hacen las veces de sortilegios. Sigue la precipitación pluvial y un grupo resiste con exorcismos históricos:

"¡Zapata vive!" (Coro) "¡La lucha sigue!" "¡Zapata vive y vive!" "Si Zapata viviera..." (Coro) "Con nosotros estuviera."

Como despedida, al día siguiente Marcos vuelve a presentarse ante la multitud con un nuevo llamado para la paz. Entonces alguien en el público le pregunta si se quitará el pasamontañas. Marcos responde: "Si quieren, me lo quito ahorita. Ustedes digan". Enfebrecida, la multitud grita: "¡No! ¡No te lo quites! ¡No!"

En su crónica sobre la Convención, Elena Poniatowska detalla la vida cotidiana de todos esos intelectuales críticos convertidos en personajes de la obra teatral escrita por el subcomandante. Por sus páginas aparecen la cantante Eugenia León y la actriz Jesusa Rodríguez, convertidas en edecanes:

–La capacidad organizativa de Jesusa Rodríguez me dejó apabullada –cuenta Poniatowska–. Jesusa y Eugenia León salieron en la madrugada a recoger la basura, apilarla, darles a los zapatistas su Arca de Noé, su barca de Fitzcarraldo, tal y como se la habían entregado a la sociedad civil. Enrollaron las velas, limpiaron el mar de tablas y Eugenia vio cómo, mientras ellas trabajaban, otras señoras corrían a apartar lugar con su suéter, su chamarra o lo que fuera.

La autora de *Hasta no verte, Jesús mío* también se permite incluir un pequeño retrato de Monsiváis:

–La mañanita es preciosa. Monsiváis parece salir de una pastorela con su bordón y su gran sombrero de paja. Lo malo es que su grey no es blanca, sino chocolate. Hoy Monsi no protesta ni está de malas. Durmió en "Salú", como llaman los zapatistas a la enfermería sobre la cual han puesto el gran letrero de "Salud".

Y, con la sinceridad que la caracteriza, la escritora concluye:

–Todos, absolutamente todos queríamos seguir.

Tiene razón. ¿Cómo perderse un momento semejante? Sólo los exquisitos o reaccionarios se quedaron en casa: Krauze, Paz, Fuentes, Aguilar Camín...

De vuelta a la ciudad de México después de un sinfín de tropiezos por el camino, algunos de los intelectuales que han participado en la Convención se apresuran a anotar sus impresiones. Para la mayoría, el encuentro ha sido –¡claro!– como una *obra de ficción*.

–La Convención Nacional Democrática no es un organismo o un superorganismo más de la izquierda, y lo peor que podría pasarle es que olvidara esa responsabilidad, y se convirtie-

ra en una institución más de las inútiles, frustradas y frustran-
tes –sostiene Monsiváis.

Y Juan Villoro resume:

–Todo lo que ocurrió en Chiapas responde a un guión de
ciencia ficción donde un ejército sin rostro convoca a una reunión pacífica que ofrece, a mi parecer, el discurso más elocuente desde el México revolucionario. Convención propiamente
no hubo, fue un prólogo típico de la izquierda partidaria con
vocación asambleísta, donde tomar la palabra era lo más importante que había en la vida de cada uno y dejarla era inad-
misible. Hubo un momento que no está descrito en las crónicas donde a una persona le tuvieron que pegar en las manos
para que soltara el micrófono. Si el PRI no quiere dejar el poder, él no quería dejar el micrófono. Con el EZLN se dio un diálogo en silencio, por la atención con que se oyó el discurso de
Marcos, así como el diálogo de los aplausos durante la rueda
de prensa, escena enloquecida donde el subcomandante propuso a la asamblea quitarse el pasamontañas, y con ánimo festivo, mitológico, divertido y político le gritaron que no.

El 20 de agosto, entrevistados por *Reforma*, un grupo de intelectuales opina sobre las elecciones que habrán de celebrarse al día siguiente.

–El 21 de agosto es nuestro día –comienza Eraclio Zepeda–,
no lo dejemos pasar, es nuestra oportunidad para construir la
casa que queremos. Que nadie suplante nuestra voluntad.

El filósofo Luis Villoro añade:

–Si tú no vas a votar, los demás van a cambiar tu destino. Es
importante hacerlo porque es la única manera de contrarres-
tar el fraude, sólo con una votación masiva podemos pensar
que puede haber elecciones transparentes. Hay que combatir la negligencia con el voto.

–Hay que votar por la reforma política, pero sobre todo de
manera inteligente –se limita a decir Enrique Krauze, lacónico.

–El voto como expresión de la voluntad ciudadana es el pequeño gran ingrediente del juego democrático –replica David
Huerta–. Esta instancia significa en la actualidad, una vuelta

de hoja en la historia de nuestro país, no sólo de las prácticas políticas electorales, sino de todo el proyecto de nación que está en crisis.

–Debemos votar por las elecciones del siglo –interrumpe Homero Aridjis–. Ahora realmente va a haber una opción por el cambio con muchas expectativas. Después de sesenta y cinco años del PRI en el poder, los mexicanos ahora tienen esperanzas de que se les respete el voto.

Y Elena Poniatowska:

–Es muy importante participar en la vida del país para lograr el cambio. Hay que tener conciencia, sobre todo después de la experiencia de Chiapas, de que los que necesitan más del voto son los indígenas.

Como previsto, el 21 de agosto se celebran elecciones federales y al gobierno de Chiapas. En zona zapatista los comicios se llevan a cabo sin incidentes. En todo el país, las encuestas de salida –y más tarde los datos oficiales– dan como ganador a Ernesto Zedillo, seguido por Diego Fernández de Cevallos y, en un distante tercer lugar, Cuauhtémoc Cárdenas. En Chiapas, la tendencia –mucho más cuestionada– también favorece al priista Eduardo Robledo sobre el perredista Amado Avendaño.

El 25 de agosto, el EZLN y la Convención Nacional Democrática denuncian un gran fraude electoral. No obstante, las irregularidades son mínimas comparadas con otras elecciones, de modo que en los hechos el PAN y el PRD no tienen más remedio que aceptar los resultados. En contra de los pronósticos, el temor despertado por el alzamiento zapatista y el asesinato de Colosio han terminado por provocar la victoria del PRI.

12

El bastón de mando y la banda presidencial

Del 15 de septiembre al 1° de diciembre de 1994

El 16 de septiembre, al tiempo que ordena a sus tropas permanecer en estado de alerta roja, Marcos aprovecha el día de la Independencia para comparar al EZLN con los insurgentes que iniciaron la lucha contra España:

–El día de hoy estamos aquí reunidos para recordarle al pueblo de México quiénes somos y qué queremos –grita el subcomandante imaginándose como un continuador del cura Hidalgo–. Hace ciento ochenta y cuatro años un puñado de indígenas y algunos mestizos se alzaron en armas contra la Corona española para exigir la libertad que la soberbia oprimía con la esclavitud, para exigir la democracia que la soberbia ahogaba con la dictadura, para exigir la justicia que la soberbia encadenaba con la explotación.

Poco importa que Hidalgo no pensase en absoluto en la democracia a la hora de emprender su lucha: Marcos sólo busca sustraerle otro símbolo patrio al partido oficial.

–Hoy venimos a levantar nuestras armas para recordarles a todos que somos el Ejército Zapatista de Liberación Nacional. Hoy venimos a repetir que somos el EZLN y que luchamos por democracia, libertad y justicia para todos los mexicanos –termina.

El 28 de septiembre, seis meses después de la muerte de Luis Donaldo Colosio, José Francisco Ruiz Massieu, el nuevo secretario general del PRI, es asesinado en la ciudad de México. Tras la detención del autor material del crimen, se señala como responsable intelectual al diputado priista Manuel Muñoz Rocha, vinculado –como se sabrá más tarde– con Raúl Salinas de Gortari, dando origen a una nueva tragedia que terminará por arrastrar a su hermano, el presidente de la República.[24]

En otra decisión que habrá de revertírsele muy pronto, Salinas nombra a Mario Ruiz Massieu, hermano del occiso, como responsable de las investigaciones.

El 5 de octubre, la fracción priista en la Cámara de Diputados acepta la supuesta solicitud de licencia solicitada por Muñoz Rocha –a través de un enigmático fax–, quien para entonces ya se había convertido en prófugo de la justicia.

El 8 de octubre, el EZLN anuncia su determinación de romper el diálogo con el gobierno federal a unas semanas de que termine el sexenio. Aunque Marcos argumenta el despliegue de elementos del ejército en las zonas adyacentes a los territorios controlados por los zapatistas, en realidad quiere darle una última bofetada a Salinas antes de que concluya su mandato.

Cuatro días más tarde, durante la conmemoración del "Encuentro de dos mundos" el 12 de octubre, el subcomandante dirige un nuevo mensaje a la nación que se inicia con estas palabras:

–Nosotros, indios mexicanos. Nosotros, olvidados. Nosotros, humillados. Nosotros, engañados. Nosotros, maltratados. Nosotros, muertos. Nosotros, rebeldes. Nosotros, dignos. Nosotros, verdaderos. Nosotros, muertos vivos. Nosotros no nos rendimos.

Este pasaje no sólo muestra cómo se ven los zapatistas a sí mismos, sino que también revela su poética: obsérvese la sutil transición operada entre el indio maltratado y el rebelde que se hace justicia. Si el EZLN no se rinde, es porque ya no puede hacerlo: después de todos estos meses, los zapatistas se han convertido en una fuerza histórica imposible de detener.

[24] La novela sobre la historia de la familia Salinas y sus vínculos con el poder está todavía por escribirse, pero de seguro constituiría uno de los testimonios más notables de los entresijos de la política mexicana. Posee todos los elementos para convertirse en un *best-seller*: intriga, corrupción, crímenes, luchas intestinas, celos, pasiones. Es una lástima que la tradición literaria mexicana carezca de este tipo de obras.

El 1° de noviembre de 1994 ocurre otro de los momentos más significativos de esta novela: unos días antes de dejar su cargo, Carlos Salinas de Gortari realiza un último intento de defender su proyecto y salvarse del oprobio. Durante su sexto informe de gobierno como presidente de la República, le dedica varios párrafos al alzamiento zapatista:

–El 1° de enero, un grupo armado atacó cuatro cabeceras municipales de Chiapas y el cuartel del Ejército Mexicano en Rancho Nuevo –cuenta Salinas–. Fallas en la información política, deficiencias en la respuesta social y política de las autoridades locales y también, hay que decirlo, un cuidado excesivo durante los meses anteriores en no emprender acciones preventivas de seguridad en una zona tensada por nuevos y viejos conflictos sociales, étnicos y religiosos, hicieron posible que sorprendiera al país, y también lo entristeciera, esta irrupción violenta en el inicio del año. El conflicto armado que surgió en la selva de Chiapas tiene rasgos singulares –declama Salinas con su voz chillona y monocorde–. Existen añejas desigualdades, caciquismos locales, viejas tensiones incubadas por años, quizá siglos, de abandono, agravio y maltrato a los indígenas. De manera paradójica, Chiapas es el estado de la República que más apoyo federal ha recibido en estos años de la administración, mil por ciento más que en 1989. –Y continúa–: Todos los aspectos anteriores pueden invocarse como causas sociales del conflicto, pero no son suficientes para explicar el movimiento. Con el rezago social de la zona, confluyó el trabajo de un grupo armado y entrenado con dirigentes locales y foráneos, y con un claro proyecto político, antagónico al institucional. Si la sola pobreza provocara levantamientos, otras regiones del país y gran parte de la humanidad que vive en condiciones similares o peores estarían en revuelta permanente. No, la pobreza en sí no explica la violencia armada.

Salinas intenta enmarcar el alzamiento zapatista en la situación política del mundo posterior a la caída del muro de Berlín:

–Se trata, y éste es un hecho importante, del primer levantamiento armado surgido después del final de la Guerra Fría

–explica con tono profesoral–. Antes, cualquier movimiento de esta naturaleza se ubicaba en el contexto del conflicto este-oeste y, frente a los riesgos de una confrontación nuclear bipolar, la respuesta de los países afectados siempre fue la misma: el aniquilamiento a cualquier costo y con la menor difusión posible. Estos términos de referencia han cambiado. Ya no puede pensarse en un movimiento de esta índole como secuela de la lucha bipolar. Las respuestas pueden ser, entonces, distintas y acordes con las sensibilidades políticas nacionales. El levantamiento en Chiapas no careció, sin embargo, de una clara intención internacional. Fue iniciado el día de la puesta en marcha del Tratado de Libre Comercio de América del Norte, cuyo debate había acaparado la atención mundial. Sucedió tras la celebración del quinto centenario del "Encuentro de dos mundos", evento que revaloró el interés por lo indígena en los encontrados sentimientos del Viejo Continente. Finalmente, se movilizó, escudándose en el nombre más popular y noble de las causas sociales de México, en el zapatismo.

No hay que olvidar que Zapata es el héroe favorito del presidente: nunca les perdonará a los guerrilleros de Chiapas que se lo hayan arrebatado.

–Con un diseño llamativo y una estrategia de difusión que amplió su resonancia –insiste Salinas–, el grupo armado buscó rápidamente vincularse a medios de comunicación dentro y fuera del país y a movimientos sociales urbanos, en especial en la capital de la República, donde inicialmente tuvo una cierta acogida. La respuesta del gobierno tenía que ser diferente, diferente en la manera como se habían enfrentado situaciones parecidas en otros países, y también diferente a como se enfrentó en México en el pasado. Constitucionalmente, es obligación del gobierno guardar y hacer guardar la paz interna y pública del país. A partir de ese momento, decidimos no optar por la persecución del grupo dentro del territorio de la selva, en busca de su aniquilamiento; eso hubiera dañado la vida misma de las comunidades y hubiera sido incompatible con nuestros valores –exclama Salinas, esperando que los diputados aplaudan su heroísmo–. Además, hubiera sido ceder a la provocación del grupo armado que buscaba, con la violencia generalizada, el descrédito de nuestras fuerzas armadas, la repulsa social en el resto del país, el aislamiento internacional de México y un escenario de tensión política que pusiera en riesgo la realización de los comicios federales.

Tras esta justificación de sus acciones, el presidente multiplica sus críticas al EZLN, sin jamás llamarlo por su nombre:

–Nosotros, por así decirlo, empezamos por el final. Ordené el cese unilateral del fuego por parte del Ejército Mexicano, designé un comisionado para la paz y se promovió la amnistía ante el Congreso de la Unión, aprobada por todos los partidos políticos –prosigue, enfático, consciente de que estas palabras son las *últimas* que le dedicará a Marcos y sus cómplices–. En lugar de endurecerse y de reducir el ejercicio de libertades, el gobierno las protegió plenamente. Con voluntad de paz y dentro de las instituciones no hay límite para debatir en el foro de las ideas, no con el uso de las armas, las razones y la dirección del cambio. Pero la decisión de la mayoría no puede violentarse en aras de una "libertad" que ignora libertades y de una "democracia" que menosprecia a los electores. La democracia no es un lema que pueda apropiarse un grupo armado; es un proceso nacional del que se dirime, y así se ha comprobado, en el marco de la legalidad y las instituciones.

Para concluir esta parte de su discurso, Salinas declama con dramatismo:

–Reitero que transformar la confrontación armada de los primeros días de enero en una negociación política desde fines de ese mismo mes no fue una respuesta usual en la historia del continente, pero era la única acorde con los esfuerzos de modernización que hemos realizado los mexicanos. Requirió de flexibilidad, de prudencia y de atención concentrada. La prioridad era evitar la expansión del conflicto a otras regiones del país, que pudiese impedir la celebración de las elecciones federales. El conflicto no está resuelto, está acotado. Se mantiene el cese al fuego, se detuvo la violencia, se evitó la pretensión de internacionalizarlo, se realizó el proceso electoral chiapaneco en toda la entidad y se avanza en la solución de los problemas de fondo. Hago aquí, ante los representantes de la nación, un nuevo llamado al diálogo, a negociar términos para convertir el conflicto en programa de soluciones, en respeto, civilidad y progreso. Esto es lo que desean los mexicanos. Hasta el final de mi mandato seguiré empeñado en promover una paz digna para esa zona de Chiapas.

Sorprende la falta de energía que demuestra Salinas en estos párrafos: no hay en ellos una sola iniciativa nueva, ninguna reflexión de fondo sobre el conflicto. Doblegado por la historia, al presidente sólo le preocupa lavarse las manos y olvidarse para siempre del asunto. Para su desgracia, la posteridad no le hará caso y lo vinculará siempre con el subcomandante Marcos, ese personaje cuyo nombre no quiso repetir ni una sola vez durante su Informe y que demolió para siempre la gloria con que tanto había soñado.

El 14 de noviembre se produce uno de los episodios más esperpénticos de la novela del 1994 mexicano. En una tumultuosa y grotesca conferencia de prensa en el auditorio de la Procuraduría General de la República, Mario Ruiz Massieu, encargado de resolver el homicidio de su hermano José Francisco, acusa a la dirigencia del PRI de impedir las investigaciones sobre el crimen, y hace pública su renuncia a este partido y a su puesto como subprocurador general de la República. Al final de su discurso pronuncia las palabras que se convertirán en el mejor resumen de lo que ha ocurrido en el año:

–Los demonios andan sueltos –exclama–. Y han triunfado.

El 28 de noviembre, Jorge Madrazo, quien nunca llegó a entrevistarse con el subcomandante, presenta su informe final como comisionado para la paz.

Para concluir esta historia intelectual de 1994 –esta novela–, evoquemos dos episodios casi simultáneos que cierran a la perfección las vidas paralelas de Carlos Salinas de Gortari y Rafael Sebastián Guillén Vicente.

La primera escena ocurre en las montañas del sureste mexicano el 19 de noviembre. Huyendo del acoso del ejército federal, los principales líderes zapatistas –aquellos que forman el fantasmal Comité Clandestino Revolucionario Indígena– se han congregado en alguna parte de las Cañadas para celebrar un aniversario más de la fundación del Ejército Zapatista de Liberación Nacional. La ocasión reviste una solemnidad especial: a once meses del inicio del alzamiento, marca el final de una época y la transición hacia otra, igualmente incierta pero acaso más visible. Refugiados en medio de esa naturaleza que les ha servido de escudo y que casi es parte de ellos mismos, los comandantes lucen sus ropas de gala: a pesar de la incertidumbre y el miedo, quieren dejar claro que se trata de un día de fiesta. En contra de todos los pronósticos, el EZLN no sólo ha sobrevivido a las incursiones del gobierno, sino que, a casi un año de la toma de San Cristóbal, ha salido victorioso en la mayor parte de las batallas –casi todas mediáticas– en las que ha intervenido. Poco importa que su capacidad bélica se haya vuelto prácticamente nula: su notoriedad internacional vale más que cualquier triunfo militar.

De pronto, los comandantes forman una valla de honor y, rodeados por milicianos, soldados rasos y diversos miembros de las comunidades de apoyo, le dan la bienvenida al subcomandante Marcos, el estratega *ladino* que los ha guiado en estos meses. En la versión heroica que el propio interesado nos ha trasmitido, aquellos indígenas que supieron decir "no" se aprestan a confirmarlo como su líder. A nombre del Comité Clandestino Revolucionario Indígena, uno de los comandantes pone en manos de Marcos el tradicional bastón de mando, confiriéndole así una dignidad que rebasa el mero liderazgo militar. Tal vez se trate de un formalismo –es obvio que desde el principio el subcomandante ha dirigido todas las acciones de los zapatistas–, una más de las escenas llenas de dramatismo que llenan la historia de la revuelta, pero se trata asimismo de una ceremonia indispensable que quiere confirmar de manera pública la confianza que las comunidades han depositado en este filósofo que vino del norte. Sin decirlo abiertamente, manteniendo ese silencio ritual que los caracteriza, los indígenas ratifican que Marcos es la voz de los sin voz, y que por su voz habla, en efecto, la voz de la Comandancia General del Ejército Zapatista.

Unos días más tarde, el 1° de diciembre, se produce otro acto de envergadura similar, sólo que esta vez en el Congreso de la Unión, en pleno centro de la ciudad de México, ante los ojos de millones de espectadores que siguen el acontecimiento a través de la televisión. La ceremonia pretende ser más solemne que la ocurrida en Chiapas unos días antes, pero los gritos e interpelaciones de los diputados de oposición arruinan la pompa que algunos hubiesen esperado. Desde luego, esta vez los indígenas invitados son muy escasos, pero en cambio están presentes todas las demás fuerzas políticas del país: secretarios y ex secretarios de Estados, presidentes de los partidos, dignatarios eclesiásticos, embajadores y diplomáticos, miembros del ejército y la marina, los diputados y senadores que conforman la nueva legislatura, una larga lista de invitados especiales y, por supuesto, los ávidos representantes de los medios de comunicación.

Es una fecha paradójica para Carlos Salinas de Gortari: por una parte, se siente aliviado de por fin poder desembarazarse de un puesto que en los últimos meses ha sido una auténtica pesadilla, pero por la otra se trata sin duda del peor momento de su vida: dentro de unos minutos abandonará el poder casi absoluto del que dispone –o, más bien, el poder lo abandonará a él–, y se transformará, como todos los ex presidentes, en un espectro, en un fantasma, en un cuerpo sin vida que poco a poco comenzará a ser abandonado por quienes lo divinizaron durante los últimos seis años. Conservando un semblante impertérrito –siempre fue un buen actor–, el todavía presidente avanza unos pasos y al fin se encuentra cara a cara con su sucesor, es decir, con su sucesor *accidental*. La sombra de Colosio, cuyo nombre ha sido invocado una y otra vez en la ceremonia como si se tratase de un dios benevolente, planea, incómoda, sobre las cabezas de todos los presentes. ¿En realidad Salinas lo echará de menos en estos instantes? Es difícil saberlo, pero en cuanto Zedillo comience a traicionarlo —no pasará un año antes de que su hermano Raúl esté en la cárcel y él haya sido conminado a exiliarse—, su ausencia se volverá más dolorosa que nunca. Mientras eso ocurre, a Salinas no le queda otra salida que proseguir con el ritual: ayudado por el presidente del Congreso, se quita la banda tricolor —ese amado símbolo de la omnipotencia— y la coloca en el pecho de Ernesto Zedillo. Los corifeos no tardan en aplaudir y cantar sus alabanzas al nuevo Señor. *¡El rey ha muerto, viva el rey!*

La moraleja es evidente: uno de los protagonistas centrales de esta novela entrega el poder a su sucesor y el otro recibe todavía más poder de sus tropas. Quizá éste sea el mejor final para un año tan contrastante como 1994: mientras Salinas se pierde entre la multitud, solo y despreciado, devuelto a su condición de simple mortal, Marcos celebra su victoria y se dispone a continuar su guerra de palabras.

QUINTA PARTE

Diez años después

*Donde se hace un último juicio
del alzamiento zapatista y se refiere
el destino ulterior de sus personajes.*

Han pasado diez años desde el 1° de enero de 1994 y el subcomandante Marcos es ya una figura ineludible de fines del siglo XX. A lo largo de este tiempo, el líder guerrillero no ha cesado de publicar un comunicado tras otro –a la fecha, la editorial Era ha preparado cinco volúmenes con ellos–, más los que se acumulen esta semana: textos llenos de guiños literarios que lo han confirmado como uno de los escritores más prolíficos del país. Si bien en la región de las Cañadas el conflicto no ha perdido intensidad, el alzamiento zapatista prácticamente se ha desvanecido y lo único que parece quedar de los zapatistas es la figura y la prosa de su líder. Aunque permanece con las cananas en el pecho, el pasamontañas sobre el rostro y un rifle de asalto entre las manos –su uniforme de superhéroe–, Marcos ha terminado por asemejarse a esos intelectuales que tanta admiración le han profesado. De hecho, este reconocimiento le ha permitido sobrevivir hasta ahora: a pesar del tiempo y de sus errores, Marcos aún es considerado como uno de los mayores símbolos de la lucha contra los demonios de nuestro tiempo: la globalización, el imperialismo estadounidense y la tiranía del mercado.

La relación del subcomandante con los intelectuales constituye, sin duda, uno de los capítulos más problemáticos, apasionantes y complejos del alzamiento zapatista. ¿Por qué Marcos, a diferencia de otros líderes guerrilleros, logró atraerse de manera tan rápida y efectiva la simpatía de los hombres de letras? La primera razón es obvia: porque el propio Marcos es, en el fondo, un intelectual. Si bien cierta, esta explicación resulta limitada: otros guerrilleros latinoamericanos han poseído una formación similar a la del subcomandante y sin embargo no se han convertido en héroes inmediatos de la *intelligentsia*. Si bien Rafael Guillén estudió filosofía en la Universidad Nacional y ha sido siempre un lector voraz, ello no lo transforma en un intelectual *per se*, es decir, alguien capaz de opinar sobre asuntos de interés público con resonancia entre las élites, para utilizar la definición de Gabriel Zaid.

La otra mitad de la explicación hay que buscarla, pues, en su talento para apropiarse –y poner en práctica, así sea usando medios extremos– las ideas y el estilo de los intelectuales de izquierda que tanto lo han alabado. Visto en retrospectiva, el subcomandante encarna el ideal de muchos de sus corresponsales: un hombre de ideas que, impulsado por su deseo de transformar el mundo, decidió convertirse en un hombre de acción. Si a ello se agrega la riqueza de su universo imaginario, su genio histriónico y su capacidad de seducir a los medios –y la propia justicia de su causa–, se comprende mejor por qué los intelectuales se han sentido tan identificados con él.

Es cierto: la mejor invención de Marcos –la que lo convierte, si no en el mejor escritor latinoamericano vivo, como escribió Régis Debray, sí en uno de los más ambiciosos– es su propio personaje. Más allá de sus objetivos políticos, su figura ofrece un compendio perfecto del ideal revolucionario con el que la izquierda ha soñado desde la muerte del Che: un filósofo, un poeta, un guerrero y un crítico social conjuntados en la misma persona... Sólo que, a diferencia de Guevara, el poder de sus escritos no es puramente ideológico, sino histórico y literario.

Por ello, el subcomandante no sólo concitó los elogios de escritores y artistas radicales: se comprende, por ejemplo, que hombres de tendencias moderadas como Carlos Fuentes le demostrasen cierta simpatía desde el principio, pero en cambio resulta menos previsible la posición que mantuvo hacia él alguien como Octavio Paz. Simpatizante comunista en su juventud, desde hacía ya varias décadas Paz se mostraba como uno de los críticos más severos del socialismo real y en general de toda la izquierda mexicana, con la cual mantenía incontables polémicas. Eso hizo más asombroso que, si bien durante los primeros días del alzamiento condenó drásticamente a los zapatistas –y en especial a los intelectuales que los apoyaban–, con el paso del tiempo su posición evolucionó hacia una incómoda afinidad con el subcomandante. Si por un lado no escatimaba descalificaciones contra sus colegas, por el otro él siempre guardó alguna palabra de simpatía hacia el líder zapatista. Sin duda, el comunicado de Marcos "¿De qué tienen que perdonarnos?" trastocó definitivamente la percepción que el poeta tenía del guerrillero. De pronto, la desconfianza dio lugar a una especie de comprensión íntima que escapaba a los prejuicios de Paz hacia todos los revolucionarios.

El caso de Paz resulta paradigmático: si incluso quien debió ser su crítico más severo llegó a sucumbir a su encanto es porque el subcomandante logró despertar la solidaridad de toda la *intelligentsia* hacia su causa. No obstante, también hay que señalar que su afán de convertir a todos los escritores y artistas de prestigio en sus aliados también dio lugar a numerosas confusiones. Tal como denunció Paz, para numerosos intelectuales Marcos se convirtió en un mero pretexto para resucitar su ánimo revolucionario, aletargado tras la caída del muro de Berlín. Obsesionados con revivir su compromiso político, muchos nostálgicos encontraron en la rebelión zapatista la inmediata justificación de sus errores, como si Marcos fuese el antídoto contra la putrefacción que experimentaba la izquierda revolucionaria.

Quienes se empeñaban en mirar la revuelta como un renacimiento del marxismo perdían de vista que –tal vez a su pesar– el éxito del subcomandante no estaba unido al socialismo utópico o al regreso de los intelectuales *engagés*, sino al despertar de una conciencia social ligada a la consolidación de la democracia y la sociedad civil, la defensa de los derechos indígenas y la batalla contra las desigualdades provocadas por el neoliberalismo. Sin darse cuenta, y en contra de los deseos de muchos de sus seguidores, Marcos y el EZLN en realidad anticipaban un nuevo tipo de izquierda, tan apartada de la tradición comunista como de los partidos institucionales: esa izquierda más ciudadana que partidista y más activa social que políticamente que ahora identificamos con los movimientos antiglobalización.

Por su nostalgia de la izquierda revolucionaria de los setenta o por su pasión dogmática por el liberalismo, muy pocos intelectuales comprendieron esta novedad radical: tanto sus más enérgicos abogados como sus peores detractores se equivocaron por completo al evaluar la revuelta zapatista, e incluso podemos imaginar, a la luz de su errática conducta en los últimos años, que ni siquiera el propio subcomandante comprendió del todo el papel que le tocó desempeñar a partir de 1994. En cambio, Octavio Paz ha resultado más clarividente al darse cuenta de que el encanto universal del EZLN, y acaso su mayor mérito, radica en haber renovado un tipo de lucha que no se aleja demasiado de los movimientos sociales de los años treinta que dieron origen a los Frentes Populares: una izquierda no partidista –o a veces francamente contraria a los partidos tradicionales– que sin embargo es capaz de organizarse por sí misma y emprender tareas que escapan al control de los gobiernos, contribuyendo de manera efectiva al mejoramiento social.

El desafío de los zapatistas en Chiapas no representa, pues, un regreso a las guerrillas de los setenta ni al socialismo real, sino la articulación de un combate que, sin oponerse a la democracia liberal pero actuando al margen de sus instituciones, inventa formas inéditas de enfrentarse a la discriminación, la desigualdad y la injusticia. A diez años de distancia, el mayor elogio que se les puede hacer al subcomandante Marcos y al EZLN consiste en reconocer su capacidad de poner en marcha estas nuevas formas de imaginación política.

¿Qué ocurrió con los personajes de la novela del alzamiento zapatista luego del 1° de diciembre de 1994? ¿Cómo se desarrollaron sus destinos en el tiempo transcurrido desde entonces? ¿Cuáles fueron las consecuencias de sus actos? Y, sobre todo, ¿qué valor puede concedérsele a la revuelta zapatista en nuestros días? Para responder adecuadamente a estas preguntas se necesitarían al menos otros nueve libros semejantes a éste –uno por cada año de lucha–, de modo que me limitaré a bosquejar unas cuantas escenas que deben ser leídas como meros atisbos o fragmentos de la gigantesca novela río en que se ha convertido la revuelta chiapaneca.

Como suele hacerse al final de las películas "basadas en hechos de la vida real", observemos el destino ulterior de los dos grandes protagonistas de esta saga. Comencemos con Carlos Salinas de Gortari. Ya lo sabemos: si el subcomandante ha sido visto como una nueva encarnación del héroe romántico –el bandido que reparte sus ganancias entre los pobres–, Salinas representa el último eslabón de la trágica cadena de políticos mexicanos que empieza con Iturbide y Santa Anna, es decir, los supuestos salvadores de la patria que terminaron sus días convertidos en los grandes villanos de nuestra historia. Pocos personajes han sido tan odiados y temidos en México como él: las máscaras de látex con su rostro todavía se utilizan en todas las manifestaciones de protesta y no hay día en que su nombre no aparezca en la prensa asociado a nuevas conspiraciones y conjuras. Si bien los priistas tradicionales lo recuerdan como un disidente espurio, Salinas conserva todavía una gran dosis de poder e influencia entre los nuevos líderes del antiguo partido oficial.

Como personaje de novela, Salinas resulta fácil de estudiar, pues todo indica que su única obsesión fue siempre alcanzar el poder y, sobre todo, la inmortalidad. Su educación sentimental, forjada en el ambiente típico de la "familia revolucionaria", lo predispuso desde pequeño hacia la política; si a ello se añaden sus características personales, tanto físicas como psicológicas –su baja estatura, la competencia con su hermano mayor, sus veleidades como deportista–, el contexto estaba dado para dar a luz a un típico *animal político*. Durante los primeros años de su mandato, Salinas hizo cuanto le fue posible para parecerse a figuras como Claudio, Napoleón o Gorbáchov: hombres que, tras recorrer una ardua carrera política, se convirtieron en grandes estadistas. Por desgracia, su egolatría, los desmanes cometidos por su familia y el clima de intriga que alentó en sus subordinados lo transformaron en cambio en una especie de Nerón en miniatura. Pero ninguno de sus defectos hubiese bastado para arrebatarle su bien ganada fama de reformador económico: de no ser por la malhadada conjunción del alzamiento zapatista, los asesinatos de Colosio y Ruiz Massieu y la debacle económica sufrida a fines de 1994, aún se le seguiría considerando un presidente excéntrico y veleidoso, pero nada más. La irrupción de todos estos elementos, en cambio, volvieron a Salinas un remedo de Felipe II: un monarca cercado, temido y vilipendiado, incapaz de confiar en nadie y sometido a la peor humillación imaginable: la lenta desintegración de su obra.

Tras la muerte de su delfín, algunos analistas se apresuraron a compararlo con el personaje de *La sombra del caudillo*, de Martín Luis Guzmán, es decir, como autor intelectual de la muerte de Colosio. Y, aunque a la fecha nadie ha podido comprobar su participación en el homicidio, la conciencia popular mexicana lo relaciona con el crimen. Doblemente atormentado, desde entonces Salinas no ha hecho otra cosa que intentar lavar su nombre –tan inútilmente como lady Macbeth se lavaba las manos–, sin jamás llegar a conseguirlo. Con la probable excepción de José López Portillo, muy pocos gobernantes han conocido un rencor social tan prolongado.

Su vertiginosa caída se inició, como marca la tradición mexicana, el mismo día en que le colocó la banda presidencial a Ernesto Zedillo. A las pocas semanas, en lo que se conoció con el irónico nombre de "error de diciembre", México se precipitó en una de las peores crisis económicas de su historia y el nuevo gobierno no dudó en achacarle toda la responsabilidad al antiguo. Profundamente herido –acaso más que con las insinuaciones de complicidad en la muerte de Colosio–, Salinas no toleró que se pusiera en cuestión su manejo de las finanzas; podía soportar otras imputaciones, pero no ésta. Ofuscado, el ex presidente consagró todas sus fuerzas a probar que la responsabilidad de la quiebra del país le correspondía a su sucesor.

Por si esto no fuera suficiente, en marzo de 1995 Zedillo ordenó la detención de su hermano Raúl como presunto autor intelectual de la muerte de José Francisco Ruiz Massieu. Al poco tiempo, a esta acusación se sumaron las de corrupción, tráfico de influencias y enriquecimiento inexplicable. Era una declaración de guerra. Furioso, a Salinas no se le ocurrió otra cosa sino emprender una huelga de hambre para protestar contra las calumnias que se le lanzaban: su gobierno no era culpable del "error de diciembre" y él no estaba al tanto de los manejos financieros de su hermano, a quien además consideraba inocente del homicidio de Ruiz Massieu. Parafraseando a Octavio Paz, ahora sí aquello era "Shakespeare puro".

Después de una tensa negociación con los emisarios de Zedillo, Salinas accedió a levantar la huelga de hambre y a las pocas semanas abandonó el país, tal como hizo Calles a instancias de Lázaro Cárdenas. Solo y despechado, se refugió en Irlanda, donde se dedicó a escribir sus memorias, una especie de *La historia me absolverá* cuyo principal objetivo era atacar a Zedillo. *México: un paso difícil a la modernidad* es un pesado volumen de más de 1 300 páginas en donde Salinas detalla su proyecto modernizador y cuenta su lucha contra la *nomenklatura* del PRI que siempre conspiró contra él. Escrito con una prosa densa y ramplona, plagado de citas y estadísticas, se trata de otro de sus proyectos faraónicos erigido con el único objetivo de justificar sus acciones.

Lo más sobresaliente de este libro es que Salinas haya optado por ofrecer una versión de sí mismo que lo muestra como un héroe solitario enfrentado a decenas de enemigos y traidores como Zedillo. *México: un paso difícil a la modernidad* es el reverso exacto de los comunicados de Marcos –carece de sentido del humor, emplea la peor retórica oficial y provoca un tedio apabullante–, pero al final de su lectura uno termina por darse cuenta de que el retrato que Salinas ofrece de sí mismo se parece bastante al de Marcos. Sin rubor alguno, se pinta como un luchador solitario enfrentado a las fuerzas oscuras que se ciernen sobre el país, convencido de que pasará a la historia. Con ingenuidad, Salinas se muestra convencido de que algún día los mexicanos terminarán por reconocer su error.

Resulta escalofriante que Salinas no esté muerto ni vencido: es relativamente joven, tiene astucia y paciencia y, aún peor, está obsesionado con vengarse. Si en algo se asemeja al líder zapatista, es en su capacidad para vencer los obstáculos. Tal vez ahora su lucha parezca perdida, pero él no parece dispuesto a claudicar. A diez años del alzamiento zapatista y a tres del final del gobierno de Zedillo, Salinas ha vuelto a México, donde sus contactos se expanden día con día y donde, en medio del desgaste sufrido por el gobierno de Vicente Fox, su influencia se torna cada vez mayor. Tan hábil como de costumbre, intuye que ha llegado el momento de volver a la carga para cumplir el objetivo que se planteó desde el inicio de su carrera: pasar a la historia como uno de los grandes presidentes de México. ¿Hasta donde llegará para lograrlo? Es difícil saberlo, pero su conducta demuestra que sigue representando una grave amenaza para el país.

Lo hemos repetido hasta el cansancio: el subcomandante Marcos es uno de los personajes más apasionantes de la historia reciente. ¿De dónde surge la fascinación global que ha ejercido sobre miles de personas? ¿Cómo un intelectual metido a guerrillero en un estado perdido del sureste de México pudo convertirse en uno de los íconos centrales de nuestra época? La respuesta quizá se encuentre en sus contradicciones: el subcomandante es un personaje de transición, una liga entre el pasado y el futuro, acaso el último de los guerrilleros románticos y el primer promotor de la política del futuro. A caballo entre dos mundos y dos formas de enfrentar al poder, Marcos ha sido visto como un profeta de los nuevos tiempos: alguien que anuncia el advenimiento de una nueva época.

Por su formación, su educación y su trayectoria ideológica, el subcomandante pertenece, como Salinas, a la última generación forjada a la sombra de la guerra fría y del mundo bipolar. Marcos prosigue y clausura la línea de héroes románticos iniciada por Byron y en la que se encuentran personajes tan disímbolos como Hernani, don Carlos o el Che. Al igual que todos ellos, rinde un culto desmesurado a la muerte, es puro e inflexible, sagaz y violento, irascible, lúcido y obcecado; cree en sus ideales y está dispuesto a dar la vida por ellos. Por fortuna, Marcos posee algo que ningún otro iluminado ha poseído antes: sentido del humor. O, para ser más precisos, una enorme capacidad para burlarse de los demás y de sí mismo.

Para ir todavía más lejos, podemos decir que Rafael Guillén pertenece a la última generación de lectores entusiastas de Marx, Althusser, Martha Harnecker, Pablo González Casanova, Eduardo Galeano y los demás forjadores del discurso de la izquierda latinoamericana, y a la primera que leyó con el mismo interés a Borges, Ibargüengoitia, los narradores de la "Onda" y, *but of course*, Carlos Monsiváis. Semejante mezcla forjó un escritor –en este caso un revolucionario– lleno de gustos discordantes, capaz de creer en la necesidad de transformar el mundo sin por ello dejar de burlarse de su altísima misión. Trastocando lo que se esperaba de él como revolucionario latinoamericano, Marcos logró darle nueva vida a la revolución en América Latina. Más que el primer guerrillero posmoderno, es el primer revolucionario que sabe reír.

La grandeza de Rafael Guillén radica, pues, en su capacidad de tomar elementos de tradiciones muy diversas y componer con ellos un discurso inédito por sus relieves y matices. Su estilo es tan variado que resulta imposible de definir: Marcos parece a un tiempo un revolucionario y un escritor satírico, un aficionado a la filosofía y a las armas, un comunicador experto y un dirigente implacable, un amante de la literatura y un hombre de acción, un blanco del norte y un defensor de los indígenas, un demócrata y un hombre capaz de elogiar el terrorismo de ETA. Con ello no quiero decir que el subcomandante no crea en lo que dice: al contrario, sólo porque cree en sí mismo, en sus palabras y en sus ideas, su distanciamiento irónico adquiere un valor supremo.

A partir del 12 de enero de 1994 –la fecha en que Salinas

decretó el alto unilateral al fuego–, Marcos inauguró la figura del guerrillero que no combate con armas, sino sólo con palabras, del revolucionario que no busca la dictadura del proletariado sino la democracia, del sublevado escondido en la selva que se conecta con el resto del mundo gracias al poder de la tecnología... El Che también escribía, pero la diferencia radica en que desde hace nueve años el subcomandante no hace otra cosa. ¿Se trata del mejor escritor latinoamericano vivo? Desde luego que no. Pero, parafraseando a Octavio Paz, ha tenido más de una invención memorable: la mayor de ellas no está, sin embargo, en sus comunicados, cartas, posdatas, entrevistas o declaraciones a la prensa, sino, como ya hemos dicho, en su propio personaje.

Tras el final del régimen salinista y durante toda la administración de Zedillo, el subcomandante continuó creciendo como una figura fundamental no sólo de la vida política mexicana, sino mundial. El 9 de febrero de 1995, después de haber sostenido diversas conversaciones con emisarios de Zedillo –en especial con Esteban Moctezuma, su efímero secretario de Gobernación–, el nuevo presidente perdió la paciencia y decidió ordenar la captura del líder zapatista no sin antes revelar la verdadera identidad de éste. Durante unas horas, Marcos se convirtió en el prófugo de la justicia Rafael Sebastián Guillén Vicente, pero a la larga el golpe de efecto buscado por el gobierno no tuvo el éxito deseado: el ejército nunca logró capturarlo y nadie pareció decepcionarse al enterarse de la infancia y adolescencia modélicas de Rafael Guillén. En su afán por desenmascararlo, Zedillo sólo logró otorgarle más fuerza al mito del héroe perseguido. Aún sabiendo quién se ocultaba detrás del pasamontañas, sus seguidores no dudaron en repetir: "Todos somos Marcos". Hostigados y amenazados, los zapatistas aumentaron sus bonos en el mercado internacional de las causas justas: la decisión de Zedillo engrandeció todavía más al subcomandante.

Recuperado de la emboscada, Marcos decidió repetir la experiencia de la Convención Nacional Democrática: si en agosto de 1994 convirtió a la Selva Lacandona en un "poderoso navío" y miles de delegados viajaron de todas partes del país para vitorear a su héroe, a fines de enero de 1996 convocó el Primer Encuentro por la Humanidad y contra el Neoliberalismo –bautizado por Marcos como Encuentro Intergaláctico–, y en esta ocasión asistieron delegados provenientes de todos los confines de la tierra. Para entonces el subcomandante era considerado ya el ídolo global del movimiento antiglobalización.

A esta iniciativa se sumaron otros acontecimientos importantes en los siguientes años: la primera gran marcha a la ciudad de México de bases de apoyo zapatistas y la fundación del Frente Zapatista de Liberación Nacional en enero de 1996; los acuerdos de San Andrés sobre derechos y cultura indígenas, el único compromiso firmado por el gobierno y los zapatistas que, sin embargo, nunca llegó a cumplirse; la terrible matanza de Acteal, el 22 de diciembre de 1997, en la que fueron acribillados cuarenta y cinco indígenas; las constantes incursiones del ejército federal en los municipios controlados por el EZLN, y la consulta nacional sobre derechos indígenas en marzo de 1998.

En julio de 2000, Vicente Fox, candidato del PAN a la presidencia, obtuvo el triunfo en las elecciones, terminando con más de setenta años de hegemonía del PRI. Sin duda, la lucha emprendida por Marcos y el EZLN en 1994, con sus constantes reclamos de democracia, encontraba así su culminación: el triunfo de Fox era también un triunfo de los zapatistas. Paradójicamente, éstos no lo consideraron así: el mérito de echar al PRI de Los Pinos le correspondía a un candidato de la derecha que representaba los valores neoliberales contra los que luchaban. Si a ello se suman los primeros deslices del presidente electo, quien prometió solucionar el conflicto de Chiapas "en quince minutos", el resultado fue una nueva etapa de confrontación entre el EZLN y el nuevo gobierno, si bien mucho menos agria que la protagonizada con Salinas y Zedillo.

El nombramiento de Luis H. Álvarez, antiguo miembro de

la Comisión de Concordia y Pacificación, un viejo y respetado militante panista, como interlocutor de Fox con el EZLN despertó nuevas esperanzas de reconciliación pero, a pesar de las prometedoras medidas adoptadas por el presidente a principios de 2001 –incluyendo la retirada del ejército de algunas posiciones estratégicas en Chiapas, como solicitaban los zapatistas–, al final envió al Congreso una iniciativa de ley indígena que no satisfizo a nadie. Decepcionado, Marcos programó entonces el último gran acto público realizado por los zapatistas hasta el momento: una enorme marcha hacia la ciudad de México encabezada por él mismo.

El 11 de marzo de 2001, después de varios días de camino no exentos de roces con diversos políticos locales, los delegados zapatistas fueron recibidos en el Zócalo de la ciudad de México por una entusiasta multitud de más de doscientas mil personas. Unos días más tarde, en otro acto memorable, una joven indígena se dirigió a los legisladores desde la propia tribuna del Congreso de la Unión. Recordemos que en la primera Declaración de la Selva Lacandona el EZLN se ponía como objetivo continuar el avance de las tropas hacia la ciudad de México: siete años después, los zapatistas al fin cumplieron su palabra. Y al hacerlo cumplieron también con su tarea.

Es pronto para decir que el alzamiento zapatista concluyó definitivamente con aquella movilización –nunca hay que subestimar la imaginación de Marcos–, pero desde entonces la importancia del EZLN no ha hecho sino desvanecerse en medio de la nueva normalidad democrática del país. Sin duda resulta muy difícil mantener la misma coherencia y el mismo coraje durante diez años, y más si se vive a diario en condiciones de enorme dificultad en la selva, pero, después del triunfo apoteósico conseguido durante su marcha a la ciudad de México, el subcomandante perdió la iniciativa que mantuvo a lo largo de todo ese tiempo. Compartiendo el destino de muchos otros políticos mexicanos, al final no ha sabido salir de la novela que él mismo se encargó de crear, acaso demasiado ligado al personaje que él mismo se inventó. Sus admiradores esperaban que, una vez alcanzada la democracia plena en México, Marcos se propusiera nuevas metas y perseverara en el camino que lo llevó a convertirse en uno de los grandes líderes de los últimos años.

En vez de ello, el subcomandante parece demasiado habituado a convivir consigo mismo. A últimas fechas, ha desaparecido por completo de la escena política y, cuando ha vuelto, ha sido para dilapidar su capital político en causas que nunca fueron las suyas. Entre sus actuaciones más desafortunadas, conviene recordar un pasmoso comunicado de 2002 en el cual, olvidando su sentido del humor y su defensa sin igual de los derechos humanos, se dedicó a insultar de la peor manera a toda la clase política española y a insinuar una insólita y aberrante defensa de la banda terrorista ETA. ¿Por qué Marcos intervino en este asunto? Si bien había recibido el apoyo de colectivos vascos de tendencia *abertzale*, ello no justifica su simpatía hacia terroristas que no representaban en absoluto los valores defendidos por los indígenas chiapanecos. Y, cuando más tarde Marcos quiso rectificar su posición y se aventuró a proponerse como mediador entre ETA y el gobierno español y a protagonizar un debate con el juez Baltasar Garzón en casa de José Saramago, resultó evidente, incluso para muchos de sus defensores, que el subcomandante había comenzado a perder la brújula.

Desde entonces, su declive ha sido imparable. ¿Cuántas personas se preocupan hoy por leer los comunicados que *La Jornada* continúa publicando sin cesar? ¿Cuántos de aquellos mexicanos que se sintieron esperanzados o al menos asombrados por su prosa y sus ideas continúan respetando su lucha? No es necesario contestar estas preguntas. Acaso demasiado fatigado, o simplemente incapaz de renovarse, Marcos se ha estancado en una especie de limbo lleno de autocomplacencia. Es una lástima. En momentos como éste, cuando en México la democracia se ha consolidado pero al mismo tiempo ha perdido su encanto, cuando los sectores más retrógrados del PRI se aprestan a resucitar –alentados por, *of all people*, Carlos Salinas– y cuando Estados Unidos parece empeñado en ejercer un control imperial sobre el resto del mundo, la voz de Marcos –la *verdadera* voz de Marcos– se echa profundamente de menos.

Convertido en una figura de peso de la sociedad civil –con o sin pasamontañas– y reinventando su estilo para adaptarlo a las nuevas circunstancias, Marcos podría volver a ser esa figura que le hace falta a México y al mundo en una época como ésta: uno de los líderes que requiere el movimiento antiglobalización, sobre todo después del drástico cambio en el panorama mundial tras el 11 de septiembre de 2001. Por desgracia, el subcomandante ha decidido guardar silencio. Oculto en la selva, Marcos se parece cada vez más a ese Rafael Guillén que en algún momento decidió dejar de ser: un militante de izquierda como tantos, dominado por los exabruptos y los caprichos de la ideología. Justo cuando el mundo se somete al unilateralismo estadounidense y cuando campea un absoluto desprecio hacia los habitantes de los países más pobres –las condiciones de vida de millones de personas en África representan para la Tierra una infamia mayor que la de Chiapas para México–, hace falta alguien que cumpla, a escala global, el mismo desafío planteado por Marcos en Chiapas hace diez años. O tal vez el tiempo del subcomandante simplemente haya concluido: en ese caso, esperemos que Rafael Guillén le conceda a Marcos la digna sepultura que merece, a fin de que sean otros quienes prosigan su aventura: la guerra sin cuartel que aún queda por librar contra quienes se benefician de la desigualdad, la marginación y la pobreza en todo el mundo.

Salamanca, 1° de septiembre de 1998- Roma, 1° de abril de 2003

Cronología

Enero

1° Entrada en vigor del Tratado de Libre Comercio de América del Norte. El Ejército Zapatista de Liberación Nacional toma por las armas la ciudad de San Cristóbal de Las Casas, Altamirano, Las Margaritas, Ocosingo y Chanal.

2 Combates entre miembros del EZLN y del ejército federal en Ocosingo y San Cristóbal de Las Casas. El obispo de San Cristóbal, Samuel Ruiz, declara que ha recibido propuestas gubernamentales para fungir como mediador en el conflicto. El EZLN emite la Declaración de la Selva Lacandona.

3 Se informa que los alzados han secuestrado al ex gobernador de Chiapas Absalón Castellanos en su rancho de Comitán. Según el ejército, los rebeldes han abandonado Las Margaritas y Chanal y se mantienen en las afueras de Ocosingo y San Cristóbal.

4 Nuevos combates al sur de San Cristóbal. La Secretaría de Gobernación informa que el ejército ha recuperado los cuatro municipios en poder de los zapatistas.

5 Las secretarías de Gobernación, Defensa y Desarrollo Social, y la Procuraduría General de la República, emiten un comunicado conjunto que señala que el movimiento zapatista no es un levantamiento indígena. El presidente Salinas envía a Chiapas a Jorge Madrazo, presidente de la Comisión Nacional de Derechos Humanos. El ejército toma el control de Ocosingo.

6 Mensaje del presidente Salinas de Gortari sobre los acontecimientos en Chiapas.

7 Un coche bomba estalla en un centro comercial de la ciudad de México. Un nuevo informe de la Secretaría de Gobernación

da a conocer el emplazamiento de los centros de adiestramiento del EZLN.

8 Un coche bomba estalla en una de las entradas del Campo Militar Número Uno, en la ciudad de México. Poco después, es arrojada contra una torre de electricidad en Tepojaco, Cuautitlán Izcalli, una bomba que no logra interrumpir la corriente. Unos desconocidos lanzan una granada al Palacio Federal de Acapulco. El presidente Salinas anuncia la creación de una comisión especial para Chiapas formada por el escritor Eraclio Zepeda, el antropólogo Andrés Fábregas y el senador priista Eduardo Robledo.

9 La Defensa Nacional anuncia tener bajo su control Ocosingo, Las Margaritas, Altamirano, San Cristóbal, Chanal y Morelia. Luis Donaldo Colosio (PRI) y Diego Fernández de Cevallos (PAN) inician sus campañas a la presidencia.

10 El presidente Salinas nombra a Jorge Carpizo secretario de Gobernación en sustitución de Patrocinio González Garrido; a Diego Valadés, titular de la PGR, y a Manuel Camacho Solís, comisionado para la paz y la reconciliación en Chiapas.

11 El comisionado para la paz Manuel Camacho reconoce la existencia del EZLN. Más tarde se reúne con Samuel Ruiz y con la Comisión Plural del Congreso. La guerrilla zapatista retoma Chanal.

12 El presidente Salinas ordena un alto unilateral al fuego por parte del Ejército Mexicano. Manuel Camacho inicia su actividad en Chiapas encabezando una caravana por la paz entre San Cristóbal y Ocosingo. Una gran marcha se lleva a cabo en el Distrito Federal en contra de la guerra.

13 A pesar del alto al fuego, continúan las escaramuzas entre el ejército y los zapatistas. La Coordinadora Estatal de Organizaciones Indígenas y Campesinas realiza una marcha para pedir el retiro del ejército. Cuauhtémoc Cárdenas (PRD) reinicia su campaña, suspendida desde el 1° de enero.

14 Manuel Camacho acepta que Samuel Ruiz actúe como mediador en el conflicto.

15 El ejército se retira parcialmente de Las Margaritas. La Comisión Nacional de Derechos Humanos exhuma once cuerpos presuntamente sepultados por el ejército en Ocosingo y pide a los zapatistas que liberen a sus rehenes, entre ellos al general Absalón Castellanos. Marchas de apoyo a los zapatistas en el Distrito Federal.

16 El presidente Salinas anuncia una amnistía general para quienes hayan participado en el alzamiento entre el primer día del año y las once de la mañana del domingo 16 de enero.

17 El EZLN hace llegar propuestas para el diálogo a Manuel Camacho.

18 Manuel Camacho reconoce la representatividad del EZLN y plantea propuestas para el diálogo. El EZLN saluda estas propuestas y suspende toda operación ofensiva.

19 El presidente Salinas nombra a Beatriz Paredes como presidenta de la Comisión Nacional de Desarrollo Integral y Justicia Social para los Pueblos Indígenas. El Congreso examina y modifica la iniciativa de ley de amnistía presentada por el presidente. El gobernador de Chiapas, Elmar Setzer, renuncia a su puesto y es sustituido por Javier López Moreno.

20 El EZLN reconoce a Manuel Camacho como interlocutor del gobierno. La Cámara de Diputados aprueba la ley de amnistía.

22 Manuel Camacho informa que ha acordado reunirse con la dirigencia del EZLN. El presidente Salinas da a conocer la Comisión para la Amnistía y la Reconciliación en Chiapas. El gobernador de Chiapas envía su propia ley de amnistía al Congreso del estado.

23 Conferencia de prensa de Manuel Camacho en San Cristóbal.

26 Visita relámpago de Carlos Salinas a Tuxtla Gutiérrez. El Congreso de Chiapas aprueba la ley de amnistía local. Luis Donaldo Colosio invita a sus contrincantes por la presidencia a suscribir la iniciativa ciudadana conocida como los "Veinte compromisos por la democracia".

27 En contra de las especulaciones, Salinas confirma que Colosio es el candidato a la presidencia del PRI.

29 Rigoberta Menchú afirma que sí ha habido bombardeos en San Cristóbal y que aún no se conoce el paradero de los prisioneros zapatistas.

30 Manuel Camacho advierte al EZLN que pacte las condiciones de la negociación o de otro modo habrá endurecimiento del gobierno.

31 Reunión privada entre Manuel Camacho y Samuel Ruiz.

Febrero

1° Camacho anuncia que tendrá un encuentro con la Comandancia del Ejército Zapatista.

2 Se establecen las dos zonas francas propuestas por Manuel Camacho Solís, en San Miguel y Guadalupe Tepeyac.

3 El EZLN anuncia la próxima liberación del general Absalón Castellanos cuando se haya comprobado la de treinta y ocho prisioneros del EZLN.

5 El EZLN reitera la inminencia del diálogo entre sus representantes y el comisionado para la paz. La Cruz Roja Internacional anuncia su ofrecimiento para servir de mediadora durante la entrega de Absalón Castellanos.

8 Campesinos e indígenas de nueve municipios de los Altos de Chiapas ocupan alcaldías, bloquean carreteras y toman predios.

410

9 Manuel Camacho informa que se ha pospuesto su encuentro con la guerrilla.

10 Las organizaciones no gubernamentales que trabajan en Chiapas denuncian la existencia de guardias blancas.

11 La Secretaría de la Defensa denuncia que el origen del conflicto se haya en el despojo de tierras que han sufrido los indígenas.

12 La PGR inicia la investigación de las denuncias presentadas por la Secretaría de la Defensa sobre el despojo de tierras y otros bienes.

13 Manuel Camacho Solís anuncia que los delegados del EZLN que asistirán a las Jornadas para la Paz y la Reconciliación ya iniciaron su marcha hacia el sitio del encuentro. La Cruz Roja Internacional será la encargada de dar a conocer la liberación de Absalón Castellanos.

16 En la frontera entre el territorio zapatista y la zona franca de Guadalupe Tepeyac, un comando del EZLN al mando del mayor Moisés entrega a la Cruz Roja Internacional a Absalón Castellanos. Cuauhtémoc Cárdenas acepta la invitación del EZLN para asistir a las Jornadas por la Paz y la Reconciliación en Chiapas.

17 Camacho informa que el diálogo entre el EZLN y el gobierno comenzará el lunes a las once de la mañana. El PRD hace un llamado al EZLN para la integración de un nuevo pacto social en Chiapas, un nuevo Congreso Constituyente y la creación de una nueva Constitución local.

18 En una entrevista con *The Wall Street Journal*, Camacho sugiere que sigue buscando la candidatura a la presidencia.

19 El EZLN insiste en que no asistirá a las pláticas del próximo lunes a pedir perdón.

20 Inicio del diálogo de San Cristóbal en la catedral. Luis Donaldo Colosio asegura que dará todo su respaldo a los acuerdos que se alcancen en el diálogo por la paz.

21 Continúa el diálogo entre el EZLN y Camacho Solís.

22 El subcomandante Marcos recibe a los representantes de siete partidos.

24 El EZLN informa que en la mesa del diálogo se han resuelto ya la mitad de las demandas presentadas en su pliego petitorio.

25 El subcomandante Marcos asegura que el EZLN insistirá en la renuncia del ejecutivo, en la formación de un gobierno de transición y en la elaboración de una reforma electoral profunda.

26 En el sexto día de las Jornadas por la Paz y la Reconciliación, las partes emiten un comunicado conjunto.

27 Samuel Ruiz adelanta que el documento final, que estará concluido entre martes y miércoles, constará de tres apartados. De ellos, uno titulado "Compromisos para una paz digna", contendrá treinta y cuatro puntos, dos de los cuales son declaraciones relacionadas con la democracia. Los otros apartados serán el "Acuerdo para la paz" y la "Declaratoria de paz".

28 El subcomandante Marcos asegura que el proceso de paz será largo.

Marzo

2 Termina el diálogo: se anuncian modificaciones legislativas, un autogobierno indígena, una reforma electoral en puerta y la aplicación de acciones concretas que comprometen a ocho secretarías del gobierno federal. El EZLN someterá estos pactos a consulta con sus bases.

4 Registro oficial de Colosio como candidato del PRI.

6 Discurso de Colosio durante el LXV aniversario del PRI, donde se muestra crítico con el gobierno de Salinas.

9   El Frente Cívico Coleto contra los Desestabilizadores continúa manifestándose contra Samuel Ruiz.

10   El mayor Mario informa que más de ciento cincuenta delegados del EZLN comenzaron a analizar los acuerdos de San Cristóbal.

11   Camacho afirma durante una conferencia de prensa que su labor ha sido sacar adelante la paz y que continuará en su puesto hasta el término de la misión.

14   El EZLN anuncia que para lograr la paz es necesario que el gobierno federal controle a los finqueros y ganaderos de Chiapas.

15   El subcomandante Marcos afirma que el EZLN no emprenderá ninguna iniciativa de fuego.

16   Camacho declara que bajo ninguna circunstancia romperá el diálogo con el EZLN.

17   El EZLN concluye la primera fase de análisis de los compromisos.

18   Samuel Ruiz se queja de quienes buscan estropear el diálogo entre el EZLN y el comisionado para la paz.

19   Las comunidades zapatistas inician la consulta sobre los "Compromisos para una paz digna en Chiapas".

22   En conferencia de prensa, Manuel Camacho declara que no buscará la candidatura a la presidencia de la República ni un escaño en la Cámara de Senadores.

23   Luis Donaldo Colosio, candidato a la presidencia por el PRI, es asesinado en Lomas Taurinas, Tijuana.

24   Varios políticos priistas tradicionales intentan apuntalar a Fernando Ortiz Arana como candidato sustituto del PRI a la presidencia.

25 El EZLN condena el asesinato de Colosio. Salinas nombra a Miguel Montes subprocurador especial encargado del caso Colosio.

26 La Secretaría de la Defensa rechaza las afirmaciones del EZLN sobre presuntos bombardeos en la zona de conflicto en Chiapas. El comisionado para la paz emite una declaración en virtud de las preocupaciones de orden militar que tiene el EZLN y que pudieran afectar el proceso de paz.

29 Ernesto Zedillo es designado como nuevo candidato del PRI.

30 Samuel Ruiz afirma que sigue en pie la segunda fase del diálogo entre el EZLN y el gobierno federal.

Abril

7 Zedillo inicia su campaña en Tijuana.

9 El subcomandante Marcos declara que el EZLN considera que no hay condiciones para reanudar la consulta interna sobre los "Compromisos para una paz digna".

13 La dirigencia del EZLN afirma que el proceso de consulta con las bases indígenas y campesinas sigue suspendido.

16 Samuel Ruiz informa que ha recibido una comunicación del EZLN en la que le informan de su disposición de reiniciar el diálogo.

18 Samuel Ruiz anuncia que la segunda fase del diálogo entre el EZLN y el comisionado para la paz cambiará de sede y sólo participará una pequeña delegación zapatista.

20 Camacho declara que es una irresponsabilidad política poner en duda el proceso de diálogo entre el EZLN y el gobierno.

21 Zedillo visita San Cristóbal de Las Casas, conversa con Samuel Ruiz y promete justicia.

22 El presidente Salinas, acompañado de Camacho, sostiene una reunión con dirigentes del CEOIC.

Mayo

1° El obispo Samuel Ruiz asegura que el EZLN mantiene su postura de reiniciar el diálogo.

3 Después de trece días de ausencia, Camacho vuelve a San Cristóbal.

4 La Comandancia General del EZLN, el comisionado para la paz y Samuel Ruiz reinician el diálogo en algún lugar de la Selva Lacandona.

5 Vuelve a suspenderse la segunda fase de las conversaciones entre el EZLN y el comisionado para la paz. El EZLN informa de la reactivación de las consultas en las comunidades con respecto a los "Compromisos para una paz digna".

6 A la mañana siguiente de la reunión entre Manuel Camacho, Samuel Ruiz y el EZLN, el subcomandante Marcos afirma que la línea dura se impone en el gobierno.

12 Debate entre los candidatos de PRI, PAN y PRD a la presidencia de la República.

13 Cuauhtémoc Cárdenas inicia una gira de tres días por Chiapas.

15 Cárdenas se reúne con Marcos.

16 Ante las bases del EZLN, en presencia de Cárdenas y comitiva, el subcomandante Marcos realiza una severa crítica del PRD.

21 El PRD elige al periodista Amado Avendaño como candidato al gobierno de Chiapas.

25 Miguel Montes determina que el asesinato de Colosio fue producto de una "acción concertada".

1° El comisionado presenta al presidente de la República un informe confidencial sobre la situación del conflicto.

2 Miguel Montes establece que el homicidio de Colosio fue producto de un "asesino solitario".

6 El EZLN envía tres comunicados en los que informa que continúa el conteo de votos de aceptación o rechazo al acuerdo de paz con el gobierno por parte de los indígenas consultados.

9 Primera aparición pública del Grupo San Ángel.

10 El EZLN da a conocer el resultado de su consulta a las bases: el 2.11% en favor de aceptar la propuesta de paz del gobierno, en tanto que 97.88 la rechaza.

12 El EZLN emite la Segunda Declaración de la Selva Lacandona.

13 El CEOIC aprueba por unanimidad apoyar las demandas presentadas por el EZLN en su Segunda Declaración de la Selva Lacandona y propone que la primera Convención Nacional Democrática se realice en Chiapas.

15 El subcomandante Marcos convoca a las organizaciones sociales del país a la Convención Nacional Democrática.

16 Camacho renuncia al cargo de comisionado para la paz y la reconciliación en Chiapas.

18 Camacho anuncia que no seguirá formando parte del Grupo San Ángel.

19 El subcomandante Marcos declara su respeto por Camacho.

20 El Grupo San Ángel hace público un Acuerdo para la Concordia y pide que todos los candidatos lo firmen.

22 Marcos rechaza que la guerrilla zapatista sea intolerante y acusa a Ernesto Zedillo de sostener una línea dura.

23 Salinas nombra a Jorge Madrazo, presidente de la Comisión de Derechos Humanos, como nuevo comisionado para la paz.

24 Jorge Carpizo presenta su renuncia a la Secretaría de Gobernación. Salinas no la acepta y dos días después Carpizo acepta continuar en su cargo.

29 Diego Fernández de Cevallos rechaza firmar el Acuerdo para la Concordia propuesto por el Grupo San Ángel.

Julio

2 Se lleva a cabo la Primera Convención de la Asamblea del Pueblo Chiapaneco.

9 Los organizadores de la Convención Nacional Democrática sientan los postulados de la misma.

14 Cuauhtémoc Cárdenas se reúne con el Grupo San Ángel, pero rechaza firmar el Acuerdo para la Concordia. Miguel Montes dimite como encargado del caso Colosio. Salinas nombra en su lugar a Olga Islas, presidenta de la Academia Mexicana de Ciencias Penales.

18 Salinas se reúne con el Grupo San Ángel.

22 Los organizadores dan a conocer los requisitos para inscribirse como delegado a la Convención Nacional Democrática.

25 El candidato del PRD a la gubernatura de Chiapas, Amado Avendaño, sufre heridas en un supuesto accidente en la carretera.

26 El EZLN se declara en alerta roja tras el accidente automovilístico sufrido por Amado Avendaño, candidato del PRD a la gubernatura de Chiapas.

30 El EZLN declara que ha decidido no perturbar de ninguna manera el proceso electoral.

Agosto

2 La Comisión Nacional Organizadora da a conocer el reglamento para los seis mil delegados que asistirán a la Convención Nacional Democrática.

6 Se lleva a cabo la primera jornada de la Convención Nacional Democrática en San Cristóbal de Las Casas.

7 Se lleva a cabo la segunda jornada de la Convención Nacional Democrática. Cerca de seis mil delegados son transportados a la selva.

8 La sesión de la Convención Nacional Democrática se lleva a cabo en plena selva, en el anfiteatro que Marcos ha hecho construir y que ha bautizado con el nombre de "Aguascalientes".

13 Comienzan los cierres de campaña de los candidatos a la presidencia.

21 Se llevan a cabo elecciones federales y para gobernador de Chiapas. En zona zapatista no hay incidentes. El triunfador es Ernesto Zedillo, del PRI, seguido por Diego Fernández de Cevallos, del PAN y en tercer lugar Cuauhtémoc Cárdenas, del PRD. En Chiapas, la tendencia oficial favorece al priista Eduardo Robledo sobre el candidato del PRD, Amado Avendaño.

25 El EZLN y la Convención Nacional Democrática denuncian un fraude electoral.

27 El Instituto Federal Electoral confirma el triunfo de Zedillo con más de 50 por ciento de los votos.

Septiembre

16 Marcos celebra el día de la Independencia comparando al EZLN con los insurgentes.

28 José Francisco Ruiz Massieu, secretario general del PRI, es asesinado en la ciudad de México. Se señala como responsable al diputado priista Manuel Muñoz Rocha. Mario Ruiz Massieu, hermano del occiso, se hace cargo de la investigación.

Octubre

5 La fracción priista en la Cámara de Diputados acepta la solicitud de licencia del diputado Manuel Muñoz Rocha, quien se convierte en prófugo de la justicia.

8 El EZLN anuncia su determinación de romper el diálogo.

30 Reunión de Salinas con Jorge Madrazo y Samuel Ruiz.

Noviembre

1° Carlos Salinas de Gortari pronuncia su último informe de gobierno.

9 Nueva reunión de Cuauhtémoc Cárdenas con el subcomandante Marcos.

14 Mario Ruiz Massieu acusa a la dirigencia del PRI de impedir las investigaciones sobre el asesinato de su hermano.

19 Durante una ceremonia en la que se conmemora la fundación del EZLN, los dirigentes del Comité Clandestino Revolucionario Indígena le hacen entrega al subcomandante Marcos del tradicional bastón de mando de sus comunidades.

20 El Senado acuerda formar una comisión plural de todos los partidos para dar seguimiento al conflicto chiapaneco.

23 Mario Ruiz Massieu renuncia a su militancia priista y a su puesto como subprocurador general de la República.

28 Jorge Madrazo presenta su informe final como comisionado para la paz.

Diciembre

1° Carlos Salinas de Gortari hace entrega a Ernesto Zedillo de la banda tricolor que lo acredita como nuevo presidente de la República.

Bibliografía

Historia y sociología de chiapas

Alcina Franch, José, estudio preliminar a Bartolomé de las Casas, *Obra indigenista*, Alianza, Madrid, 1985.

Anabitarte, Héctor, *Bartolomé de las Casas*, Labor, Barcelona, 1990.

Anónimo, *Libro del Chilam Balam de Chumayel*, edición de Miguel Rivera, Historia 16, Madrid, 1986.

Aquino Juan, Jesús, *Para comprender la historia de Chiapas, de su independencia a su incorporación a México: fuentes documentales para el estudio de su historia política (1821-1824)*, Universidad Autónoma de Chiapas, México, 2000.

Aramoni Calderón, Dolores, *Los refugios de lo sagrado. Religiosidad, conflicto y resistencia entre los zoques de Chiapas*, Consejo Nacional para la Cultura y las Artes, México, 1992.

—— y Gaspar Morquecho, "La otra mejilla... pero armada", *Anuario 1996*, Centro de Estudios Superiores de México y Centroamérica-Universidad de Ciencias y Artes del Estado de Chiapas, 1997.

Ascensio Franco, Gabriel, "Los tzeltales de las Cañadas: notas etnográficas", *Anuario 1994*, Centro de Estudios Superiores de México y Centroamérica-Universidad de Ciencias y Artes del Estado de Chiapas, 1995.

Barry, Tom, *Zapata's Revenge*, South End, Boston, 1995.

Bartra, Roger (comp.), *Caciquismo y poder político en el México rural*, Siglo XXI, México, 1976.

Bataillon, Marcel, *Estudios sobre Bartolomé de las Casas*, Península, Barcelona, 1976.

——, *Las Casas et la défense des indiens*, Julliard, París, 1971.

—— y André Saint-Lu, *El padre Las Casas y la defensa de los indios*, Ariel, Madrid, 1976.

Beuchot, Mauricio, *Bartolomé de las Casas*, El Orto, Madrid, 1995.

Bonfil Batalla, Guillermo, *México profundo: una civilización negada*, Grijalbo-Consejo Nacional para la Cultura y las Artes, México, 1990.

Burguete Cal y Mayor, Araceli, *Chiapas, cronología de un etnocidio reciente: represión política a los indios, 1974-1987*, Academia Mexicana de los Derechos Humanos, México, 1987.

Calva, José Luis, *La disputa por la tierra. La reforma del artículo 27 y la nueva ley agraria*, Fontamara, México, 1993.

Casahonda Castillo, J., *Cincuenta años de revolución en Chiapas*, Instituto de Ciencias y Artes de Chiapas, Tuxtla Gutiérrez, 1974.

Castellanos, Rosario, *Oficio de tinieblas*, Joaquín Mortiz, México, 1962.

De Vos, Jan, *La paz de Dios y del rey. La conquista de la Selva Lacandona, 1525-1821*, Fondo de Cultura Económica, México, 1988.

——, *Oro verde. La conquista de la Selva Lacandona por los madereros tabasqueños. 1822-1949*, Fondo de Cultura Económica-Instituto de Cultura de Tabasco, México, 1988.

——, *Viajes al Desierto de la Soledad. Cuando la Selva Lacandona aún era selva*, Secretaría de Educación Pública-Centro de Investigaciones y Estudios Superiores en Antropología Social, México, 1988.

——, *Vivir en frontera. La experiencia de los indios de Chiapas*, Centro de Investigaciones y Estudios Superiores en Antropología Social-Instituto Nacional Indigenista, México, 1994.

——, *Historia de los pueblos indígenas de México. Vivir en frontera. La experiencia de los indios de Chiapas*, Centro de Investigaciones y Estudios Superiores en Antropología Social-Instituto Nacional Indigenista, México, 1994.

——, *Una tierra para sembrar sueños. Historia reciente de la Selva Lacandona, 1950-2002*, Centro de Investigaciones y Estudios Superiores en Antropología Social-Fondo de Cultura Económica, México, 2002.

Díaz Arciniega, Víctor, y Adriana López Téllez (comps.), *Chiapas para la historia*, 3 vols., Universidad Autónoma Metropolitana, México, 1997.

Díaz del Castillo, Bernal, *Historia verdadera de la conquista de la Nueva España*, edición de Miguel León Portilla, Destino, Barcelona, 2000.

Díaz Polanco, Héctor, "El estado y los indígenas", *El nuevo estado mexicano*, vol. l, Universidad de Guadalajara-Centro de Investigaciones y Estudios Superiores en Antropología Social-Planeta, México y Guadalajara, 1992.

Enzensberger, Hans Magnus, *Las Casas y Trujillo*, Cuadernos de la Casa de las Américas, La Habana, 1969.

Estrada Martínez, Rosa Isabel, *El problema de las expulsiones de las comunidades indígenas de los Altos de Chiapas y los derechos humanos*, Comisión Nacional de Derechos Humanos, México, 1995.

Fernández Liria, Carlos, "Enfermedad, familia y costumbre en el periférico de San Cristóbal de Las Casas", *Anuario 1992*, Instituto Chiapaneco de Cultura, Tuxtla Gutiérrez, 1993, pp. 11-57.

Florescano, Enrique, *El mito de Quetzalcóatl*, Fondo de Cultura Económica, México, 1993.

García de León, Antonio, "Lucha de clases y poder político en Chiapas", *Historia y Sociedad*, n. 22, 1979, pp. 57-87.

——, *Resistencia y utopía*, 2 vols., Era, México, 1985.

——, *Fronteras interiores*, Océano, México, 2002.

Gilly, Adolfo, Manuel Aguilar Mora y Enrique Semo (comps.), "La guerra de clases en la Revolución mexicana", *Interpretaciones de la revolución mexicana*, Nueva Imagen, México, 1980.

Giménez Fernández, Manuel, estudio preliminar a *Tratados de Indias y el doctor Sepúlveda*, Biblioteca de la Academia Nacional de Historia, n. 56, Caracas, 1962.

——, *Bartolomé de las Casas*, Escuela de Estudios Hispano-Americanos, Sevilla, 1953.

——, *Bartolomé de las Casas*, Consejo Superior de Investigaciones Científicas, Madrid, 1984.

——, *Últimos días de Bartolomé de las Casas*, s.n., México, 1958.

—— y Lewis Hanke, *Bartolomé de las Casas: bibliografía crítica y cuerpo de materiales para el estudio de su vida, escritos, actuación y polémicas que suscitaron durante cuatro siglos*, Fondo Histórico y Bibliográfico José Toribio Medina, Santiago de Chile, 1954.

Gómez Gutiérrez, Domingo, *Juan López, héroe tzeltal*, Instituto Nacional Indigenista, México, 1996.

Gómez Hernández, Antonio, y Mario Humberto Ruz, *Memoria baldía. Los tojolabales y las fincas. Testimonios*, Universidad Nacional Autónoma de México-Universidad Autónoma de Chiapas, México, 1992.

Gordillo, Gustavo, *Campesinos al asalto del cielo. De la expropiación a la apropiación campesina*, Siglo XXI, México, 1988.

Gruzinski, Serge, *La guerra de las imágenes*, Fondo de Cultura Económica, México, 2001.

—— y Carmen Bernard, *Historia del Nuevo Mundo*, 2 vols., Fondo de Cultura Económica, México, 1999 (edición original en francés: *Histoire du Nouveau Monde*, Fayard, París, 1993).

Hanke, Lewis, *Bartolomé de las Casas: pensador, político, historiador, antropólogo*, traducción de Antonio Hernández Travieso, Sociedad Económica de Amigos del País, Madrid, 1949.

Hernández, Rosalva Aída, "Entre la victimización y la resistencia étnica: revisión crítica de la bibliografía sobre protestantismo en Chiapas", *Anuario 1992*, Instituto Chiapaneco de Cultura, Tuxtla Gutiérrez, 1993.

Hernández Aguilar, Jorge E., *En nombre del maíz*, Equipo Pueblo, México, 1986.

Jarnés, Benjamín, *Vasco de Quiroga, obispo de Utopía*, Atlántida, Madrid, 1942.

Las Casas, Bartolomé de, *Apologética historia*, edición de Edmundo O'Gorman, Universidad Nacional Autónoma de México, México, 1967.

——, *Apología o Declaración y defensa universal del hombre y de los pueblos*, edición de Ángel Losada, Alianza, Madrid, 1989.

——, *Brevísima historia de la destrucción de las Indias*, en *Obra indigenista*, edición de Juan Alcina Franch, Alianza, Madrid, 1985.

——, *Del único modo de atraer a todos los pueblos a la verdadera religión*, traducción de Atenógenes Santamaría, Fondo de Cultura Económica, México, 1942.

——, *Historia de las Indias*, 3 vols., edición de A. Millares Carlo, Fondo de Cultura Económica, México, 1951.

——, *Obras escogidas de fray Bartolomé de las Casas*, 5 vols. (*Historia de las Indias*, vols. 1-2; *Apologética historia de las Indias*, vols. 3-4; y *Opúsculos, cartas y memoriales*, vol. 5), edición de J. Pérez de Tudela, Biblioteca de Autores Cristianos, Madrid, 1957-1958.

——, *Obras completas*, 14 vols., edición del Instituto Bartolomé de las Casas de los dominicos de Andalucía, Alianza, Madrid, 1988-1998.

——, *Los tesoros del Perú*, traducción de Ángel Losada, CSIS, Madrid, 1958.

——, *De unico vocationes modo*, versión castellana de A. Gómez Santamaría, Universidad Nacional Autónoma de México, México, 1942.

Lenkersdorf, Carlos, *Los hombres verdaderos. Voces y testimonios tojolabales*, Siglo XXI, México, 1996.

Lenkersdorf, Gudrun, *Génesis histórica de Chiapas. 1522-1532. El conflicto entre Portocarrero y Mazariegos*, Universidad Nacional Autónoma de México, México, 1993.

Leyva Solano, Xóchitl, y Gabriel Ascencio Franco, *Lacandonia al filo del agua*, Fondo de Cultura Económica-Centro de Investigaciones y Estudios Superiores en Antropología Social-Universidad Nacional Autónoma de México-Universidad de Ciencias y Artes del Estado de Chiapas, México, 1996.

López y Rivas, Gilberto, *Nación y pueblos indios en el neoliberalismo*, Universidad Iberoamericana-Plaza y Valdés, México, 1995.

Llorente, J. A., "Vida de fray Bartolomé de las Casas, obispo de Chiapa, en América", prólogo a *Brevísima historia de la destrucción de las Indias*, Fontamara, Barcelona, 1974.

McNutt, Francis, *Bartolomew of Las Casas: His Life, His Apostolate and His Writings*, AMS Press, Nueva York, 1972.

Morales Bermúdez, Jesús, *Ceremonial*, Consejo Nacional para la Cultura y las Artes-Instituto Chiapaneco de Cultura, México, 1992.

——, "El Congreso Indígena de Chiapas: un testimonio", *Anuario 1991*, Instituto Chiapaneco de Cultura, Tuxtla Gutiérrez, 1992, pp. 242-370.

Morquecho, Gaspar, "Expulsiones en los Altos de Chiapas", *Movimiento campesino en Chiapas: expulsiones, ideología y lucha por la tierra*, Desarrollo Económico Social de los Mexicanos Indígenas, San Cristóbal de Las Casas, 1994.

Moscoso Pastrana, Prudencio, *México y Chiapas: independencia y federación de la provincia chiapaneca*, San Cristóbal de Las Casas, Instituto Chiapaneco de Cultura, 1988.

Muro Orejón, Antonio (ed.), *Las leyes nuevas de 1542-1543: ordenanzas para la gobernación de las Indias y buen tratamiento y conservación de los indios*, Escuela de Estudios Hispano-Americanos, Sevilla, 1961.

Muriá, José María, *Bartolomé de las Casas ante la historiografía mexicana*, Secretaría de Educación Pública, México, 1974.

Nájera Coronado, Martha Ilia, *La formación de la oligarquía criolla en Ciudad Real de Chiapa, el caso Ortés de Velasco*, Universidad Nacional Autónoma de México, México, 1993.

Paniagua, Alicia, "Chiapas en la coyuntura centroamericana", *Cuadernos Políticos*, n. 38, México, octubre-diciembre de 1983.

Olaizola, José Luis, *Bartolomé de las Casas, crónica de un sueño*, Planeta, Barcelona, 1992.

Pitarch Ramón, Pedro, *Ch'ulel, una etnografía de las almas tzeltales*, Fondo de Cultura Económica, México, 1996.

Rodríguez Macal, Virgilio, *Guayacán*, Piedra Santa, Guatemala, 1969.

Robledo Hernández, Gabriela, *Disidencia y religión: los expulsados de San Juan Chamula*, Universidad Autónoma de Chiapas, Tuxtla Gutiérrez, 1997.

Rus, Diana, *Mujeres de tierra fría. Conversaciones con las coletas*, Universidad de Ciencias y Artes del Estado de Chiapas, Tuxtla Gutiérrez, 1998.

Ruz, Mario Humberto, *Savia india, floración ladina. Apuntes para una historia de las fincas comitecas (siglos XVIII y XIX)*, Consejo Nacional para la Cultura y las Artes, México, 1992.

——, *Los legítimos hombres. Aproximación antropológica al grupo tojolabal*, 4 vols., Universidad Nacional Autónoma de México, México, 1981-1986.

——, *Gestos cotidianos. Acercamiento etnológico a los mayas de la época colonial*, Gobierno del Estado de Campeche-Universidad Autónoma del Carmen-Universidad Autónoma de Campeche-Instituto de Cultura de Campeche, Campeche, 1997.

Viqueira, Juan Pedro, "Culturas e identidades en la historia de Chiapas", en J. Nieto Montesinos (comp.), *Sociedades multiculturales y democracias en América Latina*, UNESCO-El Colegio de México-LVI Legislatura de Oaxaca, México, 1999.

——, *María de la Candelaria, india natural de Cancuc*, Fondo de Cultura Económica, México, 1993.

—— y W. Sonnleitner, *Democracia en tierras indígenas. Las elecciones en los Altos de Chiapas (1991-1998)*, Instituto Federal Electoral-El Colegio de México-Centro de Investigaciones y Estudios Superiores en Antropología Social, México, 2000.

——, *Indios rebeldes e idólatras. Dos ensayos históricos sobre la rebelión de Cancuc, Chiapas, acaecida en el año de 1712*, Centro de Investigaciones y Estudios Superiores en Antropología Social, México, 1997.

Villafuerte, Daniel et al., *La tierra en Chiapas. Viejos problemas nuevos*, Plaza y Valdés-Universidad de Ciencias y Artes de Chiapas-Centro de Estudios Superiores sobre México y Centroamérica, México, 1999.

Zavala, Silvio, *Nuevos datos sobre Bartolomé de las Casas, obispo de Chiapa*, Cultura, México, 1984.

——, *Recuerdo de Bartolomé de las Casas*, Imprenta Font, Guadalajara, 1966.

——, *Repaso histórico de la bula "Sublimis Deus" de Paulo III en defensa de los indios*, Instituto Mexiquense de Cultura-Universidad Iberoamericana, México, 1991, pp. 18-29.

Zebadúa, Emilio, *Historia de Chiapas*, El Colegio de México-Fondo de Cultura Económica, 1999.

El alzamiento zapatista y el subcomandante Marcos

Acuerdos sobre cultura y derechos indígenas, FZLN, México, 1997.

Acuerdos de San Andrés, Luis Hernández Navarro y Ramón Vera Herrera (comps.), Era, México, 1998.

Aguilar Camín, Héctor, "El reino de este mundo", *Proceso*, 24 de enero de 1994.

——, "La explosión de Chiapas", *Proceso*, 10 de enero de 1994.

——, "Misterios de enero", *Proceso*, 7 de febrero de 1994.

Aguilar Mora, Jorge, "Las preguntas y las respuestas", *La Jornada*, 17 de febrero de 1994.

Aguilar Rivera, José Antonio, "Diez años del alzamiento zapatista", *Nexos*, enero de 2004.

Aguirre, Alberto, "El desgobierno zapatista", *Enfoque de Reforma*, 18 de enero de 2003.

Aguirre Rojas, Carlos Antonio, *Chiapas en perspectiva histórica*, El Viejo Topo, Barcelona, 2001.

——, "Las encrucijadas del neozapatismo", *Enfoque de Reforma*, 18 de enero de 2003.

Alvarado, Juan Manuel, "No hay acuerdo: Marcos", *El Norte*, 11 de marzo de 1994.

Almeyra, Guillermo, *Chiapas, la rivolta zapatista in Messico*, Roma, Datanews, 1994.

Arguedas, Sol, *Chiapas en el mundo actual*, Universidad Nacional Autónoma de México, México, 1999.

Aridjis, Homero, "Más allá de Chiapas, rectificar la pirámide", *La Jornada*, 12 de enero de 1994.

Arizpe, Lourdes (coord.), *Chiapas, los problemas de fondo*, Universidad Nacional Autónoma de México, México, 1994.

Arvide, Isabel, *Crónica de una guerra anunciada*, Siete, México, 1994.

Arraitz, Nicolás, *Tierno veneno: de algunos encuentros en las montañas indias de Chiapas y Guerrero*, Virus, Barcelona, 1997.

Balsamo, Mario, *Qué viva Marcos. Storia del Chiapas in rivolta*, Roma, Manifestolibri, 1995.

Bartra, Armando, *Los herederos de Zapata*, Era, México, 1985.

Bartra, Roger (comp.), *Caciquismo y poder político en el México rural*, Siglo XXI, México, 1976.

——, *El salvaje en el espejo*, Era, México, 1992.

Bartolomé, Efraín, *Ocosingo. Diario de guerra y algunas voces*, Joaquín Mortiz, México, 1995.

Becerra Pino, Hernán, *Los escritores chiapanecos opinan sobre el EZLN*, Edamex, México, 1997.

Bellinghausen, Hermann, "Entrevista con Samuel Ruiz", *La Jornada*, 8 de enero de 1994.

——, "Monsiváis y el Sup: un mismo lenguaje", *La Jornada*, 8 de enero de 2001.

——, "Miles de indios bloquearán los accesos a las principales ciudades de Chiapas", *La Jornada*, 11 de octubre de 2002.

Benítez, Fernando, "El alzamiento", *La Jornada*, 11 de enero de 1994.

Bermejo, Edgardo, *Marco's Fashion*, Océano, México, 1997.

Bernal, Marco Antonio, y Miguel Ángel Romero Miranda, *Chiapas, crónica de una negociación*, 2 vols., Rayuela, México, 1999.

Bravo, Carlos, et al., *Chiapas, el evangelio de los pobres*, Temas de Hoy, México, 1994.

Burbach, Roger, "Roots of Postmodern Rebellion in Chiapas", *New Left Review*, Londres, 1994.

Calva, José Luis, *La disputa por la tierra: la reforma del artículo 27 y la nueva ley agraria*, Fontamara, México, 1993.

Camú Urzúa, Guido, y Dauno Tótoro Taulis, *EZLN: el ejército que salió de la selva*, Planeta, México, 1994.

Candearena, Luis, *Chiapas, el despertar de la esperanza*, Tercera Prensa, San Sebastián, 1997.

Cantú, Eloy, "El movimiento armado no es indígena", *Novedades*, 5 de enero de 1994.

Caparó, Gabriel, *Ansias del alba. Textos zapatistas*, Caminos, La Habana, 2001.

Castañeda, Jorge, *Sorpresas te da la vida*, El País-Aguilar, México, 1995.

Castillo Peraza, Carlos, "Oficio de tinieblas", *Reforma*, 13 de enero de 1994.

——, "Oficio de tinieblas (II)", *Reforma*, 20 de enero de 1994.

Castro, Gustavo, *La estrategia de la guerra en Chiapas*, CIEPAC, Lima, 1999.

Centro de Derechos Humanos Fray Bartolomé de las Casas, *Ni paz, ni justicia. (Informe general y amplio acerca de la guerra civil que sufren los choles en la zona norte de Chiapas)*, Centro de Derechos Humanos Fray Bartolomé de las Casas, San Cristóbal de Las Casas, 1996.

——, *La legalidad de la injusticia*, Centro de Derechos Humanos Fray Bartolomé de las Casas, San Cristóbal de Las Casas, 1998.

——, *Acteal, entre el duelo y la lucha*, Centro de Derechos Humanos Fray Bartolomé de las Casas, San Cristóbal de Las Casas, 1998.

Chomsky, Noam et al., *Chiapas insurgente. Cinco ensayos sobre la realidad mexicana*, Txalaparta, Tafalla, Navarra, 1995.

Clarcke, Ben y Clifton Ross (comps.), *Voices of Fire*, New Earth, Berkeley, 1994

Collier A., George (con la colaboración de Elisabeth Lowery Quaratiello), *¡Basta! Tierra y rebelión zapatista en Chiapas*, Universidad Autónoma de Chiapas-Food First Books, Tuxtla Gutiérrez, 1998.

Colosio, Luis Donaldo, "Discurso en el LXV Aniversario del Partido Revolucionario Institucional", *El Día*, México, 7 de marzo de 1994.

Conpaz, CDH y Centro Fray Bartolomé de las Casas, *Militarización y violencia en Chiapas*, Coordinadora de Organismos No Gubernamentales por la Paz (Conpaz)-Centro de Derechos Humanos Fray Bartolomé de las Casas-Convergencia de Organismos Civiles por la Paz, México, San Cristóbal de Las Casas, 1996.

Coppa, Pietro y Lelia Pisoni (comps.), *Armi indiani*, Colibri, Milán, 1994.

Debray, Régis, "À demain, Zapata!", *Le Monde,* 17 de marzo de 1995.

DeLella, Cayetana (comp.), *Chiapas: entre la tormenta y la profecía*, IEAS, Buenos Aires, 1994.

Díaz Arciniega, Víctor, y Adriana López Téllez (comps.), *Chiapas para la historia*, 3 vols., Universidad Autónoma Metropolitana, México, 1997.

Díaz Polanco, Héctor, "El estado y los indígenas", en Jorge Alonso et al. (comps.), *El nuevo estado mexicano*, vol. l, Universidad de Guadalajara-Centro de Investigaciones y Estudios Superiores en Antropología Social-Planeta, México y Guadalajara, 1992.

——, *La rebelión zapatista y la autonomía*, Siglo XXI, México, 1996.

Domínguez Michael, Christopher, "El prosista armado", *Letras Libres*, 1° de enero de 1999.

Elorriaga, Javier, *Ecos de Cerro Hueco. El presunto juicio a un zapatista*, Durito, Barcelona, 1996.

EZLN , *Documentos y comunicados*, 5 vols., Era, México, 1994-2004.

——, *Chiapas: del dolor a la esperanza. EZLN*, Los Libros de la Catarata, Madrid, 1997.

——, *Fuerte es el corazón. Los municipios rebeldes zapatistas*, EZLN, México, 1998.

Fabián Monges, Marcelo, *Chiapas: cuando la dignidad se levanta y camina*, Op Oloop, Córdoba, 1995.

Fábregas Puig, Andrés, *Chiapas, el futuro de una sociedad*, Milenio, Lérida, 2001.

Fernández Christlieb, Fátima (comp.), *La marcha del EZLN al D.F.*, Universidad Nacional Autónoma de México-Gernika, México, 2001.

Flores Olea, Víctor, "Política y moral", *La Jornada*, 5 de enero de 1994.

——, "Las lecciones de Chiapas", *La Jornada*, 13 de enero de 1994.

Florescano, Enrique, "Sublevación en Chiapas", *La Jornada*, 6 y 7 de enero de 1994.

Fuentes, Carlos, "The War in Chiapas", *The New York Times*, 6 de enero de 1994.

——, "Chiapas, donde hasta las piedras gritan", *La Jornada*, 7 de enero de 1994.

——, "Las dos democracias son una sola", *La Jornada*, 11 de febrero de 1994.

——, "Respuesta a Marcos", *La Jornada*, 7 de julio de 1994.

——, *Nuevo tiempo mexicano*, El País-Aguilar, México, 1995.

Galeano, Eduardo, "Diccionario zapatista", *La Jornada*, 4 de mayo de 1995.

García de León, Antonio, "Chiapas: segunda insurrección, nuevos conflictos", *La Jornada*, 26 de febrero de 1994.

——, "Aguascalientes, la nación a debate", *La Jornada*, 26 de julio de 1994.

——, "El futuro de la convención", *La Jornada*, 1° y 2 de noviembre de 1994.

Garrido, Luis Javier, "La Convención", *La Jornada*, 8 de julio de 1994.

Gilly, Adolfo, *Chiapas, la razón ardiente*, Era, México, 1997

——, Subcomandante Marcos y Carlo Ginzburg, *Discusión sobre la historia*, Taurus, México, 1995.

Glantz, Margo, "Paz y Marcos: máscaras y silencios", *La Jornada Semanal*, 20 de septiembre de 1998.

Gómez, Pablo, "Respuesta a Octavio Paz", *La Jornada*, 26 de enero de 1994.

González, Luis Humberto (comp.), *Los torrentes de la sierra. La rebelión zapatista en Chiapas*, Aldus, México, 1994.

Guillermoprieto, Alma, *Historia escrita*, Plaza y Janés, México, 2001.

Guerra, Juan N., *Historia personal de la Cocopa*, Grijalbo, México, 1998.

Hayden, Tom, *The Zapatista Reader*, Thunder's Mouth Press, Nueva York, 2002.

Hernández Campos, Jorge, "Chiapas: las piedras en el estanque", *Unomásuno*, 15 de marzo de 1994.

——, "Un Jesús con metralleta, los locos y el debate", *Unomásuno*, 30 de marzo de 1994.

——, "El subcomandante dijo no", *Unomásuno*, 13 de junio de 1994.

Hernández Navarro, Luis, *Chiapas, la nueva lucha india*, Talasa, Madrid, 1998.

——, *Chiapas, la guerra y la paz*, ADN, México, 1995.

——, "La gestación de la rebeldía", *La Jornada*, 9 de enero de 1994.

——, "Las atrofias a las reformas", *La Jornada*, 15 de enero de 1994.

Hirales, Gustavo, *Camino a Acteal*, Rayuela, México, 1998.

——, "Marcos: el amor a la muerte", *El Nacional*, 24 de junio de 1994.

Holloway John y Eloína Peláez (comps.), *Zapatista! Reinventing Revolution in Mexico*, Pluto Press, Londres, 1998.

Huchim, Eduardo, *La rebelión y el magnicidio*, Nueva Imagen, México, 1994.

Huerta Durán, Marta, *Yo, Marcos*, Ediciones del Milenio, México, 1994.

Ímaz, Carlos, *Rompiendo el silencio. Biografía de un insurgente del EZLN*, Planeta, México, 2004.

Jiménez, Norma, "Rechazan intelectuales invitación del EZLN", *El Norte*, 30 de julio de 1994.

Juliano, Dolores, *Chiapas, una rebelión sin dogmas*, Casa de la Solidaritat, Barcelona, 1995.

Kanoussi, Dora (comp.), *El zapatismo y la política*, Plaza y Valdés, México, 1998.

Katzenberger, Elaine (comp.), *First World, ha, ha, ha! The Zapatista Challenge*, City Lights Press, San Francisco, 1995.

Kemchs, Arturo, *Chiapaz: caricaturas por la paz*, Planeta, México, 2001.

Krauze, Enrique, "El profeta de los indios", *Letras Libres*, 1999, pp. 10-16.

——, "Los intelectuales y el Estado: la engañosa fascinación del poder", *Proceso*, 5 de febrero de 1996, p. 24.

——, "La comedia mexicana de Carlos Fuentes", *Vuelta*, 1988 (reproducido en *Textos heréticos*, Grijalbo, México, 1989, pp. 31-60).

——, "Un libro en el incendio. *La sucesión presidencial* de 1910 en 1994", *Vuelta*, julio de 1994.

——, "Responde Krauze a Marcos", *Reforma*, 25 de julio de 1994.

——, "El evangelio según Marcos", *Letras Libres*, marzo de 2001, pp. 17-23.

——, "El despotismo romántico", *Reforma*, 8 de agosto de 1994.

Labastida, Jaime, "Una guerrilla sorda", *Excélsior*, 8 de enero de 1994.

Larson, Jorge, Esteban Martínez y Clara H. Ramos, "Perfil de Chiapas", *La Jornada*, 16 de febrero de 1994.

Legorreta, María del Carmen, *Religión, política y guerrilla en la región de las Cañadas*, Cal y Arena, México, 1998.

Lemaître, Monique, "Huellas de Cervantes en la Selva Lacandona de Chiapas, México", en Carmen Ruiz Barrionuevo, Francisca Noguerol et al., *La literatura iberoamericana en el 2000. Balances, perspectivas y prospectivas*, Universidad de Salamanca, Salamanca, 2003.

Levario Turcott, Marco, *Chiapas, la guerra en papel*, Cal y Arena, México, 1999.

——, "Marcos", *Nexos*, enero de 1999.

López, Mariola, y David Pavón Cuéllar, *Zapatismo y contrazapatismo. Cronología de un enfrentamiento*, Turalia, Buenos Aires, 1998.

López Sánchez, Cuauhtémoc, *Chiapas, entre la verdad y la justicia*, Porrúa, México, 1994.

MacEoin, Gray, *The People's Church. Bishop Samuel Ruiz and Why He Matters*, Crossroads, Nueva York, 1996.

Mancisidor, Mikel, *Chiapas: la sociedad civil contra la guerra*, HMB-PTM, Bilbao, 1998.

Marcos, Subcomandante, *¡Ya basta!*, traducción de Anatole Muchnick, Dagorno, París, 1996.

——, *The Story of Colors*, compilación de Anne Bar Dir, Cinco Puntos Press, El Paso, 1996.

——, *La historia de los colores*, dibujos de Domi, Colectivo Callejero, México, 1997.

——, *Cuentos para una soledad desvelada. Textos del Subcomandante Insurgente Marcos*, Virus, Barcelona, 1998.

——, *La historia de las preguntas*, dibujos de Antonio Ramírez, Colectivo Callejero, México, 1998

——, *Cartas y manifiestos*, Planeta, Buenos Aires, 1998.

——, *Desde las montañas del sureste mexicano*, Plaza y Janés, México, 1999.

——, *Siete preguntas a quien corresponda. Imágenes del neoliberalismo en el México de 1997*, FZLN, México, 1999.

——, *Relatos del Viejo Antonio*, Guarache, México, 1999.

——, *Siete piezas sueltas del rompecabezas mundial*, Virus, Barcelona, 1999.

——, *El tejido del pasamontañas*, Col·lectiu de Solidaritat amb la Rebel·lió Zapatista, Virus, Barcelona, 1999.

——, "La derecha intelectual y el fascismo liberal", *La Jornada*, 8 de abril de 2000.

——, *Detrás de nosotros estamos ustedes*, Plaza y Janés, México, 2000.

——, *Los del color de la tierra. Textos Insurgentes*, Txalaparta, Tafalla, Navarra, 2001.

——, *Nuestra arma es nuestra palabra*, edición de Juana Ponce de León, Seven Stories Press, Nueva York, 2001 (edición en inglés: *Our Words Are Our Weapon*, Seven Stories Press, Nueva York, 2001).

——, *Questions and Swords: Folktales of the Zapatista Revolution*, traducción de David Romo, Cinco Puntos Press, El Paso, 2001.

——, *Zapatista Stories*, traducción de David Livingston, Katabasis, Londres, 2001.

——, *El correo de la selva*, compilación de Carlos Batista, Retórica, Buenos Aires, 2001.

—— e Yvon Le Bot, *El sueño zapatista*, Anagrama, Barcelona, 1996.

Marqués-Preciado, Bérenguère (comp.), *Le soulèvement zapatiste au Chiapas*, Centro de Estudios Latinoamericanos, Bruselas, 1996.

Melgar, Mario, y José Francisco Ruiz Massieu, *La rebelión en Chiapas y el derecho*, Instituto de Investigaciones Jurídicas-Universidad Nacional Autónoma de México, México, 1994.

Méndez Asencio, Luis, y Cano Gimeno, Antonio, *La guerra contra el tiempo*, Temas de Hoy, México, 1994.

Meyer, Jean, *Samuel Ruiz en San Cristóbal*, Tusquets, México, 2000.

Meyer, Lorenzo, "Turbio lenguaje del poder", *Excélsior*, 20 de marzo de 1994.

Michel, Guillermo, y Fabiola Escárcega (coords.), *Sobre la marcha*, Universidad Autónoma Metropolitana, México, 2001.

Minà, Gianni, y Jaime Avilés, *Entrevista con el subcomandante Marcos*, Plaza y Janés, México, 1997.

Mitterrand, Danielle, *Esos hombres: nuestros hermanos*, Plaza y Janés, Barcelona, 1997.

Molina, Javier, "Inusitadas coincidencias entre Marcos y B. Traven", *La Jornada*, 29 de mayo de 2002.

Molina, Iván, *El pensamiento del EZLN*, Plaza y Valdés, México, 2000.

Morales, Jesús, "El Congreso Indígena de Chiapas", *Anuario 1991*, Instituto Chiapaneco de Cultura, Tuxtla Gutiérrez, 1992.

Monsiváis, Carlos, "Respuesta a Marcos", *La Jornada*, 27 de julio de 1994.

——, "Chiapas", *Proceso*, 10 de enero de 1994.

——, "Fábula del país de Nopasanada", *La Jornada Semanal*, 14 de enero de 1996.

——, "Crónica de una convención (que no lo fue tanto) y de un acontecimiento muy significativo", en prólogo a EZLN, *Documentos y comunicados*, vol. 1.

——, "¿A quién tienen que pedir perdón?", *Letras Libres*, 1° de enero de 1999.

——, "Marcos, gran interlocutor", *La Jornada Semanal*, 8 de enero de 2001

Montemayor, Carlos, *Chiapas: la rebelión indígena de México*, Joaquín Mortiz, México, 1998.

——, "Chiapas: ¿solución social, o militar?, *La Jornada*, 2 de enero de 1994.

——, "Premisa para una negociación política en Chiapas", *La Jornada*, 13 de enero de 1994.

——, Bolívar Echeverría y Carlos Antonio Aguirre Rojas, *Chiapas en perspectiva histórica*, El Viejo Topo, Madrid, 1994.

Muñoz, I. y Raiter, A., "¿El discurso zapatista, es un discurso posmoderno?", *Lingüística y política*, Biblos, Buenos Aires, 1999.

——, "El discurso zapatista, ¿un discurso emergente?", *Discurso y ciencia social*, EUDEBA, Buenos Aires, 1999.

Muñoz Ramírez, Gloria, *EZLN. 20 y 10, el fuego y la palabra*, La Jornada Ediciones, México, 2004.

Nash, June (comp.), *The Explosion of Communities*, IWGIA, Copenhague, 1995.

Pacheco, Cristina, "Imágenes de Chiapas", *La Jornada*, 10 de enero de 1994.

Paz, Octavio, "El nudo de Chiapas", *La Jornada*, 5 de enero de 1994.

———, "La recaída de los intelectuales", *La Jornada*, 20 de enero de 1994.

———, "Chiapas, ¿nudo ciego o tabla de salvación?", *La Jornada*, 23 de enero de 1994.

———, "Chiapas: hechos, dichos, gestos", *Vuelta*, marzo de 1994.

———, "El plato de sangre", *Vuelta*, abril de 1994.

———, "La Selva Lacandona", *Vuelta*, febrero de 1996.

Pazos, Luis, *¿Por qué Chiapas?*, Diana, México, 1994.

Peralta, Braulio y Luis Enrique Ramírez, "Se pronuncian intelectuales a favor de una solución pacífica en Chiapas", *La Jornada*, 4 de enero de 1994.

Pérez Gay, Rafael, "El taller del comandante", *Nexos*, marzo de 1994.

Pérez López-Portillo, Raúl, *Chiapas, México desconocido*, Sílex, Madrid, 2000.

Peña, Francisco, Luis Llanos Hernández y Eugenio Santacruz, *Tres ensayos sobre Chiapas. Los retos de la modernización neoliberal*, Universidad Autónoma de Chapingo, México, 1998.

Pereyra, Daniel, *Del Moncada a Chiapas. Historia de la lucha armada en América Latina*, Libros de la Catarata, Madrid, 1997.

Pineda, Francisco, *El pasado presente de la revolución zapatista*, Episteme, Valencia, 1998.

Pitol, Sergio, *El arte de la fuga*, Era, México, 1996 (Anagrama, Barcelona, 1996).

Pollack, Neal, *The Neal Pollack Anthology of American Literature*, McSweeney's, Nueva York, 2000 (traducción al español: *Antología de la literatura estadounidense de Neal Pollack*, Barcelona, DeBolsillo, 2003).

Poniatowska, Elena, "Chiapas o la desesperación", *La Jornada*, 10 de enero de 1994.

———, "Entrevista con Juan Bañuelos", *La Jornada*, 8 de enero de 1994.

Revista Proceso, *Edición especial sobre el conflicto en Chiapas*, México, 1° de enero de 1999.

———, *Edición especial. Diez años del alzamiento zapatista*, México, 1° de enero de 2004.

Ramírez Paredes, Juan Rogelio, *Nunca más sin rostros*, EON, México, 2002.

Ramonet, Ignacio, *Marcos, la dignidad rebelde*, Valencia, Cybermond,

2001 (edición en francés: *Marcos, la dignité rebelle*, Galilée, París, 2001).

Renard, Marie Christine, *Chiapas: le sud se révolte*, CRESAL, Grenoble, 1994.

Rico, Maite y Bertrand de la Grange, *Marcos, la genial impostura*, El País-Aguilar, Madrid, 1998.

Romero Jacobo, César, *Marcos, ¿un profesional de la esperanza?*, Planeta, México, 1994.

Rojas, Rosa, *Chiapas: ¿Y las mujeres, que?*, 2 vols., La Jornada Ediciones, México, 1995.

Ross, John, *Rebellion from the Roots: Indian Uprising in Chiapas*, Common Courage Press, Monroe, 1995.

Rovira, Guiomar, *Mujeres de maíz*, Era, México, 1997.

——, *¡Zapata vive!*, Virus, Barcelona, 1994.

Ruiz, Samuel, et al., *Acteal... una herida abierta*, Instituto Tecnológico y de Estudios Superiores de Occidente, México, 1998.

Rus, Jan, Rosalba Aída Hernández Castillo y Shannon L. Mattiace (comps.), *Mayan Lives*, Rowman and Littlefield, Oxford, 2003.

——, *Tierra, libertad y autonomía*, Centro de Investigaciones y Estudios Superiores en Antropología Social, México, 2002.

Russell, Philip L., *The Chiapas Rebellion*, Austin Resources Center, México, 1995.

Salinas de Gortari, Carlos, *México: un paso difícil a la modernidad*, Plaza y Janés, México, 2000.

Samperio, Guillermo, *¿Por qué Colosio?*, Océano, México, 1995.

Sánchez Susarrey, Jaime, "Los misterios de Chiapas", *Reforma*, 8 de enero de 1994.

——, "Los misterios de Chiapas (II)", *Reforma*, 15 de enero de 1994.

Saramago, José, *Chiapas, rostro de la guerra. Libro con fotografías de diferentes autores*, FZLN-Espejo, México, 2000.

—— et al., *Las voces del espejo*, Publicaciones Espejo, Bilbao, 1998.

Sierra, Francisco, *Comunicación e insurgencia*, Hiru Argilaletxea, Ondarribia, 2000.

Solares, Martín (comp.), *Nuevas líneas de investigación. Veintiún relatos sobre la impunidad*, Era, México, 2003.

Stephen, Lynn, *Zapata lives!*, University of California Press, Berkeley, 2002.

Tello, Carlos, *La rebelión de las Cañadas*, Cal y Arena, México, 1995 (edición revisada, Cal y Arena, 2000).

——, "El recurso de la violencia", "Cuaderno de Nexos", *Nexos*, febrero de 1994.

Terán Huelva, Rafael J., *El conflicto de Chiapas en el semanario* Proceso*: (un ejemplo de relación de la prensa mexicana con la historia)*, Asociación de Industrias Químicas y Básicas de Huelva, Huelva, 1999.

Trejo Delarbre, Raúl, *Chiapas, la comunicación enmascarada. Los medios y el pasamontañas*, Diana, México, 1994.

——, "¿Quiénes, por qué?", *El Nacional*, 4 de enero de 1994.

——, "Tres mentiras sobre el EZLN", *El Día*, 2 de febrero de 1994.

——, *Chiapas, la guerra de las ideas*, Diana, México, 1999.

Turok, Antonio, *Chiapas. El fin del silencio*, Era, México, 1998.

Urbina Nandayapa, Arturo de Jesús, *Las razones de Chiapas*, PAC, México, 1994.

Vargas Llosa, Mario, "El conflicto de Chiapas", *La Prensa*, 14 de enero de 1994.

——, "México en llamas", *Unomásuno*, 16 de enero de 1994.

Varios, *Chiapas* (revista), Instituto de Investigaciones Económicas-Universidad Nacional Autónoma de México-Era, México, 1994-2004.

Varios, *Chiapas, la voz de los armados de verdad y fuego*, Serbal, Barcelona, 1994.

Varios, *Chiapas, la rebelión de los pobres*, Tercera Prensa, San Sebastián, 1994.

Varios, *Crónicas intergalácticas, EZLN. Primer Encuentro Intercontinental por la Humanidad y contra el Neoliberalismo*, Col, México, 1996.

Varios, *Chiapas, pedacitos de historia*, La Jornada Ediciones, México, 1997.

Varios, *Las voces del espejo. Cuentos, poemas y dibujos del zapatismo, para construir futuro. Dibujos de l@s niñ@s indígenas de Chiapas*, Espejo, México, 1998.

Varios, *Acuerdos sobre derechos y cultura indígenas. Mesa 1 de los diálogos de San Andrés*, FZLN, México, 1999.

Varios, *Chiapas, la lucha contra la pobreza, 1995-1998*, SER, México, 1999.

Vázquez Montalbán, Manuel, "Chiapas", *El País*, 10 de enero de 1994 (reproducido en *La Jornada*, 11 de enero de 1994).

——, "La teología neoliberal", *El País*, 5 de abril de 1994.

——, "Chiapas", *El País*, 29 de diciembre de 1997.

——, "Chiapas", *El País*, 12 de enero de 1998.

——, "Chiapas", *El País*, 15 de junio de 1998.

——, "Marcos, el mestizaje que viene. Entrevista con el subcomandante Marcos", *El País*, 22 de enero de 1999.

——, *Marcos: el señor de los espejos*, El País-Aguilar, Madrid, 1999.

Vicent, Manuel, "Genocidio", *El País*, 10 de enero de 1994.

Viqueira, Juan Pedro, "Los peligros del Chiapas imaginario", *Letras Libres*, enero de 1999.

—— y M. H. Ruz (comps.), *Chiapas: los rumbos de otra historia*, Universidad Nacional Autónoma de México, México, 1995.

——, "Diez años del alzamiento zapatista", *Letras Libres*, enero de 2004.

Volpi, Jorge, "La segunda conspiración", *Letras Libres*, marzo de 1999.

——, "La novela del alzamiento zapatista", *El País* y *Proceso*, 29 diciembre de 2003.

——, "Marcos y los intelectuales", *Proceso*, 29 de diciembre de 2003.

——, "El caso Colosio: una película imposible", *Proceso*, 21 de marzo de 2004.

Wager, Stephen, *The Awakening*, SSI, Corbiste Barracks, 1994.

Weinberg, Bill, *Homage to Chiapas*, Verso, Londres, 2000.

Woldenberg, José, "No nos acostumbramos a la guerra", *La Jornada*, 8 de enero de 1994.

Womack, John, *Chiapas, el obispo de San Cristóbal y la revuelta zapatista*, Cal y Arena, México, 1998.

Zaid, Gabriel, "Chiapas sin resolverse ni aclararse", *Reforma*, 13 de noviembre de 1994.

Zepeda, Eraclio, "Vienen de lejos", *La Jornada*, 8 de enero de 1994.

Páginas web

Existen cientos de miles de páginas de internet relacionadas con el alzamiento zapatista. En el buscador *Google*, por ejemplo, es posible contar 43 100 entradas con las palabras "subcomandante Marcos" y cerca de 187 mil con las siglas "EZLN". Si bien no existe una página oficial de los zapatistas, éstos han autorizado la difusión de sus mensajes y cartas a numerosas organizaciones. En www.ezln.org es posible consultar todos los comunicados en español e inglés. El Frente Zapatista de Liberación Nacional sí posee, en cambio, un sitio oficial: www.fzln.org.mx.

Abriendo surco, Canal 6 de Julio, México, 1993.

Alto a la represión contra la OCEZ en Chiapas, Centro de Información y Monitoreo de Derechos Humanos, México, 1993 (24 minutos).

Aguascalientes, Chiapas... y la nave va. Documentos de la Selva Lacandona, III, Universidad Autónoma de Guerrero-CIHMECH-Universidad Nacional Autónoma de México-El Sur, México, 1994.

Bienvenidos a bordo, Colectivo Perfil Humano, México, 1994.

Caravana de caravanas, Colectivo Perfil Humano, México, 1994.

Chiapas, la otra guerra, Carlos Martínez, Canal 6 de Julio, México, 1994.

Chiapas: paisaje después de la batalla, Irma Ávila Pietrasanta, TV-UNAM, México, 1994.

El dolor del sueño, Pedro Pérez-Rosado, Valencia, 1994.

EZLN, la otra cara de México, Fernando González, Gavilán, México, 1994.

La guerra de Chiapas, Carlos Mendoza, Canal 6 de Julio, México, 1994.

La historia a fondo: Chiapas, Epigmenio Ibarra, Argos, México, 1994.

La historia a fondo: Chiapas II, Epigmenio Ibarra, Argos, México, 1994.

La voz de los zapatistas, Canal Plus, España, 1994 (25 minutos).

La voz de los zapatistas, Epigmenio Ibarra, Canal Plus, España, 1994.

Lucha y diálogo por la paz y la justicia, Carlos Martínez, Taller Experimental de Videos Educativos, México, 1994.

Marcos, Marcos, José Piguero, Cine y Video Independiente, México, 1994.

Sentimos fuerte nuestro corazón, Aída Hernández Castillo, Alejandro Mosqueda, Guadalupe Cárdenas, México, 1994.

Testimonio del ejido de Morelia, Colectivo de Derechos Humanos de Chiapas, Chiapas, 1994 (34 minutos).

Viaje al centro de la selva, Argos, México, 1994 (90 minutos).

Voces, manos y esfuerzos, Espacio Civil por la Paz, México, 1994 (155 minutos).

Un grito por la libertad y la democracia, Viewing Habits, Estados Unidos, 1994.

Chiapas, democracia por sus propias manos, Colectivo de Derechos Humanos de Chiapas, 1995 (55 minutos).

Chiapas el dolor del sueño, Pedro Pérez Rosado, PRP, 1995 (45 minutos).

Chiapas historia inconclusa: una mirada retrospectiva a la historia reciente y sus protagonistas, Cristian Calónico, Producciones Marca Diablo con apoyo del Fondo Nacional para la Cultura y las Artes y la Universidad Autónoma Metropolitana-Xochimilco, México, 1995 (90 minutos).

Chiapas: la raíz más profunda (I y II), Joaquín Palma Ciénaga, TV-UNAM-CIHMECH, México, 1995.

Ejido El Prado. Municipio de Ocosingo, Carlos Martínez, México, 1995.

La tierna furia, la revolución zapatista de Chiapas, La Guillotina-RAP Digital, México, 1995 (45 minutos).

La verdadera leyenda del subcomandante Marcos, Carmen Castillo y Tessa Brisac, ARTE/BRT-TV2, Francia-Bélgica, 1995 (63 minutos).

Las mujeres zapatistas, las "más olvidadas", Guillotina, México, 1995 (20 minutos).

Los más pequeños. Un retrato del Ejército Zapatista de Liberación Nacional, Colectivo Perfil Urbano, México, 1995 (105 minutos).

México: la larga travesía del dolor a la esperanza, José Chacón, Ceiba Videos, México, 1995.

Paz con dignidad, Ofelia Medina, Lourdes Sánchez Sosa, México, 1995.

Paz con justicia y dignidad para los pueblos indios, documentos de la Selva Lacandona III, Medios del Sur S.A. de Comunicación Audiovisual, México, 1995.

Paz con justicia y dignidad para los pueblos indios II, documentos de la Selva Lacandona III, Medios del Sur S.A. de Comunicación Audiovisual, México, 1995.

Tenemos raíces suficientes, Colectivo Perfil Urbano, México, 1995.

Todos somos Marcos, Canal 6 de Julio, México, 1995.

Sin título (La Selva Lacandona, marzo 1995), Guiomar Rovira, México, 1995 (120 minutos).

Sueños y palabras sabias de las comunidades tzotziles y tzeltales, Carlos Martínez Suárez, Consejo Nacional para la Cultura y las Artes-Fondo Estatal para la Cultura y las Artes de Chiapas, Chiapas, 1995 (60 minutos).

27 de agosto de 1995. Consulta nacional por la paz y la democracia. EZLN, Convención Nacional Democrática, México, 1995.

Congreso Nacional Indígena. 8 al 12 de octubre de 1996. Nunca más un México sin nosotros, Comisión de Video del Congreso Nacional Indígena, México, 1996 (87 minutos).

Contrainsurgencia, Rocío Reza Astudillo, Video Textimonio, México, 1996 (1 hora 24 minutos).

Marcos, historia y palabra, Cristian Calónico, Producciones Marca Diablo con apoyo de la Universidad Autónoma Metropolitana-Xochimilco, México, 1996 (90 minutos).

Por la Humanidad y contra el Neoliberalismo (I Encuentro Intercontinental), FZLN, México, 1996.

Ramona. Mujer, indígena, rebelde..., Producciones Colectivo Perfil Humano, A. C., Comunicación para la Libertad, México, 1996 (46 minutos).

Un puente a la esperanza, entrevista con Marcos, Colectivo Perfil Urbano, México, 1996 (42 minutos).

Fiesta de la palabra. Desde los Aguascalientes Zapatistas... por la humanidad, La Guillotina-RAP Digital, México, 1997 (35 minutos).

Juntos por Chiapas, Cristian Calónico, Producciones Marca Diablo y Serpiente Sobre Ruedas, México, 1997 (28 minutos).

La guerra oculta, Canal 6 de Julio, México, 1997.

La lucha sigue. II Encuentro Intercontinental por la Humanidad y Contra el Neoliberalismo, Confederación General del Trabajo (CGT), Madrid, 1997.

Los hombres sin rostro. Historia de la rebelión zapatista, Máximo Tennenini, Fiatmana Montezemolo, Italia, 1997.

Mil ciento once y algo más. El zapatismo en marcha, Colectivo Perfil Urbano, FZLN, México, 1997.

Reportaje de la violencia política contra las comunidades indígenas de Chiapas, Carlos Martínez, México, 1997.

Acteal, estrategia de muerte, Canal 6 de Julio, México, 1998 (48 minutos).

Chiapas: hablan los rebeldes, realizado por la Confederación General del Trabajo (CGT), Madrid, 1998 (45 minutos).

Chiapas la historia continúa, Cristian Calónico, Producciones Marca Diablo con apoyo del Fondo Nacional para la Cultura y las Artes y la Universidad Autónoma Metropolitana-Xochimilco, México, 1998 (58 minutos).

Cuentos para una soledad desvelada, Colectivo Perfil Urbano, México, 1998.

Del dolor a la esperanza, Colectivo Perfil Urbano, Movimiento por la Paz con Justicia y Dignidad, México, 1998.

La otra guerra, Canal 6 de Julio, México, 1998 (41 minutos).

El sexto sol. Rebelión maya en Chiapas, Saul Landau, FZLN, México, 1999.

Zapatista, A Big Noise Film, editado en el Estado Español por Insuemisión, Plat. de Solidaridad con Chiapas-Madrid y Red de Apoyo Zapatista, Estados Unidos, 1999 (55 minutos).

Caminantes, Fernando León de Aranoa, España, 2001 (57 minutos).

Chiapas: historia y dignidad, La Marcha de la Esperanza, Cristian Calónico, Producciones Marca Diablo con apoyo de la Universidad Autónoma Metropolitana-Xochimilco, México, 2001 (81 minutos).

El color de la tierra, Miradas, España, 2001 (48 minutos).

Marcos: el color de la tierra, Ignacio Sánchez, En Portada, La 2 de TVE, España, 2001 (38 minutos).

Educación en resistencia, Chiapas Media Project, México, 2002 (21 minutos).

EZLN , 20 y 10, el fuego y la palabra, Revista Rebeldía, México, 2003 (77 minutos).

Zapatistas, crónica de una rebelión, La Jornada-Canal 6 de Julio, México, 2003 (120 minutos).

El esfuerzo de los indígenas de Mut Vitz, el café, Chiapas Media Project, México (27 minutos). *La resistencia*, Chiapas Media Project, México (20 minutos).

El silencio de los zapatistas, Chiapas Media Project, México (13 minutos).

La tierra sagrada, Chiapas Media Project, México (19 minutos).

Agradecimientos

La escritura de este libro hubiese sido imposible sin el aliento, la ayuda o los consejos de las siguientes personas: Fernanda Álvarez, Eduardo Becerra, Raquel Blázquez, Maricarmen Cárdenas, Ana Carmiol, Adrián Curiel y Carolina De Petris, Luis García Jambrina, Adolfo García Ortega, Teodosio Fernández, Guadalupe Fernández Ariza, José Luis de la Fuente, Pere Gimferrer, Miryam Hazán, Vicente Herrasti, Paqui Noguerol, Ignacio Padilla y Lili Cerdio, Pedro Ángel Palou e Indira García, Ana Pellicer y Enrique Vallano, Elena Ramírez, Martín Solares y Mónica Herrerías, Marcelo Uribe, Eloy Urroz y Lety Barrera, y, muy especialmente, Carmen Ruiz Barrionuevo. Asimismo, agradezco el apoyo del Consejo Nacional de Ciencia y Tecnología y del Consejo Nacional para la Cultura y las Artes de México, así como de la Universidad de Salamanca, España, donde una versión distinta de este texto fue presentada como tesis doctoral en Filología Hispánica en diciembre de 2003.

Jorge Volpi

Fotocomposición: Alfavit
Impresión: Litográfica Ingramex S.A. de C.V.
Centeno 162-1, Col. Granjas Esmeralda
09810 México, D.F.
25-II-2011

Colección Bolsillo Era

Fernado Benítez
Los hongos alucinantes
En la tierra mágica del peyote

Arnaldo Córdova
La formación del poder político en México

Juan García Ponce
La gaviota

Franz Kafka
La metamorfosis

Friedrich Katz
De Díaz a Madero. Orígenes y estallido de la
Revolución Mexicana

José Carlos Mariátegui
Siete ensayos sobre la realidad peruana

Carlos Monsiváis
Amor perdido
El 68, la tradición de la resistencia
Entrada libre. Crónicas de la sociedad que se organiza
Los rituales del caos
Días de guardar
"No sin nosotros." Los días del temblor

José Emilio Pacheco
La fábula del tiempo. Antología

Sergio Pitol
El arte de la fuga

Elena Poniatowska
Nada, nadie. Las voces del temblor
No den las gracias. La Colonia Rubén Jaramillo y
el Güero Medrano
Tinísima

José Revueltas
La palabra sagrada. Antología

Jorge Volpi
La guerra y las palabras. Una historia intelectual
de 1994
La imaginación y el poder. Una historia intelectual
de 1968